徐珂編撰

清稗類鈔

第十二册

中華書局

第一二册目録

動物類

植物類

鑛物類

物品類

清稗類鈔

動物類

動物

動物爲有機物之一，與植物同稱生物，有知覺、運動、營養、生殖之機能。下等者，由單細胞構成，與下等植物不能顯別。高等者，由種種細胞構成，複雜特甚。種類繁夥，在世界中之總數，達三十餘萬種。今舉分類法之最普通者列於下。

動物界之分類：一，脊椎動物，爲哺乳類、鳥類、爬蟲類、兩棲類、魚類。二，節足動物，爲昆蟲類、蜘蛛類、多足類、甲殼類。三，軟體動物，爲頭足類、腹足類、瓣鰓類。四，蠕形動物，爲環蟲類、圓蟲類、扁蟲類。五，棘皮動物，爲海膽類、海星類、沙噀類、海百合類。六，腔腸動物，爲珊瑚類、水母類。七，海綿動物，爲石灰海綿類、非石灰海綿類。八，原生動物，爲肉質蟲類、微水蟲類、胞子蟲類。

動物互以精神注射

俗傳蛇能吸蛙，蛙不少動而坐待其食，故云蛇有毒腺，蓋猶是精神凝攝注射故耳。而猛貓伏鼠，鼠常待其食，蟾吸蠅，自入其口，理亦同也。日本宗教大家藤田靈齋曰：「世往往有觸大蛇，或其他動物毒氣而斃者，吾人所常聞，不外此動物所蓄忿怒之情，以襲人精神之虛而已。」

動物可種

秦之北附庸小邑，有羔羊自然生於土中。候其欲萌，築牆繞之，恐爲獸所食。其臍與地連，割絕則死。擊物驚之，乃驚鳴，臍遂絕，則逐水草爲羣，即今所謂骨種羊也。張守節嘗在秦中，問鄂爾多斯貢使，所說亦同，並云此種皆以羊骨種成之，恐古亦當然耳。其種之之法，取羊骨以初冬末日埋地中，初春末日爲吹笳呪語，卽有小羊從地中出矣。

乾隆時，盛京將軍某駐關東，其地向無鱉、蟹，惟軍署頗多此物。有異之者，請於將軍，將軍笑曰：「此非土產，乃予以人力種之。」法用赤莧搗爛，以生鱉連甲，剁細碎，和青泥爲丸，置日中晒乾，投活水溪畔。越七日，卽出小鱉，取置池塘中養之。欲得螃蟹，亦以此法種之。

閩人濱海種蟶，有蟶田，亦曰蟶埕。蓋蟶產卵期在春冬間，孵化後，常隨海潮飄至他處，聚於淺海之岸，稍長，卽須移植，故種蟶者常買蟶苗於他岸也。

蚶田，飼蚶於近海之田，待其長大以收利者也。浙東之奉化、福建之莆田皆有之。

有種蠣者，以殼爲灰，按時投之，翌歲，蠣叢生矣。

吳中人鬬蟋蟀，有大將軍、將軍之號。大將軍死，必以金爲棺，將軍死，必以銀爲棺，瘞於後園，則來歲於瘞所復生者，仍勇猛異常，俗謂之種蟋蟀。

老道士蓄動物

康熙時，交趾老道士某結廬潮州之金石，年百歲矣。蓄動物，皆小。有一鷄，大如么鳳，置枕中，鳴卽覺。一猢猻，小如蝦蟇，以綫繫之几。一龜如錢大，置金合中。東莞令錢蔗山大令以塏曰：「鷄，陽精也；猢猻，心猿也；龜，神靈而服氣也。皆小者，損之又損也。」

南海子動物

南海子產麃、鹿、麞、黄羊之屬，雉、兔尤多。

新疆動物

新疆伊犂、巴里坤、喀喇沙爾、南山等處，歲產馬五萬餘匹。天山南北路所產之羊牛駝尤夥。至和闐、洛浦、皮山等處，其毛可爲氍毹、毾㲪、氈毲之屬，鏤文錯采，爛然奪目。歲輸英、俄屬地，可四五千張之多。

獐、鹿、雉、兔，所在多有，惟大頭羊不易捕得。

内蒙之獸

内蒙古之駝馬牛羊，孳生甚繁。馬以烏珠穆沁旗、喀爾喀左翼旗産者爲最佳，雄駿善走，土默特、敖漢所産顛馬次之，四子王旗、喀爾喀右翼旗産者，軀小力弱，爲劣。牛、駝以西盟産者爲最肥壯。牲畜不喂養，放青而已。冬日草枯則瘠，夏日草盛則肥。牧人乘騎持竿而牧，一人可牧馬五百，或牛羊千頭。牲畜戀羣，不至奔逸，且按户有牲，亦無攘竊之患。

黑毛獸

黑毛獸産於團頭山，身長半尺許，毛黑色，長四寸許，其行如飛。

天目山之獸

乾隆時，有僧志定者，居餘杭天目山。山深處亘一二十里，榛莽森列，無道路，産沙木，可爲枋。豪豬多構巢樹隙，爲木工所患。某年忽絶跡，不知所往。山民喜，乃大縱斧斤。有匠某入一荒谷，見一物爲藤羂死於樹上，視之，狀如牛，大逾倍，遍體皆短角，長二三寸，灰黑色如羊，角數以千計，頂上一角，紅如血，長二三尺。蓋巨藤多蔓大木，此獸偶從崖上誤躍而入，角爲藤纏，四足架空。且藤性柔韌，無所施力，卒致餓死。始知豪豬悉爲所啖，究不知此獸何名也。

海鹽八團之獸

乾隆甲寅六月朔日，海鹽八團大雨雹，海潮既退，有獸涸於轍灘，長可八尺餘，色純黑，毛如海虎，尾尺許無毛，四足如魚刺，頭如駱駝，牛眼，口若塗硃。以梃擊之，不動，以刀示之，則垂淚。土人舁至海口，遂躍入海中。

猩猩

猩猩，體長四尺許，赤褐色，形狀類人，面稍裸出，手垂及地，牡者顎有鬚，下肢頗短，故不善行立。產於蘇門答臘、婆羅洲諸島。其產於非洲者，長五尺許，毛黑而面黃，鼻小而口大，曰黑猩猩，能以全足底附地直立。又大猩猩長七尺，嘗至我國。青海所產之猩猩，毛黑褐色，牝者脣赤如硃，長僅二尺餘，無巨種。性靈警，常升樹作怪聲嚇人。遇獵者，則寂然不敢動，伺機而遁。多產於那木山一帶。

毛人

長白山之大苗溝内多毛人，遍體皆毛。或曰卽猩猩也。

野婆

邕、宜以西有南丹諸蠻，皆居窮崖絶谷間。有獸名曰野婆，黃髮椎髻，跣足裸形，儼然一媪也。上下山谷如飛猱。自腰以下有皮，累垂蓋膝，若犢鼻。力敵數壯夫。喜盜人子女，然性多疑，畏罵。已盜，必復至失子家窺伺之。其家知爲所竊，則集鄰人大罵不絶口，往往不勝罵者之衆，則挾以還之。其羣皆雌，無匹偶，每遇男子，必負去求合。嘗爲健夫設計擠之大壑中，展轉哮吼，脛絶不可起，集衆刺殺之。至死，以手護腰不置。或剖之，得印方寸，瑩若蒼玉，字類符篆，不可識，非鐫非鏤，蓋自然之文，然亦竟莫知其所寶何用也。

猿

猿，同猨，形狀類人，能坐能立，四肢皆如手，各有五指，前肢長於後肢，無尾。性慧，善模倣，温和相愛。有獼猴、長尾猴等數種。猿與猴本爲同屬，惟猴類有頰嗛，且有臀疣及短尾，猿類無之。以人類學言，猿類人，猴類犬，是爲猿、猴之别。

黑猿

衡州城中有一巨黑猿，項繫金釧，相傳爲吳三桂府中所豢。至夜，輒入民家竊食，遺毫數十於甑端，其家卽發財鉅萬。乾隆時，此猿猶在，每以孟秋月出，踞北樵樓上，嗥四五聲，遂逸，歲以爲常。嘉慶初，有野僧取其金釧，遂不復見矣。

狨

狨，一名猱，猿屬也，善援木。産甘肅慶陽山中，隴人呼爲金絲狨。粤東山中亦有之。毛黄如金，細軟温煖，製爲裘，可禦嚴寒，袪溼疾。厥值綦昂，不易得也。其産於四川者，能食猴。鼻孔向上，見雲起，聞雷聲，卽趨避隱處，取樹葉覆鼻，雨少滴入，輒死。

獼猴

獼猴又名沐猴，亦稱猢猻，面赤色，有頰嗛，毛灰褐色，臀疕裸出，尾短，性善怒。産四川、廣東山中，畜之可馴。

禮猴

康熙末葉，陽朔廣文王某嘗蓄一猴，極馴擾。客至，爲送煙，一手持筒，一手持火焠，吹畢，跪後，兩足拱前，兩手作叩頭狀而去。人因呼之曰禮猴。

墨猴

陽朔縣産墨猴，大如拳，毛作金色，兩目爍爍有光，能於筆筒中盤曲而睡。置之書案間，欲使磨墨，則叩案數下，猴即奮然迅出，跪於硯旁，以兩前足捧墨而磨之。使之止，即止。見几上蠟蟻，即捉食之，無或脱者。且能於花盆間拔草捉蟲，搜剔殆盡。性喜飲水，即長日，惟以果飼之。或先以至澀極辣之物入水中，迫之使飲，即挖口磨舌，躁擾不寧者累日。自後見水，即閉目摇首，不敢飲矣。康雍間，蒼梧太守永常曾蓄其一，歷試其技，果然。

猴爲羅某供役

餘杭、臨安、武康諸山多産猴，山中人皆蓄而役使之。有羅某者，臨安巨室也，得一猴，自其雛時，即教以雜事，甚靈慧，洒掃則地無纖塵，拔草則根株齊起，煎茶執爨，皆熟習焉。因使承值書房，澆灌花卉，凡枝葉間之蟲蟻，皆一一搜剔無遺。且能握管作粗筆畫，無不肖。

猴受齋

餘杭之天目山多猴，欲齋猴者，先往韋陀廟燒香陳祝，謂某日來山齋猴，寺僧爲之懸牌曉示。屆期，主人買饅頭一千枚，置於廟外隙地。清晨，羣猴畢集，有一極老者，白髯尺許，傴僂至。旁有二猴，亦白鬚，相與扶持而來，羣猴跪迎。老者南面就地坐，羣猴拱手亦坐，寂然不譁。二侍者捧饅頭獻老猴，老者食，然後羣猴共食。食畢，向主人叉手拜謝而去。梁履素孝廉親見之，告袁子才。子才欲往施齋，以路險草深，不果往。

猴以石擲人

温州雁蕩山靈岩寺之左側，有谷曰棲賢，谷中羣峯矗立，高可百丈。重樓峯之下，爲隱龍障之頂，懸崖突出，約五丈許，人行其下，仰不見天。障旁瀑布飛流，曰小龍湫。瀑下有潭，不甚巨。其畔有岩，横亙如席，旁刻有「鄭文公會文處」六字。鄭文公不可考，而此岩則因以會文得名。地處幽僻，游者罕至。光緒戊戌夏，有甲乙二人偕至瀑布下，納涼於會文岩上。方談笑間，忽一石飛至，粗如杯，正中甲腿。甲乙大驚，以此間無行人，何來飛石，大愕。旋又來一石，閃乙耳旁而過。乙急從石來方向察之，瞥見隱龍障有一猴，絶高大，正俯首拾石。乙招甲急躲入障下，已爲所見，幸在懸崖，四旁無路可通。在障下約一小時，乃作歸計。甫出障，障上之石如雨下，復躲入。逾時再出，石下如前。如是四五次，日暮矣，猴遠去，始免於禍。

玃父

玃父，産蜀中，俗謂之馬猴，狀似獼猴而大，毛色蒼黑，長七尺，人行，健走。相傳遇婦女必攫去，故名。

人同

喀爾喀有獸，似猴非猴，漢人呼爲人同，番人呼爲噶里。往往窺探穹廬，乞飲食，或竊取小刀、烟具之屬。被人呼喝，即棄而走。

獅子

獅子，猛獸也，產非洲及南美之巴西國，身長至七八尺，頭圓而大，尾細長，毛黃褐色。雄者有鬣，雌者似虎。吼聲達數里，羣獸聞之，無不慴服，故稱爲獸中之王。古亦作師子。相傳康熙時，西洋某國曾遣使入貢，聖祖命繫之於後苑，旋復逸去。

熊羆

熊毛色或黃或黑，項下有白毛，形如新月，足粗大，前短後長，能攀援登樹，東三省產之，人呼爲黑瞎子，以其睫狹而額毛蓊覆故也。偶入田壠，拔蘆穄而腋以肘，再拔再腋，則前腋已落，蹂躪徧阡陌，所獲不過一二莖而已。

羆大於熊，毛色黃白，頸長脚高，多力，能拔樹木。遇人，則人立而攫之，俗呼爲人熊。東三省亦有之。

熊羆多喜穴居，熊或藏身於空樹中，氣熱薰蒸，冰雪消融，俗稱爲坐硐。獵人悉其所在，投以木塊。熊接入，墊坐股下。再投再墊，漸以增高，俟其頂與樹口平，以斧力斫之。若木塊稍大，塡塞硐口，可從旁鑽刺以斃之。否則雖彈丸洞胸，血流腸出，尚能掘泥土以塞傷口，奮追擊者致其命，故雖精於鎗技，獨力不足以勝之。

熊與虎鬭，必先闢戰場，拔盡周匝樹木，蹲伺不少動，一若矜其力之猛大者。虎眈眈林木中，不輕出，飢則覓食果腹，俟熊疲，始出鬭，吼哮風從，山鳴谷應。惟熊以力鬭，力鬭恆敗；虎以智鬭，智鬭多勝。獵者遇之，輒先殪虎，蓋熊蠢不知遁，可兩攫獲也。

遇河流，牝熊欲攜乳熊渡之，往往先啣其一去，復取大石壓乳熊於岸畔。若爲時稍久，恆致壓斃，或爲人所攫。

熊升樹，知上不知下，直及樹杪而跌。跌復上，上復跌，一若練習其憨健之體力者。

青海亦產熊，體肥大，竪其後趾，直立如人，長者達一丈以上。分人熊、狗熊二種。人熊掌圓，能植立半晌，坐於石，前掌不據地，身無臭。狗熊掌長，蹲地而坐，坐亦不能久，臭逼人。

熊性猛力強，能攫取牛馬以爲食，嘯聲震林木。善營巢，於石壑中架木爲柵。善養羞，不專肉食，穴中積奇花異果。每屆嚴冬，即不動不食，蟄居如半死，謂之冬眠，舌舐其掌不休。俗傳熊掌其一可食，牡左牝右。其一不可食，以冬日常掩其臀也。或云，後蹄肉粗，前二掌無不肥。其體純陽，毛質堅而尖氄厚，年老者方能寢，壯年人不宜也。

熊挾人至洞

有某者，嘗自玉門關外偕某東歸，一日，行深山中，突值熊，圖匿弗得，遂被挾去。瞬抵一洞，門阻巨石，熊則釋人舉石，洞門啟，以二人置其中，仍掩石而去。時其一人委頓於地，以石隙有日光透入，知此洞頗廣，而貯有羊數十頭。方擬奔逃，瞥見洞隅尚有一熊，坐而假寐，因以匕首刺中熊目。熊遽以掌摑中某面，某負痛急走。熊則大怒冥搜，每索一羊，則憤裂之。斃十餘羊後，忽悟非某，置弗更裂。某惟於羊羣後躡足卻走，偶遇石罅，可容人越，遂奮身以出，竟獲更生，惟同行者不知何若矣。此光緒時事也。

狗熊

狗熊，即《爾雅》所謂「熊虎醜，其子狗」者也。嶺之南，熊有三，狗熊居其一。

熊霸

長白山有熊霸，前身如熊，後身如豕，其力遠過於熊豕，味較野豬爲肥美。然不多見，蓋係熊豕交合而生者。

熊膽

長白山之熊，膽有銅膽、鐵膽、草膽之分。銅膽作金黃色，最佳。鐵膽之色灰黑，次之。草膽則相去遠甚。且膽隨月之盈虧爲消長，月之十五以前者，力足而體重；十六以後者，力虧而體輕。臥倉者尤佳。夏日食之有腥。

食鐵獸

食鐵獸，似熊而小，以舌舐鐵，須臾便數十斤，即《爾雅》所謂貘，謂其能舐食銅鐵者也。貘通作貊。

一千三百餘斤之羆

康熙時，聖祖幸口外打圍，遇一羆，人不能勝，召獅子攫得之。老獅力盡而斃，小獅亦逸。其羆皮實之以草，置雍和宮殿庭，懸牌於腰間，一重一千三百餘斤，一重八百餘斤。

貔貅

貔貅，形似虎，或曰似熊，毛色灰白，遼東人謂之白羆。雄者曰貔，雌者曰貅，故古人多連舉之。

豺

豺，亦作犲，與狼同類異種，狀如犬而身瘦，毛黃褐色，口吻深裂，尾長下垂，其身有臭氣，吠聲能聞於遠，性之殘猛與狼同。產於青海者，土人呼曰木狗。其種少於狼，而皮毛較粗，不如狼皮之適用。

狼

狼，狀類犬，毛色深黄，頭鋭喙尖，耳尖直立，脊毛長，頰有白色小斑點，後足稍短，尾粗大下垂。性猛惡，饑則襲人，常食哺乳類、鳥類動物。產於蒙古者，毛色蒼白，間以黑色斑紋，嘴較寬。產於青海者，土人呼曰山狗。食屍多者，毛作紅色。出入成羣。

狼噉人

齊、魯間故多狼，每藏深林中。瞰人獨行，躡足尾其後，舉前足加人肩，人回顧，則嚙喉，斷其喉管而死。然性甚怯，見兵器，則遠遁，故行旅皆佩刃以行，覺有物加於肩，出刃揚之，狼遂他去，人不敢追，狼亦不敢復來也。有輿夫夜行山中，忘攜兵器，行數里，狼來，輿夫不敢返顧，亦不敢前行，窘甚，乃以兩手握其足。狼撑持，不得脱，張口嚙之，輿夫下伏以避之，狼首乃在輿夫頂上。輿夫急起，以頭頂其口，負狼而行。狼初尚以後足踢輿夫背以求脱，輿夫持之益急。久之，狼不動，輿夫疑其詐，不敢釋。及家，家人紛執之，則已斃矣。

狼爲犬所斃

桐城西鄉狼最多，某家畜一黑犬，秋日，小兒戲場圃中，狼從容自外入，村人亦以爲犬也，不之覺。

狼瞯人不備，亦弭首摇尾作犬狀，潛近小兒。犬望見，遽遮以身。狼左右伺之，犬亦左右遮之。盤旋良久，小兒駭而號，犬亦狂吠。衆聞聲趨至，狼自竇逸，犬自後噬斷其脛，遂獲之。犬背創於狼，血淋漓然，未幾亦斃。

狼得間搏人

夏夜，村婦攜兒納涼，狼起於前。婦抱兒，走且呼。狼追及，躍撲婦肩，婦不顧而前趨。村人以火至，則懷中兒已失其首矣。蓋狼之來也馴如犬，得間則搏，鷙於虎，其脱也，狡於狐。雜犬中，人往往不辨，惟犬識之，輒吠而逐。然非人助之，爲力終不敵狼也。

狼貪食豕而斃

關東未闢地多虎狼，民患之而爲備。一婦高懸豕肉於土窗上，侵曉，狼至，方狂嚼間，婦以最利鐵槍由窗洞其腹，斃。鄉人得此法，斃狼甚多。

狼叩門

道光戊戌，淩循南宰宣化之龍門縣，縣治多山，時有狼患。庖丁某暇日假歸，夜聞叩門聲，出視，久之不返。妻喚之，不應，呼兄嫂同出視之，則有一狼方倚牆人立，某雙手扼其喉，見人若不相識，猶扼喉作用力狀。衆視狼已斃，喚某問故，曰：「頃聞聲開門，則狼人立相撲，乃伺隙扼其喉，以急迫，忘呼救，不意狼之遂死也。」

狼爲胡某所賺

遼東多狼患，嘗百十羣行於途，行人或遇之，輒飽饞吻，雖寸骸點血，無幸存者。土人設陷阱、置火銃謀捕獲，而狼殊狡詐，每望阱卻避，從無蹈其機者。轟以火銃，烟未消而狼已近，捕者反爲所傷。土人雖苦之，顧莫可如何，惟相約途行者必結伴持械而已。有胡燊如者，吉林新城人，以負販爲業。宣統辛亥冬，自新城販鞭爆十餘萬歸，時將日暮，途經雞楓山，遥見狼數十頭，自山中出，伸舌露牙，盤踞於道。胡急反奔，羣狼逐之。胡狂奔十餘里，見道旁有莊院，雙扉虛掩，推入覘之，室無居人，僅一院落，蓋土人堆置新割麥處也。念避此，必爲所困，反身出。見門首有麥團，高六尺許，乃躍登顛而息，伏其奥以覘羣狼之趨向。羣狼既隨胡後，胡左，左之，胡右，右之。逐至此，知被逐者必避於此室也，果相率竄入。胡急由團顛躍下，反闔扉，縛以束鞭爆之繩，手力引之。徐出袋中火柴，燃長鞭萬餘，由牆頭擲入。羣狼竄入室，忽聞此絡繹連珠之聲，烟塵障眼，遂自相踐踏。不一時，數十狼相繼斃於莊院。爆聲罄，胡亦倦，遂倚門而寢。及覺，天已大明，院中杳無聲息。入視之，羣狼枕藉於地，數之，得三十有八，大喜，次第負之歸。時狼革價昂，每具可值十餘金，因分餽其肉，而貨其革，家遂稱小康。

老更官

東三省之乳頭山有獸，皮似貓，形似犬，長尺餘。山中之獸，無不畏之。其溲能害百獸，蹄若沾之，立卽潰爛，惟不傷人。獵夫見卽喂養之，夜間山中露宿，獸不敢前，故人呼之爲老更官。

虎

虎，猛獸也，形似貓，全身長五六尺，毛色鮮黄，而有黑色條紋。性凶殘猛悍，食他獸畜，並傷人。寒帶、熱帶皆有之，産於東三省者，毛密而厚，其皮可作坐褥。而貴州之遵義亦多虎，有四種。斑虎與常虎文質同，黄毛虎無黑文，簑衣虎毛長被體，如簑衣狀，刀箭不能入。而朱虎最獰，康熙時，嘗於綏陽村落間二日齧三十七人，其毛殷紅，如猩猩氈。

水虎

《爾雅》：「虎有角，能行水中。」而不知水中實有虎也。康熙時，朱鹿田曾見松江提督養一虎於池，以鐵柵圍之，曰水虎，飼以魚蝦，不食他肉。

艾虎

海城蓋平有獸曰艾虎，身之大小類墨猴，而其形其毛，與虎無異，亦能吼撲作威。夜卧於小扁葫蘆中。夏日，室有此物，則蒼蠅皆遠避。凡遇宴會羣集之處，輒置坐側。而文人几案間皆蓄之。價不甚昂，惟調之使馴爲極難耳。

虎聞吴虚壑痛哭而走

吴虚壑，名懷，始安人。嘗夜讀有感，撫案痛哭，聞窗外有物騰突去叢薄，作摧裂聲，簌簌動人。次日見籬上虎跡，大小不一，谷口農家之犬豕皆爲虎攫去，蓋虎聞虚壑痛哭而驚走也。

孫爾異馴虎

秦州孝廉某以赴試京師，出殽、澠間，遇其同年某，亦應試者，並轡清談，不覺已過宿站。俄而暝煙四合，不辨途徑，騎入萬山中，四顧，但林木峯巒，聞熊咆虎嘯，心膽殊怯，徘徊將終夜，馬力亦不支。望巖下若有光者，趨就之。相去數武，乃辨爲虎目也。虎見人，伏如故。孝廉大懼，馬亦戰慄不能起。方欲轉覓來徑，忽巖下有聲曰：「夜深道險，諸君前途恐有不便，盍就此少息耶？」孝廉卻步回顧，視蹲虎之旁，一人立焉，軀幹修偉，虬髯若戟。孝廉疑爲仙，則趨前曰：「仙師，仙師！」其人笑曰：「我亦人耳，何仙爲！」足蹴虎曰：「荷奴爲客先導。」虎徐起，鼻嗅主衣，若貓犬者，乃搖尾行，其人招二孝廉從之。兩馬者，牽之亦不起，其人顧孝廉曰：「聽之，明晨來收可也。」從山石中行，可半里，有茅屋三楹，烹芋栗餉客。二孝廉皆飢乏甚，飽啖之，有餘味。主人自言：「孫姓，名爾異，故山中人也。幼年行獵山中，嘗得虎雛，抱以歸，畜而弄之，名曰荷奴。已而虎長，竟馴狎如家畜。一歲，家病疫，父母皆死，一身孑然，與虎爲伴。時伶仃孤苦，負債尤纍纍。族兄某，亦一債主也。所欠纔十數千，而迫脅甚至，父母故衣數襲，欲取以償宿逋。念此爲先人遺物，不忍予，因相爭奪。族兄怒，挾十數人來，將痛毆之。虎卧屋後，忽大吼而出前，爪搏族兄，裂之，血流滂沱，衆驚散。己身不得已，隱此山中，賴虎每日搏獸供之，得自給。終日在荒山中，樵夫而外，不見一人，數年於兹矣。」孝廉問其地，乃歧入陸渾山中也。明晨，孝廉去，以問山下人，則昔年果有此人此事，但入山數年後，不復聞消息，不謂其尚存也。孝廉試歸，過山下，再問之，山下人則曰：「曾訪數次，杳無蹤跡，疑其得道矣。」

蔣叔南搏狗頭虎

温州雁蕩山産一獸，全身爲虎形，頭略小，類狗，人呼之曰狗頭虎。威猛不及真虎，而凶狠過之。喜搏食牛羊，牧者常戒備。狗頭虎見人衆，亦無懼，且往往被其傷害。净名寺門臨吉星溪，溪有橋曰吉星橋。橋之南有牆，高丈許，直亘對岸之山下，牆以内竹木錯雜。蔣叔南嘗讀書於寺，某年春，一日午飯後，倚欄縱眺，瞥見隔溪竹林中有一獸，狗頭虎也，黄毛蒙茸，止於林中，搏一羊，吮血嚼肉，呼同侣共觀。時有周某欲擊之，謂若能獲得，作下酒物，豈不大快。蔣與同侣五人乃各攜堅木棍以出。蔣力較諸人强，遂繞道伏於橋之南端牆側，蓋預知其必向此而行也。周率三人出大門，大聲發喊以嚇之。虎乃棄殘羊向橋而奔，蔣舉棍突起，擊中其耳府。耳府鼻觀爲獸之要害，最易受傷之處也。虎大吼，回身躍牆出，超過四丈餘地。五人亦大喊追之。虎沿溪狂奔，溪中白石纍纍，有粗如杯者，大如碗者，被虎爪打擊，若彈丸之出於礮口，嗚嗚四射。適一老人肩物止路旁，警告蔣曰：「君等無火器，欲與之搏乎？」五人聞言大懾，勇遂頓減，爲之木立。虎漸奔漸緩，向溪東十井阬而去。至阬口，頻頻回顧，其目光炯炯，雖距離較遠，尚極可怖也。

金香國殺狗頭虎

金香國家雁山東内谷之芳垟村，其豚柵旁有柚樹一，大可合抱，倚牆而植，與牆相距僅尺許。一夜，有狗頭虎經牆外，聞豕鳴，即自牆外躍入，正落於柚與牆之空中。牆以亂石砌之，厚數尺。虎腹部柔軟，樹又上鋭下豐，四足懸空，漸漸擠下，至不能動。翌晨，爲香圃之僕所見，虎目突口張，涎沫紛垂，尚掙扎思出，惟絶未號吼，蓋懼爲人所聞也。旋集衆取槍械，擊殺之。

焚斃三虎

雁蕩山西内谷能仁寺之前山，有坑，甚僻靜，曰鴉盤坑，人跡罕至，樹木陰森。坑畔有一岩，狀如覆鐘，土人曰鐘岩。其下有穴口，高約二尺餘，向爲獸類窟宅。宣統庚戌冬，有芙蓉村人包某，結伴十餘人至坑樵採，遥見鐘岩口血肉狼藉，羊豕毛骨堆積甚多，心竊異焉。行近窺之，見一母虎及二乳虎盤於穴中，方酣睡。包等覩狀，驚喜，以爲能捕虎，則所值殊鉅，愈於採樵所得千萬也。急招同伴移巨石塞穴口，口不甚高，頃刻畢事。旋斫巨木及雜薪，圍鐘岩而焚之。自巳至未，火燄極烈。虎被火炙，不能耐，大吼一聲，山谷皆震。已將鐘岩掀起，一躍而出。母虎以用力過猛，墜於坑底石上，折其脊。二虎子從後竄出，目爲火薰灼，不能視，包某等急以樵具擊之，皆斃焉。舁回村中，鬻之，得三百金。

豹

豹産亞、非兩洲，似虎而小，毛黄褐色，背有黑色圓斑，俗稱金錢豹。行走迅速，捕食牛羊雞豕等物。其皮甚貴。

果下豹

果下馬、果下牛，人皆知之。惠州羅浮山巔有獸，小如獮猴，名果下豹。

藍狐金貂

外興安嶺麓産藍狐、金貂。藍狐爲最上品，金貂次之。藍狐毛潔白，毳毛作紺碧色，光潤柔緻。金貂色赭黄，蒙茸嬌軟，映於日光，微風吹颺，則金光閃目。然率爲俄人販運，由西伯利亞轉載入歐，待價而沽。

狐

狐似犬而小，體瘦，頭尾皆長，以蹠行。性狡猾，穴居山野，盜食食物。生十四五年，皮可爲裘。俗傳狐壽千年能祟人，妄也。

九尾狐

長白山有九尾狐，相傳其地即九尾狐產地之塗山也。

玄狐

玄狐，黑狐也，產奉天等處。色黑，毛暖，其皮爲裹，價最貴。

飛狐

飛狐，形似狐，肉翅連四足及尾，能飛，但能下而不能上。產於口外密樹林中。陝西有飛狐嶺、飛狐口，當時蓋以物產得名也。《續博物志》謂之飛生。

狸

狸，狐屬，與貍之爲貓屬者異。全身黑褐色，背有灰色斑紋，口突出，尾粗而長，四肢甚短，似狐。惟狐身瘦而長，狸身肥而短，蓋以此爲別也。

三足獸

長白山有三足獸，形如狸。前二足，後一足，行卽跳躍。善食倒根草。

貂

貂，亦稱鼦鼠，大如獺，尾粗，毛長寸許，色黄或紫黑。產北寒帶之地，三姓、琿春、寧古塔等處山林多有之，獵者每於雪天覓跡逐捕。皮極輕暖，甚珍貴。

銀貂

長白山有銀貂，毛純白，長三寸餘，暖勝紫貂。

猞猁孫

猞猁孫，亦作失利孫，《明一統志》則謂之曰土豹。狀如貍而耳大，有尾毛，可爲裘。有馬猞猁、羊猞猁、草猞猁等名，烏拉諸山皆有之。體輕能升木，滿洲語謂之威呼肯孤爾孤，譯言輕獸，卽《廣輿記》

所稱天鼠也。至青海所產者，則略大，齒尖，爪不露而鋭，能猱升，食鳥雛，毛細長，灰褐色。毛根紅者爲上，灰色者次之，根白者又次之。

旱獺

旱獺，形狀略似獺而不入水，好穴居，東三省及青海之北柴達木多產之。宣統辛亥，東三省大疫，開萬國防疫會於奉天，認旱獺爲傳疫之源。會員察驗，以爲旱獺所生之蚤，能傳染腺百斯篤、肺百斯篤之病。

山獺

山獺，性淫毒，粵東山中有之。牝獸皆避去，無偶，則抱木而枯。骨能解藥箭毒。

水獺

水獺，長二三尺，毛色青黑，尾尖長如錐，四足短，趾間有蹼，穴居河岸池沼之旁。夜出食魚，惟飲其血而不食肉，與鼬之於雞同。

象

象爲陸產之最大者，身長至一丈二尺，高稱之，鼻長八尺許，形如圓筒，屈伸自在。食物時，皆以鼻送之於口。鼻端小塊突起如人指，故能拾至微之物。上齒六，上顎二門齒極長，突出口外，爲用甚廣。力强，性温順。產於印度及非洲等熱帶地，我國亦有之，蓋皆自他處移來者。京師象房之象，至六月，輒出而浴於河。康熙時，朱竹垞嘗觀之，紀以《水龍吟》詞，詞云：「涼波曉色城西路，趁著熱風猶未。引來舞隊，依稀昔日，黄門鼓吹。垂鼻轔囷，旋渦遠近，欲沈還起。看雲旗摇處，更番偨去，偏會得蠻奴意。夾岸人家此際，步踟躕紫騮難繫。疎簾隱隱，輕容小衵，笑聲齊指。赤日徐高，黄塵又徧，鈿車流水。剩白頭宫監，相攜柳下，説前朝事。」

狍子

狍子，產於黑龍江嫩江縣之索倫，性慈善，畏狗，力大善走。索倫山中人寢其皮而食其肉。所食爲苓麥、黑豆、小米飯，飲清水。其價，每隻可售江錢一百五十吊，肉每斤可售江錢二吊，皮每張可售五十吊。然與《山海經》之所謂狍鴞者不同。《山海經》云：「鉤吾之山有獸焉，羊身人面，目在腋下，虎齒人爪，音如嬰兒，名曰狍鴞，能食人。」

馬

馬，能負重行遠者也。頭頸長而有鬣，蹄極堅壯，僅有一趾。其齒有乳齒、永久齒，形態隨年齡而異，故相馬必先齒。種類甚多，古人以其毛色各別爲專名。吾國産馬之地，以蒙古、新疆爲最著。

内蒙多良馬，烏珠穆沁旗之佳者，每匹價值數百金，尋常者亦須六七十金。四子王旗之馬，佳者不及百金，劣者僅十餘金。東盟馬市甚盛，西盟無馬市，須向内地求估。

内蒙馬之遊牝期，多在立秋後十餘日内，年一度，産馬年一次，或三年二次。馬孕時，牧人不加滋衞，産時不爲調養，即病亦不加療治。

多倫達哩、岡崖等處，向爲内蒙産馬最盛之地。且軍備所用之伊犁馬種，雖極高大，然實不及内蒙所産之體格較小者爲良。

青海之馬，高大雄駿而首略小，有鬣長垂地者。凡内地馬，必釘鐵掌以護趾甲。甘肅多平野，馬僅釘前二蹄，而不必釘後蹄，以前蹄步重而後蹄輕，蓋馬種愈西，趾甲愈堅也。青海馬種，蹄甲更堅，行走草地，四蹄無傷，故無庸釘掌，而行速負重，他産鮮出其右，惟性頗猛劣，馭之宜得其法。

青海又有野馬，身小，善奔逸，能越溝，識泉脈，覓水者視蹄涔，掘之，泉見焉。行沙漠中遇風，羣伏，埋鼻沙中以護之。獵人誘之入栅，跳擲奔蹶，數日不食而倒。

其産於阿爾泰山者，蒙人名之曰塔奇。

某獸醫謂常人每觀馬齒，以斷其年齡，非至善之法也。蓋馬逾八歲，即不更生齒，而術窮矣。然齒既長足，下眼皮上側漸顯皺紋，其紋與年俱增。故八歲以上之馬，須先觀其齒，再察眼皮皺紋，則可斷定年齡，歷歷不爽矣。

青馬

青馬之種，自海中來，性最良。

馬寶

馬寶，爲馬腹所生者，如牛黄、猴棗之類。真者難得。相傳主治一切惡瘡及癲癇，醫書謂之鮓鰭，質堅，似石而光瑩，色雜紅黄藍白，大小不一，如卵如栗。大者一枚，或至三五七枚，或十數枚。蒙古人持咒將鮓鰭入水中，能祈雨立降。咸豐時，有見其大如西瓜者，皮白而黄，青花纏繞，重五十餘兩。偶墜地碎縫，摇之各各有聲。刮破處入藥，甚效。山陽常有之，然歲僅一二枚。

李宗望得馬寶

同治時，鴛湖李宗望宦遊蜀中，有往來西藏之賈人某畜一老馬，拳毛捲雪，七尺昂藏，日負重二百餘斤，自藏至蜀，計程萬餘里，雖崔嵬屢涉，而未賦虺隤。後忽無故自斃，賈疑而剖之，竟於其腹中得一石，約重五十兩，螺紋旋結，有類雲母。李見而異之，購以重價。當始得時，盛諸水盆，發泡如湯沸，經年始已。入夜則映月生光。形微圓而色白如粉，刮之甚堅，卽馬寶也。

禮烈親王蓄克勒

禮烈親王，太宗兄也。天聰時，薩爾滸山之戰，殲明兵四十萬，王功尤多。他如葉赫、烏拉諸部衆受降伐畔，亦復靡役不從。王所乘馬，名克勒，滿話稱棗騮馬皁青騣尾者也。高七尺，長丈咫，腹下旋毛如鱗，識者謂之龍種。每聞鼓鼙聲，輒矯首歕鬣，摧陷當衝。嘗病蹶，自跑地出泉，洗創卽瘉，軍中呼曰聖水。舊有圖，藏禮親王府。

年羹堯蓄連錢

年羹堯好馳馬，而苦無駿足。有客牽瘦馬詣年求售，年哂之，客曰：「公何哂也？」因以錢置馬腹下，令年俯身就拾之，而馬不驚。年奇焉，酬以重金。客不受，曰：「此馬助公立殊勳，非阿堵物所能致也，望善視之。馬不死，公不敗。」語畢，飄然徑去。後年轉戰數省，皆賴此焉。征藏日，爲藏人所暗殺，一慟幾絶。未幾，竟被逮。年得此馬，喜甚，名之曰連錢。

俞賢蓄老馬

田山薑少司寇雯撫黔時，有卒俞賢者，所乘馬，齒六十矣，自其父兄至賢，歷數十年，大小經數百戰，而驍騰如故。不食生芻，日需豆麋三升，酒五合耳。能通人語，高下疾徐，東西南北，語之，無不如意。夭壩之戰，馳險阨，犯瘴癘，芻糧久絶，獨此馬不困而益壯。

海蘭察盗馬

超勇公海蘭察從征西域、金川、臺灣，有戰功。值内廷時，與蒙古巴林郡王巴圖相善，二人皆有駿驥。扈蹕木蘭，巴欲以己馬易海騎，不許，巴曰：「余當夜使人盗去，勿嗔也。」海笑應之曰：「大佳。」及夕，巴果使人往竊，見駿馬獨立齕草，因潛捕之。詎土窟中一健夫執馬韁伏其中，大呼曰：「寄語汝王，吾公行當竊王馬矣。」蓋海豫爲之備也。使者歸告，王命嚴防之。夜半，忽聞帳外大呼盗馬者乘馬遁矣。俄萬帳齊呼捉賊，如山岳崩勢，巴馬皆驚逸出棧。及追轉，而名駿已失。蓋海潛至巴帳後，使從者羣呼，及防者出視，而海乘馬行矣。翌夕相見，歡飲，巴深服其智，卒以馬贈之。

馬被烹

道光時，浙江撫標營有馬雄劣，不受羈，久乃少馴。撫軍出，或乘以從，馬忽人立，掀其人仆地，前突鹵簿，絶跡而馳。撫軍驚，遽命烹之。四足有龍鱗，蓋殊種也。

毘陵驛馬

客有善相馬者，告劉葆真太史可毅曰：「毘陵驛之當孔道也，羽檄急，則雲陽、錫山南北三百里，吾驛樞其中，䠀聲、鐸聲、箠聲迮交衢，晝夜不絕。驛置馬，故無弗良也。江陰金逸亭部卒善畜馬，過武進，貨之驛者，一帖耳曳尾，足塗泥，寖下矣，而曰：「是嘗陷於賊，沈於淵，摧於鋒刃者，固百戰餘也。」而廄故所畜者，闌筋豎面，雄健出馬上。而馬又不任施羈靮，䠀齧乘者，與踣。而時或風厲霜肅，林木瑟瑟下，則又仰首鳴鳴嘶，足奮躑地，絕轡，騰躍飈忽，若鷹隼追弗得，而他馬則馴伏櫪下。方是時，相馬者等定他馬，此下之。而廄卒以馬弗良，益益他馬芻，他馬益壯，益善走，而馬亦益老。」

逸亭從李勇毅公百戰蘄、黃、潛、太、舒、桐間，折西，規德安、隨州，北解南陽圍，復東下，統防休寧。軍畜名馬，多能絕塵馳，戰輒陷陳，奔突矛彈，望景不可見。葆真曰：「若客言，馬固甚凡也。」客則又曰：「馬既老，部卒以他事再至，見馬曰：『是憊至此耶？昔陷於賊，沈於淵，摧於鋒刃，而卒以自全，復卒以憊，毋寧其死於賊淵鋒刃，猶有令名焉，而顧鬱鬱久居此耶？』馬似聞言悲，卒去，不食死。廄卒剖馬革，則腹脇隱旋作龍鱗文，驚報相馬者，至，大言曰：『予固言馬之良也，而駑視以死！』乃埋馬於驛之陰。」

驢

驢體小於馬，耳頰皆長，其毛夏爲黃色，冬爲褐色、鼠色，背之中央有黑線一，自鬣直達至尾。性溫順，能負物。

槽子驢

山左岱麓道中，有賃驢代步者，言明交半價，或竟不交價，則任客騎之而去，不以人隨，多則百許里，近則十數里，不虞歧途他遁也。客不識途，則任驢自行，至其地，屹然止，雖力鞭之，不動矣。自有人牽之去，視籠口紐繫，即知欠價幾何，客不能遁欺也。號槽子驢。此亦練習之熟所致耳。

騾

騾，本作鸁，驢馬相合而生者，吾國產生最多。馬牝驢牡，則體格強健，能任力役，驢牝馬牡反是。此獸之精子不成熟，故不能傳種。

蒙古人之所謂七刻貪者，野騾也。色黃，善奔，能知泉之所在。身極肥，權之，重可數百斤。耳至長。蒙人謂耳爲奇勤，故必以奇勤名之。

豕

豕，俗謂之豬，本爲野豬之變種，體肥滿，鼻長尾短，每輾轉污泥中，以冷其身體。歲產子二次，每次至十餘頭，故繁殖甚速，爲肉食之常品，惟消化較牛肉等爲遲。其脂肪可入藥，並爲製石鹼及蠟之原料。

青海之家，有黑白二色，皆内地種，隨處可畜。漢人所居土舍，樹高栅爲樓，下養牲畜，必有家圈。蒙番飼之者，不敢縱之野，以有猛獸爲害也。

豬獾

豬獾，一名貒，狀似豬而喙尖，足尾皆短，前肢有鋭爪，便於掘地，毛黄褐色，脊有黑毛一道。體肥行鈍，性敏捷，穴土而居，故常爲隄岸之害。夜出捕食小動物及果實之屬。

横寬獸

長白山有横寬獸，狀如豕，前身白，後身黑，首尾甚小，身長六尺餘，寬丈餘，毛軟如綿而暖。

野豬

野豬爲家豬之原種，可食。脚長腹小，皮膚生粗毛，全體黑褐。牡者犬齒强大，向上彎曲，鋒利無倫。棲息山野，春夏之際，夜出山麓，掘食芋類，至冬穴居。肉味頗美。

吉林多深林，猛獸恆跧伏其中，然熊虎雖猛，尚不及野豬之爲害。野豬皮毛凝脂及草葉，矢彈不能入。巨齒露唇外，利於鋒刃。且知合羣，出則十百成行，大者環外，夾小者於中，虎不敢與大者抗，惟尾之隨行，伺隙攫小者去。冬日山積冰雪，野豬不得食，則偕出，人皆畏之。

豪豬

豪豬亦稱箭豬，産於廣西及印度、非洲等處。頭齒皆如兔，以草爲食，體肥。全身生棘毛，尖銳如針，其端色白，長者至尺許，向後，舊作婦女之首飾，怒則立如矢。然性馴良，《山海經》之所謂豪彘者是也。

跳兔

跳兔産沙漠，前足僅寸許，後足幾一尺，行則用後足跳，一躍數尺，止則蹶然仆地。

沁達罕

沁達罕，兔類也，形倍大，肉鮮潔。春夏時，毛色與兔略同，至秋末冬初，則白如雪。産於興安之索約爾濟。

犬貓同牢而食

張惠生家畜一犬一貓，犬爲泰西小種，矮足拳毛，僅比巨貓，而性甚馴擾，善解主人意。一日，貓與犬同乳並育，而貓忽死，幼貓日夜叫嗥。犬聞，時來視之，意似大不忍者。因哺子之餘，兼哺數貓。久益狎，數月以後，毛澤豐潤，貓犬遂同牢而食。犬亦愛之，無異於己子。

犬

犬，家畜也，輕猛好鬬，視覺、聽覺、嗅覺皆鋭敏，雖卧易醒，故善守夜。又能蹤跡禽獸，以助田獵。犬之小者曰狗，俗每混之。

世界最珍貴之狗，實推吾國京師所產。有六種，一曰京師狗，二曰哈叭狗，三曰周周狗，四曰小種狗，五曰頂毛狗，六曰小獅狗。尤以京師狗、哈叭狗、小獅狗三種爲最上，價至昂，西人尤酷愛而購之，其價每頭自銀幣七八百圓至銀幣四千圓。京師狗之所以可貴者，以毛色形狀皆相稱，耳大而短，鼻凹而孔上仰，腿短而彎，行時周身擺動，腿作鍵形，毛色花紋均匀。其成爲此種種特殊形狀者，由於天生者僅耳大、面大、身矮數項耳，餘如鼻之凹、鼻孔之上仰、面之短，皆由人工造成。京師畜狗者於其初生後，人即以手日揉其面部使短，以指日按其鼻之中間使凹，以極淺之盆爲飼餧之具。生二三月後，以人牙將尾喫去一半，並抽去其筋，面即不復長矣。至於毛色之匀净，則歷選毛色匀净之牝牡使交，經多次選擇，傳種之後，毛色亦愈匀净矣。又於牝狗有孕時，其卧室壁上四周，悉精繪毛色匀净之狗，使之日夜睇視，則所生之狗，毛色自不至駁雜矣。京師養狗之專門家，爲太監及旗人。然西人之購哈叭狗，佳者至外國，則所生之仔，其種立變，鼻不凹，鼻孔不上仰，腿直而面長矣。

内蒙之犬大如犢，而性猛，鳴聲如牛，俗呼爲撻子狗。漢商多畜之，日中鎖以鐵練，晚放之，使守門户，盜賊多不敢近。

青海之犬有二種，一獵犬，性極馴，善捕狐兔及野鼠。一家犬，巨者大於驢，能追及豺狼噬殺之，狐兔聞其聲即遁。

蒙番牲畜貴於人，犬尤爲衆畜之主，至有以羊二三十頭不能易一犬者。每帳必畜數頭，帳外插木樁，用鐵練繫其一。人行近，必遥呼帳中人前引而後入，不得揭帳後而進，以犯其忌。每晨放牛羊羣，亦攜二犬，一前導，探道路，一隨後爲殿。牛羊所止，兩犬登山瞭望，無停趾，遇行道者輒狂吠，使主人有所防。野番驅牛羊，犬能嚙其衣，使墮馬，機警猛捷，雖數勇夫不能禦。歸則卧於牛羊之旁，頃刻不離，與牛羊相依爲命，實爲游牧不可缺少之物。凡築舍以居者，屋頂平如露臺，門外所繫之犬，夜放之，登屋而嗥焉。嘗有人得其牝牡各一，日飼以番産青稞、羊脯，兼常犬數倍之食料。其毛長二三寸，厚煖勝狼皮，亦皮毛品之美者，俗名西狗皮。

哈叭狗

哈叭狗，俗名獅子狗，亦作獮㺅狗，蓋始於明萬曆時。神宫監掌印太監杜用養小獮㺅小狗最爲珍愛也。孝欽后絶愛之。

鞋狗

光緒庚辛間，西人有自京至滬者，攜鞋狗三隻求售，索價百金，云得之宫中。此蓋以人工爲之，法取普通哈叭狗攙硃砂於飯中以飼之，則所生者必小於常狗。又飼之如其母，所生者必更小。比至三四，小僅如鞋，售諸宮中，可得重價。

拂菻狗

拂菻狗，較常狗倍小，今爲京師土產。

海狗

海狗出東海及寧古塔，土人跳冰而取之。

狗性惡棒

鄉村每多兇惡之狗，見有行人，輒狺狺狂吠。近有效歐俗攜杖以行者，然仍羣起狂吠，蓋狗性固惡棒也。

狗寶

狗寶，生癩狗腹中，狀如白石，帶青色，其理層疊，爲難得之物，舊以入藥。

造獵犬

寧、紹等處有改家犬爲獵犬者，法於犬生五六月，即閉之木籠中，取野獸糞堆籠下，焚之。犬得熱，必大嗥叫，少頃，熱滅煙升，犬必細嗅其氣。如是數次，縱犬入山，犬聞氣若前狀，亦必大嗥叫，則爲獵犬矣。

犬寄詩

納蘭峻德嘗寓盤山天成寺，與水菴僧然西以詩往還，繫於小犬之項。有詩云：「相望一峯隔，相呼恐不聞。寄詩憑小犬，好去度深雲。」僧答詩有「昔有鴻傳信，今憑犬寄詩」句。此爲吾國人利用犬之僅見者。以黄耳爲奚奴，其事甚雅。峻德，乾隆丙辰嘗舉宏博。有女弟曰筠德，工詩。其兄即成德也。

金冬心蓄犬

金冬心嘗畜一犬，曰阿鵲，每食，必於銀盤中飼以肉臡。阿鵲死，作詩哭之，甚哀。

犬友

李逸園僦高氏宅，與方望之同居，各畜一牡犬。李之犬曰龍，方之犬曰虎，食必共，寢亦偕，若良友然。逾三四載，方設帳於鄉，攜眷往。臘垂盡，方省李，虎尾之來。龍方卧大門外，遥見虎至，頓起趨，掉尾迎，即奔詣廚下，伺庖丁出，立啣几上肉，走往飼虎。入夜，與虎交頸卧。翌日，虎隨方歸，龍乃預伺其旁，頻曳虎尾狂踊，意似挽留狀，盤旋良久。且走詣河干，龍掉尾不已，聲嗥嗥然，如怨如慕，虎亦躑躅焉。既登舟，虎反顧，龍亦目送。頃艤岸登陸，兩兩隔溪而蹲，目注神凝，留顧未已。久之，長吠數聲而別。

犬知音

勾吴孫方伯藩，家畜一犬，聞絃歌聲，輒摇尾至，坐於彈者之側，側耳傾聽，聲喑喑然，似遥相應和狀，叱之不去。曲終自退，聞聲則又來，家人呼之爲知音犬。

犬捕鼠

同治癸酉，寧波江北岸裕順洋行有西犬如獒，異常神駿，且能捕鼠，日夕所獲，不下十數。

狗荒

光緒時，譚文卿制軍鍾麟撫浙，其署中廚房所有治具，率多狼藉。蓋有外來之狗，大肆咀嚼，紛紛而至，一日無慮百餘頭，驅之不去，狺狺聲徹於户牖。譚恚甚，命捕之，悉納檻車中，屬中軍押往海寧州，蓋援遣戍之條也。其處沙田萬畝，人煙寥寂，土人以種棉花、植靛爲生。狗穴居野處，自相配偶。越一年，蕃養孳息，縱橫徧地，不能得食，則嚙種植之物，根株立盡。土人怒，耰鋤兩下，狗皆四散，少焉復合。土人具稟海寧州，以狗荒報，州官某據實申詳。譚仍命中軍統營兵一哨，多攜火器，迎頭痛勦。中軍抵其處，可二十日，始一律肅清，署無噍類，奏凱而歸。

犬報皮匠仇

甘泉邵伯埭有巡檢，署有犬，極靈異。同治丁卯，沈藺洲權巡檢事。戊辰，瓜代期滿，韓振之代之。當韓履新時，寓於外，諏吉接印，未入署也。沈謂韓曰：「犬其來乎？」曰：「來矣。」蓋此犬隨印而行，歷任皆然。一日，犬戲於市之皮匠鋪，匠以刀誤傷其足，血淋淋然，返署升堂，直入內室，似覓官之所在者。韓見其狀，急喚查究。犬復奔出署門，數數顧，似招人意。因遣役尾之，至皮匠鋪，犬獨向匠嗷嗷。既，遂伏地不起。役嗾之歸，弗聽，詢悉其詞，乃負之歸，並拘皮匠去。及堂訊時，犬忽大肆咆哮，狂噬不已。韓乃申飭匠之不合刀傷其足，令具結，犬乃摇尾而去。

孝欽后蓄海獺

孝欽后自光緒辛丑回鑾後，懲排外之禍，深欲結好於駐華各使，乃召見其夫人，饋貽甚厚，蓋自以爲羈縻有術也。孝欽習聞外國女子喜畜狗，一日，見某使夫人，謂之曰：「聞西人多喜畜狗，朕亦素喜之。」某夫人笑而答曰：「太后如喜此，某有一黑狗，乃意大利產，當進獻。」翌日，「遂以狗進，孝欽爲之命名曰海獺。自此每見各國公使夫人，無不以海獺自隨矣。

叢狗頭司狗

袁蔚廷内閣世凱初督直時，其太夫人猶在堂也。太夫人愛狗，故署中所蓄者多。叢金桂司其事，人呼之曰叢狗頭。

竹狗

竹狗，似狗而大，毛深温厚，色鮮麗，尾有長毛，善走。皮可爲裘，似狐而質稍重。

狗獾

狗獾，似狗而小，體肥，尖喙，矮足，短尾，毛深褐色。性與豬獾同，惟毛較美，可爲裘領裀褥。

貓

貓，俗作猫，面圓齒鋭，舌有細刺甚多。蹠附肉塊，藏鋭爪於内，隨時伸縮，行則以肉塊著地，故足音甚輕。眼之調節機甚發達，瞳孔大小，隨光線強弱而變，晝間日光強烈，細如絲，旦暮正圓，夜能視物。善捕鼠。四川簡州所産，有四耳者。

粤人相貓法

粤人相貓法，惟以提其耳而四脚與尾卽縮上者爲優，否則庸劣。湘潭張博齋以文謂擲貓於牆壁，貓之四爪能堅握牆壁而不脱者，爲最上品。

張七善相貓

嘉應州張七善相貓，嘗蓄雌貓數頭，每生小貓，人皆不惜重資争買之，知其種佳也。七言黑貓眼須青，黄貓眼須赤，花白貓眼須白，若眼底老裂有冰紋者，威嚴必重，蓋其神定耳。又言貓重頸骨，若寬至三指者，能捕鼠不倦，且長壽，其眼有青光爪有腥氣者尤良。

貓交

凡貓交，必春貓遇春貓，冬貓遇冬貓始交，夏秋之貓亦然，否則雖强之，不合也。交之時，常於春秋二季。其初交時，則牝牡相呼，雖遠，必尋聲而至，俗謂之叫春。虎一生不再交，以虎陽有逆刺也，其痛楚在初。貓一歲僅再交，以貓陽有順刺也，其痛楚在終。餘畜之陽無刺，無痛楚，故其交無度。

貓成胎

貓成胎，有三月而産者，名奇窩；四月而産者，名偶窩。養至十二年爲上壽，八年爲中壽，四年爲下壽，一二年者爲夭。浙中以單胎者爲貴，雙胎者爲賤，一胎四子者曰擡轎貓，賤而無用。若四子斃其一二，則所存者亦佳，名爲返貴。故貓胎以少爲貴，有一龍二虎之說。

貓以臘月産者爲佳，初夏名早蠶貓，亦善，秋次之，夏爲劣，以其不耐寒，冬必向火也，曰煨竈貓。

貓坎分陰陽

貓坎分陰陽，雄貓則九七五，奇數也。九爲上，七次之，五爲下。雌貓則八六四，偶數也。八爲上，六次之，四爲下。但四坎者絶少，故雌者每佳而雄者多劣，皆五坎也。

貓以尾掉風

貓以尾掉風，截而短之，則不能掉，威狀大損。有養貓而故截短其尾者，殊失本真。

女貓

山東、河北人謂牝貓爲女貓。

波斯貓

波斯貓極大，京師産之。

紫貓

紫貓，産西北口，視常貓爲大，毛亦較長而色紫，土人以其皮爲裘。

瞎貓守香菰

閩、浙山中種香菰者，恆有鼠嚙之患，土人多用貓守之。去貓之雙眼，縱之，叫遍山，以警鼠。貓既瞽而得食，即無所他之，惟有晝夜瞎叫而已。

顧横波蓄烏員

合肥龔芝麓宗伯所寵顧横波夫人媚，性愛貓，有名烏員者，日於花欄繡榻間，徘徊撫翫，珍重之意，逾於掌珠，飼以精餐嘉魚。一日，以過饜而斃，夫人惋悒累日，至輟膳。芝麓特以沉香斵棺瘞之，延十二女僧建道場三晝夜，爲之超度。

朱竹垞詠貓

朱竹垞嘗以《雪獅兒》詞和錢葆馚《詠貓》，詞云：「吴鹽幾兩，聘取貍奴，浴蠶時候。錦帶無痕，搦絮堆緜生就。詩人黄九，也不惜買魚穿柳。偏愛住戎葵石畔，牡丹花後。午夢初迴晴晝，斂雙睛乍豎，困眠還又。驚起藤墩，子母相持良久。鸜哥來否？惹幾度春閨停繡。重簾逗，便請爐邊叉手。」

吴世璠蓄三貓

吴世璠，三桂之子也，既敗，有三貓，爲大軍之偏裨所得，頸有懸牌，一曰錦衣娘，一曰銀睡姑，一曰嘯碧烟，皆佳種也。

于文襄蓄沖霧豹

金壇于文襄公敏中所蓄貓，曰沖霧豹，極愛之，餐時侍案側，輒分旨甘以賜之。

戴珠淵愛貓

錢塘戴珠淵鹾尹廷熺愛貓，一日失之，成一詩，邀王素心、厲樊榭和之。詩云：「數卷殘書謹護持，銜蟬迎得浴蠶時。一宵抛卻藤墩去，便有梁間黠鼠知。緇經爲伴夜燈餘，肯戀鄰家食有魚。葵莧閒園還憶否？秋風黄蝭影蓮蓮。」

女愛貓

李松雲中丞之女公子愛貓，中丞守成都時，简州牧嘗選佳貓數十頭，並製小牀榻及繡錦帷帳以獻。孫平叔制軍有女孫，亦愛貓，督閩浙時，臺灣守令所獻，亦多美者。

鄒泰和檄捕貓

鄒泰和學士有愛貓癖，每宴客，必呼貓至，與食必均，曰：「毋相奪也。」嘗督學河南，按臨商邱畢，出署，失一貓，嚴檄縣官捕之。令苦其煩，乃用印文詳報云：「卑職遣幹役四人挨家搜捕，至今逾限，憲貓不得。」

迎貓

蠶忌鼠，迎貓以辟之。宋陸遊詩曰「裹鹽迎得小貍奴」是也。嘉慶朝，富陽周芸皋廉訪凱有迎貓詩，詩曰：「元宵鬧燈火，蠶孃作糜粥。將蠶先逐鼠，背人載拜祝。《歲時記》正月十五日作粥，登屋上食之，咒曰：「登高糜，挾鼠腦，欲來不來待我三蠶老。」蓋爲蠶逐鼠也。裹鹽聘貍奴，加以筆一束。杭俗聘貓加筆，借逼鼠意。爾鼠雖有牙，不敢穿我屋。」

典庫蓄焦脚虎

道光乙酉，瀏陽馬家冲某家貓産四子，一焦其足。彌月喪其三，而焦足者獨存，形色俱劣，亦不捕鼠，常登屋，捕瓦雀咬之，時或縮頸於池邊，與蛙蝶相戲。主人嫌其癡懶，一日，攜至縣，適典庫某見之，駭曰：「此焦脚虎也。」試升之屋檐，三足俱伸，惟焦足抓定，久不動。旋擲之牆間，亦如之。市以錢二十緡，其人喜甚。先是，典庫固多貓，自此羣貓皆廢，十餘年不聞鼠聲。人服其相貓，謂得諸牝牡驪黄外也。

佳貓能鎮三五家

王玥亭少尹寶琛初尉平遠時，寓多鼠，乃於民家索得一貓，捕之，鼠患遂靖。此貓甚靈馴戀舊，時視其故主。旋遷入署，仍不忘原寓及故主之家，往復遍歷，三處往來，鼠耗皆絶。俗謂佳貓能鎮三五家，洵不誣也。

劉少塗蓄老麻貓

道光丙午春，桐城劉少塗家所蓄之老麻貓，生一子，白色，長毛毿毿，形如獅。方存之云：「此異種也，不易得。」養之年餘，日夕在旁，鼠耗寂然。一日，天未明，貓忽至牀，大吼數聲去，已而死，蓋訣別也。

自蓮蓄喉珠腹鏡之貓

潮陽縣文照堂僧自蓮有小貓一，尾稍屈，如麒麟尾，色純黑，惟喉間有一點白毛如豆，腹下有一片白毛如小鏡。此爲相貓經所未載，黄鶴樓謂可稱之曰喉珠腹鏡。

陶文伯蓄負印拖槍之貓

陶文伯家蓄白貓，其尾獨黑，背有一團，黑色，額則無，是可稱負印拖槍也。肥大，重可七八斤。性靈而馴，每縛置案側，偶肆叫跳，鞭以竹梢，亟趨避，或俛首帖伏。其常時雖以杖懼之，略無懼色。

黄鶴樓飲貓以酒

貓之飲酒，黄鶴樓曾試之，惟謂不可驟飲以盃，須蘸抹其嘴。貓舐有滋味，則不驚逸。及十餘巡，輒醺醺也。

貓吸鴉片煙

貓之吸鴉片煙，張小涓曾試之。小涓爲浙中縣尉，僑寓温州，有貓數頭，慣登煙榻，小涓常含煙噴之，貓皆能以鼻迎嗅。久之，狀如醉。每開燈，輒至，斂具，則去。於是人皆謂張小涓家貓亦有煙癖，聞者莫不粲然。

黃伯山蓄孝貓

黃伯山大令東之宰揭陽日，嘗於番舶購得一貓，毛潔白如雪，長寸許，粤人稱爲孝貓，蓄之不祥。然伯山升同知，擢知府，此貓固猶在也。謂之孝貓者，俗稱持喪服者爲穿孝，貓毛純白，故有是稱。

吳雲帆蓄貓

吳雲帆太守嘗蓄一貓，色純紫，光彩奪目，長而肥大，重可十餘斤。

黃虎巖蓄印星貓

鉅鹿令黃虎巖有印星貓一雙，不善捕鼠，然署中鼠耗亦爲之肅清。

貓與蛇鬭

貓與蛇鬭，俗稱龍虎鬭。山陰張冶園嘗見貓蛇鬭於屋背，蛇敗，穿瓦罅下遁。適屋下有人見之，以鋤揮爲兩段，上段飛去，已而結成翻唇肉疤，大如碟。一日，斷蛇者晝卧於牀，蛇穿其帳頂，欲下囓之，以肉疤格擱。貓適見之，登牀猛喊。其人驚醒，見蛇，懼而避之，幸未遭噬。人謂蛇知報寃，貓知衞主也。

貓有三足

亳白縣水東鎮有僑居之浙人楊某，蓄一貓，而三足，後一足短軟，不具其形。眼一黄一白，俗呼日月眼。甚瘦小，聲亦細，鼠聞聲輒避。見狗，卽登其背，齕其耳，狗亦畏之。

胡光林蓄獅貓

獅貓以京師爲多，狀如獅，故得此名，有金鈎挂玉瓶、雪中送炭、烏雲蓋雪、鞭打繡毬等百餘種，純白者不多見。柔毛有長四五寸者。兩眼必以異色爲貴，名雌雄眼，都人嘗以之與獅狗並稱。獅貓之眼有一金一銀者。胡光林守鎮江，嘗蓄雌雄一雙，眼色皆同。黄鶴樓少居其署中，嘗親見之。

白大取宫中獅貓

歷朝宫禁卿相家，多蓄獅貓。咸豐辛亥五月，太監白三喜使其猶子曰大者，進宫取獅貓，遂獲咎，並以他事釀案奏辦。

陳錦帆蓄天目貓

陳錦帆廣文蓄貓一，曰天目貓，蓋得之於餘杭天目山也。錦帆出，貓輒從，歸則依依膝下，若幼子然，非捕鼠不離側也。

丁仲文分貓爲三等

番禺丁仲文孝廉杰嘗分貓爲三等，皆立美名，如純黄者曰金絲虎，曰戛金鐘，曰大滴金；純白者曰尺玉，曰宵飛練；純黑者曰烏雲豹，曰嘯鐵；花斑者曰吼彩霞，曰滚地錦，曰躍玳，曰草上霜，曰雪地金錢。其貍駮者，則有雪地麻、笋斑黄、粉麻青諸名。

半閹貓

丁仲文嘗云：「雄貓必閹，殺其雄氣，化剛爲柔，日見肥善。」時俗又有半閹貓，僅去内腎一邊，其雄氣未盡消亡，則更剛柔得中。

悟一蓄兜率貓

貓性不等，有雄桀不馴者，有和柔善媚者，有散逸喜走者，有依守不離者。大抵雄貓未閹，及大貓初至，難於籠絡，故蓄貓必以小，必以雌也。妙果寺僧悟一嘗謂貓之喃喃依戀不離蓮座者，爲兜率貓，又爲歸佛貓。

黃薰仁蓄斑奴

嘉應黃薰仁嘗得一金銀眼之貓，花紋雜出，貌惡而性馴，善捕鼠。進門未幾，鼠絕跡。因呼之曰斑奴。惜未半年，遽死，蓋以久縛故耳。佳貓多懼其逸，與其縛而損其筋骨，不如以大籠籠之也。

周藕農蓄一錠墨

周藕農令河南時，署蓄貓一，曰一錠墨，狀其色黑也。

惠潮嘉道署多野貓

同治時，惠潮嘉道署多野貓，夜深輒出，雙目有光，望之如螢火。蓋失主之貓，吸月飲露，久漸成精，故上下牆屋，矯捷如飛，夏月海鶩來時，能上樹捕食。署園所蓄孔雀，時被嚙斃，自此野貓輒不復來。或謂孔雀血最毒，貓殆飲此，或戕其生也。

貓搏雀

薛叔耘所居窗外有林，雛雀習飛其下。貓蔽身林間，突噬雀母，其雛四五噪而逐貓，每進益怒，貓奮攫之，不勝，反奔入室。雀母死，雛繞室啁啾，飛入室者三，越數日，猶望室而噪也。

貓爲豰所食

平凉靜寧間有物如貓，首大色黃，人呼曰黃妖。家貓遇之，即隨之去，飲於河以滌其腸胃，至妖前，聽其食。妖以舌舐之，毛隨舐而落，磔食之。大興劉繼莊檢字書，始知爲豰。豰字，呼本切，烘入聲，犬屬，似豹而小。郭璞曰：「似鼬而大，腰以後黃，一多黃腰。」《漢書音義》曰：「豰，白狐子也。」

堤獜子

洛陽縣有堤獜子，產河中，狀如貓，色淡黃，毛長而堅，頭尖平，牙露唇外如象。穴於堤，以鯉爲食。錐沙如空，鳧水極快。每決口，必成羣結隊，力錐堤岸，即有無數小孔，水汩汩而入，沙壅堤坍，田宅漂没，人民悉爲魚鼈。故堤兵見之，即驅之入水，或投以石，或填其穴。舟子見之，咸膜拜爲神，投以食餌，否則舟底被其所穿矣。

貓貍

貓貍，亦省稱貍，貓屬，頭圓尾大，毛黃黑相雜，有斑紋，頗類貓，故俗又稱野貓。性殘暴，食魚鼠等，且能竊取雞鶩。

香貍

香貍，貍屬，一名靈貓，毛黃黑色，似豹文，尾毛黑白相間，不甚分明。臍有香囊，能發香氣如麝，故又稱麝香貓。

九節貍

九節貍爲貍之別種，毛黑白相間，眼金色，尾甚長，文有九節，能捕鼠。皮可爲裘，毛可製筆。

玉面貍

玉面貍爲貍之別種，卽俗稱果子貍者是也。面白，尾似牛。常登樹，食果實。産浙江。捕鼠勝於貓，人亦蓄之。

貓豹子

青海人呼貍爲貓豹子，色如貍，形似猞猁猻。能食家貓，捕兔鼠。皮亦可製裘。

貉

貉，亦作狢，似貍，銳頭尖鼻。性好睡，日伏夜出，捕食蟲類。毛色斑駮，其文上圓下方，質深厚溫滑，可爲裘。

貀

貀，亦作豽，狀似貍，蒼黑色，無前兩足，能捕鼠，舊稱卽膃肭獸。然貀陸居，膃肭獸水居，非一種也。

狀似斑貍之獸

粤漢鐵路之初建也，將至英德，其地之土脈固堅凝而無隙，役夫鋤地，忽有一穴，見有尾修喙尖，狀如斑貍，長可逾尺，一息尚存之獸，蹲伏其中。出之，置於地，久之而起立矣。俄有叟道此，謂願放生，出重資以贖，籠之歸。

閩鼠

鼠類本至繁夥，然人家習見者，亦僅灰色、黑色一二種而已。閩鼠種類較多，或專食棗栗等果品而不肉食，或專啖肉類而不食果品。更有所謂香鼠者，與常鼠略異，兩眼絶小，尾短而粗，有毫十數莖，氣直如麝，故以香鼠名之。閩人視如神明，謂人類所以得穀食，卽由此鼠竊穀種於天上，人若犯之，罪當天譴，每見此鼠，輒焚香禮之。

耕地鼠

《爾雅》鼢鼠注云：「地中行者。」釋云：「地中行，鼠伯勞所作也。」一名犂鼠，謂起地若耕。有親見之者，見人則以首伏地而入，甚遽。俗云滚地豬者，殆耕地鼠也，第非必伯勞所作耳。

木蘭之地中，有鼠則土疎而墳，蓋鼠在土中穿突，土輒高起如塚也。

冰鼠

北部有冰鼠，可治小兒疳積，治箭鏃入肉。以其膽汁點眼，治目盲，點耳，治耳聾。其糞有清血之功用。若被貓犬所咬，以糞塗瘡口，亦有效。

野鼠

野鼠，漠北多有之，蒙古名曰鄂和托納，每取草實藏穴中以爲食。

飛鼠

東三省之圍頭山後，飛鼠頗多，即鼯也。體長七八寸，背暗褐色，腹白，尾長，密生長毛，前後兩肢間有膜，能飛行樹上。棲於深山，夜出求食，聲如小兒啼。

灰鼠

灰鼠，一名青鼠，深灰色，腹白，尾毛鬆而長性靈敏，善跳躍，吉林諸山有之。皮以製裘，灰白色者佳，灰黑次之。

鱗鼠

鱗鼠出順寧州屬之雲州，身有鱗甲，千百成羣，殘食田苗，數年一出。

竹鼠

竹鼠，一名竹䶉，亦作竹鼬，似家鼠而大，毛蒼色，尾極短，目細而長，前足不分趾爪，行極遲鈍。

尾鼠

長白山有尾鼠，身圓四寸，足走如飛，惟尾長於身數寸。

火鼠

長白山有火鼠，居冰山下小洞。

水鼠

水鼠，口吻尖小如鼩鼱，長四寸有奇，毛褐色，身扁，趾有蹼，至尾漸細長。穴居池沼河畔，時浮沈水中，以蝦蟹、昆蟲、魚類爲食。

常履坦惡黠鼠

常安，字履坦，葉赫納蘭氏，滿洲人，官至浙江巡撫。一夕，方理公牘，漏下二十四刻，羣鼠出穴，漸近人，促刺有聲，不知嚙何物，心惡之。頃焉，聲益甚，投之，弗中，散而復聚。亟命小僮伺之，無得，頗恚。更密伺，亦無得。衆力怠，鼠益肆，鼠若恃其黠而人莫能制者。翌日，購一貍，畜之。夜，鼠闃然。越日，獲數鼠，聲始寂。越日，更獲數鼠，自此室中不復知有鼠矣。

益陽縣署多鼠

湖南益陽縣署多鼠，而不蓄貓，咸謂署有鼠王，不輕出，出則不利於官，且日給官糧以飼之。道光癸卯，雲南進士王森林令斯邑，邀蕭山倪豫甫偕往。倪所居之院甚宏敞，草木蓊翳，日過午，鼠自牆隙出，或戲或鬬，不可勝計，習見之不爲怪也。一日，有大貓由屋簷下，伺而捕其巨者，相持良久，鼠力屈而斃。自此貓利其有獲而日至，乃積旬而鼠無一出者，後亦寂然。

鼠渡河

同治壬申六月，青山瀕河居民及舟中人之早起者，皆見有鼠由河之東岸而來。將及河畔，乃紛紛銜尾，魚貫而行，或數十，或百數，浮水而渡，至西岸，遂散。好事者追視之，則已不知所往矣。

鼠有煙癮

黔有製煙之肆，於爐下置一籮，以洩煙氣，蓋熬製鴉片煙膏者也。同治時，經兵亂，肆閉。亂平，或就其肆重整故業，忽見爐下有奄奄待斃之鼠，不可勝數。乃知其曾受煙氣，失癮已久，故若垂斃也。

蝟

蝟，亦稱蝟鼠，與鼹鼠同類異種。穴土而居，晝伏夜出。體長尺許，甚肥，頭足皆小，全身有尖銳棘毛，由背筋作用，能攢起如矢，俗稱刺蝟。食田間害蟲，於農家有益。

邵位西員外懿辰有《詠蝟》詩曰：「追涼湖壖樹，意行不覺遠。地散月清陰，有物蹶在阪。大非豪豬獰，小異蛄斯蜿。厥名彙毛刺，腹似飲河鼴。天廚遺禁臠，蠢蠢踸緣苑。巨軀鼓胮肚，弱足步蜷蹇。有或踢其膚，圜轉自閑梱。剛毛拒持挐，縛取待縢緄。豎穎何怒張，挫芒就束捆。捉歸用汲衽，閉置聊下鍵。百蟲美偎利，笑爾形渾沌。屈前儕兔跧，內息類龜偃。居常穴土疏，出或蔽草蓴。蠕動何闇陬，往往僕觸闔。徐趨劣免顛，庳伏稍得穩。畏人仍似鼠，警響輒蹜踠。嗛中病叟欬，虛室入聽宛。深秋賈苞栗，俛拾看欲混。蒼然背毛磔，如衆矢集盾。持滿悉外鄉，攢鋮銳棘菀。有時翻仰臥，腹內赤婉婉。虎見驟吞噬，入咽忽偏反。還從虎腸出，以虎作粻飯。小數敗山王，用意一何很！獨見辱於鵲，誘彼適自損。迅飛下啄肉，轉身嗟已晚。西家棗垂熟，上樹爪其本。搖落滿階庭，旋下以身輥。纍纍著體間，槃跚負之返。竊瓜尤便巧，中黠貌特悃。俗云云有神，禮敬常繾綣。謂尸貨貝權，瞥見默祈懇。吾於爾無求，臥畜付庭壼。勿學癩蟇精，覆瓶倏遷遯。」

海豚

海豚體長八九尺，頭小，口吻尖銳，其上下兩顎有圓錐形小齒五十六，背藍黑色，腹白色，脊鰭在背之正中，形如鐮，鼻孔連合爲一。產我國山東之沿海。以軟體動物爲食。捕之，鳴聲奇異。其皮見日不裂，經水不透，與筋骨皆可爲工藝品之用，肉可食。

江豚

江豚體小於海豚，狀似豬，色青黑，胸有兩孔，噴水直上。多脂，可爲燈油。古名鯆䱐，俗稱水豬。

麒麟

麒麟似鹿而大，牛尾馬蹄，有肉角一，背毛五彩，腹毛黄，不履生草，不食生物，聖人出，王道行，則見云。今非洲内地，有獸狀似鹿，頸與前脚皆至長，頭高於地一丈五尺以上，好食木之嫩芽，名Giraffe，日本人亦譯之爲麒麟。

雍正壬子、癸丑皆有産麟之事，一在山東，一在四川。山東巡撫岳濬題云：「鉅野縣新城保李恩家於十年六月初五日辰時，有牛産麟。細加看視，瑞麟身長一尺八寸，高一尺七寸，麕身牛尾。頭含肉角，頂帶旋毛。目如水晶，額如白玉。徧身麟甲，悉係青色，甲縫俱有紫色絨毛。脊背黑毛三節，中直豎，前向前，後向後。胯腹蹄腕皆有白毫。尾長五寸五分，尾尖有黑毫四縷。」

四川總督黄廷桂題云：「鹽亭縣永賢鄉十一年五月初八日申刻，風雨兼至，有鄉民楊士榮耕地避雨，見牛産瑞麟。即往驗看，瑞麟身高二尺，長二尺五寸，頭中挺一肉角，兩耳如鹿，孔内皆黄尖白毛，眼形長細，色如水晶，高鼻凖頭，紅眼膛，黄凹鼻梁，其鼻凖兩傍，似如意雲様。徧身麟甲，青霞四射，微暈黄翠，彷彿孔雀翎羽。各甲縫内俱白毛黄尖，夾紫毫數根。三乳兩脊，旁至尾，各有肉粒一道，如豆大，金黄色。脖項至腹及四腿内，亦皆白毛黄尖。尾根長六寸，尾尖有紫毛一綹，旁雜白色黄尖長毛。麕身馬腿牛蹄，蹄殼色如玳瑁，周身光彩。」

乾隆己未，蕪湖民家有牛生麒麟，三日而死，剖其腹，不見腸胃，中如蟹。

似麒麟之奇獸

松潘鎮總兵閔殿魁，直隸昌平人，光緒庚子，於馬廄中獲一獸，遍身有鱗，狀若麒麟，而獨角，長九尺，牛趾而馬腹，其馴亦似麟。鎮署當東，獸自西來入馬廄，馬初譁之，既屢來，則相安。獸不畏人，牧人皆得近之。或祝曰：「子果麟耶？當朝出晚歸，勿驚吾馬。」獸果如約去。翌日復來，牧人以白閔，閔因維縶之，而説其狀，郵聞於川督奎俊。奎令解省，將以聞於西安行在，意謂兩宫將狩蜀，故麟呈其瑞也。後不果獻。

角端

角端産瓦屋山，不傷人，惟食虎豹，山僧恆養之以自衞。《中華古今注》所載渠搜國獻鼩犬，能飛食虎豹，此以鼩犬爲角端也。然鼩犬，實露犬也，初不聞有角端之稱。《爾雅》：「䴦，似馬，一角。」「麟，麕身牛尾，馬足，黄色，圓蹄，一角，角端有肉。」是角端固即麟屬，未可與鼩犬併爲一談也。

駱駝

駱駝體高八九尺，頸足皆長，性温順而力强，能負囊橐行遠，故名橐駝，方音遂訛爲駱駝。生於沙漠之鄉，行亦利於沙漠。其趾輭，行山路最傷，土路亦不甚速，惟沙地則步輕而匀。蹄無甲，陷沙不深，舉趾高，踢沙不颺。牛馬行沙漠則反是，故邊地有「牛走土，馬走草，駱駝走沙不用叫」之謠。老駄户言草地駝行二十步，馬行二十五步，能追及，馬速於駝也。沙漠馬行二十步，駝行，十五步已追及，駝利於馬也。且塞外運載，莫便於駝。駝有雙峯者，有獨峯者，獨峯者力足，雙峯者毛長。胃中附小囊累累，預貯飲料，行路時以之解渴，故能數日不覓泉。肉峯之奇，有如其胃，中藏脂肪養料，飽卽能行七日程，待肉峯隱，再給以水草。飲水不多，食草又不擇。每一駝負米一石五斗。後駝鼻絆於前駝之背架，連環相絆，一夫照料，多至十餘駝，工省而費少。

恤駝之法，宜備輭屜以護其肉峯，扁鞍以護其背，慎牽以護其鼻，鼻破則力減。山路施皮鞋以護其足，扶整駝具以防其傾側，放牧毋睡以防其攘竊，防其驚逸。

駝之遺溺與他獸異，直向後方，故行其後者須慎防之。

有要事須攢程前進者，日行八百里，可數日不食。惟須於起程時，以草裹鹽置其口中，而以布蒙其外，嚴泐之。抵其地，於口旁以錐刺孔，使緩緩出氣，以漸放大，至經寸二三而後去布。蓋行急時，不及換氣，刺以孔者，令其氣呼出也，若卽去其布，卽倒斃矣。

人行沙漠中，僅備乾餱，取駝之遺矢，近火燃之，略無牛馬矢之臭。

駝能識泉脈，取水時，令一人騎而任其所之，無三里不得清泉者。

飼駝之法，飲水畢，少飼以鹽。

駝知風嚮，風欲起，卽趨避，故蒙人常以駝爲占風之獸。

駝以青海之柴達木所産爲首選，土人云，柴達木種，肉峯高而負重多，胃囊大而耐渴久。中途遇有狂飈，他駝行背風，此獨逆風而前。旋風驟至，捲沙成柱，他駝或爲捲倒，此獨植立不動。其軀幹重，筋力强，能禦風沙也如此。

駝毛可製種種厚毛織物，其柔軟精細者，和之以絲，可織美麗之衣料。蒙古所産，輸出於外國者甚多。柴達木所産，豐厚而多氄，製爲氈毯，輕柔細潤，非他産可比。

安塔哈

安塔哈，卽野駝也，似駝差小，頂下垂㲉毛，産朔北野馬川。

鹿

鹿生森林中，四肢細長，尾短，性質温順。雄者生有枝之角，每年脱换，年增一枝，既老則否。壯時毛茶褐色，有白星斑紋，俗稱梅花鹿。雌者無角，毛色較淡。種類甚多。

木蘭爲較獵之所，又謂之哨。哨者，哨鹿也。哨鹿者，著鹿皮衣，冠鹿角冠，夜半於曠山中吹哨作牡鹿聲，則牝鹿啣芝以哺之。蓋鹿性淫，一牡能交百牝，必至死，死則牝鹿含芝草以生之，故哨之以取其芝也。

駠鹿

駠鹿，西陵産，性伶俐，體細長，角生枝，毛褐色，無斑紋。産於東海鄂羅春奇稜部者，牝亦有角，與常鹿稍異。其能負重也似牛，可載人也似馬。

斑鹿

青海産斑鹿，皮毛美麗，見水卽照影自顧。不遇急，不輕涉河。山中皆有之。獵者每伏於山麓河濱，以俟其至。

瑞鹿

康熙己丑，聖祖秋獮，行圍於巴顔陀羅海，所獲有瑞鹿一，其角長七尺有九寸，叉之數十有六。蓋鹿之角，自兩叉、四叉、六叉以至八叉，歷數十年而後成，其踰八叉者，不可辨其年歲，千萬中一遇而已。乃命藏之武庫，以誌山靈之獻瑞焉。

二寸許之小鹿

康熙丁未冬，商邱宋牧仲尚書犖謁相國柏鄉魏文毅公裔介，座次，見小鹿一頭，長二寸許，雙角嶄然，與大鹿無異。

羊乳鹿

乾隆時，臨安山中產鹿，於清明前後生子，其子必俟天雨方能行，若無雨，終不能行也。土人覓得歸家，以羊乳之，長大，即隨羊行走，野性稍馴，可爲園林點綴品，曰羊乳鹿。

鹿茸

鹿茸本爲我國特產，東三省最著名，所謂關東鹿茸是也。鹿潛居深林幽谷間，獵者捕之，割其茸。日本人謂之袋角，蓋角根軟處有如袋然。三姓、琿春等處亦有飼鹿者。

製法，以北產爲良，而品質不及西產之厚。然西產製法，亦未嘗不佳。最上者曰旋茸，其法得一生鹿，閉於栅，衆圍之而呼噪，鹿性躁，驚距奮擲，足無停趾，其體純陽，兩角更甚，數小時，約其熱度達於極點，有力者猝入，以利刃斷其首，長桿丈餘，上穿鐵環，綴八尺之鐵鍊，而以角繫其端，力摇而旋轉之。甲疲乙易，乙疲甲易，不知其幾千萬轉，其精血靈活和匀，無孔不入，無竅不通。稍停，則精血凝滯之處，易生微蟲，精血不到之處，元氣不足，非全材矣。

俄屬亞西亞中，鹿茸之集散地，有名之處甚多，其較大者爲阿爾泰，爲北貝加爾，爲南而輕斯科，爲氣夜庫他，爲北斯特來輕斯科，爲黑河，爲蒲拉鄂愛西輕斯科。惟自海參崴至蒲拉鄂愛，多爲麋鹿茸，僅海參崴有梅花鹿茸而已。

海參崴附近飼鹿較盛之地，爲細氣米，在海參崴西二百里，距琿春我國境百里；洞南，海參崴入口之島；馬牙山，海參崴西二十里；甘溝子及青島，海參崴東二百里；夾皮溝，海參崴東四百里。海參崴附近之飼鹿場，尤以細氣米之俄人亞西壳甫思氮所設者爲最大。其牧場背山沿河，長闊均百餘里，地多高下，樹木極繁，中間道路四通，周圍繞以鐵網，飼鹿其中。項懸小圓木牌，上載鹿之名稱及號數。別作名簿，可以查點其數。有大小梅花鹿二三千頭以上。以此，可推俄人飼鹿之繁盛矣。

鹿之用途，雌與雄不同，養雌鹿欲其蕃殖，養雄鹿欲取其茸。年取一次，率在二月。茸初生長，身體強壯者，至四月中自落，謂之出回之落茸。身弱者，至六月中旬始落。成長過度，即非佳品。最劣者，至七八月尚不落。既成角，僅可製膠，必至次年二月再生新茸之時，其角自落。故養鹿者於新茸既生之後，須保護之，例如鹿鬭必用其角，恐傷新茸，故不使其羣居。取茸時期，大概在四五月間，酌量其成長之度而割取之，勿待其自落也。

俄人割取鹿茸之法亦有二，一取於死鹿之角者，一取於生鹿之角者。細氣米及甘溝子等處，牧場中生取鹿茸之法，頗爲完備。於其牧場門側設採取之場，圍以栅。栅之前後有門，後門有足容鹿二三十頭之屋。屋前更有一小屋，屋中以板隔爲三，每一隔可容一鹿。最前一隔之板，設有機關，由後屋中放鹿三頭入前小屋，其小屋之最前一隔，機關踏動，左右後三面之板，緊貼鹿身，前面之板，支住鹿之下顎，不能動。然後操刀割取，以藥塗其傷處，開前面之户板放出，以漸由後放鹿使前也。

俄人養鹿者甚多，每年售與我國之價格甚巨。但此猶爲天然品，如欲適於食用，必加製煉，其法甚多。俄人不知其製法，故僅以生貨售與我國人。其法，一月約可製一次，燙以熱湯，置之通風良好之地三日，再以水煮，反覆數次，此即九蒸九晾之法。二十日後始畢事。此項精製品，其質堅緻，可切成極薄之片。如遇陰雨，尤費事也。

麋

麋，似鹿而大，牡青黑色，牝褐色。牡角有枝，每年脱换，年增一枝。其枝末分簇，並與鹿同。目下有兩孔，能夜視，卽沙鹿也。

麈

麈，亦稱駝鹿，滿洲語謂之堪達罕，一作堪達漢，産於寧古塔、烏蘇里江等處之沮洳地。其頭類鹿，脚類牛，尾類驢，頸背類駱駝。而觀其全體，皆不完全相似，故俗稱四不像。角扁而闊，瑩潔如玉，中有黑理，鏤爲決，勝象骨。大者重至千餘斤。其蹄能驅風疾，凡轉筋等症，佩於患處，爲效甚速，世人貴之。

麝

麝，似鹿，無角，長三尺許，毛灰褐色，甚長。牡者犬齒突出口外。皮可製物。盛産於青海之南北二境，每年輸出甚巨，角之長者與鹿茸並貴。西藏江拉、希拉之間，皆重巖複澗，深林密箐，野獸種類無數，斑鹿、香麝之類尤多。獵者重披毳裘，著皮帽革韡，負火鎗，腰刀械、藥彈、糗精，伏處崖谷，風餐露宿，鮮火食。

山有何種獸迹，見遺毛矢溺，卽可辨之。有麝之山，其香特異。凡荒山深壑，有三種香味，毒瘴一也，草藥二也，麝香三也。寒瘴不香，熱瘴微香，毒瘴最香。瘴愈毒，香愈烈，惟其香帶塵土氣。野花、山藥，其香氤氳而有味，聞之精神軒爽。若麝香之味，遠聞之，香烈而略帶腥，忽隱忽現，若卽若離，愈近麝穴，其腥愈不可聞，循其腥而尋之，百不失一。蓋麝臍最穢，常流血液，晴時必仰臥於草地而曝其臍。臍眼凸出，大如鉢，腥臭異常，蚊蠅蟻蚋飛集蝕之，臍眼突縮入，微蟲碾如虀粉。一日數次，脂漸凝厚。此爲草頭麝，藥肆常用之品也。曾吸入蜂蠍蜈蚣毒蟲類者，臍有硃紅點，謂之紅頭麝，其品已高。最貴者曰蛇頭麝。毒蛇吮其臍，麝驚痛而力吸，跳踔狂奔。蛇身伸屈盤結，堅不可脫，須臾，蛇身截然而斷，首卽腐於內矣。臍有雙紅珠，是爲蛇眼，得之以合藥，香經久不散，治毒症，至有效。麝捷足善走，遇人追急，輒自掐臍眼使破，知爲焚身之累也。獵之能者，四散伏而捕之，聲東擊西，使之無暇自掐。若受傷而爲人追及，猶伏地哀鳴掩其臍，或以四蹄緊抱之。麝多，俗名麝熟；麝少，俗名麝荒。麝熟之年，藥商西來收買，茶十斤可易其一，較內地之價僅數十之一耳。

麞

麞，與獐同，亦名麕，又謂之麇，似鹿而小，無角，毛褐色。其革細軟，用與麅皮同。

麅

麅，麞屬，牡者有短角，毛褐色，脚短力勁，善跳越。其革至柔軟，可製手套、表袋等物。

麈

麈，麞屬，俗謂之麈子，色蒼赤，其毛易落。皮僅供車帷之用，肉味美，供食。

瑞麈

乾隆辛未，高宗秋獮塞上，蒙古台吉必力滚達賴以麈獻，色純白，睛如丹砂。《抱朴子》稱鹿壽滿五百歲，則色白。壬申，又於巴顏河落圍中生致一。白麈性特馴擾，亦周陸所僅見也。

布魯特牛羊

布魯特之牛羊，喜飲雪水，不雪，則延毛拉咒經，以繩繫龜殼一，活蝦蟆一，懸浄水上咒之。龜背見水珠點，頃刻卽雪，謂之下劄答。有病者，毛拉禳之，屠羊於前，擊鼓踏舞，謂鬼附羊身以滅。

牛

牛種類甚多，毛色各異，其體肥大而毛作黄褐色者，俗稱黄牛，性馴而力強，農家多畜之以助耕。其齒脱换，與人齒同，滿三歲，則門齒、臼齒盡爲永久齒，故視齒可知其年齡。其肉與乳，皆爲滋養品，皮脂骨角，皆爲工業之原料。

青海之牛有三種。曰犛牛，尾大毛長。長毛者毛直而潤，爲上種，短尾者毛拳而微燥，次之。自顎至腹，毛垂及地，僅露四蹄，良工採之製冠飾，謂之羽。毛之最美者，在腹下近臀處，正中一線，兩旁毛裏之甚密，名曰胎桿，以乳汁浸而熟之，能摺疊不斷，放之，直如故，了無摺痕。價最貴，一纓之製，可值百金，後亦亡其製法矣。次則曰鐵桿，毛堅而兩端粗細如一，經風不亂。長尺有二者，價亦數十金。此二者必運至平番，經匠人手製，而後成美材，他處製法不及也。又次者織羽布，最粗者亦製毛布氈毯。且多力，能負重，健勝駝馬。惟性劣難馭，乳味亦稍遜。俗呼毛牛，有黑、斑、黄三種，是爲青海特別之産。曰犏牛，身臕壯，皮革至厚。牡者轉運，牝者資以取乳，和茶，製酥油，味最勝。曰黄牛，身小而馴，耕田之外，兼以採乳。

跛牛爲王詞卿所救

常寧王詞卿仁而愛物，里人陽姓畜牛而跛，屠人鬻之，將就宰，遇諸途，詰之曰："值幾何？"屠窺其意，曰：「百金，不返也。」詞卿戟髯怒指，厲叱之曰：「私宰耕牛，律有明禁。不還，我將鳴諸官。」牛觳觫不前，長鳴作謝狀。屠者懼。償以原值，牛得活。畜之家，戒牧人勿盡其力。呼鬻牛者告之曰：「牛跛而授之戮，寧不計未跛時爲汝耕乎？一念之沴，恐足以召兩大之災也。」於是鄉人皆感之，無鬻牛者。

水牛

水牛爲牛之好泅水者，惟吾國與印度有之。體大於常牛，額短狹，角甚長而微彎，毛短而硬，色黑，力亦較大，爲用並如常牛，印度人兼用以搬運貨物。

犀

犀較象略小，角生鼻端，爲用甚廣。其皮皺襞極堅厚，古人恆用以製甲。產於青海者，皮厚而無毛，鼻上生前後兩角，後之所產祇有一角，爲奇驗之解熱藥。

牛黄

牛黄，藥名，多於病牛膽中得之。犛牛、犏牛、黄牛皆能生黄，犀牛所生者尤珍貴。狀如雞子黄，投入水中則硬。凡牛有黄者，輒出入鳴吼，夜視有光，坐是而食草不多，行走不捷，日漸瘠立，兩眼瞼皆黄色。計其吐黄之期，須終日按脈而伺之。仰繫之則不吐，俯繫之則隨吐隨食，必俯繫之而以其舌不能及地爲率，又須防其蹄踐也。吐黄以後，體益驃健。如逾期不吐，必斃，剖腹取之。黄無精采，其色淡黄紋理細者，上品也，《本草》謂主治驚癇，療小兒百病。出陝西、甘肅者，謂之西黄，出廣南者謂之廣黄。

真犀黄，作金黄色，紋理粗。暑日置於案，蚊蠅不集。研末少許，置沸湯中，無巨泡。必於巖穴叢箐中遇之。

犀力猛可與虎豹角。得犀而剖腹驗之，往往無黄，探其穴，藉草之下，有土光滑可鑑者，掘之始有。蓋吐黄時每隨吐隨食，惟吐於藉草之上，吮食不浄，餘液下漏，沈入土中也。然探其穴，得之又不多。

牯牛怪産

光緒庚辰七月，婁縣水浦橋農家牯牛産一犢，六足二尾，其四足與常牛同，兩足在腹下甚短，其二尾之下，各有一肛門，每遺矢，則一時並出。主人怪之，不敢畜，有江北人出銀幣六圓買之去。

山羊

山羊古稱吴羊，毛短，色多白，牝牡皆有角，而向後彎曲，毛亦可用，江浙多畜之。頷下有長髯。舊謂野生之羊爲山羊，後以家羊酷似野羊，故亦稱爲山羊也。青海之山羊似綿羊，而毛光潤。有羖羊，黑多於白，角削身小。皆孳養繁息，乳肉味咸美。

羚羊

羚羊爲羊屬，狀似山羊，背甚高，角短而直，可入藥，角尖後向。毛長，黑褐色，有白毛雜生。足底上凸，故行時能留其趾痕於地。嗅覺鋭敏。夜則懸角於木以防患。産漠北、青海，青海所産稍遜。採乳不節則不育，故番人罕畜之。

綿羊

綿羊，可食，味勝於山羊，體稍大於犬。牝者無角，牡者有小角一對，卷曲如螺旋。亦有牝牡俱有角，或皆無角者。毛長而軟，多卷曲。口眼甚小。性温順。其毛可織呢氈之屬，並以爲裘。青海之綿羊，頭小尾重，毛豐而拳，多氄，孳生最繁。

青羊

羊有青者，南人所罕見，塞上多有之，善走屜巖間，爲山羊之一種。

羊有煙癮

光緒壬申，漢皋某館舍之庖人，買一羊於市，歸而縶之廊下。不逾時，羊昏然倒，四足直伸，伏於地，俄而口鼻皆流白涎，意謂羊病矣，將烹之。適有好事者自外入，戲曰：「此羊殆有鴉片煙癮乎？」遂以紙裹煙灰而燒之，薰其鼻。須臾，白涎漸乾，自地躍起，雄健如初。次夕復爾。至除夕，庖人殺之，割其腹，見肺孔中有紅首蟲無數，乃卽以鴉片煙薰之，蟲皆蠢然出。庖人棄肺於野，羣犬皆不食。後知此羊乃一鄉叟所蓄，叟有鴉片巨癮，每吸煙，羊輒以首探牀上，聞煙香，積日既久，遂亦上癮矣。

野山羊

內蒙盛產野山羊，俗稱黃羊，蒙名羊媽古列惡所。形同山羊，角較長，體較小，身多黃黑斑。雛羊方產卽走。惟性野難畜，羣居溝凹地，竄走甚捷，捕之維艱，雖狡黠如狼，亦難以傷害之也。皮可製褥，惟毛脆易折，不能作衣。肉亦可食，味較綿羊爲劣。

楂達石

楂達石，出蒙古、西域，色黃白，或圓或扁，生於羊腹中。既生，則羊日瘠矣。而駝腹中亦有之。

蝙蝠

蝙蝠自手足至體之後端，有膜連之，故能飛翔空中，捕食蚊蠅。全體密生暗灰色軟毛，口中有齒，後趾短，有鉤爪，息止，以之鉤物，而懸其身。以乳哺其子，故爲哺乳動物。

七里坡石洞有白蝙蝠

伊陽縣城北鳳凰山七里坡有一石洞，爲古名儒讀書處，洞甚深。宣統末，有往探者，燃燭而入，有時上行，拾級如梯，有時下行，俯視若井。最終，見有透光處如豆，聞有蠕蠕聲，捕一蝙蝠，色純白，大如篩。

青海之鳥

青海樹林叢密，而枝上無鳥巢，蓋平野無層巒扞蔽，狂風四至，捲樹如束，震撼摧折，鳥不能安其居。野獸毒蟲，充牣林箐，輒升樹捕雛而食，羣鳥不能禦，又無民居相倚，荒僻處所，遂無一枝可借。是以大小羽屬，多棲於斷崖荆棘之中，種類又不繁息。

西康之鳥

鷹、鳩、雁，西康所在均有之。梟，乍了、德格、巴塘均有之。鴉，有純白者，如人死，棄之於山，必先白鴉食其睛，羣鴉乃食其肉，裏塘有之。鴷，巴塘、鹽井有之。鴿，名鵓鴿，德格、巴塘、乍了、察木多均有之。鵲，巴塘、德格各處均有之。鸚鵡，巴塘、鹽井均有之。鵓鴿，巴塘、乍了均有之。鶥，土黄色，西康有之。鷗，巴塘、乍了均有之。鸛，巴塘、乍了均有之。鴞，巴塘、德格均有之。鵌，貢覺、三巖、巴塘、江卡均有之。鵪鶉，卽黄脰雀也，巴塘、乍了均有之。雀，巴塘、乍了、石渠均有之。燕，巴塘、乍了均有之。

墨色鳥

淮安有墨色之鳥，長可六寸，身瘦尾歧，形似燕而較大，鳴聲如黄鸝然，不若黄鸝之悦耳。飛集必雙，片刻不離，常於樹顛見之。

大頭鳥

長白山有大頭鳥，嘴短毛白，身長三寸，頭大於身。飛落石上，每見其首，不見其尾。

四翼鳥

長白山有四翼鳥，頭圓尾細，前兩翼長，後兩翼短，色淡黄，形同蛺蝶，聲似黄鸝。人有見其雌雄雙飛者。

虎嘶碧落

塞外地方有名虎嘶碧落者，譯言怪鳥也，在二十五臺東去六十里。相傳某年其地有鳥，見回人，卽啄之，見華人，則飛鳴高舉，不敢近，亦真奇矣。土人因以爲地名。

博白多鳳凰

博白有緑含村，其山多鳳凰，有高三尺者，備五采，冠似金杯，常棲高樹顛。又有大如鵝者，尾甚長，動其羽，聲如轉輪，名大頭鳳。或爲瑶僮所射，緝毛爲裘，涅而不滓。

兩江溪洞中出鳴鳳，形如孔雀，頭上有彩，毫光如掣電，冠上垂二弱骨，長一尺五寸。其鳴叶宫商。

烏鳳

烏鳳，大如喜鵲，紺碧色，背上帶赤，腹白，羽黑而微赤。頂上有冠。眼大瞼青。尾長尺餘，有軟骨，能迴轉。鳴聲清越。其巢兩端有口，此入則彼出，以尾長故也。生左、右江溪峝中，極難得。

倒挂鳥

粤産倒挂鳥，卽桐花鳳，日間收香氣於翼，夜則倒挂放之。

孔雀

孔雀，形略如雉，體長三尺餘，翼短小。雄者特壯麗，尾有長羽，能開張作扇狀，金色，有翠緑斑紋，作眼球形，排列於上。觀其文彩，雖取百鳥之美羽集於一身，不能成此絢爛，實雌雄淘汰最佳之實例矣。展尾徐步，且行且鳴，以自矜其美，名曰示美運動，亦悅雌之慣性也。或曰，雄者最喜美麗，性妬忌，自矜其尾，遇婦女、童子服錦綵者，則展其尾如羽狀，必逐而啄之。

孔雀産於熱帶地，吾國園囿所蓄，多由印度羣島及暹羅輸入，故畏寒，不易畜也。朱竹垞曾見其舞，而爲《八寶妝》詞以詠之，詞云：「庭暗娑羅，山明躑躅，正值好春時候。不用紅樓三十級，合在迴廊疎牖。朝來彈指，阿誰妒殺芳心，緑蕤響處開鞭驟。絶勝織成步障，編他銅釦。看場壓倒窗櫺，一迴舞，旋更教人立屏後。數項翠尾花如縷，怎染出輕紈圖繡？除非是邊鸞好手。郁咿聲裏低丹咮，問飫眼蠻奴，莫銷殘碧暗金否？」

鶴

鶴種類甚多，最貴者爲丹頂鶴，高三尺餘，嘴及頸脚皆長。翼大，飛翔至捷。體純白，頂赤，頷頰及自咽喉至頸黑色，翼尖亦黑，尾羽白。喜食魚。鳴聲高朗。産東三省及西伯利亞等處，至冬，遷居温帶地，春歸舊土，候鳥也。

鶴獻芝

福州城西有一園，山環水繞，境頗幽勝。園有雙鶴，丹頂白羽，品殊不凡。梁茝林中丞章鉅撫桂時所得，擕之歸，以贈園主之祖者也。畜之久矣。時或振翮長霄，刷翎茂樹。每遇風清月朗，引吭長鳴，意若自得，飄飄欲仙。一日，主人之日八十壽辰，各啣一靈芝獻於庭，如祝壽然，賓客皆驚異之。

鸛

鸛，似鶴而頂不丹，頸嘴皆長，全身色灰白，翼尾黑色。巢於高樹。青海有之。

鷹

鷹，嘴長於鳶，嘴自根卽鉤曲，兩翼張度至二尺五寸，背暗褐色，腹白色，有黃褐色橫紋。脚四趾，其三向外，其一能前後回轉，皆有鉤爪，勁而有力，眼甚銳敏，盤旋空中，無微不矚，獵者多畜之以逐禽兎。一名鷞鳩。

遼東皆產鷹，而寧古塔尤多，以俗名海東青者爲最貴，純白者上，白而雜他毛者次之，灰者又次之。神俊猛鷙，能見雲霄中物，善以小制大，尤善捕天鵝。隴人呼爲海青者，實卽海東青，以產地殊，故異其名。產於西域霍罕汗者，則曰白海青。

鶻

鶻似鷹而小，體長尺餘，羽灰色，腹白，有黃黑或赤白色之斑點，尾有淡黑色橫條。人每豢之，以捕小鳥。雄者脚極長。又雉之屬。《爾雅》:「青質,五采皆備成章曰鷂。」

鳶

鳶,狀與鷹略同,惟嘴較短,尾較長。全體褐色微紫,翼張度至四尺許。飛時不甚動,若靜懸空中,喜迴旋,作大環,尾常開展,或平或傾側,以調節其勢。有所搏擊,則自空疾下。常攫取蛇、鼠、雞雛等,亦嗜食腐敗之肉。俗謂之鷂鷹,又稱老雕。

鵰

鵰,本作雕,鷙鳥也,一名鷲。嘴強大,中央鈎曲。大者之翼,平展至七八尺。其足有羽毛覆之。性較鷹爲更獰猛,嘗攫食獐、鹿等動物。其羽可製扇,可爲箭翎。有狗鷲、羌鷲數種。

直隸產鵰,嘴及四趾均如鈎狀,毛色淺黑。其產蒙古者,上部灰色,下部黑色。產長白山之木頭峯者,有三種,曰大鵰,曰坐山,曰白尾。青海所產,則兩翼廣及數尺,可製箭翎、羽扇。

骨託

沔州有禽,名骨託,狀類雕,高三尺許。其鳴之聲若骨託然,因以名之。能食鐵石。或謂鐵石至堅,非可食之物,遂有人以三寸白石,繫以絲繩,擲其前,卽吞之。良久牽出,視石,已軟如泥矣。

王鵟

王鵟產直隸，黑褐色，鈎嘴鐵爪，頭有瘤狀突起，性猛烈。

角鴟

角鴟，形與梟同，惟耳邊有長毛似角。全身褐色，有白斑。頭稍類貓，眼圓大，帶赤黃色，周圍有粗剛毛圈。亦名鴟鵂，又稱怪鴟，俗稱貓頭鷹。視力甚強，暗中覩物，而晝間反不能視。《莊子》所謂「鴟鵂夜撮蚤察豪末，晝出瞋目而不見丘山」即此。

鵂鶹

鵂鶹，與角鴟同類異種，身小而眼圓大，有毛角如兩耳。俗與角鴟同稱爲貓頭鷹。

梟

梟，亦作鴞，狀與角鴟同，而無毛角。晝潛洞穴，夜出捕食小鳥及鼠類。

鴆

鴆，亦作酖，毒鳥也，一名運日，又曰同力鳥。狀似鴞，紫黑色，赤喙黑目，頸長七八寸。好食蛇，巢下數十步，草木不生。鳴聲如擊腰鼓。以其羽畫酒，飲之立死。廣東有之。

鬼蜮鳥

海南有鳥名鬼蜮，出深谷中。當受胎之際，各含一沙，又折枝遍插各徑口，爲符號，以阻人往來。若不知而誤入之，則噴沙以射人，中之必死。

啄木鳥

啄木鳥，嘴銳直而堅，足四趾，二趾向前，二趾向後，便於攀木。舌細長，尖端有鉤。以嘴叩樹，察有木蠹者，穿孔鉤出之。種類頗多，常見者爲紅啄木，背翼均黑，雜以白斑，頭尾有赤羽。次爲青啄木，背尾綠色，頭灰白，額頰皆黑。

鳩

鳩，狀如野鴿，頭小胸凸，尾短，兩翼長大，善飛。其特性，能自嗉囊分泌一種乳汁，自口吐出，以養其雛，如祝鳩、斑鳩之屬是也。古人於鳥類，多以鳩名之，如鶚爲雎鳩，鷹爲鷞鳩，布穀爲鳲鳩，則固非以形態類屬，特假借名之也。

鶉鴣

鶉鴣，即祝鳩也，長尺許，嘴細長，上嘴鉤曲，羽黑褐色，頸旁有黑色及青灰色之鱗狀斑點，肩與脊上有赤茶色斑點，胸淡赤褐色，尾羽黑褐色。晴時鳴聲有緩，將雨則急，故俗又稱之曰水鶉鴣。

斑鳩

斑鳩，一名鶻鳩，體小於祝鳩，羽色淡白，頭頸及下面色灰白微紅，自肩脊至尾皆灰褐色，後頸有黑色之斑輪環。陸璣《詩》疏所謂「項有繡文斑然」者是也。

鴿

鴿，鳩類，有野鴿、家鴿二種。野鴿全體暗黑，惟背之中央爲灰白色，頸及胸有紫緑色之光澤。羣棲林中，出食田禾，爲農家之害鳥。家鴿爲野鴿之變種，形態羽色，種別甚多，飛翔頗捷，記憶力甚強，放至遠處，能自歸，故古人用以傳書。俗稱鵓鴿。其肉與卵皆可食。

養鴿者，每於鴿尾以鈴綴之，朝日初升，鴿羣乍放天際，鈴聲悠揚飄忽。

蘭州藩署之鴿

蘭州藩署棲鴿數千，相傳嘗有盜夜來劫庫，鴿乃大噪，異於恆。管庫者訝之，起視，盜因被獲，緣此官中月給二十四金以爲鴿俸。

鴉

鴉，與鵶同，烏鴉也，純黑。反哺者謂之烏，小而腹下白不反哺者謂之鴉。內蒙古之鴉，大如雄雞，蒙人呼之謂喀爾客列，作鶚鳴，眼光至銳，喙長而利。駝行道上，所負行篋中如藏有肉食，雖裹以厚革，能嗅而啄穿啣去。產於青海者，高二尺許，食穀類果實及小鼠毒蟲，又貪食人尸，故肥而多脂。

太廟多鴉

太廟多鴉，每晨出城求食，薄暮始返，結陣如雲，不下千萬，都人呼爲寒鴉。民間學塾，往往視爲散學之候。

火鴉

儋州有烏鴉，能食火，每啣火置人屋上，以翅煽焚，則羣鳴飛舞，其名曰火鴉。居人多以食物禳之。

鷹兒

鷹兒，亦鴉之一種，内蒙古名之曰烏郎火燒，體小性柔，易豢。

慈烏

慈烏，烏之別稱，體稍小於鴉，嘴之尖端較細，體黑色而有紫緑色光澤，多鳴於早晨。好食田圃之農産物，亦食害蟲。知反哺，故稱慈烏。

烏啄蝗

康熙壬子夏，吴中大旱，飛蝗蔽天，竹粟殆盡。蝗亦有爲鴉鵲所食者。長洲諸稼軒家庭中之椿，有烏巢於上，以其朝暮飛鳴，方憎惡之。至是，獨喜其捕蝗。中有一無尾者，攫啄尤多。胡汝源聞之，喜而作歌曰：「昔人曾稱鴉種麥，今日喜見鴉捕蝗。吴民徵輸困來久，况復連遭水旱殃。苗未插蒔田未墾，催科已比五分糧。仰屋躊躇莫措手，忽聞蝗來西北方。老人昔年被災沴，談虎色變如虎傷。無稼可食且集樹，繩繩振振滋駭惶。園竹岸蘆到卽罄，黄衣三使徵夢祥。浙中消弭賴刺史，吾蘇漫漫無短長。烏烏啞啞高下翔，奮迅攫啄如鷹揚。承蜩之捷猶掇爾，就中尤羡秃尾狼。羣烏相將飽枵腹，吴民或得療飢腸。臺上快睹等捷凱，擬草露布爲張皇。白公大嘴可勿誚，竟當進號烏鳳凰。瞻烏爰止在鄰屋，愛之却彈將弓藏。」

鵲

鵲尾長六七寸，與身相等，背黑，有紫緑色光澤，肩腹及翼之下羽皆白色，嘴脚皆黑。俗以其鳴聲爲吉祥，亦稱喜鵲。性最惡溼，故又謂之乾鵲。

雀

雀，體小，褐色，有黑斑，俗呼麻雀。

山雀

山雀，體赤褐色，頭部有黑斑，嘴強直，能破堅硬之物，飛翔山林，捕食昆蟲。性慧，能習諸種技藝，人有利用之以營生活者。

鬼雀

鬼雀，産内蒙古之烏蘭察布盟北鄙，與土謝圖汗部交界處。形似麻雀，學馬嘶、犬吠、獺鳴，維妙維肖。與鼠同棲，騎鼠而戲，鼠恆受其指揮焉。

芙蓉鳥

芙蓉鳥，狀似雀，羽色黄，翼淡黄微白，鳴聲可愛，人多畜之。

竹葉青

竹葉青，一名竹林，大如雀，翼長三寸許。雄者上體作青碧瑠璃色，甚美麗，胸黑腹白。雌者背部黄褐，腹下微白。善鳴。夏日來自婆羅洲等處，冬歸，故爲候鳥。

千里紅

千里紅頂有紅毛，喜食蘇子。俗呼蘇雀，黑龍江稱爲老鎗雀。出俄羅斯地，雪後即來，羣飛入海。

浄池鳥

太白山有一峯，直上三十里，盛夏雪霰不融，人不能登，惟六月可上。上有太白神殿，以鐵瓦覆之，水池五。有鳥紅色，大如雀，池有滓穢，則啣去之，人呼曰浄池鳥。山奇寒，無林木鳥獸，亦不知其棲止何所也。

白玉鳥

白玉鳥大如雀，嘴粉紅而羽白，皆有黑條紋，俗呼之曰白燕。

蘆虎

蘆虎，似雀，青斑長尾，好剥葦皮，食其中之蟲。

雞

雞，亦作鷄，雌雄皆有肉冠。食道之一部爲嗉囊，其胃分前胃及砂囊二部。脚强翼短，不能高飛。雄者之羽毛美麗，鳴管發達，以時而鳴。肉及卵皆有滋養之效。産青海者種極大，閉於塒，育卵最繁，在宣統時，八錢可購十枚。

雌雞化雄

康熙時，繁昌吴士明家畜一雞，生卵已久，忽化爲雄，冠漸紅，羽漸長，鳴聲嘐嘐於子午候矣。歸安孫在豐年十六，以冠軍入庠，適雄雞生卵，而學書來。家人以爲不祥，殺雞佐黍，投卵於河。嬸氏聞之，曰：「此佳兆也，姪他日必作狀元。雞宜畜之，奈何並卵而棄之耶！」後孫竟以第二人及第。

慈雞

盛氏園畜二母雞，黄白各一，桑麻掩映，分栅而棲。各養數雛，晨夕挈雛出入，二雌同行，宛若人之洽比其隣者。一日，黄者被人竊去，失母之雛悲鳴不已，白者頻來顧視之，若代爲憫惻然。自後得食相呼，歸棲逐隊，蓋亡形於黄白，而皆視爲己子矣。盛之友訪盛而見之，因呼之爲慈雞。

蚊母鳥

蚊母鳥，大如雞，體灰白色，頸及背腹部有黑斑，尾黑褐色。夏日居於黑龍江等處，冬赴熱地。晝伏森林，夕則飛翔河邊，食蚊虻羽蟻。嘴小深裂，張之則成大口，食蚊無算，故爲益鳥。舊説以爲吐蚊，誤。《爾雅》作「䖤母」。䖤，古蚊字。

雉

雉之形狀習性，與雞相類。雄者甚美麗，目赤，尾甚長，雌則否。棲息山野，食穀類嫩葉及蟲，侵及禾稼，故爲害鳥。漢吕后名雉，故諱稱野雞，至今沿之。産於内蒙古一帶者，重斤許，羽灰色有鱗紋，望之似斑鳩。

木蘭産雉，初在草中，爲人馬所驚，輒飛起。然僅飛於兩山間，不能越山而過，力竭則撲而下，入草中，尚能衝十餘丈。至此，則以首伏叢薄，不見人，即自以爲人不見矣。俯而拾之，尚活。

趕翎哨

東陵後山産雉，較他處野雉稍小，肉嫩而鮮，名趕翎哨，可馴養。

錦雞

錦雞，古名鷩雉，形狀大小略似常雉，羽尤麗。雄者頭青荼色，頸有純白輪紋，胸腹紅銅色，有光澤，背與尾帶金黄色，尾甚長。雌者亦似常雉，惟胸腹黑斑較少。

秧雞

秧雞，全形似雞，又名水雞，嘴長於頭，根部赤色，前端褐色，背黄褐，腹灰色。棲息水田，食小蟲魚，鳴聲如人之擊柝。

馬雞

馬雞出秦州，大倍於常雞，形如馬，徧體蒼翠，耳毛植竪，面足赤若塗朱。宋荔裳在北平時嘗畜之，爲之賦詩。

山雞

山雞，形似雉，雌雄毛色各異。雄全身紅黄，有黑斑，尾長。雌者黑色微赤，尾短。古名鸐雉。

鷴

鷴，通稱白鷴，似山雞而色白，有黑文，尾長三四尺，嘴及爪皆赤色。長江以南産生最多。亦作鷳。

食火雞

食火雞，與駝鳥同類異屬，身高五尺餘，羽色黑，頭小而無毛，頸亦裸，頂有肉冠，脛較駝鳥稍粗短，善走，産澳洲及新幾内亞島。舊説能吞火炭，故名，今簡稱之曰火雞。道光時，英人佔舟山，攜火雞以來，遂有遺種。今定海人豢之者甚衆，歲由甬舶載以至滬，供西人之食者，不可勝數。

吐綬雞

吐綬雞産於巴峽及閩、廣山中，雄者高三尺許，雌較小，羽色彩甚美，頭部無毛裸出。上嘴根有肉冠，能自由伸縮，伸之長一二寸，垂於嘴下，縮則前頭部成小塊，時時變青白藍紫紅等色，煥爛奪目。亦稱火雞，日本曰七面鳥。

雷雞

蘇州拙政園有雷雞一，大如鸛雀，羽毛五彩，類吐綬。觀者故觸其怒，則撲翅掉尾，有聲隆隆，震地若雷鳴然。

竹雞

竹雞形如鶉而較大，尾短，羽褐色，有棱色斑紋，喜居竹林中。

樹雞

樹雞形似雌雉，脚小有毛，肉味與雉同，以之作湯，尤鮮美。然較雉難得，多在深林密藪。黑龍江以爲貢品，謂之飛龍，或謂卽《爾雅》之鵽鳩也。

半翅

《爾雅》：「鵽鳩，寇雉。」郭璞注：「鵽大如鴿，似雉，鼠脚，無後指，歧尾，爲鳥憨急，羣飛。出北方沙漠。」盤山有之。土人呼爲半翅，卽沙雞也，可食。

鶯

鶯，亦作鸎，亦名黄鸝，又名倉庚，背灰黄色，腹灰白色，尾有黑羽，雌雄常雙飛。初春始鳴，聲宛轉清脆。俗稱黄鶯，閩内呼爲水鴉兒。以歲旱時，忽樹頭覞睕數聲，則滂沱立至，故獲此名。

杜鵑

杜鵑，一名子規，亦稱杜宇，嘴扁平，上嘴末端稍曲，口大尾長，背黑灰色，腹白，有横行黑線。不自營巢，生卵於鶯巢，而鶯爲之孵育。鳴聲淒厲，能動旅客歸思。好食毛蟲，有益於森林。

布穀

布穀，一名鳲鳩，又名郭公，絶類杜鵑，而體較大。全體灰黑色，腹白，亦有横行黑條，嘴尖，趾前後各二。鳴聲如呼割麥插禾，故名。好食毛蟲，有益於森林，爲益鳥。

燕

燕，體小翼大，尾甚長，分歧如翦，喙短口闊，頷肥大，背黑腹白。歲之春分前後，來自暖地，巢於人家屋梁，秋分復去。

粉紅燕

康熙時，蘇州吉由巷民家有巢燕，哺三雛，一白，二粉紅色，時以爲奇，人皆相率往觀。

金絲燕

金絲燕，燕之異種也，體小於燕，背褐色，尾腹間白色。產我國南方及印度，恆居巖穴中。

海燕

海燕以產於熱地，須越海而至也，故名。

沙燕

沙燕較海燕略大，產於大漠。

鶺鴒

鶺鴒，《詩》作脊令，《爾雅》作鵰鴒，形似燕，飛時作波狀，行則搖動其尾。棲息水邊，食害蟲，故爲益鳥。種類甚多，背黑者爲黑鶺鴒，頰下白者爲白頰鶺鴒，自胸至尾鮮黃色者爲黃鶺鴒。

翠雲鳥

翠雲鳥産鄂中，大如鸎，五色陸離，至可愛玩。秋深時，千百爲羣，飛鳴空際。然去地絶遠，不知其棲息何所，疑爲水鳥。

鸚鵡

鸚鵡，産熱帶地，廣州有之。嘴大而短，上嘴鉤曲，覆其下嘴，舌肥厚。翦其舌端，善學人語。足二趾向前，二趾向後。毛色純白。有純赤者，毛羽鮮妍，類猩紅剪絨之狀。又一種純赤，惟兩翅緑如翠鳥。又有五色者，紅黄白緑碧皆具，尤珍麗，每一隻，索直至二十四金。

白鸚鵡諂洪秀全

粤寇洪秀全據金陵時，畜白鸚鵡二，命人教以語言。洪每出，則白鸚鵡必高呼萬歲，其所謂文武者乃效之，呼聲震天，洪乃揖而退。

葵花鳥

葵花鳥，形似鸚鵡，羽純白，翎間微黄。頂有茸毛，如錢大，長寸許。晴霽日，則張如葵花，故名。廈門有之。

鴝鵒

鴝鵒，亦作鸜鵒，俗名八哥。全體俱黑，兩翼有白點，巢於樹穴及人家屋脊中。翦其舌端，令圓，能效人言。通常所蓄者，僅能效百鳥鳴，或逢婦女至，則頻呼好娘娘不止，此均不得爲上品。

湖北某縣有一老嫗，廣蓄鸜鵒，其靈敏者，能奉主命，至戚友家傳達音問，銜取鍼線，人以烏衣使者稱之。某日，鸜鵒又奉命至某姓家借鍼，比返，過鄰村，見場上有遺穀，因置鍼碌碡上，俯而啄穀。驀有飢鷹盤空下，奮爪攫之而去。鸜鵒見有一熟識婦在旁，哀呼曰：「婆婆，吾被鷹攫去，煩寄語阿姥，今生不復面也。鍼在碌碡上，阿姥可自取之。」婦述諸嫗，嫗終日哭泣，幾喪其明。

某姓蓄一鸜鵒，善窺人隱私，撥弄口舌。其家有童養媳，值翁姑他出，潛取廚下年糕煮食之，慮爲鸜鵒所窺，預以飯籮罩其頭，以爲無事矣。比翁姑歸，鸜鵒喃喃自語曰：「飯籮罩了八哥頭，鑊裹年糕滑溜溜。」翁姑聞之，乃責其媳。

乾隆時，錢塘黄寶田有打八哥詩云：「打八哥，打八哥，八哥無匿處。但解陰晴不解飛，沙明露白久延佇。紅蓼洲，青蘆渚，兩啁啾，告其侶。於今高飛亦何益，膠網不設黏竿舉。吁嗟乎，八哥爾何苦，摀舌作人語。爾不見人作禽言人不顧，禽作人言人捕汝。」

翡翠

鳥有青羽者，俗稱翠鳥，亦名鴗，其羽可爲裝飾品。瑞安項叔明著《翡翠曲》，託意深遠，措詞爾雅，有風人敦厚之遺。序云：「春寓郡中之設翠肆者，每朝，野人數輩集其門，輒籠生翠十百至。主乃取翠羽鑷剔而縱之，隨鳥之多寡酬值焉，間有垂損傷斃者，因歎多材爲累之説不虚也。其捕之之法，至水濱，取鴗媒翳細竹間，張絲網於其外，吹筠管作翠鳥聲，翡翠争集，見類而從之，遂冒網上，不能去。」詩曰：「瀛州巢密珍禽小，時戲蘭苕出杳渺。羽毛奇麗比黄金，無鳥張羅偏擾擾。譬波得魚人不争，吹管忽作相求聲。鴗媒嬌翼隔幽篠，千絲結網齊牽縈。提籠却向三條市，列肆威蕤笑朱紫。翠毛零落刀鑷施，何如老蚌相持死。放爾彎環掠石磯，焚身未許惜殊衣。飾釵嬌愛等懷璧，語巧情親皆禍機。始知賈害緣文采，疇侶招呼意先改。」

山翠水翠

湘中出翡翠，有山翠、水翠二種。山翠大而色老，水翠小而色嫩，用飾物品，其色極鮮。交、廣所産，遠不及湘，人鮮知之。即有知之者，亦不知因以爲利也。

相思鳥

相思鳥，産於蘇屬近海之地，湖南、福建、四川亦有之，蜀人呼爲應山猴。大與瓦雀等，喙紅，羽黄緑，顎下純黄，第一級飛羽黑色，鳴時，聲小而韻，飛則並飛，止則並止。至秋季，鄉人輒羅致之以鬻於市，愛之者以雕籠畜之。籠分二格，鎖其一，其一雖放之不去，而仍飛翔於籠之左右上下，少頃亦自入籠。若失其一，其一必悲鳴而死。此殆比翼鳥之流歟？惟自秋畜至明年之初夏，輒殞。性喜浴，雖嚴寒冰雪時，必置盆水於籠下，聽其自浴。

嘉慶初，湘有候補知縣陳玉驄者，在藍山縣得雌雄各一。詰旦戒行，雄忽飛去，攜其雌返長沙，籠置廊下。自藍至省千餘里，城内人家十萬户。一日，其雄忽至，望門投止，繞籠翔舞。開門納之，偎倚啁啾，如訴久别狀。陳爲詩紀其事，一時和者甚衆。

畫眉

畫眉産四川，全身黄黑色，其眉如畫，巧於作聲，如百舌，亦有色純白者，人家多飼養之。

廣西之陽朔亦産畫眉，雖羽衣鮮潤，而清哢罕聞。土人云，此地畫眉，貴鬬不貴鳴。古語吴人尚言，粵人尚力，人誠有之，物亦宜然。

山畫眉

山畫眉善鳴，塞外所産，與他處不殊，獨以卵珍，大僅如蓮子，緑如松石，亦有白色及斑褐文者。土人鎔蠟實其中，以爲簪珥之飾，鬻於關内。

白頭翁

白頭翁，體大如畫眉，全體灰黑，腹白，翼尾皆黑而帶緑，老則頭白。冬日羣棲原野，鳴聲喧噪。

百靈

百靈爲汴梁產，善鳴，能作百鳥聲，故名。且以能學貓叫者爲上乘，由一二聲、四五聲、八九聲至十三聲，惟三五聲者多，九聲者少，至十三聲，真希有矣。內蒙古烏蘭察布盟南部及席勒圖佛界，均盛產之，十百千萬飛舞空際，棲於草際，食棘棘草子。夏產卵，至秋而繁。

豢養百靈之人，大抵爲市中游手。在乾隆時，秦淮妓院中人尤多，俗所謂龜者是也。蓋自朝至暮，無所事事，既不便應答門户，又無煩摒擋米鹽，盥漱既畢，即捧籠至官道旁鵠立，俾稠人走過，以壯其膽，且誘令開朋發歎。開朋者，舒展兩翅，立於臺而歡鳴也。午後，乃争往王府園茶寮，千百籠紛投沓至，互較短長，鳥聲沸騰，不聞人語，彼此顧盼，以爲笑樂。洎夫曜靈西匿，三五成羣，聯襟蹋歌，則攜籠而返矣。

蘇州某公子酷嗜百靈，剖琅玕竹爲籠以貯之，以雲母砂平鋪籠底。底之中央，矗立一小臺，如春菌然，以旃檀爲之，諺所謂百靈臺者是也。籠之四周，盆、盂、瓶插諸品，一一具備，所取材者率珍品，或以羊脂玉琢之，或以名窰佳瓷爲之。故一籠之費，恆在數百金以上。他若調護之殷勤，飼養之周密，雖孝子事其所生，亦無以過之。一日，公子偶他出，歘由鄰屋來一貍奴，見而垂涎，破籠銜百靈去。家人譁逐之，貍奴被擒而百靈死矣。公子歸，撫之大慟，如喪考妣。飾終之典至優，斲文柟爲棺槨，嵌白銀爲題湊，瘞於園隅，加土三尺，稱百靈塚焉。又以殺百靈者爲貍奴，設酷刑治之，以核桃二枚對剖之，去其核仁，實以鎔化之礬汁，凝合於貍奴之四足上，如馬蹄然。貍奴不勝慘痛，輾轉呼號而死。乃解剖其肢體，以祭百靈，此咸、同時事也。

光、宣間，鳥販之售百靈於滬者甚多，豢之者皆游手好閒之人，每集於茶肆，以比較優劣。

鷦鷯

鷦鷯，一名巧婦，俗稱黄脰鳥。嘴尖，全身灰色，有黑色、褐色細斑。取茅葦、毛毳爲巢，大如雞卵，繫以麻髮，至爲精密，故《莊子》謂「鷦鷯巢林，不過一枝」。

繡眼

繡眼，全體緑色，腹下灰白，眼緣有白毛圍之，嘴尖而青黑，足灰色。性温和，甚惜其羽毛。嗜食紅熟之果實。人多飼畜之。

蠟嘴

蠟嘴，全體似桑扈，惟嘴淡黄作蠟色。尾脚皆短，鈎爪頗鋭。又一種，體略小而嘴紅者，别稱洋蠟嘴。

鐵嘴

長白山有鐵嘴鳥，嘴長而尖。

鐵脚

鐵脚，天津有之，以其爪黑，故名。體大如麻雀，首之毛有藍色，尾兩邊白色。春令始至，可食。

鵪

鵪，本作鶕，與鶉同類異種，狀亦相似，惟羽無斑點，頸脚皆長。棲息於茅葦之間，捕食小蟲魚。舊有鷃、鴽、斥鷃等稱。

鶉

鶉，形如雞鶵，頭小尾秃，嘴脚均短，背濃褐色，翼黄褐色，皆有黑斑，腹赤白色。性活潑，喜跳躍，猛鷙能搏鬭，有馴養之以供游戲者。與鵪不同種，今混稱鵪鶉，誤。

鶺鴒

鶺鴒，形似鶉，稍大，背灰蒼色，有紫赤色之斑點，腹灰色，胸前有白圓點如真珠。其鳴聲如曰「行不得也哥哥」。

麥啄

漢陽、黄州一帶，麥將熟時，有鳥羣飛於隴上，形狀毛色，似鵪而稍大，喙長半尺，細若竹枝。夜宿，則插入麥根土中，故掩捕甚易。可食。以其性喜食麥，故呼之曰麥啄。

鴻

鴻，較雁爲大，背與頸灰色，翅黑腹白。性勇，聽覺敏鋭。喜集湖邊，食菱、芡等物。

雁

雁，狀似鵝，嘴長微黄，背褐色，翼帶青灰色，胸部有黑斑，鳴聲嘹亮。飛時，自成行列，秋來春去，故謂之候鳥。古以雁、鴈爲二鳥，今無别。

鵠

鵠，似雁而大，全體色白，故或稱爲白鳥。頸長，嘴根有瘤，色黄赤，故又謂之黄鵠。飛翔甚高，鳴聲洪亮，俗名天鵝。

陝西榆林府邊界毗連蒙古之鄂陶部落，有高至三四尺，昂其首則幾丈餘者。兩翼健翎之外，率皆茸毛，温如狐腋，不類羽族，其色潔白，取以爲裘，禦寒辟溼，土人頗貴重之。

鵝

鵝，亦作鵞，似雁而大，身白頸長，嘴大而黄，身軀肥滿，而尾脚皆短，翼力弱不能飛。種類甚多，毛黑者謂之蒼鵝。

鵜鶘

鵜鶘，一名鵜，俗呼之爲淘河。體大於鵝，色灰白，頷白色，頭裸出無毛。嘴長尺餘，直而廣，頷下有大喉囊。脚短力強，四趾有蹼，能竭小水取魚，先則連水吞入，貯喉囊中，後吐其水而食之。

鳧

鳧，狀如鴨而小，俗亦謂之野鴨，常棲息湖澤中。雄者毛羽甚麗，頸緑色。翼長，能飛翔空中，爲十字形排列。體肥多脂，肉供食品，味甚美。

鵁鶄

鵁鶄，大如鳧，高脚長喙，頭有紅毛冠，翠鬣青脛，甚有文彩，俗稱茭雞。

鴨

鴨，人家所畜之水鳥也，嘴扁平，足短，兩翼甚小，拙於飛翔。趾有連蹼，能浮水。性質木鈍。產卵不擇地。古謂之鶩。

閩中鴨凡四類。他處所常食者曰水鴨，氣味過腥，價至廉，爲村野人家常食品耳。一種較他鴨爲碩大，名曰家鴨，謂其最善育卵，營業家因以爲利，不供匕箸也。更有性至敏者，凡養鴨爲生者必蓄數頭，能取締羣鴨出入，不至散失，因而價值極貴。京師及江寧均尚填鴨。填鴨者，即取鴨之肥壯者，以食填之，數日後較尋常者略肥而已。閩中所謂填鴨者，較家鴨稍小，脚與雞爲近，而頂有冠一球，作藍黑色，大如胡桃，狀亦相類，味極肥美鮮嫩，而價過家鴨三倍，筵宴中胥用之，允非他處號稱填鴨者所能比擬也。

雌鴨化雄

桐鄉陸姓家養雌鴨三隻，已三年。一鴨連日産卵三枚，尾忽秃，數日生緑毛，頭翅盡緑，而白頸，嘴距變紅，形聲俱化爲雄矣。

魚狗

魚狗，《爾雅》謂之鴗，又曰天狗，大如燕，喙尖長，足短色紅，能在水面捕食小魚，如獵狗然，故名。全體青緑色，背淡黄，常在水邊掘穴築巢而居。

鷿鷉

鷿鷉，體大如鴿，頭背翼皆蒼黑有斑點，胸黄腹白，嘴短而黑，尾亦短，翼小不善飛，而巧於潛水，俗稱潛水鳥。棲息淡水洲渚之上，以蘆葦營巢。

信天翁

信天翁，一名信天緣，體大，張翼達丈餘，嘴端鉤曲，背部灰色或褐色，翼黑，飛翔力甚強，多産於太平洋。性魯鈍怯懦，凝立水際，魚過其下則食之，終日不易地，故有此稱。羽柔軟，可作褥。

鸕鷀

鸕鷀形似鴉而黑，喉白，裸出無毛，頷下有小喉囊，嘴長，末端稍曲，善潛水取魚。一名烏鬼，俗稱水老鴉。山陰高月坨員外鳳臺有《鸕鷀行》以詠之云：「秋江波淼淼，雲鱗澹堆壘。出没千鸕鷀，銜起浪花白。生長漁師家，鉤喙箭爪形如鴉。雙睛閃閃翼拍拍，無篷船載聲啞啞。頸繫紅絲久馴熟，舞勢翩然立一木。須臾指揮若陣排，翻身都在水中伏。鸕鷀穿浪疾於梭，斷罾絶罭擒魚多。小魚入口吞腹吐，大魚撥刺泥猶拖。漁師大呼助聲勢，深懼鸕鷀不能制。牽之曳之登瓜皮，一尾幾欲船艙蔽。漁師意欣然，鸕鷀齊上船。點篙尋港去，晒翅斜陽邊。賣魚沽酒漁師醉，烹鮮作鱠誇味脆。迴看一木排鸕鷀，枵腹垂頭倦欲睡。」

鳽

鳽，頭圓大，長寸餘，嘴長二三寸，全體黄褐色，雜以灰黑及赭褐色斑點，胸腹白色，趾長無蹼。常棲水田中，捕食小魚昆蟲。

鷗

鷗，嘴鉤曲而強，羽毛白色，翼灰白色，長過其尾，前三趾間有蹼。常集海上，捕食魚介，喜隨海舶而飛翔。

鷺

鷺，羽純白，亦稱白鷺，頸脚皆長，脚青色，嘴長二三寸，頂有白毛，頗長，肩背胸部亦生長毛，是稱蓑毛，毿毿如絲，故一名鷺鷥。棲息水邊，捕食魚類。西洋婦人取其羽以爲冠飾，鄂人多收之，由海舶輸出甚夥。朱竹垞嘗爲《臺城路》詞以詠之，詞云：「謝池最愛鮮禽好，當年惠連曾賦。紫荇絲邊，水蘋花外，長見伊窺魚住。乍翻淺渚，訝拍拍隨波，欲低還舉。占得圓沙，慣拳一足久延佇。采蓮舟漸近也，笑紅裙按楫，不教驚去。荻岸偏明，蘋風慣浴，涼月毿毿鬖羽。曲江人渡，指隱約秋潮，望中生處。纔挂魚罾，又飛來別浦。」

鴛鴦

鴛鴦爲水鳥，雌雄未嘗相離，朱竹垞嘗作《花犯》詞以詠之，詞云：「曲池塘，天教付與，雙棲夜深並，綠蒲分映。任夢裏隨波，煙外交頸。圓沙一片斜陽冷，多應睡未醒。看足了浣衣人去，蜻蜓移釣艇。采蓮渡頭最愁他，清歌纔起處，驚飛難定。齊浴罷，花潭下翠牽紅凝。休緣卻竹弓射鴨，還自去空江千萬頃。正好伴水亭風檻，低垂羅袖影。」

鸂鶒

鸂鶒，一作谿鵡，似鴛鴦稍大，羽五彩而多紫色，故又名紫鴛鴦。頭有纓，尾羽上矗，如船柁。

龍

龍，舊説謂爲鱗蟲之長，能興雲雨，利萬物，故爲四靈之一，而目之爲神物。而地質學家尚不能斷定其有無，且疑爲海蛇，然大抵與古代之恐龍相近。若果有龍，則不但有尾，且可必其甚長耳。至古之所謂神龍者，非他，乃氣象學上一最可驚異之現狀，卽俗所謂龍上水或龍噴水之龍，及繪畫中怒目吐舌乘黑雲而飛騰之龍是也。

《易》曰：「雲從龍。」其實龍卽雲也。兩地之氣壓不平均，則生風。凡空氣上升，體積增長，温度低降，則生雲。湖海上之水龍，卽神龍，實爲一極低之氣壓而成。其初生也，海上有旋轉之風，旋渦之中，離心極大，氣壓因而低減，海面之空氣因而上趨。旋轉愈力，中間之氣壓愈低，而自海面及四周之風趨之愈捷，因而黑雲層積。且新來之風，一入低氣壓，體積卽增大而生雲霧。是故其雲愈降愈下，卒至極近海面，臨岸觀之，不啻黑雲中有怪物下降。且氣壓極低時，其力足以吸水上升。至水升過高，則復散於空際。無怪村夫鄉老見之，驚駭怯走，不敢逼視，而羣稱之爲龍上水也。惟相傳已久，今亦姑仍舊説耳。

或曰，龍之爲物，論其身首，實爲壁虎之類。其特異者，變色龍有長舌，恆隱口內，伸出時約四五寸，十五至二十生的邁當。舌具粘膩之涎，昆蟲在前，龍身不動，但疾伸其舌，黏蟲食之。身平扁，背高聳墳起，類鷄冠而長，外皮似鱗非鱗，有時身腹脹鼓，類氣囊，實則內脹其肺也。有四足，長而且細，其足各五趾，或向後，或向前，靈轉自如，如鳥之爪爬無異。尾甚長，能升樹，以尾環繞枝頭，目瞼上下相合，略似皮囊，且翕張如意，上下左右可隨意環顧。

宋牧仲見龍尸

宋牧仲嘗於順治乙酉見大内所藏真龍之尸，全身盤屈，貯篋中，一角五爪，鱗甲如鐵，長丈餘。

王衡門見諾龍

順治戊子二月五日，桐城楂林居民王衡門，偶於山澗中獲一物，狀如龍，長五尺餘，頭角鱗爪皆具，剖視腹中，有石子升餘，烹食之，味殊甘美，無他異。王文簡公士禎謂即《太平廣記》之諾龍，體似蜥蜴，微具龍形者是也。

李鴻雷家見龍

康熙壬子，某日正午，新城李鹺副鴻雷家，忽有一物，蜿蜒數尺，鱗鬣可畏，遍體金色，爛然奪目，自院入室。已，復出，形漸長大，知爲龍也。忽雲霧滃然，庭中晦冥，遂不見。

蘇州龍鬬

乾隆甲寅五月，蘇州有龍鬬於空中，風雨驟至，天昏地黑，掀坍洞庭山湖濱民居無算，壓斃若干人。

至六月二十九日昧爽，吴江垂虹橋畔忽墮龍皮一張，約丈餘，鱗大於碗。

岳州廢井出龍

道光季年，岳州有一龍，出自某村廢井，長丈許，遍體黑色，爪角畢具。農人不知其爲龍也，羣執農具，逐而擊之。龍不能抗，避入禾苗中。方搜索間，忽見白霧自禾中出，始如輕煙一縷，繼則蓬蓬勃勃，佈滿空中，霹靂一聲，龍乃夭矯而上。嚮之長丈許者，後則長數十百丈，遍體燦爛作黄金色。踰時霧散，羣往探視，則稻田數十畝已化爲深潭。

鍾祥見龍

鍾祥城南二十里有地曰周家觜者，往往見龍，或垂空蜿蜒而下，腥雲四塞，或拔地騰去，留窟深邃不可測。同治己巳四月二十有四日，忽有青蠅百千萬億，坌集地上，徑長五十餘丈，高三尺，尾五尺，頭倍之。撥視其下，别無所見。旋撥旋合，三日方失。蓋龍身多蠅，此墮地而隱形於其間者也。

龍頭骨

廣州陳天如太史家藏龍頭骨一具，高尺許，縱横皆倍之，重四十斤有奇，作灰黑色，中有二骨平起，多横槽，瑩澤如漆。見者皆以其形似龍，因以得名。出土之年爲同治庚午，蓋其先人命工鑿池，深至二文，於土色層轉中得之。其時地質之學未明，即有格物家，亦皆蔽於舊説，物藏其家，向不示人。輓近科學昌明，海內外博物學家遠者郵書問訊，近者踵門索觀，評察各殊，仍未判定。惟陳居西樵山麓，水道滲洄，按之《水經》，在漢以前，皆爲大海，此物遺骨奇枒，疑爲太古時代之水陸兩棲類動物，没入地層中，歲月已深，因而化石，故二骨平起處，寖爲礦質，獨多光澤也。

土井子石龍

新疆之地有曰土井子者，多大風，即風戈壁也。光緒初，張勤果公曜令裨將前往開路，於戈壁上紮帳棚，棚中穴地以避風。一日日暮，黑氣遠來，知有大風至，士卒以羣槍排擊之。夜半，聞有物墮地，聲甚厲。次晨相距里許，有一物，似蝎虎，長十三丈，作深緑色，脊背墳起，大小如覆盂，色紅，兩目外圍紅白數圍，鼻孔露黄毛，頷下如硃砂，皮厚如指。墳起處，刺之，出白汁，着手即腫。此物每吐黑氣大風立致，能挾風而騰。食駝馬。士卒支解後，於其腹得金銀女飾四十餘兩，馬鐙、馬掌有吞而未化者。土人謂之石龍，實即蜥蜴也。

薛叔耘見龍

無錫薛叔耘中丞福辰嘗以盛夏過揚州，方旱，艤舟窮堤下，忽見密雲矗南面，耕甿走相告曰：「龍見矣。」須臾，天四圍如墨，有二龍皆長數丈，垂雲端，夭矯蟠紆，乍有乍無。俄大雨驟至，雷風隨之。二龍去薛益遥，暴長十丈餘，屈伸良久，始香龍之前，白雲擁護之，故不見其首。明日，渡揚子江，復有三龍錯見如前狀，已而遇雨。

吳中有龍災

光緒甲申，吳中有龍災。蓋五月癸卯晦，日晡，有龍自吳江雪落漾地方馳向青浦淀湖之南穎，攖金澤港而東，狂風雷雹隨之，至婁縣之徐家墩始騰而上，大爲災。

龍鳴如牛

光緒戊戌，有由海道赴粵者，舟至中途，忽覺波浪翻騰，顛播殊甚。於窗次注視，見南方有一龍，蜿蜒向東行，其體屈曲，高處如山阜，且行且鳴，聲類牛，又與吹竹筒之音相似。鳴時海水壁立，舟益播蕩，舟中西人咸驚恐無人色，亟轉舵向北行。一時許，波浪始平。後詢其所見何物，則以大海蛇對，華人則皆謂爲龍也。

南匯有龍挂

光緒丁未六月初六日午後，雲霧滃鬱，有龍掛於空際，大風拔木，南匯四團沿海浮厝之棺，吸入雲際。少時墮地，棺悉裂碎，至有發現僵尸者。

蛇

蛇體爲長圓筒狀，修尾，無足，以肋骨自由伸縮而行。全體有鱗紋透明之表皮，年年更脱，謂之蛇蜕，舊以入藥。舌分裂兩歧，齒曲如鉤。其有毒者，別具毒牙二，自能起伏。常穴居土中，喜乾燥之地，亦有產於水中者。種類甚多，可大別爲有毒、無毒二種。

蛇之無毒者，其類不一，太原府即有之，人呼曰涼蟲。唐申王體最肥，夏畏熱，玄宗命取無毒蛇置於腹痕中縮處，此即是矣。

北方少蛇虺，青海之島中則常有之，而又見之於柴達木之溼熱地。頭塞鼠穴，張氣吹之，鼠暈死，蛇徐徐入，咀嚼之。鼠中毒者，肉皆紫黑，最易傳染，牧養牲畜者宜慎之。有雌雄蛇，長僅七八寸，背上赤練凡數十節，伏於大樹根，兩蛇環結，口對如交飴狀，行時方解，互相前後，不辨雌雄，蒙人名之曰業夏格爾膏布，其毒劇烈，屢害人畜，垂涎滴草上，牛羊食之立斃。斃者必棄之荒谷，以免傳染，窮山毒瘴，半由此種凝結而致也。

蝮

蝮，毒蛇也，多居溼地，長尺餘，頭大，形如三角，頸細，毒牙如管狀。全體灰暗，有褐色斑紋。至尾，則驟短小。其毒最烈。

蚺

蚺爲蛇類之最大者，長者至三四丈，有斑紋，如古錦纈。肛門兩側，尚存後脚之跡。產於嶺南，南美等熱地亦有之。常棲於樹，雖無毒齒，而筋力強大，能絞殺人畜而吞食之。肉可食。頭方口闊，目光如鏡，其皮有黑白斑，尾甚細，尾末可貫錢數百文。土人言蛇大如人臂，行即生風，常豎身三四尺而逐人。性最淫，婦女山行者，須佩觀音籐一條，否則必爲所纏，以尾入陰，卽死。觀音籐全枝有倒刺，似虎杖而較柔，人見山有此籐，卽知近處有蚺蛇矣。肉能袪風，愈瘡瘍，功效如神，以燒酒浸之，可歷久。人用其皮以綳三絃之鼓，必硝熟，始可用，生者易蛀，且易裂。蚺骨有名如意鉤者，形如錢，惟雄者有之，爲房中術上藥，口啣之，可通宵不倦。其腹之油，能縮陽，不可近。

黼山周鳴臯客太平時，有小僮出外，見人宰蚺蛇，歸忽大哭，問之，以失陽告。裸而視之，陽物與二卵俱縮入腹中。一僕云：「方開蛇腹時，僮以手理其腸胃，必沾蛇腹中之油，故至此也。」問僮，則於弄蛇腸胃後，旋卽溲溺，手曾一撫陽耳。遍求解之之法，皆云：「蛇生幾年，則陽縮幾年，屆期自出，無藥可治也。」

蟒

蟒，大蛇也，體長二丈餘，有鱗，背鱗小，頭上及腹部鱗大，故又稱鱗蛇。背黃褐色，有褐色大斑，腹白，肛門兩側尚存後脚之跡，無毒。常蟠於樹以伺獸類，雖大如麋鹿者，亦能絞殺而食之。

三大王捕蟒

揚州邵伯埭之東偏有小村，農民十數家居之。咸、同間，距村數里有小廟，以被粤寇之擾，荒龕無主，佛火久寒，有巨蟒踞之，村中雞鶩豚犬，時有失亡。夏日，有牧童坐牛背，徜徉遊戲，而大雨忽至，乃急引牛入廟暫避之。甫及門，則見有電其目、歧其舌者，夭矯盤屈，自棟下垂，粗如量穀之斛，長不知其幾何也。大驚，急冒雨驅牛歸。其父母問之，久始言所見。自是村人耕收，皆不敢近廟，而蟒乃益肆，時出逐人，遇犬豕，噓以氣，輒迷悶，乃食之。農人既畏蛇，田汙不治，村亦漸荒廢，人乃謀所以捕逐之者。顧憚其悍毒，莫敢近，揭榜於衆，募能祛之者，贈百金。月餘，忽有少年過此，手三尺劍，跨驄馬。少年見榜，告衆，謂力能治之。乃先至廟審視一周，曰：「此易與耳。」命村人盡拔東南大道上草，凡十里許，不留一莖。少年訂約以翌日來，遂策馬去，其行如風。明晨，村人之怯者，皆不敢出，其壯者則猱伏樹杪，或操火槍遥踞屋頂以伺之。少年至，去廟百步内，下馬，趨入廟。蟒方盤兩楹間，少年把劍一揮，即出而上馬。俄而砰訇一聲，廟毁，蟒直竄而出，疾如風，身中斷，猶可六七丈。少年鞭馬狂馳，瞬息達十里外。蟒追之，亦垂及。而大道上蔓草盡除，蟒稍失勢。復可二十里許，有短垣在前，驄一躍越之，蛇亦躍過之。垣既古，不勝重而倒，蟒被壓。方欲起，少年回刃一擊，腦裂矣。是日，村人見蟒被創，追少年急，知其必致死，皆爲少年危，男婦老幼羣集遥望。忽見塵起如霧，一騎疾馳以來，鮮血沾染殆遍，視馬上人左提蟒首，右握寶劍，衆皆歡呼争趨迎之。權蟒首，重六十餘斤。少年不受謝，惟索酒肉。既醉飽，繫馬柳陰下，而眠於其旁之大石，村人不敢驚。久之往視，則人馬皆不知所往矣。

越數日，村人聞捻寇將過境，已與官軍接戰，大懼。旋聞捻敗，其酋三大王者，中槍被擒。尋官軍擁俘囚駐營村口，有見三大王者，即曩少年也，以告於衆。村人哀之，呼與語，不答，明日遂懸首軍門，一村皆哀之。

錦鱗蟒被捕

香山某鄉地連萬山，異物數見。嶺上古塔，建自元代，以荒廢故，人跡尠至，惟窮氓無告者，或縊其中。久之傳有怪異，附近牲畜無故亡失，行客或偶履其地，輒攝去，異迹傳播，視爲畏途。有牧豎放牛隴畔，與衆嬉戲，俄回首視牛，則佚去，懼歸受責，急與衆童分路追逐。輾轉尋覓至塔下，素聞怪異，欲返身去。然恐怖之心，終不敵懼責之心勝，徘徊瞻顧，覺塔之最上層有物動摇，諦視，露雙角，豎陰計曰：「得無吾牛果爲所攝耶？」四望無術，惟離塔不遠，古樹交柯，其高參天，乃躡足猱升其上，以枝柯自蔽。平視塔中，歷歷在目，有一巨蟒，首如五石瓢，鱗甲森然，眼射金光。適空中羣雁飛過，蟒仰首呼吸，雁翩然墜下，如矢投壺，蟒一一啖之。豎大悸，幾墜者再，抱樹徐下，狂奔，「返告衆。衆因集議籌所以除之者。或獻火攻策，衆以爲善，挾硝磺，束葦往，勁弩隨其後。甫抵嶺下，蟒若豫知，昂首塔外，噓氣成雲，毒燄薰灼，前行者當之，輒仆地斃。衆懼，狼狽走。自是而嶺下居人皆遠徙，每夜中有遥望者，時見塔上光燄燭霄，雖月晦亦然，度必蟒睛。屢懸厚賞，募人捕獲，無敢應召。

歲餘，一老翁經其地，日暮，叩門投宿，鄉人款之。詢悉翁姓古，世爲蛇師，操術至精，僉告以所患，翁微笑曰：「往視當報命。」衆喜而導之。翁探懷出小瓶，以藥塗鼻，並分給衆人。既至，翁審視一週曰：「彼方倦寐。」即登樹杪，窺覘良久，吐舌而下曰：「此錦鱗蟒也。僕往來江湖數十年，未見此毒物，無怪若曹受創。」鄉人固懇捕治，願厚酬。翁曰：「須招門弟子數輩至，通力合作，或冀能克。」鄉人乃館之於家。數日，門人繼至，翁日率之登峯採藥，歸輒擣碎，裂茅絮爲長束，凡十餘，傅藥其上，曝日中，令乾。豫備畢，集衆告曰：「此蟒每於子午二時吐毒，鋭不可當，惟未後可往。」衆如言，偕至嶺下。翁命衆塗泥塗身，攙以末藥，使奮力鳴金，曰：「蟒畏金聲，可驚之。」急與諸弟子登樹，分燃藥束，煙燄向塔注射，遂見黑氣自塔衝出，瀰漫空中。諸人雖塗藥，尚暈眩，幾不能自持。鳴金益力，響振山谷，黑氣漸微，翁更燃藥束助之。藥束盡，黑氣亦滅，翁躍下，招衆曰：「速登，彼已醉於藥，無能爲。少緩，不可制矣。」身先衆人馳登塔頂，腥穢觸腦，人畜諸骨狼藉遍地。蟒蟠其間，瞑目不動，五色斑然。衆驚呼卻立，翁前刃其首而斃，剖腦，獲巨珠，類桃核大，納懷中。去其雙角，授衆曰：「此最辟毒，凡中諸毒，磨水灌之立愈。」衆扛蟒下，聚薪焚之，臭聞數里。翁曰：「諸蟒中惟黑蟒性馴無大害，餘均毒甚，錦鱗蟒尤爲蟒中之巨擘，不多覯。茲幸捕治尚早，稍延歲月，變幻莫測，雖有智者，無能爲力矣。」衆大悦，願酬之，翁不顧而去。

康山後有蟒穴

揚州康山後有蟒穴，藤蘿翳之。某工人誤發之，穴中之蟒大者如甕如盎，細者如竹如箸，數不可計。時值冬月，穴中熱氣蓬勃。頃之，黑煙噴起。工人歸，大病幾死。其中巨蟒一，黑質白章，長可八九丈，寺僧嘗見之，然不爲人害，故亦無捕逐之者。

雞頭蛇

康熙己卯，新安胡簡侯行鹽崑山，有僕陳選偶至鄉，見一人於橋下濯足，被蛇螫，立斃。告其鄉人，共發橋下石，得一蛇，長尺餘，頭似雄雞，冠正赤，身黄，赤斑，卽擊殺之。

岐蛇

温州雁蕩窮谷中多蛇，樵者入山，皆攜藥以防，雖偶受蛇傷，亦無礙。全山産岐蛇，俗呼五步蛇，以被噬後行五步，卽毒發難救。山中人見之，捕而焙於火，貨之藥肆，可治瘋毒。

白花蛇

白花蛇，毒蛇也，産蘄州者可入藥，故又稱蘄蛇。黑質白章，側有方勝文二十四，腹有圓斑。目常閉，口中有絲放出一二丈，誤觸之，則緣絲而至，無有脱者。

量人蛇

廣東瓊州有量人蛇，長六七尺，遇人輒竪起，量人長短，然後噬之。土人言此蛇於量人時，輒長鳴，人應聲曰「我高」，蛇卽自墜而死。

金蛇

金蛇，小蛇之體作金色者。《本草》云：「生賓州、澄州，常登木飲露。」

黄頷蛇

黄頷蛇，色青緑，長者至六尺餘，背有黑線四條。其行遲緩，無毒，常入人家捕鼠食之。

四脚兩頭蛇

同治壬申，上海老閘鎮南之新街王姓家，出積薪以曝之日，忽見一物自中躍起，有丈餘之高，復跌至地，狀似蛇，長約八寸，兩頭有首，一頭如子魚，一頭略小若蛇，各有口眼，生四足，背黄而腹白，有細鱗甲。擊之卽死，簽以竹梢，曝之於日中。翌日，足尚能伸縮，旋以火炙而埋之。

飛蛇

飛蛇爲蛇之一種，粗如錢，長七八尺。距頭尺許，有兩翅如蝙蝠。飛食小鳥，亦螫人。性畏金，持寸鐵擊之，則遁。

墨蛇

某歲，廣東信宜大人山，以大雨，山忽裂開數丈，出一大墨蛇。山中有瀑布流出，至三十餘里，猶濃黑如墨。粤中固有麻瘋病，相傳墨蛇所潛伏之水可醫治，鄉人争取之，試之果驗。

摩該

摩該，蛇名，生水中，渾身有金點，準噶爾部有之。

吴振臣斷蛇

康熙時，吴漢槎之子振臣隨戍寧古塔，某年夏六月，見有一蛇，長三四尺，以小刀斷爲三四段，頃刻卽連。又斷四五，旋復其舊，行更速。再斷之，每段用木夾擲於牆外，有懸於樹上者，始不能連。蓋其肉可製以爲續弦膏，弓弦斷處，以膏續之，則膠固異常，雖用之年久，他處斷而接處不斷也。

蛇食猴

乾隆時，有茅八者，少曾販紙入江西。其地有深山，多紙廠。廠中人每於日將落時，卽鍵户，戒勿他出，曰：「山多異物，不特虎狼也。」一夕，月皎甚，茅不寐，思一啓户玩月，瑟縮再四，自恃武勇尚可任，乃啓闢而出。行不數十武，忽見猴數十，奔泣而來，擇一大樹而上。茅亦上他樹遠窺之。旋見一蛇自林際出，身如栱柱，兩目灼灼，體甲皆如魚鱗而硬，腰以下生九尾，相曳而行，有聲如鐵甲然。至樹下，乃倒植其尾，旋轉作舞狀。尾端有小竅，竅出涎，如彈，射樹上。猴有中者，輒叫號墮地，腹裂而死，乃徐啖三猴，曳尾而去。茅懼，歸，自是昏夜不敢出。

蛇報怨

吳白華總憲將生時，有紅芝茁堦下，爲封君踏碎。再索，將誕，復有紅芝生室中，因拔之而供諸案。越日，產稷堂少司寇。封君晚發顛疾，顧博學多著作，類傲世不恭之談。嘗以所作郵寄其弟古心太史，太史展卷大驚曰：「是足以赤我族矣。」遂焚之，手書讓其謬妄。封君得報，顛益甚。一日晨起，見所蓄犬對之大嗥，起喝之，遂狂吠，傷足，旬日毒發而殞。家衆縛犬殺之。夜夢封君冉冉自外入，面有喜色，語衆曰：「予少時嘗掘蛇穴，盡殺無遺。向者發顛，爲蛇所祟，將以覆我宗。幸祖宗厚德，遣老僕某託生爲犬，噬予至死，俾予一生受之，蛇怨亦消，此後可勿慮。犬非仇予者，奈何殺之？愼勿棄其骨。」醒而諸人所夢皆合，乃埋犬於祖塋之側。不二十年，昆季大貴。

小蛇攝大蛇

黄稼田司馬嘗爲人言，其鄉某孝廉禮闈下第，乘薄笨車南歸。一日，忽暴熱，當午歇涼，御者憩於白楊樹下，見一小蛇，長尺許，竟體褐灰色，昂頭向上，樹間則蟠一大蛇，粗如盌，垂頭向下，兩頭相向，見小蛇口中呼吸，大蛇爲氣所攝，漸癱軟。御者以小之制大也，頗不平，急起，以足抵小蛇力踏之。小蛇負痛，掉尾鞭其足背。御者固赤足着屨，足頓腫。小蛇既殪，大蛇屈伸久之，始蜿蜒穿樹而去。

蛇食人

秀水王某自新疆歸，嘗語人曰：「予在甘肅遇一武員，面猙獰如獸，鼻脣皆闕如，惟兩目炯炯，齒牙崢崢而已。詢其故，則謂弱冠時奉差烏魯木齊，歸時隻身走千餘里，所過皆崇山峻嶺，窮三晝夜，無人烟，食則啖乾糧，渴則飲澗水，夜則以皮囊懸於樹，蜷伏以卧。一夕，睡未酣，忽覺渾身如火灼，囊亦如沃湯，以手摸其面，軟如爛瓜，皮毛盡脱，耳鼻與脣亦隨手而落，恐怖萬狀。幸心地尚清，急探腰間匕首出，於暗中力割，惟聞腥臊氣，兩手滑膩，亦不辨爲泥爲血。并命再割，乃見一綫光。須臾，用力割之，遂出險。心惴惴不知所措，坐石上休息片時。逡巡行半里，見一大蛇盤繞山谷中，粗可合抱，投以小石，頑然不動。俯視之，蛇已死，無首尾，乃悟云，昨夕身入蛇腹，若稍遲醒半時，骨肉皆爲所消化矣。

今年四十餘，五官之不具，面目之改觀，皆以此也。」

蛇竊蛋

吳中某甲以開設鷄鴨蛋行致富，行中積蛋，不知其幾萬億也。而月終統計，必少數百枚。既而旬日計之，無不少者。甲疑爲司事者竊取，其人不甘，早暮伺之，見有蛇長丈餘，身圍如盌大，高踞梁上，而下垂其頭以吸蛋，相距尺許，蛋卽升而上。既吸十數枚，則環蟠於柱，力束其身以破蛋，如是而一餐畢矣。明夕又至，亦如之。司事者恍然悟，乃取堅木，削爲蛋狀若干枚，置筐中，而以蛋覆其上。明日，蛇至，如前吸取，蛋與木蛋相間而入。吸畢，環柱蟠束如故，而愈束愈緊，尾左右揮掉，若甚不適者。久之，直竄庭中，旋滾不已。庭前有隙地，緑草叢生，蛇復竄入草間，自起自落，踴躍傾跌，上下以數尺計，而木蛋終不可化。如是者歷三晝夜，乃死。司事者招甲至，剸刃蛇腹，得木蛋，乃言其顛末，藉以自白焉。

蛇與烏鵲鬬

新安山中嘗見烏鵲數十，共鬬一蛇。蛇長盈丈，黄質黑斑。烏鵲或上或下，嗥噪不已。蛇則盤屈爲一團，而張口吐舌以禦之。久之力不支，竄草中，烏鵲猶隨而啄之。及秋燔山，蛇乃相率奔避，或不及，則焚死，中有大如車輪者。

蛇鼠互噬

温州人蛇雜處，蛇不傷人，每居壁中，與鼠爲鄰，至冬而入蟄。鼠飢則嚙蛇，而皆自尾食起。蛇雖負痛，乃略不移動。至驚蟄後，尾已去其半矣。至此，蛇氣已伸，則追鼠而吞。鼠狂竄而叫，聲吱吱然，人聞之，卽知蟄蟲起矣。

蛇食雞

方翔卿嘗至温州雁蕩山之靈峯，登右谷之長春洞。陟嶺過半，瞥見嶺旁叢草蠕動，知有蛇，察之，則有一蛇長約六尺，通體純黑，背有鰭，色深赤，映日光，斑斕刺目，出草叢後，循嶺而上，昂首吐舌。方驚愕失措，舉步疾奔，幸嶺級紆屈，蛇沿而上行，勢甚緩。將抵洞門，洞中人遥見之，知有異，咸趨而問訊，以蛇狀告。洞中人啞然曰：「此偷雞蛇也。我居此數十年，習見之，不爲害，惟常捕雞而食耳。」

捕蛇

吴縣滸墅關西鄉，向有巨蛇出没，左右數里之居民，至夏多染瘡疽疾，皆以爲中蛇毒也。於是偏覓捕蛇者，得甲乙丙三丐。甲，師也；乙、丙，徒也。索資甚巨，鄉人醵與之。不數日，丐攜一籮，籮貯蜈蚣無算。既得蛇窟，甲啓籮，盡蜈蚣食之，體漸腫。運氣片時，腫消，右手食指、中指大幾如股。令乙丙立左右，甲卽以兩指探入窟。有間，甲力舉手拔之，乙、丙各以鐵鈎助甲，倒戟而出，蛇已挺然僵斃，惟緊啖甲指不釋。乙、丙復以藥水洗甲指，頃刻愈。蛇之長，八尺有奇，粗逾杯，斫而焚之，臭聞數里。

竹葉青被捕

某鎮西石橋爲鄉人出入通道，某年月日，有過橋而病者，全體臃腫，不竟夕而亡。初猶不以爲意，久之，凡經是橋者，皆得腫病而死。鄉人知有異，遠立而觀之，見飛禽走獸之過橋者，必墮水死。衆皆視爲畏途，橋側人家亦遷移一空。歷十餘年，喪人不知凡幾，禳禱無靈，且有因之而致死者。鄉人無如何，聽之。

有捕蛇丐至，入境卽駭，將近橋，卻步不前，詢鄉人曰：「經是橋，有以病死者乎？」鄉人乃詳告之。丐曰：「此一種毒蛇耳，生有翅，能飛，不必噬人，人嗅其毒立斃。其名竹葉青，長不逾尺，色與竹葉同。不殲除之，年久，其毒愈甚，恐此間人無噍類矣。」鄉人因請其捕治，曰：「非得巨黄鱔蛇，不足以語此。」鄉人許以重酬，丐請先付川資，往覓黄鱔蛇。鄉人慮其誑，猶豫不決，丐慨然曰：「戀小利而忘大患，君等之謂也。某雖貧，亦頗知義，不忍坐視生靈塗炭，終當捕之，惟多需時日耳。」某紳察其誠，付以百金。丐受之，揚長去，約一月還。屆期，丐不至。久之，仍杳然，鄉人於是疑其詐，某紳亦無言。月餘，丐肩荷巨囊至，揖某紳，並告衆以爽約之由。蓋丐覓黄鱔蛇久不得，卽有之，亦不足以當敵，後於荒山中覓得，卽肩上所荷者。鄉人始感其誠，款待之甚殷。丐囑鄉人覓旱煙管數百枝，削之，收其煙油，得一缶，敷於身殆遍，手臉亦厚塗之。削竹鞭二，長及丈，交叉作鉗狀，亦以煙油敷之。已則穿厚棉衣袴，鞋襪亦用厚棉製成，復以厚棉蒙其首手，僅露目及指，然後荷黃鰻蛇往，囑鄉人遠避。丐將近橋，出黃鰻蛇，竹葉青已飛至，踞黃鰻蛇項。黃鰻蛇被噬，不能脫，委於地。丐見黃鰻蛇不敵，慌甚，揮竹鞭助之。鞭着竹葉青，竹葉青怒，向丐飛來，其疾如矢。丐怖，欲反奔，已不及。於時黃鰻蛇起立若植竿，乘竹葉青不備，乘其後，疾噬其腦，同墮於地，鬬益力，丐以是獲免。自顧己身，覺漸腫，知毒氣盛，不可近，遠立眺望。久之，見黃鰻蛇蜿蜒行動，不復鬬，知已告厥成功，出藥燃之，薰散毒氣，擕甕往。竹葉青已死，黃鰻蛇昂首吐舌，若迎其主人者。丐以竹鞭鉗竹葉青起，納之甕中，以黏土固封其口，仍盛黃鰻蛇於囊，招鄉人以細長竹竿擔甕，掘土及丈，埋之野。往觀者中其餘毒，身猶臃腫。丐出藥末自服，並治鄉人，隔宿腫即退。鄉人出巨金酬之，丐受，謝而去。自是，多年長途仍爲康莊大道矣。

王老者狎蛇

温州有王老者，家小康，中歲得一蛇，貯之甕，日飲食之。歷三十餘年，蛇日以長，粗如碗，長過尋。老者呼蛇爲朋友，每叩甕呼朋友，蛇即蟠甕而出。老者每食，蛇必丐其餘潤焉。已而老者病，蛇蜷伏不自得，日必數繞榻前，若視疾也者。老者疾革，蛇旋繞不忍去。温人固狎蛇，然粗而長者，亦非耳目所習，子息輩頗惡之，然重爲父執，亦姑忍之。

無何，老者死，方殮，陳尸堂廡，蛇蟠而上，撫其尸。老者戚屬繁，聞耗畢集，衣冠者滿堂上，卒覩巨蛇，咸有戒心。老者之子乃語蛇曰：「吾父不幸物故，弔客覩君偉大之軀幹，皆跼蹐不自安，請暫避。」蛇乃退。棺既蓋，撲朔一聲，蛇復從梁上下，班班貍首，往返蟠旋之。有頃，蛇以首擊棺蓋，若人之搶地狀者，蓋以表其哀悼也。吾國舊俗，人死，日必三祭，七日以外，日亦一祭。老者家屬如禮致祭，蛇必與焉。老者之子乃謝之，請他徙，謂驟覩者戒，相習者慢，蛇與主人兩有所不利也。蛇點首者再，若會其意，遂去，不復見。

鱷

鱷亦作鰐，爬蟲中之體大而猛惡者，長者至丈餘，背有鱗甲，甚堅硬，四肢短，後肢有蹼，口大，齒爲圓錐狀，有齒槽，尾長。性兇暴貪食。居熱帶地方之河口或沼澤間，吾國亦有之。廣東潮安縣城東北鱷溪，一名惡溪，又名意溪，即韓江也。唐時溪有鱷魚爲害，韓愈作文驅之。是夕，暴風震電起溪中，水盡涸，自是潮無鱷魚之患。宣統己酉，江寧南城外農人於山間獲其一，由暨南學校中人送兩江師範學校日本教員解剖，製爲標本。庚戌，陳列於南洋勸業會之教育館中，其體約長四尺餘。

黿

黿，狀似鼈而甚大，頭有磊塊，故俗稱癩頭黿，「背青黃色，居於江湖。古以其肉爲珍味。浙江布政司署前之池蓄之，游人往觀，輒投以燒餅、饅首，與之食。

南匯漁人獲鼉

光緒辛巳秋，南匯海濱漁人獲一鼉，頭如小甕，有四足，甲外有裙，重百餘斤。朱石香守戎以錢三千文購之，蓄於香樓前荷池中，月餘卽死。

鼉

鼉，與鱷魚爲近屬，俗稱鼉龍，又曰豬婆龍。長二丈餘，四足，背尾鱗甲，俱似鱷魚，惟後足僅具半蹼。生於江湖，我國之特産也。相傳力猛，能損蝕隄岸，鳴聲驚人。其皮可冒鼓，通作鼍。

寧國有蛟

康熙己卯，有寧國老嫗傭於長洲褚方爲家，是冬久雪，因告褚曰：「寧國山中雪甚時，可掘蛟。」蛟伏處，雪輒融，土人尋得其處，老幼男女咸往相助，蓋爲一方除害也。土深一丈，蛟重百斤。深二丈、三丈，則更加重。其形如豬腰，無頭尾，色淡黑。或云，卽龍蛋。相傳野雉與蛇交，子生石上，遇雷雨，入土一尺，沉至極深，積久，則化爲蛟。

蛟爲暴於金谿

乾隆癸卯二月，金谿北鄙崇嶺崩，蛟也，大雨雹以風霆，山下村幾墟，民幾魚。某年，小山出九蛟，得九穴，然不爲暴。某年，夏雨甚，大水，陳坊橋漲及於梁，有田父荷鉏過橋，見兩巨蛇，黄色，隊行水中，卽以鉏擊之，斃其一，致之橋上。聞者皆來觀。已而見上流有浮滓如席，去梁數丈，盤旋不前。浮滓者，相傳蛟屬行水中，用以自覆者也。於是觀者皆走避。浮滓乃奔下，勢若山裂，浪沸起，高丈許，梁不盡塌，漲亦頓落，而人幸無損。

龜

龜腹背皆有甲，僅露頭尾四足出入之孔。甲之表面，蔽以表皮變成之紋片。雌者背甲隆凸，雄者否。頭似蛇，有鱗，色緑。性遲鈍，耐饑渴，壽至百歲外。古用龜以卜，故稱靈物，以爲介蟲之長。種類甚多。

緑毛龜

緑毛龜，龜背生緑色絲狀之海藻者也。甲色如象牙，小者徑寸，雜以金色，璀璨可玩。乾隆時，金冬心嘗蓄之，大如錢，甲上緑毛斑斕如古銅。

呷蛇龜

呷蛇龜似常龜而小，性專食蛇，我國南部有之。某年，法教士得二三頭，攜以歸，蓄養孳生。法屬西非洲與德屬連界之處，近日開拓，種植棉花，而毒蛇極多，妨於農事，有人於其地專賣此龜，每頭可值二十佛郎也。

瀏河巨龜

乾隆辛亥六月，太倉瀏河口有沈某，以販售豢貨爲業，於海中舉網得巨龜，長丈二，載至梁姓行，數十人曳之上岸。沈意龜必有明珠，索價二千兩，無售者。越二十三日，不飲不食，觀者填門。梁厭其喧擾，詭稱有司查訊，沈懼，仍放入海。始舍之，圉圉焉，船乃入口，約離三里許，龜鼻發白光丈餘，忽濁浪排空，左旋右轉，而海水滔天以去矣。

破迷放龜

乾隆時，浙東漁者於海畔網得大龜，重六百斤。杭州破迷禪師進香普陀山，以一萬錢贖歸，集僧衆舁之，上招寶山絕頂，浮巨舶，面海放之，龜迴波頫首者三而逝。大興舒鐵雲作詩以紀之，詩曰：「龜之藏於海者不知壽凡幾，海不知幾萬里，海水不乾龜不起。皇天鑒此久沉淪，漁父絡龜出海底。龜出海底龜有神，龜來自何處？龜重六百斤，或言七百不等云。一顧矗矗空龜羣，碧落黃泉春一笏。翻身跳出蛟龍窟，雨不作朱鼈浮，晴不作白鷗没。漁上青松象渡河，爾何不銜走泥牛月？使爲一目羅，則不如千絲網。載龜一船，蓮華十丈。鼉鼓送行小海唱，鮫人淚祖珍珠帳。人生何處不相逢，龜見漁而擒，僧見龜而放。僧來南海風馬牛，佛香一瓣飄中流，忽來眼睛鼻孔大於斗。摟成金網無時無，踏破鐵鞵有時有，河圖、洛書天不守。一萬錢、六萬字，龜六百斤拜其賜。字字摩娑有生意，險把鯨鯢京觀封。焉知鷸蚌漁翁利，擒龍容易縱虎難。吾惟見蒼蒼之海山，撞龜上山璞可完，掀龜入水珠可還。梵音海潮音，山鬼泣露紅斑斑。斧柯可爛牀脚不可徙，一物不容海所恥，一錢不直才所使，一字不識衆所指。破迷不識字。讀破相貝經，幾爲勸學死。鑿開混沌竅，留取報恩子。搖頭擺尾無人吞，俯者靈，仰者謝，三足謂之賁。寧爲巨鼇戴蓬山，生不願河鯉登龍門。三面之海一面網，水到成渠，葉落歸根。君不見來處來從去處去，我歌有句如無句。來者疇有緣，去者疇有權。來時一去時，十有二萬年。法師耳鳴，聲聞於天。新豐美酒斗十千，脱下袈裟當酒錢，刀鐶無恙春無邊。」

楊利叔愛龜

秀水楊利叔，名象濟，喜畜龜。嘗於某將軍座中見白龜，懷之，亟策馬以去，復夜行百里。及探胸出視之，已死矣，哭而瘞之。又嘗羅列大小龜於庭中，一一洗之。適某中丞來謁，竟不顧，俟洗畢，始起與爲禮。

蠵蠵

蠵蠵爲龜屬之最大者，亦名蠵龜。體形扁闊，背甲皆相密接，不作覆瓦狀，腹甲扁平，尾露甲外，四肢成鰭，有爪，大者至五六尺，舉動遲鈍。常居海洋之中。分兩種。背暗綠，有主紋片十三枚而食植物者，曰保蠵龜。赤褐色，有主紋片十五枚而食軟體動物者，曰赤蠵龜。其腹甲常以之充玳瑁。

玳瑁

玳瑁，亦作瑇瑁，產海洋，體長三尺餘，形似蠵龜而嘴尖，前足長，背有主甲十三片，重疊如覆瓦，淡黑而微黃，有黑斑，胸甲黃黑。性強暴，往往嚙人。其甲，熟之甚柔，可製各種裝飾品。

鼈

鼈，俗作鱉，長四五寸，背褐色，腹白，口尖，背甲圓，邊緣柔軟，成肉帬。產於淡水，食小魚及甲殼類。肉多滋養分，可食，其甲舊以入藥。

漁人得如鼈之物

光緒壬寅，廣州漁人釣於珠江之白鵝潭，得一物，狀如鼈，有裙無足，有尾無首，背色青黑，腹有文如龜，純白。有九口，中惟一口有牙二枚，如人指。權其重，幾二十斤。陳某以二金購歸，仍命人放之於白鵝潭。

醋鼈

青島海濱有小螺，可治難産。普陀亦有之。蝸紋而小如珠，或謂即醋鼈也。海沙中有之。置諸筐，雖久，得醋輒活。有難産者，服數粒，則兒生，醫家寳貴。以醋試之，如珠之走盤也。

守宮

守宮，俗稱曰壁虎，體扁平，色灰暗，有四足，趾端平潤。善附著他物，遊行牆壁等處，捕食昆蟲，爲有益動物。

蜥蜴

蜥蜴長六七寸，頭扁，有四脚，似壁虎，俗名四脚蛇。雌者褐色，雄者青緑色。舌短，尾易斷，斷後復生。常棲於石壁之隙，捕食細蟲。

雲蟲

中州山嶺有物如蜥蜴，天將雨，則自石罅沿緣而上，仰口噓氣，如珠，青白不一，直上數丈，漸大如甕，須臾合併，滃然彌空，遂成密雲。山中人稱爲雲蟲。

蛤蚧

蛤蚧，與蜥蜴同類異種，長四五寸，首如蝦蟇，背緑色，有白點，或鮮紅斑紋，其鱗如粟粒，爲十二行。居梁棟破壁間，夜出食蟲。舊以入藥。產於廣西。

蛇舅母

蛇舅母，與蜥蜴同類異屬，而形相似，舌甚長，尖端叉裂，伸縮自由，略如蛇舌，背灰色，鱗片粗糙，尾甚長，亦易脱落。其習性與蜥蜴無異，舊與蠑螈混合爲一，非。

蠑螈

蠑螈有尾者長四寸許，色黑，腹赤有黑斑，四肢短小，不適於步行，尾扁，爲游泳之用。山寺池中常見之，卽此。古以爲卽守宫，其形相似而實不同。

鯢

鯢，一名山椒魚，長者至四尺餘。幼時頸側有小鰓，既長全失，以肺呼吸。體暗褐色，有黑斑，頭圓扁，四肢短小，拙於陸行，尾大而側扁。居溪流中，以魚爲食。

蛙

蛙體短闊，上銳下廣，喜居於陰溼地。雄者大率能鳴，雌者則否。種類甚多，有金線蛙、蟾蜍、蝦蟆、山蛤等，皆捕食害蟲，於農家有益。其子即蝌蚪。

羣小蛙見大蛙

朱霞溪赴山西潞安守任時，道經壺關，息於小亭。亭畔有池，池背大山，山麓有石洞三。俄見一大蛙從中之石洞躍出，踞洞口南面而坐。隨有數十蛙，從兩旁石洞一一躍出，依次排列，前兩足伏地，向大蛙作朝拜狀。拜已，均昂首向大蛙注視，寂然不動，若弟子受業於師者然。於是大蛙發聲一鳴，諸小蛙輒以次齊鳴。既而大蛙閣閣雄鳴，小蛙亦閣閣鳴不已。少頃，大蛙不復鳴，小蛙亦截然止矣。朱見而異之，不覺吁氣有聲。大蛙聞而驚，遂聳身躍入洞中，羣小蛙亦相繼歸洞矣。

蛙鬭

光緒庚辰夏，粵之南海盤步鄉外，有蛙數千，鬭於田畔，甚小，背紋有紅綫一縷，橫束腰際，各成一隊，閣閣怒聲，幾成雷鳴。鄉民聚而觀之，踰二小時始散。

蝌蚪

蝌蚪，蛙之幼蟲也，一名活東。頭圓大，尾細，色黑，春月游泳水中，其後生肺而鰓萎，生四肢而尾脱，遂能跳躍成蛙。自以鰓呼吸之魚，經過有肢有尾之蠑螈、鯢魚之形，始成無尾之蛙，階級甚明，實足表動物界漸次進化之狀態也。

蟾蜍

蟾蜍爲蛙之大者，《爾雅》謂之鼁𪓰。體暗褐色，後足之趾間有蹼，皮膚有疣無數，疣内分泌白色毒液。體肥，行遲緩，不能鳴。棲息於陰溼之地，夜出捕小蟲食之。

金襖子

金襖子爲蛙之别種，長寸許，足有吸盤，頗大。生山間清流中，鳴聲清亮，入秋爲多。

山蛤

山蛤爲蛙之一種，褐色，兩頰及背皆有黑斑，雄腹部白，雌淡黄或赤褐色。棲息原野草莽間，跳躍迅捷。

雨蛙

雨蛙爲蛙屬，體小，色鮮緑，亦名青蛙。腹白，前趾無蹼，後趾有半蹼，末端皆具圓形吸盤。善攀木，常棲樹上。雄者將雨則鳴，人或飼之，以卜晴雨。

紫蛙

淮徐山谷産紫蛙，其形似青蛙，稍大，四足尤長，皮如蟾蜍，遍身有泡。常居深巖邃澗中，土人呼爲石獱，亦曰山獱。同治甲戌，錢塘徐印香、丁修甫兩舍人計偕入都，遵陸北上，見之於清江浦。

蝦蟆

蝦蟆爲蛙屬，亦作蝦蟇，似蟾蜍而小，居陂澤中。體暗褐色，背有黑點，亦有疣如蟾蜍。善跳躍，其鳴作呷呷聲。

大蝦蟆有酥

康熙丁丑，蘇州王貴往衞基捕蟋蟀，誤探一洞，内有大蝦蟆一，羣蟆擁護之。王擊以大石，大蟆立死，酥濺其左目，痛不可忍，叫號彌月，哀慘之聲達於户外，至目睛突出寸許而死。

雪蝦蟆

西藏產雪蝦蟆。

蝦蟆遊行杭城

康熙己巳三月，杭州城外有大蝦蟆狀如簏，小者數萬。大者行，小者悉隨之往；大者止，小者則環聚而擁護之。如是者三日，遊行諸城門殆遍。

蛤士蟆

哈士蟆生鴨綠江淺水處之石子下，上半似蟹，下半似蝦，長二三寸，鮮美可食，人以之爲滋補品。皇帝祭太廟，必用此物，蓋亦不忘土風也。

張海鬼論海底動物

張海鬼，光、宣間之甬人也，能竟日夜居水中，人稱之曰海鬼。又擅拳勇，時持尺刃入海，與水族鬭，輒殺之，曳以歸。嘗言海中有山，有平地，有深谷。自海中映日光視之，觱沸騰湧，與衆水別。時有黑物，若探首，若掉尾，出没其間，人不能辨，雖鯨鯢蛟龍皆不敢過。百丈以下，有數處水熱若沸，生物皆不敢近，其熱百倍於温泉。山中亦有泉，如人世，自巖穴坌涌。黿鼉之屬，皆居山間，鯨鯢則浮水面，鮫鱷之類則往往狙伏猝起，如虎豹焉。普陀之東數十里有深海，水作漩洑，奇溜無比，雖魚龍皆畏之。其附近有樹一叢，亘十餘里，寬亦數里，與人世無異，但皆半透明如玳瑁。林下有方石十餘，高五六尺，手捫之，凸凹處類有字迹，疑其爲古碑也。林深處多巨蟹，物入者輒爲所噬，故不敢入。凡怪物獰惡者多在深海，時或至水面獵食，然不久復入水底。若稍遲，則黿鼉鮫鱷共搏逐之，或殲或逃，乃已。一日，羣魚忽驚避，則有物如人，長二三丈，遍體被鱗甲，其頭若牛而長鬣，攫得生物，輒啖之，大懼。已而有巨蟹十數，若結陣者，環而攻之，磔物爲數段，段段皆跳動不已。海鬼得其鬣，可七尺餘，粗如兒臂，其末端如籐鈎，粗如無名指，以示人，人莫識也。

海鬼嘗於衢山東北海中得一物，大如升，其圓若毬，質如水晶，有赤光照數十步，取之。不數武，則水族羣集，前接遮圍，若將搏噬者。患之，仍投海中，有大魚銜之，衆水族擁以去。海中蝦蟹之大，殆如鯨鯢，而蟹爲最猛，翻車魚次之，雖鮫鱷不能敵也。潮在海中，自分數股，衆水族各就所適，不相攙越。凡海底、海面，各因深淺以爲界，水族各以類居之。或誤入他界，必受攻擊。魚龍之大者長三十丈，珊瑚之高者過數百尺，初入水者，見之無不驚異，久之乃識物性，趨避固無難也。

魚苗

魚，水族之屬，大抵有鱗及鰭，冷血，卵生，而以鰓爲呼吸，脊椎動物中種類最繁者也。至若魚苗，則爲魚子之始化出者。凡魚生子，有牡魚隨之灑白，覆之數日，始化出。亦稱魚花，爲池魚之種。有專養魚花以販鬻者。其稍大者曰魚秧。

魚牌

粵西溪潭中巨魚所散之卵，至端州境，始出子，九江堡民於灣環處所取之，以爲魚苗。自封川江口至高明，爲魚苗𡊢者九百所，每𡊢分上中下，納税於府，名曰魚牌。

雪魚

閩中地暖，恆不雪。同治壬戌，延平大雪經日，出雪魚，若鰱，味美值昂。蓋必有雪始有魚，時二十年未雪，故魚殊不易得也。

佛魚

齊齊哈爾之依克明安公旗有泉，水至清冽，且甘美，煑茗極佳。泉旁池一方，約半畝許，其中游魚，歷歷可數，蒙人謂此泉爲佛水，因謂魚曰佛魚。

嘉定小練祈港之大魚

康熙乙亥，有巨魚鬭於海中，聲如雷。一死，流入嘉定小練祈港，龍首人身，長五六丈，腥聞數里。

南匯海口之大魚

國初，有大魚過南匯縣之海口，蠕蠕而行，高如山，過七晝夜始盡，終不見其首尾。

海州沿海之大魚

嘉慶丙子，海州沿海有大魚，兩目已被剜，身長三十六丈，自脊至腹，高七尺有餘。居民咸臠食之，其肪甚厚，腥不可聞。

鰣

鰣，形扁而長，大者長三尺許，色白如銀，肉中多細刺，腹下有角鱗，可食，多脂肪，味美。每年夏初產於江中，離水卽死。

鰳

鰳，亦作勒，可食，狀如鰣魚，小首細鱗，腹下有硬刺。乾者曰鰳鮝。

鯿

鯿，古謂之魴，體廣而扁，頭尾皆尖小，細鱗。產於淡水，可食。

月魚

月魚，一名香魚，長四寸，細鱗若鯿。月長一寸，至歲暮，可長尺有二。味鮮不腥，温州雁宕山之珍品也。

發發緑

鴨緑江有魚，極鮮肥，形似縮項鯿，滿語名曰發發緑，滿人喜食之，夏月最多。吳漢槎之子棖臣隨戍寧古塔，每於日晡時持竿垂釣，頃刻便得數尾以歸。

石斑魚

石斑魚，體狹長側扁，鱗圓滑而細，頭黑脣紅，背淡緑，有淡黑色斑紋腹微紅，長二尺許。天暖時，集於淡水。

車扁魚

車扁魚，身與肩形圓如卵，長一尺至六尺不等，高略同，或僅得二分之一。兩眼皆在左側，右側之目則瞽，作白色，明者作黄棕色，瞽目亦能染色，故名之曰雙色側魚。平時喜食小魚及有殼之水族，且能引食水中之物，惟在水沙之下，以口翕張誘小魚往，遂吞之。又能變色，每與沙色相同，蓋所以自衛也。其變色之故，非色從外來，實内經自主。試去其目，别置他色地方，則不能隨此處變色。故知其所變之色，在内不在外，但以皮下色胞變之而已。

白魚

白魚，一名鱎，古稱陽鱎。長者三四尺，産淡水，色青白，體扁鱗細，肉中有細刺，俗又稱白花魚，可食。

白鰷

白鰷，卽儵魚，産於淡水，大者長尺許，形狹長，背淡黑微青，腹白鱗細，好羣游水面。一名鰲魚，亦稱鰲鯈魚，可食。

屠修伯畜鯈魚

道光初，錢塘有屠修伯鹺尹秉者，性嗜山水，所居庭中，恆置盆池，畜鯈魚數十，顧以爲樂。錢塘江有石，俗名曰水繭，蓋沙與水相結久，遂成石形，多瘦透，峰巒洞穴畢具，色正緑，漬以水，易生苔蘚，植以小樹，無土亦活，爰峙盆中。六合縣有山曰靈巖，産五色石，狀類瑪瑙，文理縝密，光明可愛。大雨後，山中人多取而售諸市。修伯曾得數十枚，散貯盆間。清泉碧嶂，綺石文鱗，互相映發，自謂生意化機，咫尺千里，居然有世外仇池之想也。

鯛

鯛，産近海，體扁圓，兩顎有強齒，鰭亦堅強，鱗鬣淡紅，離水變赤，大者至二尺。以小魚及貝類爲食，肉肥而美，俗呼銅盆魚。《本草》所稱火燒鯿，頭尾似魴，而脊骨更隆，上有赤鬣連尾，黑質赤章，色如煙薰者，即此魚也。

海鰩魚

海鰩魚之鰩，亦作鷂，即鮏魚，俗稱鯆魚。體扁平如盤，大者方五六尺，尾薄而尖長，背鰭生其上，胸鰭闊大，圍於體之周緣，背蒼黑，腹白，眼後有噴水孔，口鼻鰓孔均在腹面。游泳甚拙，常伏於海底泥沙中，吞食小魚。

鯉

鯉，可食，體扁而肥，鱗大，口之前端有觸鬚二對，背蒼黑，腹淡黄，大者長三尺餘。産於淡水，喜羣居。

德鯉

德州鯉魚鱗鬣作金色者，土人呼爲德鯉，味尤美。葉槐生有詩曰：「緝槿編茅自結廬，漁家大半繞隄居。網來德鯉人争羨，有客停舟唤買魚。」

吴淞巨鯉

同治癸酉，吴淞口有捕魚船，有漁人網得鯉魚一尾，重一百十三斤，上有銅牌，綴於翅，驗視之，則康熙時某氏放生魚也。一客以銀幣二圓購之，仍投之於江。

三百餘斤之大鯉

江陰南鄉青陽鎮西有王家村，四周爲河，游魚聚蓄其中。每冬，村人皆施網罟，得魚市錢，視爲利藪。春則購魚重蓄，歲以爲常。宣統某年春，下魚苗，至冬不可復得，村人大愕，乃以水鴉捕之，鴉下俱死，傷十餘翼。衆益駭，因戽水使涸，以覘其異。水盡，見河底有大鯉一尾，玉翅修鱗，長九尺有奇，權之，得三百六十一斤。魚身短腹闊，巨口翕張，望之可畏。擡以入市，售錢三十千焉。

鯽

鯽，即鮒也，形似鯉，無觸鬚，脊隆起而狹，鱗圓滑，頭與口皆小，背青褐色，腹白。産於淡水，長者至尺餘，可食。

無目鯽

高宗第六次南巡，於杭州鳳凰山宋故宫址葺治行宫，掘地爲池，下鍤數尺，適得舊池欄杆，皆白石所琢成者，雕鏤精絶，蓋德壽宫舊基也。池底泥土中，獲鯽魚十餘頭，長可尺餘，而無目，大抵埋於地下，年久之故。工人烹之，食數尾，頃刻皆暴死，乃懼，舉餘者棄之江，浮至中流，風浪陡作，有大魚數十附翼而去，人皆異之。後此池又没爲平地矣。

金魚

金魚爲鯽之變種，體小，種類不一，或腹大，或頟豐眼凸，頸短尾歧，或金紅色，或白色，或黄白相交。一稱金鯽，又稱五色文魚，江、浙人多喜蓄之以爲玩物。錢塘章豈績有詩詠之云：「生趣無過是養魚，小盆擺列近庭除。如金如玉十分似，不短不長二寸餘。略動紗兜攢影出，兜以紗爲之，乃施魚食者。慣銜蘊草弄晴初。也知未必成龍去，濠濮居然在息廬。」

朱竹垞觀玉泉魚

康熙時，杭州玉泉寺池中有五色魚，凡千頭。中有翠藍色者，爲朱竹垞所深愛，因爲《玉人歌》詞以詠之，詞云：「輕漣白，愛一種娵隅，暈藍拖碧。練塘風煗，蒼玉恣拋擲。丹砂泉淺游朱鬣，受盡人憐惜。又争如雨過天青，者般顔色。濠上未歸客，投香飯青精，日斜與食。蓮葉東西，何事便深匿？翠鱗六六空摇尾，嬾遞閒消息，但年年映取柳陰千尺。」

鱧

鱧，可食，形長體圓，頭尾幾相等，細鱗黑色，有斑文，腹背兩鰭，均連續至尾。亦名鮦魚，俗名烏魚。其腸醬以入藥，謂之鱧腸。

石首魚

石首魚，以頭中有石狀小塊二，故名，亦名黄花魚，俗稱黄魚，可食。體扁口闊，上顎長於下顎，鱗細，色黃如金。集於近海泥底。曝乾曰鯗魚，俗稱白鯗。其鰾可製鰾膠。

石首魚每於楝花開時，結隊趁潮而至，一網可得數百頭。漁者多放船，候於山礁間，截竹爲筩，每至，則海風吹腥，江潮噴雪。網得者，盛於淡水，沃以厚冰，可支數日。四五月間，漁艘市冰以往，滿載進黃浦，小船插三角粉紅旗，鳴鑼集市，曰販冰鮮。吳俗最尚此魚，每嘗新時，不惜重價，故有典帳買黃魚之諺。

鮎

鮎，俗稱鯰魚，體圓長，頭大尾扁，無鱗，多黏質，口曲而闊，兩顎生細齒，有鬚，背蒼黑色，腹白，長尺餘。產於淡水。

黃頰魚

黃頰魚，一名缺䰾，亦名黃鱨魚。狀似鮎，體較小，背青黃色，腹黃，鰓下有横骨，觸鬚剛硬。力強，能飛躍。產於淡水。

鮠

鮠似鮎而大，長者至三四尺，色青白，背有肉鬐，無鱗，可作膾。產於淡水，俗亦作鮰。

比目魚

比目魚者，鰈與王餘魚等之總稱，其目皆比連於上，故名。體扁平而闊，故俗稱爲板魚，可食。頭小齒鋭，鱗細作圓形，上面灰褐色或黑色，下面白色，常以白色之面附著於海底有泥沙處，而平卧其上。以小魚蟲類爲食。游行時，以有色一面向上，而播動其體以爲進行。其幼魚兩側各有一眼，游泳如常魚。漸長，伏於泥沙，眼之位置亦漸移易。故其生育中，必幾經變態。種類甚多。兩眼比連於左側者，如鰈及鞋底魚是；比連於右側者，如王餘魚是。

鰈

鰈，一作鰨，大者長二尺許，左側面甚發達，色淡黑，有淡褐色斑點，兩眼俱在其前。右側白色，爲其下面。背鰭甚長，自眼前起以達於尾。有胸鰭。古亦曰鰜。日本人則稱兩眼之在右側者曰鰜，而以在左側者爲鮃。

刀魚

刀魚，一名鱭魚，亦作鮆魚。體狹長側薄，頗似尖刀，故名。産江海中，我國之揚子江有之。鱗細色白，背部微黄，二觸鬚甚硬，胸腹兩鰭成棘鬣，鋭利如刃，味較鰣尤美。其産於太湖者，全體色白如鋃，俗稱湖鱘，味略遜。皆於春暮登市。

鯖

鯖，身如圓筒形，長二尺許，青黑色，鱗大，産於淡水，俗稱青魚。又有一種，長一尺五六寸，體扁如梭，鱗小而薄，背青緑色，有黑色波狀紋，頭部有黑點，日本人亦謂之鯖。

海青魚

海青魚出寧海州，其至海，水有聲，去則水激如箭。可食。

鰼

鰼，體圓頭扁，狀類青魚，而色黑口小，骨軟如鯧，有黄脂，長者尺許。産近海。

鯶

鯶，可食，形長身圓，頗似青魚，而色微灰，江湖中處處有之。食草，亦謂之草魚，又作鯇。

鱒

鱒，可食，似鯶而小，鱗細，背濃藍，腹白，體長者至二尺餘。產於河海，夏日，溯河流而上以產卵。

鰱

鰱，頭小形扁，細鱗肥腹，色白，產於淡水。俗呼白鰱，亦名鱮魚。可食。

鱅

鱅，產於江湖，似鰱而黑，頭甚大。俗呼黑鰱，又稱鰱胖頭。可食。

鯧

鯧，可食，大者長尺許，體扁圓，頭小項縮，頭背及鰭皆蒼色，腹淡，鱗至細，肉白，骨軟，多脂。產近海。

馬鮫魚

馬鮫魚，狀頗類鱅，而肉似鯧，色白，有黑斑。可食。

鱸

鱸，可食，色白，有黑點，巨口細鱗，頭大，鰭棘堅硬。居鹹水淡水之間，春末溯流而上，至秋則入海，大者至二尺。古所謂銀鱸、玉花鱸者，皆指此。康熙時，錢塘徐茗園茂才秉仁有《秋鱸》詩云：「斫膾喧吳市，江南鱸正肥。秋風吹木葉，薄宦幾人歸？晴渚三篙水，寒潭一釣磯。垂綸今古事，適志莫相違。」

四鰓鱸

松江之四鰓鱸，味甚美，自魏、晉以來，即稱名產。狀與土附魚相似，大僅五六寸，冬至前後最肥美，蓋別爲一種也。

遮鱸

寧古塔之川有魚，其取之也，不網而刀。月明燎火，棹小舟，見魚而揕之。有遮鱸，大可百餘斤，有骨而無刺，如內地之鰉，味更勝。

鱖

鱖，可食，巨口細鱗，背鰭有刺甚硬，色青微黃，有黑斑，腹淡白。亦名罽魚。

沙魚

沙魚，爲魚之胎生者，一名鮫，長者達二丈餘。體爲梭形，後部漸細，以達於尾。骨骼柔軟，皮厚色黑，鱗爲顆粒狀，粗糙而堅，口與鼻孔皆在腹面，鰓孔裸出，無鰓蓋，胸腹兩鰭闊大如翅，尾鰭兩葉，大小懸殊。產於熱帶下之海洋，凶暴無敵。其鰭曝乾爲魚翅，入饌。皮可飾刀劍，磨治骨角。種類甚多。背淡灰色，腹白，長八九尺者，曰白沙；藍色長丈許者，曰青沙；背茶色微紅，體側有紅斑長三尺許者，曰虎沙；腹左右有鋸狀突起長四尺許者，曰鋸沙；頭有横骨作丁字形，眼在其兩端，長二丈許者，曰雙髻沙。以上數種皆常見。

兩首魚

惠來神泉埠濱海，户口數千，半以捕魚爲業。光緒末，有漁人得一魚，重不過斤，而一身兩首，形如沙魚而略短，鋭口無鱗。

鯊

鯊，小魚也，產溪澗中，長五寸許，黄白色，有黑斑，鰭大，尾圓，腹鰭能吸附於他物。口廣鰓大，常張口吹沙，故又名吹沙魚。俗稱沙魚爲鯊者，蓋將沙魚二字誤合爲一字也。

引沙魚

大海中有小魚，土人謂其善引沙魚，因名之曰引沙魚。此魚多浮於沙魚之前，如導引狀，或居沙魚胸翅下，或左或右，或去或留，其疾如飛，不久又至沙魚之前。熱洋中實有之。專喜偕藍沙魚同游泳，彼此相資，小魚得食，大魚得其引導也。

無刺魚

浪洞河介居黄平、餘慶之間，上下流各三十里，有無刺魚，可食，味鮮美，細鱗無刺，全體僅有一圓長骨以撐持之。每尾重者僅半斤。

飛魚

滿洲楊岱彭，字半嶺，杭州駐防之防禦也，博學工繪事，尤精花卉翎毛草蟲。性迂古，不多作。嘉慶乙亥，卜居長生橋下，其後軒臨西湖，暇日嘗以垂釣自怡。一日，獲一魚，長尺餘，類鱖，背有兩翼，蓄之盆盎。一夕，忽飛去。或云，卽飛魚也。

人魚

道光初，廣東南海郭某謀生外洋，同治時返粤，時年五十餘矣。曾言在北美洲之某帆船充廚役，一日日過午，陰雲四合，遥見二人，行海面，衆皆驚愕。船主以遠鏡窺之，見二人裸體並臂，同行於驚濤駭浪中。約半小時，二人行漸近，覺臍腹以上具人形，腹以下爲鱗族，同立水上，以尾潑刺而行，海波奔滕，船隨濤上下若浪狀。水手之健者，設法捕獲之。船主乃盛以大盤，滿注水。長約三尺，短髮蓬鬆，耳目口鼻手乳皆與人無異，惟遍體涎滑，腥不可聞。一雌一雄，在盤上，似甚親暱。人集視之，絶不驚怖，時或微笑，惟口不能言。或以麵包投之，亦知攫食。越數日，放之海中，悠然而逝。

藥叉魚

海南地近熱帶，所產動物至詭異。有藥叉魚者，藍面若鬼，乳以上類人，乳以下則魚焉。

毛魚

毛魚極細小，外視之似腐，可食。閩人重之，視爲珍品。

秋生子魚

秋生子魚出蓋平清河，形類白鰾。

滑子魚

滑子魚長五寸許，形狹而修，產平泉州山溪中。

納和

納和，魚名，長二三尺，腹甚扁而闊，多腴，可食。準噶爾部産之。

蟲魚

蟲魚，一名尖口魚，大可尺許，銳口細鱗。産塞外山溪中。

達法哈魚

歲八月，達法哈魚自海入江，積數至衆，或有履魚背而渡者。寧古塔、黑龍江土人每取魚炙腊，積以爲糧。

竹魚

竹魚翠色如竹，産黑龍、混同兩江。

鰒

鰒，亦稱鮑魚，殼爲橢圓狀，長二寸許，小於石決明，有吸水孔八九個，殼薄，外爲淡褐色，內帶真珠色，附著海底巖石間。

無鱗魚

青海有無鱗魚，可食，背無鱗而有紋，斑色，分黄白二種，長一二尺不等，略同内地之鱖魚，爲青海特别産品，多産於布喀河、巴冷泊中。

魯赫依

魯赫依，魚名，産回部，無鱗，口圓，身微扁，大者可七八尺。

雙脊魚

長白山之江中多雙脊魚，色紫無鱗，其背雙脊，尾亦雙尖。偶一得之，味苦不能食。

裙帶魚

裙帶魚，産海中，寧波甚多，可食，大者長五尺許。狀如帶，至尾而尖，無鱗，有強齒，背鰭連續甚長，背淡青，腹白。

金山衛饒海鮮，最佳者爲鰣魚、河豚、石首魚、裙帶魚。國初，海禁嚴，順治己亥，海塘外均竪木牌，漁人裹足，海味不可復得，而裙帶魚價至廉，斤值銀三釐。至康熙中葉，則貴至一錢三分矣。

鰻鱺

鰻鱺，亦稱白鱓，生於淡水。體長爲圓柱狀，皮膚甚厚，有膠質之黏液，鱗柔軟，細不可辨，大者長至三尺。體色隨居處而異，有蒼黑、茶褐等色，腹純白。可食，味濃美，含滋養料甚富。亦作鰻鯬，又作鰻鯠。

鰌

鰌，一作鰍，可食，形似鰻，長三四寸，體圓尾扁，色清黑，無鱗而有黏質。常潛居淡水之泥中，故又稱泥鰌。

鱔

鱔，一作鱓，俗稱黄鱔，可食。似鰻細長，體赤褐，腹黄，頭部下有鰓孔二，内有鰓，腹中有肺，或謂之氣囊。

鰣鰉

鱘鰉，一名鱣，産江河及近海深水中，無鱗，狀似鱘魚，長者至一二丈，背有骨甲，鼻長，口近頷下，有觸鬚，脂深黄，與淡黄色之肉層層相間，脊骨及鼻皆軟脆，謂之鱘魚骨，可入饌。上海浦東之漁人嘗得一尾，權之，重二百四十餘斤。

鱏鰉

奉天之魚，至爲肥美，而鱏鰉尤奇。巨口細睛，鼻端有角，大者丈許，重可三百斤，冬日可食，都人目爲珍品。出黑龍、混同等江，非鈎所能得，捕之以網，圍之岸邊，伺魚首向岸，挽强射之。魚負痛，一躍而上。既至陸地，即易掩取。或鑿冰以捕，則必繫長繩於箭以掣取之。

海蝘

鄞有小魚，味類蝦，俗呼曰海蝘，王文簡《居易録》所謂海鰬者是也。可食。

螺殼魚

螺殼魚口有螺殼，殼分數膛，有小孔相通，能噴出殼内空氣，而從海底升至海面。頭有薄皮兩塊，如船之帆。具六足，能划水如槳，乘風行於海面甚速，亦有時收合其殼而沉於海底。

京師之蟲

京師多蠅，而絶無蚊，惟蠍與蜈蚣入秋甚夥。舒鐵雲在京時苦之，作詩曰：「蔞菲但有青蠅集，吆喝曾無白鳥羞。長日垂簾宵卷帳，憐蚿見蠍又防秋。」

廣西之蟲

蜈蚣、蜥蜴及蜂、蠅、蚊之屬，廣西隨時而有，不必在夏秋也。最可異者，四月有蟋蟀，十二月有螢。

蟲窠

梁山舟學士同書舊藏蟲窠一枚，乃其太翁薌林編修以圍碁決賭，得之嚴氏者。嚴自何處來，未曉也。作赤棗色，狀之大小長短亦絶似，不鏤自雕，如細目之網，緣督爲經，又若小口之囊，一面附著樹枝處，痕深陷而直，貫徹上下，以是知爲蟲所結也。

小毛蟲

咸豐辛酉，粤寇陷蘇、常，人心大震。其冬，有小毛蟲緣延於人家屋宇，色淡黑，長不及寸，人被嚙則奇癢異常，逾時始愈。好事者掃而投諸火，旋掃旋聚，不知其何自來，亦不知其何名也。

酒蟲

蘇州陸某性嗜酒，以酒病死於滬。聞其祖若父亦以酒病死者，並某已三世矣。當某病劇時，吐數酒蟲，色赤，長尺許，大如指，兩端皆有首，以器盛之，能蜿蜒行，酒氣觸鼻。或謂《聊齋志異》所載長山劉姓，吐酒蟲爲甕，甕中注水，蟲入攪之，即成佳釀，此蟲當同其例。即如法考之，然竟不驗。

齒蟲

汪耕餘嘗語俞曲園曰：「人齒中實有蟲，有病齒者，或薦皖人王某捉之，召之至，問所需，曰：『無所需，需銀鍼一。』予之。乃持向齦齶間，搯揞久之，得大蟲二，小蟲六七，大者長三四分，小者一二分，黑首而白身，皆若已死者。其人以紙封裹之，使置煖處，曰：『明日啓視。』及明日啓視，則已活矣。徧體毛毿毿然，頭有鬚有鉗，尾有長毫，腹有六足，行走甚疾。因以殺蟲之藥雜置其中，非惟不畏，且甚甘之。三日不予食，乃死。」

水煙筒蟲

水煙筒周歲不用，則生蟲。蟲形似曲蚓，甚毒，生必雌雄成對，犯者多死。

慶忌

光緒某歲，某邑有鄉人持一蟲入城求售，長僅五寸，狀詭異，自首至腰具人形，瞳小如黑豆，灼灼有光。以物飼之，口張，齒細於針。兩手握拳，撩以草，輒張作攫勢。腰以下，毛茸茸然，兩股趯趯猶蟲也。觀者如堵。鄉人索值千錢，無購者。許植之素好奇，如其值，購歸，飼以果餌，越日竟斃，乃乾之，狀如木雕之小人。蓋卽《搜神記》所載之蟲名慶忌，具人形，喜效人所爲，此特變化未全者耳。然近時科學昌明，動物學中實未有昆蟲化人之説也。

小咬

長白山多小咬，體如米粒，夏日最多，晨暮尤甚。夾皮溝、湯河之馬賊，所用之非刑曰咬刑，蓋以繩縛人於樹上，令小咬咬之，兩晝夜卽露筋骨。俗名喂咬，人皆畏之如虎。

草扒

草扒，長白山之蟲也，藏於草中。如入人身，其首卽深入肌膚，久而不出。傷處經三年之久，猶覺痛癢。惟初入人身時，用指彈之，其首卽出，再將患處毒水擠出，見血而止，卽不爲害。

雲虎

雲虎生塞外山中，長四寸許，頭以下如翡翠，有紋如魚鱗，尾作金色，吐氣如雲，故名。

蜜蜂

蜜蜂之蜂，本作蠭，益蟲也。審之，有雌蜂、雄蜂、職蜂三種，聚羣而居。雌、雄蜂皆黑色，翅灰色而透明。雌者尾端有毒針，以産卵管而兼禦敵之用。職蜂暗褐色，全體皆密生長毛。雌蜂每羣一頭，體長五分許，通稱蜂王。雄蜂亦少數，體較短而翅大，但營生殖作用，不事工作，亦稱遊蜂。職蜂最多，爲不完全之雌體，專營築巢、採蜜、育兒等事，並保護其羣，亦稱工蜂，取花蜜釀而成蜜，以之哺子，食花粉及蜜，變質成蠟，以之營巢。飼蜂者常割取其蜜及蠟，以資食用。凡蜂類腹後大都有毒針，能螫人。

青海南境養蜂極盛，生蜜與蠟，山民割蜜以佐食，惟製法不佳，有黄色，無白色。

閩之蜂窠

蜂房，大僅逾盌，垂如蓮房，所在皆有之。而閩中蜂窠，則有大如瓦甕者。某居馬江時，其樓角偶結一蜂窠，不旬日，大且如瓠，亦如雞心下垂。迨結成，則其巨過一石甕，僅下垂之尖露一孔，羣蜂出入，胥由於此。中容蜂幾何，無可測計。外以五色泥搆成，間有文彩，悉螺旋而上。蜂則黄質黑章，與常蜂稍異，而性至靈警，人有逼視其窠者，雖躡足屏息，至相距一丈之地，必轟然來逐。偶不及避，即爲所螫，毒苦殊甚，蓋合羣力與自衛力均甚富也。

結窠本在春夏時，以其善螫人也，人咸苦之。然未得除去之善法，亦惟避之而已。及秋冬之交，羣蜂已不恆見，僅有一二蜂時緣其孔而伏，若爲守衛者然。偶有以長竿遥擊之者，堅不可墜，惟五色泥略碎少許，不意致其死命者，即由於此。蓋自是而後，常有數十蜂殭墮於地，十餘日而窠中蜂已垂盡。人或緣梯盤而取之，則見中爲九層，亦如尋常蜂房式。最上一層，徑二尺餘，圍六尺餘，以次減小，每層距離二寸許，作小柱數枚，相連屬。由總孔達最上層，初不穿層而過，乃由外附之五色泥作成螺旋複道，正如樓閣之有室外梯也，其建築亦云巧矣。閩人謂是名虎頭蜂，冬則蟄居窠中，窠偶破碎，即殭死。

吴秀裔宅後蜂窠

康熙時，上海吴秀裔宅後，有大蜂窠，如大燈籠，外邊作月白色，內有葉，如蜜蜂所構。惟蜜蜂窠逐片横掛，此僅有底下一竅，大如碗口，內葉層層即懸其上。

馬蜂

青海有馬蜂，似蜜蜂而大，兩翅之長可及尾，螫牛馬見血。

細腰蜂

細腰蜂，觸角短而彎曲，體色多黑，腹柄細長，雌之尾端有毒針，飛走皆絶迅。常於隄岸及樹枝草莖上築小球狀或寸許小泥管之巢，藏螟蛉、蛄蟖等於中，以哺其幼蟲，故有益於農產物。

寄生蜂

寄生蜂種類甚多，雌之尾端，有產卵管甚長，插入螟蛉、蛄蟖等之體，產卵其中。其卵孵化後，在體內吸食膏血，以漸成長，變蛹成蜂，破皮而出，螟蛉等因之以斃，故於農事有間接之益。

蝶

蝶，本作蜨，亦名蝴蝶，爲蛄蟖、烏蠋等羽化而成。體小，有四翅甚大，形色不一，喜飛翔於花間，遺黄色小卵於莖葉上，成蛹後始化爲蝶，種類甚多。

熱河砂石板地產黑蜨，大者五六寸，土人呼爲黑蛾，蒙人呼爲額爾伯克伊。

塞蝶生沙漠，黑質黄駁，時來草間。

羅浮仙蝶者，產於廣東羅浮山，山中人呼之曰小鳳凰，大者徑尺，文采燦爛。其生以繭，繭中有一卵，小於雞子，重胎沁紫，外包烏桕葉，絡以彩絲繩。取之，翌年二月，置梧柳間，輒有大蝶展翅飛來，抱伏纏綿。經七日，繭破，栩栩然而出，大徑尺，文采無一同者。越數日，挾之飛去。若以筠籠貯之，雌雄必相尋覓矣。乾隆某歲，有得羅浮蝶者，置之籠中，一夕遁去。蔡松巖作歌紀其異，索錢叔美圖之，叔美並係以詩云：「手持緑玉杖，去踏羅浮山，羅浮山裏春風還。飛來蛺蝶大於掌，半空飄舉仙骨輕珊珊。或云葛翁羽衣之所化，罡風吹落片片蒼崖巔。烘以青城霞，飲以石砂泉，遂使狡獪遊人間。曾聞淮南雞犬一一入雲去，何以爾蝶尚復塵埃間？得無此山靈秀原不異天府，獨令盤踞窟宅千百年？況當青蚪萬株壓冰雪，餐吸沆瀣形神堅。人生萬事不足恃，昨日緑鬢今衰顔。金粉飄殘亦頃刻，只可蒙莊與爾相周旋。天公倘若作變幻，世間蜉蝣蜾蠃皆飛仙，蝶兮蝶兮殊可憐。且須騎爾黑甜鄉裏去，下視四百八峯青刺天。」

瓊州之蝶，大且逕尺，或白或紅，或五采，夜則倒掛樹間，若鳥眠。

雲南省城北隅有綰青篆翠翹翹如髻聳者，曰螺山，又名玄通，於懸峭紆迴中，有玄通菴，山半懸絶處，翼以危亭，登巔遠眺，則昆明可掬，太華可撫也。下有潮音洞，俗名紅孩。洞深里許，然炬可游。官府以藏奸，特畚土塞之，尚留竅尺餘，存其意耳。每歲孟夏，蛺蝶百千萬會飛此山，屋樹巖壑皆滿，有大如輪小如錢者，翩翻隨風，錦色爛然。每集，必三日始去，究不知其去來何從也。

錢警石放緑蝶

錢警石司鐸某邑時，學舍鄰近有女子，得緑蝶一，大逾常蝶，後翅若燕尾，籠之經宿，一蝶翔舞繞籠，若求其偶者，乃並獲焉。髻石聞而異之，取放庭樹間。少選，偕去，因作放蝶詩。

徐蓮塘釋大蝶

無錫徐蓮塘嘗獲一蝶，大如盌，盛以筐，懸之花下。越宿往觀，乃有一蝶伏筐外，形色相似，視蝶筐，則筐外側翅而入，若幸其偶之猶存也。憐而釋之，因繪圖徵詞以紀其事。

蛺蝶

蛺蝶，舊爲蝶類之總名，今動物學家區別之，定爲蝶之一種。翅赤黄有黑紋，外緣凹凸如波紋，黑藍兩色相交錯，下面灰褐色。其幼蟲色黑，背有甚闊之白線二，多黑刺毛，棲集於柳朴等樹，爲害蟲。

蛾

蛾與蝶類並稱，種類甚多，如天蛾、蠶蛾等皆是。翅有細鱗，與蝶類同。所異者，體肥大，觸角細長如絲，不爲棍棒狀，翅下面多美色，上面帶灰白，止時形如水平，不疊合直立，常以夜出，此與蝶稍異耳。

燈蛾

蛾類皆有慕光性，喜撲燈火，如縠蛾、麥蛾之類，舊説概稱曰燈蛾，亦謂之飛蛾。張祜詩「剔開紅燄救飛蛾」是也。今博物家所稱之燈蛾，則爲蠶蛾中之一種，其體肥大，密生軟毛，前翅赤褐色，有白色粗條，後翅赤，有黑紋。幼蟲色白，密生赤褐色長毛，有脚八對。夏時，疾行路中，能爲桑麻及各種植物之害。

麥蛾

麥蛾爲穀類之害蟲，生穀倉中，長三分許，兩翅展度約五分，體與翅皆黃褐色，翅有光澤，邊生長毛，産卵於麥粒。幼蟲爲長橢圓形，乳白色，較穀蛾爲肥大。蠹入麥粒，每粒一頭，食之至盡而留其皮，於麥中作白色薄繭，蛹化其中。其蛾喜就燈火及白布，可用此以誘殺之。

天蛾

天蛾，爲蛾屬，體肥大，翅小而厚，前翅灰色雜緑，後翅深黑，中央灰黃，常於黄昏飛翔。幼蟲脚八對，尾有角，爲葡萄害蟲，入地變蛹。

衣蛾

衣蛾，體長二分許，翅展時五分許，灰黃有光澤，翅緣有毛。幼蟲白色，生於衣服毛氈之上，吐絲作巢如管，幼蟲成長，管亦增大。所居之處，毛片寸斷，可燃燒硫磺以薰殺之。

蟬

蟬爲蟲之善鳴者，生於夏秋，頭短，口爲長吻，有複眼二，單眼三，四翅膜質，率皆透明，前翅較大。雄者胸腹交界處，有發聲器，具小皺膜，並有大筋肉連接之，收縮振動，以發高聲。幼蟲在土中，吸樹根之汁液，蛻皮成蛹，出而登樹，再蛻皮而成蟬，其間爲期約二年。既爲成蟲，交尾後即死，雌者産卵後亦死，不過數日耳。種類頗多。其蛻可入藥。

關外之蟬，其聲較内地宏而直，蒙古人謂之綽爾齊。綽爾齊者，胡笳奏曲人也，以蟬聲相似，故名之。

濰縣無蟬，或閱數年而聞其聲，則置酒競賞之，以爲異事。

蚱蟬

蚱蟬，《爾雅》謂之馬蜩，俗稱蜘蟟，體長一寸四分許，色黑，胸背有灰黄短毛密生，翅透明，外緣黑。夏月始鳴，其聲直而長。

寒蟬

寒蟬爲蟬之一種，體長寸許，胸背有黑緑斑紋，翅透明，脈作淡棒色。秋季鳴於日暮，其聲幽抑。

蟪蛄

蟪蛄爲蟬之屬，體長七分許，色青紫，翅有黑白紋，甚美麗，而不透明。夏末自早至暮，鳴聲不息。蟪，亦作惠。

蟋蟀

蟋蟀，亦名促織，長六七分，全體黑色。雄者前翅左下右上相重疊，連接處有剛強之聲器，末端有尾毛二，較雌者爲長。雌者翅短，尾毛之間並有産卵管一。秋夜鳴聲甚厲。雄者性喜鬭，飼之者以盆盛之。

油葫蘆

油葫蘆，形較蟋蟀爲大，全身黑褐色，後翅長闊逾前翅，頭大，末端有尾毛二。晝鳴，聲甚高。常食大小豆，爲害蟲。

金鐘兒

金鐘兒，似促織，身黑而長，前鋭後豐，尾歧爲二，以翼鳴作磴稜之聲，如小鐘然，俗稱爲馬鈴子。又一種身作緑色，尾尖，略如梭形，鳴聲頗促，俗亦名金鐘兒。

昌平州有明十三陵，其地産金蟬，俗呼金鐘兒，狀似促織，京師人家多畜之，悦其聲也。

螽斯

螽斯，一名蚣螽，亦名蜙蝑。雄者長寸許，緑褐色，前翅右下左上相重疊，接合處成堅硬之發聲器，故能作聲。雌者長一寸五分許，色濃緑，微雜褐色，翅短於雄，尾端有産卵器突出。蝕害農産物，惟不如蝗類之甚。

紡織娘

紡織娘，螽斯類，北人稱之爲聒聒兒，體緑色，并翅長一寸六七分，觸角甚長，黄褐色，有黑點。雄者前翅甚闊，發聲器闊大發達。棲息草間，翅脈極密，頗類葉脈。夜鳴如紡紗聲，故名。

札兒

札兒，全體緑色，長寸許，觸角頗長，前胸背緑色帶褐，翅稍短於體，上有凹紋如曲尺，發聲器在右翅，薄膜透明，略似小鏡，以左翅摩擦作聲，尾端有尾毛四。棲息草間，秋日兒童多飼養之。朱駿聲謂即草螽，今蘇俗稱札兒，亦稱叫哥哥。三種形體大小及翅之長短皆不同，不能併合爲一。此蟲未見於動物學諸書，視其全體之構造，當定爲螽斯科也。

叫哥哥亦作叫嘓嘓，《周禮》嘓氏及《月令》「螻嘓鳴」注，皆以嘓爲蛙。塞外所産榛蟈，則爲絡緯、蟋蟀之類，善以翼鳴，土人呼爲叫嘓嘓。

秦淮妓院蓄札兒

乾隆末葉，有貨札兒於江寧之市者，鏤葫蘆爲籠，蓋以玻璃而貯之，蓋來自糧艘，天津、德州間物也。飼以白粲，或葱蔬嫩甲。性畏冷，納諸懷，裹以吴綿。自秋至春，飼以硃砂，則通體赤而有光。秦淮妓院多蓄之，入夜，輒護以錦衾，香殘燭灺時，細響沉沉，與嬌喘間作，誦唐人「今夜偏知春氣暖，蟲聲新透緑牕紗」句，聞之者不禁神往矣。

螳螂

螳螂，益蟲也，亦作螳蜋，體頗長，腹部肥大，頭爲三角形，複眼高突，前胸延長如頸，前肢變形爲鐮，有棘刺，便於捕獲他蟲，有益於農事。秋季産卵，簇聚成房，包以麥麩狀之物，堅著枝莖，謂之螵蛸。

蜻蜓

蜻蜓，分頭胸腹三部，頭部甚大，複眼尤巨，口器強壯，便於咀嚼，翅薄如紗。止時爲水平形，腹部細長。尾有歧，善捕食蝶蛾蚊蠅等害蟲，故於農家有益。胸部甚肥。飛翔能遠，不甚停息。黄昏之際，常高飛以捕蠅類。産卵時，以尾蘸水，使附著水草之莖。

蜻蛉

蜻蛉之性質形態，絶類蜻蜓，惟前翅之前緣較短。飛翔止息，常在一處，不能及遠。舊説皆與蜻蜓混合爲一，今動物學家别之爲二科。

草蜻蛉

草蜻蛉爲益蟲之一，體纖細，長三分許，開翅寸許，色淡緑，複眼有金屬光澤。産卵於葉，卵有長柄，多數簇聚，如開小花，動物學家謂之優曇花。幼蟲色黑，類蝨，梭形，長二分餘，有硬毛，常於葉上作白色圓形之繭，蛹化其中。成蟲、幼蟲皆好食蚜，故有益於農産物。

馬大頭

馬大頭，在蜻蛉屬中爲最大，體色緑，常於早暮捜食蚊蛾。産卵時，飛近水面，棲於蘆葦，以尾端插入水中。

蛟蜻蛉

蛟蜻蛉，稍似蜻蛉，頭細，翅尤薄，全體黑色，觸角短小，複眼甚大，翅上時有白粉，常在夜間飛行。幼蟲名沙挼子，色黑，形如蝨，長四分許，大腮之内側有細齒，常於沙内造漏斗形之孔，俟他蟲陷落，以銳齒鉗之，吸其體液，兼能食蟻。

蜉蝣

蜉蝣，長六七分，頭似蜻蛉而小，有四翅，後翅甚小，體細而狹，尾毛有三，細長如絲。夏秋之交，多近水而飛，往往數小時即死，故有朝生暮死之説。惟其幼蟲棲息水中，捕食微細蟲類，經二三年乃羽化爲成蟲。

螢

螢爲益蟲，長三分許。雄者體黃頭黑，有複眼，翅稍柔軟，點線密布。雌者無翅，形如蛆。尾端皆有發光器，呼吸時，空氣傳入，生養化作用，發光頗美麗。夏間就水草産卵，亦發微光。十餘日爲成蟲。成蟲與幼蟲皆食種種害蟲，於農事有益。

塞螢尾部亦發光，其極大之光可燭三尺許。

螢火城

乾隆癸巳夏六月，嘉定南翔鎮西郊，一夕，忽螢火團聚，至數十萬，周圍三四里望如火城，其光燭天，觀者如市，五日後始滅。

蟻

蟻，本作螘，體分頭胸腹三部。赤蟻長不及一分，色黃赤。大黑蟻長四五分，山蟻長四分，皆黑色，有光澤。聚羣而居，分女王蟻、雄蟻、職蟻三種。女王蟻、雄蟻主生殖。職蟻爲不完全之雌體，一主營巢取食，謂之工蟻；一主戰鬭，謂之兵蟻。其組識尤勝於蜂。女王多數同居，亦不似蜂王之嫉妬專制。雌雄至交尾期生翅，職蟻無翅，多在地下營巢。

農人終歲勤動，必有收穫之糧，以資事蓄，物亦如之，故名曰儲藏物。每夏日，蟻必廣爲蓄聚，移置窩中，故名爲儲藏。有二種，一在外覓食，既覓得，別有一種選而藏之。其藏之之法，如植物種子發生，蟻能噓氣，使不能達其生意，且又能使植物生出細芽。因芽性發甜，蟻喜甜芽，可嚌其甜汁也。尤奇者，植物如自生芽，蟻以法噓之，亦不能阻，乃俟其初長時，嚙其芽枝，則芽不復作。或有任其芽之稍長，嚙折，曝之日中，復收藏以備食者。

蟻結窠

蟻垤恆在地，居高者不多覯。閩中自秋徂冬，羣蟻必就高處結窠，檐牙屋角，所在皆有，泥顆累成，幾如海燕之巢，而其大恆過之，惟不若燕巢之修整。迫視之，細孔萬千，爲羣蟻出入門户。偶破，其中玲瓏屈曲，正不異萬户千門、層樓疊閣也。間有於松柏梢頭結窠者，尤可異，式如雞心下垂，大且逾甕，其中結構與檐牙屋角者無少異，惟外形較整潔，遥望之正如絶大之柏子。閩人云，地多白蟻，秋冬則覓常蟻爲食，故羣蟻即遷巢高處以避之。

薛叔耘見蟻鬭

薛叔耘所居階前，有兩蟻穴，東西相望。天將雨，蟻輒背穴而鬭。西蟻數贏什五，東蟻敗，乘勢蹙之，將傅壘矣，東蟻紛奔告急，遂出穴如潮涌，濟師可三倍，逆諸礎下。相齮者，相禽者，勝相嗾者，敗相救者，相持僵斃不動者，沓然眩目，西蟻伏尸滿階，且戰且卻。又有蟻自穴中出，嚮東蟻若偶語者，蓋求和也。東蟻稍稍引退，西蟻亦分道收尸。明日視之，則西蟻徙穴益西，無敢東首者矣。

汪耕餘聞蟻鳴

汪耕餘樾常熟令時，行館甚卑濕，就寢而蟲入於耳，足聲窸窣如蟹爬沙，又時聞其鳴，如曰唵唵，厥聲甚長。百計不能去，使刀鑷之工鑷而出之，則一蟻也。蟻乃使人得聞其鳴，亦奇。

白蟻

白蟻爲害蟲，蠹蝕梁棟椽柱及一切服用之物，舊説以爲蟻類，故謂之白蟻，實則與蜉蝣同類異種。其種別，又有雌蟻、雄蟻、職蟻、兵蟻之分，形態各不相同。大抵雌雄有翅，職兵無翅。四者相聚，以營共同之生活。職蟻營巢，蠹蝕梁柱而空其中，洞口以兵蟻守之，雌雄生殖其中。一日産卵可至八萬餘，故滋生極繁，大爲房屋之害。多産於温熱二帶，寒帶無之。古亦謂之巴蟲，以巴蜀多産之也。《元微之集》云：「巴蟻衆而善攻欂棟，往往木容完具，而心節朽壞。」即此。

青海北境白蟻成羣，傷蝕皮毛，爲害至劇，土人每以酥油調鹽汁洒地以殺之。

白蟻食藩庫銀

粤東白蟻，爲害至甚。康熙辛巳，藩庫交盤，每箱貯銀以千計，獨一箱少十二兩，或洞其腹，或陷其邊，蓋白蟻據之爲銀窩也。

一足蟻

嶺南有一足蟻，生於樹根，自頭至尾，別無二足。而此一足又長尺餘，附於樹根之上，如膠漆之堅，故僅能盤旋樹下，不能遠行也。

蜘蛛

蜘蛛爲節足動物，體分頭胸部、腹部，狀如囊，口有顎二對，上顎二節，末節爲鉤，其尖端有毒腺之孔，胸部有脚四對。其肛門端有瘤狀之物三對，是爲紡織腺，内貯形如蛋白之液汁，上有細孔六七百個，脈體收縮，則液自細孔流出，觸空氣，凝爲極細之絲，以後爪組合之，織網爲巢，以捕昆蟲而食之。性殘忍，同類亦相食。

蜘蛛窩

蘆江之下金吾廟有蜘蛛窩，相傳乾隆時，是處有大蜘蛛，殆三寸許，織網徑一二丈，大者據其中，小者周緣往來，有數百。其旁一樟樹，圍可丈餘，參天葱蘢，亦三四百年物也。其根下一穴，大於斗，望之窅然，即蜘蛛窩也。

蛛絲網龍

嘉慶時，海州有蜘蛛怪，不知何代物也，能虚氣爲黑風。居民每望見風起，如黑煙蓬蓬，則皆嚴閉户牖，行者面牆壁而伏，風過乃已，習爲常，亦無他害。一日，龍擊之，雷雨既作，蛛吐絲網，龍窘，不能出，格鬭凡數十，須臾而濱海皆水矣。始有火龍者二，焚網出龍。蜘蛛遁，莫識所往。詰旦，於數十里外有物縱横散落，圓膩而色灰，圍如人臂，金石無所傷，而兩頭皆有焦火痕。

舒鐵雲聞之，乃爲詩曰：「人不見風，鬼不見地。魚不見水，龍不見一切器。獨見蜘蛛精，近海歕黑氣。氣逼海水水逼風，海風墨墨海雲濃。漆鐙不照水精宫，鼇背暗壓蓬萊峯。烏鰂浮沫，海扇騰空。爰居避走龍出現，以角聽之三日聾。呼龍畊煙龍愛寶，分明龍大蜘蛛小。豈知龍見蜘蛛氣，不見蜘蛛絲。一絲兩絲徐吐之，千絲萬絲疾若馳。雨點小，霹靂雌。屠龍豢龍龍不知，蜘蛛太巧龍太癡。大似虎陷闞，小亦羝觸籓。上不得登天唱刀鐶，下不得入海解倒懸，無可奈何束縛來人間。一撞海山摇，一掉海水翻。逐臭之夫狂走汗如生鐵汁，既非網西施，蠶上山。蚩尤五色迷天下，天孫一梭擲往還，何以買絲繡作浪花朵朵金彎環。絲長不能已，絲密不知幾。絲亂不可理，千氣萬力頭腹尾，可憐不出蜘蛛一網裏。帝旁投壺玉女嬌，一箭躍出蓮花驍。低頭拾取見龍戰，見首不見尾，其血元黄鏖。回身啓齒奏天帝，何不下界除此妖。金星乃言此是緜緜延延淫氣擢髮不可數，法當用火燒。紅雲居中赤縹，怒檄絳虬凡兩條。一然犀，一焚巢，丹煙朱霧海水焦。絲寸寸磔，蟲譆譆逃。但見龍潛蜘隱天摇摇，火水未濟終此爻。明日蜘蛛不吐氣，拾得殘絲如斷臂。」

蠍

蠍，俗作蝎，蜘蛛屬，長三寸許，青黑色，顎上有觸鬚一對，如蟹螯，頭胸部頗短，腹部環節十三，後端大環節狹小如尾。末有毒鈎，遇敵，則向上彎曲，注射毒汁。生息於塵芥中，捕蜘蛛小蟲等爲食，並螫人。

蠍長一尺

某邑城西門外人有爲土工者，掘出一蠍，長近尺，大驚，急以鍬拄之，喚其曹。聲未及竟，頓然而絶。衆過之，則滿身青黑，死矣，蠍猶未去也，衆始圍殺之。蓋始拄鍬時，蠍皇急刺鍬，而毒卽從鍬而上也。

蠍畏椒

薊州有石橋，相傳下有毒物，行旅相戒，莫敢休憩。一日，有販生椒者，驅二蹇馱椒籠來，苦熱，小憩於橋梁，卸其籠，置之欄，驢亦散齕於草際。披襟偃息，倦極熟眠，夢中似有風聲，又窸窣作響，疑有人攘其椒，而猝不能醒。久始起，視之，椒故依然，有巨物懸於欄側，狀如琵琶，灰青色，蠍也。大駭欲奔，以其不動，諦觀之，斃矣。蓋蠍固畏椒也。

蠍自殺

自盡惟人有之，若出諸昆蟲，則未之聞也。惟蠍性至躁急，試捕其一，納玻璃器中，照以火鏡，蠍被光線直射，畏縮忿怒，無以趨避，因倒鋒自刺，少選，斃矣。

蠅虎

蠅虎爲蜘蛛屬，大三四分，白色或灰色，善跳躍，徘徊牆壁間，伺蠅而捕之，故名。一名蠅狐，又名蠅蝗，亦名蠅豹。

壁錢

壁錢，爲蜘蛛類，體扁平，黑褐色，作巢於壁，大如錢，故名。其巢光白如繭，俗稱壁蟢，可入藥。

壁蝨

壁蝨，爲蜘蛛類，與疥癬蟲同科，俗稱臭蟲，體柔軟，大如豆粒，青褐色，脚八，皆有爪。棲息林叢，或寄生犬鳥之皮膚中，吸其血液。間亦寄生人體，蝕入皮膚甚深，引取之，愈益進入，不易除。

絡新婦

絡新婦，爲蜘蛛類，大而美觀，腹圓如球，有黄白黑色環紋，張大綱於高樹，爲車輪狀，捕昆蟲爲食。

蝰蟷

蝰蟷，爲蜘蛛類，《爾雅》稱土蜘蛛，體橢圓褐色，好穴土爲管狀巢。巢有蓋，蓋有鉸鏈狀之物，合之無縫，表面則被以青苔，與地一色。伺蟲過，掩而捕之，方入即閉。

八叉蟲

八叉蟲，似土蜘蛛，大者如雞卵，小者如胡桃。身圓，褐色而明，間以黄緑，口紫而四歧，能嚙鐵。足有八，雖短，怒則悉聳立。大風起，輒御風而行。天山南北路之人家土壁溝渠中，無不有之。飛集人身，少選自去。觸之，即遭其噬，潰爛足致死。

喜蛛

喜蛛，即喜子，動物學謂之喜蛛。體細長，褐色，前肢長於全體三倍。所結之網亦爲輪形。古謂之蠨蛸，或謂之長踦。

螟

螟，害稻之蟲也，凡三種。一曰二化螟蟲，長八九分，黄白色，背有黑縱線五，在稻莖或葉鞘間作白色蓾。蛾開翅約寸許，翅之外緣有黑點七，產卵於稻葉表面，歲生二次。一曰三化螟蟲，形態略同，歲生三次。一曰大螟蟲，形體稍大。三者皆自葉腋蝕入稻莖，食其髓質，稻皆白枯而死，農家謂之白瘦。三化螟蟲爲害尤甚，《詩》「去其螟螣」是也。

蝗

蝗，害蟲也，一名蝗螽，以其善飛，亦曰飛蝗。前翅黄褐色，有黑色粗紋，後翅半透明而闊，前胸有脊線，甚高，口器闊大剛鋭。飛翔成羣，紛集田間，食稻立盡，爲農家之大害。雌蟲秋晚產卵於地，翌春孵化，是名曰蝻。驅除之法，普通多掘產卵之地，殺其卵子。迨至春日，多數之卵浮出水面，則收聚而燒斃之。若製大網捕取成蟲，亦一法也。

蚱蜢

蚱蜢爲稻麥之害蟲，一名蛗螽，蝗屬。體長寸許，有深灰色、黄緑色等數種。頭爲三角形，前翅成革質，稍能飛翔，後脚腿節壯大，便於跳躍。好食禾本科植物，尤嗜稻葉，常於隴畔綴集卵子成塊。幼蟲緑色，長七八分，爲害尤甚。

蠅

蠅，室中之害蟲也，亦稱家蠅。體長三分許，灰黑色，頭有複眼一對，甚大，褐色，幾掩其全頭。口器仲爲管狀，前端稍凹，適於舐食。脚之末端有肉質吸盤二，止時，盤內真空，空氣壓於外，故倒跂斜行而不墜。搬運污物，傳布惡疾，甚爲危險。產卵於污物之上，孵化爲蛆。

青海有蠅，多毒，以其常集於腐臭之動物上也。凡飲食中有蠅點者，隔宿變綠色，誤吞之，若觸瘴毒。

李鐵君畏蠅

李鐵君處士鍇酷畏蠅，觸膚，輒搗之去，不令須臾留。入夏，卽潔治一室，常下簾坐。無事，人無入者，乃惝焉悅焉，無間而蠅且入，不知其何自來也。其來也，舐筆吮墨，亂書策，溷耳目。鐵君大惡之，如見惡人，亟起治之，而迹之無有，釋之在右，謂其黠無偶也。

大麻蠅

大麻蠅，爲蠅屬，亦名肉蠅。體長四分許，灰色，複眼赤褐，背有黑色縱線三條，腹灰白，有黑褐斑紋，作方格形。秋時甚多，最穢惡。

蒼蠅

蒼蠅，爲蠅屬，體長四分許，色灰黑，背有硬毛，兩旁尤多，腹藍色，稍類球形。夏時最多，紛集於臭腐物體之上。

桑蠅

桑蠅，爲蠅類，爲蠶之害蟲。體長四分許，灰黑色，額有硬毛四列，背有黑色縱線五條，區劃不明。產卵於桑葉，與葉同入蠶腹，其幼蟲遂寄生於蠶體，謂之蠶蛆。

牛蠅

牛蠅全體密生黑毛，並有黄白毛散於各處。其幼蟲寄生於牛皮中，皮膚因以潰爛。

馬蠅

馬蠅與牛蠅同類，體較大，淡褐色，翅與腹部皆有淡黑色斑紋。產卵於馬之胸部，馬舐其胸，嚥卵入胃，孵化爲蛆，漸次生長，與馬糞同出體外，變蛹成蟲。

狗蠅

狗蠅，全體黄色，複眼小，口吻剛鋭。寄生於犬體，吸其血液。

蛆

蛆，蠅類之幼蟲也。長三分許，色乳白，略黄。蝕葱及萊菔之根，被害處或生腫瘤。自孵化以至成蠅，約需三四星期。

天牛類之幼蟲，狀亦與蛆相似，居土中，專食稻之幼根，使稻株萎縮，不能發育。

雪蛆

雪蛆，一名冰蛆，大如指，出四川峨眉山，可食。

蚊

蚊，嚙人之小飛蟲也。其幼蟲爲污水中之孑孓，老則變形爲蚊，如蛹之成蛾。全體灰褐色，喙爲細管，中含毒質，人被齧，肌膚必腫。然凡吸取人血者，皆爲雌蚊，雄者則專吸草木之汁液。種類甚多。

青海多蚊蚋，嘬人至痛，雨後叢集，揮之不盡。

謝大令詠啞蚊

光緒初，餘姚謝小漁大令烺樞嘗從其師朱肯然宫詹逌然至湘衡文，以幕中多蚊，而一種悄悄嚼人者，其毒螫尤中於不覺，俗謂之啞蚊，爰作詩以誌之。詩云：「前生孑孓悄含胎，幻蜕無端起水隈。鋒不及防真利吻，膚能暗剥肆陰災。伴蠅反免營營刺，羞鳥難防熠熠來。裸壤卻疑聾俗似，不經苛痛未相猜。本來喜暗畏光明，況趁炎宵有限更。同雜市時偏匿影，聚成雷處忽收聲。薰經灼艾能潛躲，飽快如櫻始一鳴。倘爲露筋祠報賽，莫將啞樂向神迎。」自注：啞樂，見《宋史·禮樂志》。

蘋果蚊

陶業始於虞舜，自後鑄沙範土，日益講求。不意昆蟲之中，亦有類陶工之巧者。其最著者曰蘋果蚊，以所成之窠如蘋果，故名，亦蟲中之最巧者也。其狀又類櫻桃，外渾圓，中有孔，全體大如瓜，恆營於牆壁，或樹枝，或草莖，或石上，若無處成之，往往營於細枝之上。初頗窄小，以後漸寬，作膨脹之式，但以沙泥爲之。然窠雖極薄，而外有細紋如織。蟲在其中産卵甚多，旋生無數毛蟲，母蟲别以他種毛蟲銜而飼之。又恐他種毛蟲爲害，乃以毒汁僵之，則幼蟲日形生長，可出窠而飛矣。

白蛉

京師入夏多白蛉，較蚊小而善嚙，若元微之《蟲豸詩序》所稱淫塵者，蓋蠛蠓之類。人呼之曰白蛉，猶蚊曰白鳥也。一作白翎。

蚤

蚤頭小體肥，赤褐色，前後股退化作鱗片狀，雌大雄小，六足善跳，口器發達，便於刺螫。寄生人體，吸取血液，亦有毒汁注入，與蚊無異。

蝨

蝨，亦作虱，體爲長橢圓形，口突出，適於吸收之用。脚六，各有一爪，彎曲向内。腹部肥大。寄生於人體及他哺乳動物而吸其血。

頭蝨

頭蝨，爲蝨之一種，體長一分五釐許，灰色，腹部作卵形，爪大於他蝨。寄生於人及猿之頭部，其卵緊黏於髮，搔之不易脱。

牀蝨

牀蝨，俗稱臭蟲，又曰蜰蟲。體圓而扁平，赤褐色，長二分許，周緣簇生粗毛。日棲暗處，夜出，吸人血。吸時注入毒汁，故被吸處痛癢赤腫。體有臭液。舊名壁蝨，晚近博物家析牀蝨與壁蝨爲二，以壁蝨屬蜘蛛類。

牀蝨死人

雍、乾間，常州雙桂坊老郎廟有外方旅客宿焉，捕牀蝨數頭，以紙裹之，置牆隙。越數載，復宿其地，偶檢壁中紙裹，憶及前事，啓而視之，置掌心，臭蟲得熱氣復活。忽嚶然一聲，旅客仆地。肆主報官相驗。官欲窮其異，竭力搜索，始得其窟於肉砧中。砧高四尺，寬亦尺餘。剖之，則中已空，有血球一，大逾雞卵，色赤，四圍攢聚幾滿，如磁石，如子母珠。蓋中間之球，乃其精靈所凝結，不能自動，賴外層之小蟲出吸人血，以輸送而滋養之。後取出，投諸火焚之，臭聞數丈外。

牀蝨臭達數十步

長沙南鄉雨花亭有劉某所設飯肆，相傳有宿之者，必疲憊。有張七爺者，爲近地富人，強而有力，聞之，沽酒醉飽，獨往宿焉。夜半，酒漸醒，則見帳上忽起赭色斑點，全帳幾遍。審視之，牀蝨也。急起掀帳抖之，均紛紛沿帳循壁，入樓栿而没。張急呼店主人，以所見告，偕店主登而索之，得一敗鼓，甚重，異之，疑爲其巢穴，舁之下，集薪焚之，臭達數十步外。

毛蝨

毛蝨，體肉色，扁圓，背淡樺色，頭胸二部區畫分明。寄生於人之陰毛、腋毛等處，不易辨别，其卵膠附於毛，尤難分離，當用水銀軟膏除之。

蚜

蚜，害蟲也，古名竹蝨，今亦稱木蝨。種類甚多，有綠色、赭色、黑色諸種。體形如蝨，長半分許，口吻作管狀，刺入竹木之新芽嫩葉，吸收其汁液，自肛門排出甘蜜，以養幼蟲，蟻羣聚舐食之。分卵生、胎生二時期，繁殖之速，爲蟲類冠。可撒石灰於植物葉上，並檢集捲縮之葉，殺而除滅之。

蠹魚

蠹魚，體小，被銀白色細鱗，尾毛三，其長相等，能蝕衣服、書籍之屬。

桂蠹

桂蠹，桂樹所生之蟲也。大如指，色紫而香，蜜漬之，可爲珍味。漢趙佗以獻文帝者即此，《楚辭》亦有之，則此物之見珍古矣。

污蟲

害稼之蟲，以奉天之污蟲爲甚，非蝗非蝱。其食田禾也，必俟根葉罄盡乃止。

尺蠖

尺蠖，體長可二三寸，首尾相就，屈伸而行。種類甚繁，以桑尺蠖爲最著，全體灰色，夏日居桑樹，食其嫩芽，歲生二次，桑之害蟲也。人以其行時一屈一伸，故借爲始屈後伸之喻。

蝤蠐

蝤蠐，爲天牛及桑牛之幼蟲，乳白色，無脚，有黄褐色短毛，被覆全體，背有顆粒狀突起之物，能支其體以覆行。蝕桑樹，能深入榦中，桑遂枯死。此蟲色白而豐潔，故古以比婦人之頸，《詩》「領如蝤蠐」是也。

紅娘華

紅娘華，體扁平，長寸許，黑褐色，頭小，口突出，前翅硬化成革質，不達尾端，尾有毛二，長於體兩倍。棲息水田池沼，捕食小魚，故爲害蟲。

蛘

蛘，本作蛘，害蟲也，一名穀象，粤人曰米牛，紹人曰米象，蘇人謂之蛘子，生於穀倉中。其爲幼蟲時，無脚，舊稱蝦蚄。老則成蛘，背有甲，赤褐色，亦有黑色者，頭小，口吻長於頭者二倍。春時產卵於穀之最軟部分，孵化後，蠹入内部而蝕之。

蜾蠃

蜾蠃，本作果蠃，體黑色，雌者尾端有毒針，能刺人。常銜泥，就樹枝牆壁作球形之房，產卵於中，藏蜘蛛、螟蛉等小蟲，以供幼蟲之食。有益於農產物。

蠼螋

蠼螋，本作蠷螋，一名搜夾子。長七八分，全體黑色，脚六，色黄，能疾行。尾端有角質之附屬器，作鋏子狀，迫之，則洩毒液以自保護。在野食蚜蟲、葉捲蟲等，有益於農圃，入室則爲幼蠶之害。吴俗多以蚰蜒爲蠼螋，誤。

蠛蠓

蠛蠓，一名蠓，小蟲也，微細色白，頭有絮毛。將雨，羣飛塞路。一説，卽醯雞。

葉捲蟲

葉捲蟲，害蟲也，體長寸許，淡綠色，頭部略帶褐色，前後有脚十六。棲於稻葉及桑葉上，蝕其葉，吐白絲捲葉之兩端而巢其中。成蛹後，化爲暗色蛾，謂之葉捲蛾，産卵於葉背，每年發生二次。

螻蛄

螻蛄，稻麥之害蟲也，體長寸餘，褐色，有軟毛甚短，前翅小，後翅較大，常疊於背，末端細長似尾，前肢頗強，利於掘地，能鳴而跳躍。晝常穴居土中，夜出飛翔，喜就燈火。

蔗蟲

蔗蟲生廣東潮州之蔗田中，形似蠶蛹而小，味甘，性涼，出痘險者可賴以助漿。

鼠婦

鼠婦爲節足動物，體青灰色，形扁而橢圓，長三四分，胸部分七節，有等長之脚，恆居甕底、磚縫等濕地。舊稱即伊威，非。

地鼈

地鼈，一名䗪蟲，俗稱土鼈。大者體長寸許，前狹後闊，頭小，六足，背有横紋錯起，多生濕地。

蜈蚣

蜈蚣爲節足動物，以扁平之環節合成二十二節。第一節黄褐色，其餘各節背面深藍色，腹面黄色。每節有脚一對。生口邊者，變形成顋脚，鉤爪甚鋭，端有小孔，内通毒腺，能注射毒液。潛伏於陰濕之地，捕食害蟲

水蜈蚣

康熙庚午三月，蘇州荃墩湖有水蜈蚣數萬，游行水中。撩置於岸，則軟而無用矣。

蚰蜒

蚰蜒爲節足動物，俗稱蓑衣蟲，與蜈蚣同類，體長八九分，暗黄緑色，有黑斑。脚細長，凡十五對，最後一對尤長，行走極速，其脚易脱。夜出壁間，捕食烏蠋等害蟲，與蜈蚣同，有益於農業。

馬陸

馬陸，蟲名，長寸許，體如圓筒，暗褐色，有赤色斑紋，多環節，每節有脚二對。棲於溫地，食草根及腐敗物質，發惡臭，觸之則蜷曲，成螺旋狀。以有油氣，俗稱爲香油蟲，亦名馬蚿，塞外深山叢樹中間有

之。斷之能行。

鱟

鱟爲甲殼類動物，長一二尺，青黑色，全體外包堅甲，頭胸部略成半月形，腹部六角形，背有複眼單眼各二，口在腹面，周圍有脚六對，最後之脚扁平如瓣，以護腹部五對之鰓，尾成劍狀。近尾之肉，味美，閩人以爲食品，謂之𧓍。

鱟叩首

乾隆辛丑，某縣濱海之區溢。及退，見地有物如車輪，非龜非鱉，雌雄相疊，遠近聚觀，閲五六日不能出。鄉人以車裝送海濱，擠之入水，物乃西向作叩首狀而没。後有識之者，謂卽鱟也。

介殼蟲

介殼蟲，果樹之害蟲也，體爲橢圓形。其幼蟲約長半分許。介殼長分許，黑褐色，兩旁有刺毛。雌大雄小，雄有二翅，常蝕柑橘、蘋果等葉，微細難見。驅除法，冬用石灰、硫黄等煎水塗樹幹以殺其卵，夏則摘被害之葉焚之。

叩頭蟲

叩頭蟲，害蟲之一也，爲小甲蟲，長者七八分，全身黑褐色，尾端稍細，頭部環節甚強。以指壓其體，則其頭爲有力之振動，故名。俗稱跳搏蟲。幼蟲至細，色黄，俗名金針蟲。食植物之根，食盡一株，更移他株。數年之久，始化爲成蟲，害麥類最甚。晉傅咸有《叩頭蟲賦》，唐盧延讓詩有「窗間腷膊叩頭蟲」句，故俗亦呼爲腷膊蟲。舒鐵雲亦有詩詠之曰：「叩頭蟲，無腰而折，無手而空。跂跂脈脈何所求？剝剝啄啄頻叩頭。獨不見斷頭將軍強項令，與蟲語冰蟲弗聽。」

金龜子

金龜子，俗稱金蟲，體長六七分，金綠色，背有甲，六足，種類甚多。有一種害稻者，其幼蟲色白，是爲蠐螬，棲稻根，齧食之。及化爲成蟲，仍食稻葉，旋産卵於葉稍，農家苦之。

蜣螂

蜣螂，亦作蜣蜋，與金龜子相似，背有堅甲，全身黑如漆，好以人畜之糞推轉成丸，即産卵其中，故俗有運屎蟲、屎蜣螂之稱。

獨角仙

獨角仙，甲蟲也，長一寸四分許。雄者頭有角狀之突起物，頗長，末端分爲二，其端又各分歧如前。體黑褐色，前翅少淡。常棲息於皁莢、栗、槲等樹而蝕害之。

石背

石背，甲蟲也，以其背堅如石，故名。亦作石貝。冬伏荔枝葉下。荔花時，石背亦產卵。實熟，輒溺其上，全枝脱蒂，雨時尤盛，故爲荔枝之害蟲。

吉丁蟲

吉丁蟲，甲蟲也，長寸許，全體金緑色，有黑紫色縱線，甚美麗，觸角短，六足，翅堅尾細。好吸收樹木及花之液汁。幼蟲色白，爲松之害蟲。出嶺南賓、澄諸州。《本草》謂帶之令人喜好相愛，故舊時亦肖其形以製首飾。

蛁蟟

蛁蟟，長一寸三分許，色黑，翅無色透明，夏秋間鳴於高樹。

竈馬

竈馬，全體紅色，後肢頗長，而有長刺，多集於竈間，俗亦呼爲竈雞。以其脊高脚長，故又有駱駝之稱。

斑蝥

斑蝥，亦作斑貓，長五六分至寸許，多生豆葉上，甲作紫緑色，帶金屬光澤。喜飛行人前，故又有鄉導蟲之稱。性有毒，可入藥。幼蟲頭甚大，與成蟲異形，皆捕生蟲爲食，有益於農事。

水蠟蟲

水蠟蟲爲介殼蟲類，寄生於水蠟樹，體小。雄者之後翅微小，雌者無翅。成長後，分泌白蠟甚多。凡介殼蟲多爲害蟲，惟此爲益蟲。四川、湖南等省皆飼養之，以收取白蠟。

蝦

蝦，與鰕通，爲節足動物之長尾者，體分頭部、胸部、腹部，背甲爲圓筒狀，青黑色，薄而透明，前端有長棘突出，觸角二對甚長，俗謂之鬚，腹部環節六，兩側有游泳器，謂之橈足。種類頗多，可食。

龍蝦

龍蝦爲蝦之絶大者，可食，長七八寸至尺許，體濃赤褐色，胸甲有小疣甚多，前端有二短棘。產於近海，以小甲殼類及貝類爲食，其鬚頗長，韓愈詩「又常疑龍蝦，果誰雄牙鬚」是也。

斑節蝦

斑節蝦，長六七寸，前三對脚之尖端具小螯，體色常有青紅黃褐等斑，故名。

蟳蝦

蟳蝦，產鹹水中，大者長五六寸，出水卽死，俗亦謂之明蝦。兩兩乾之，謂之對蝦，爲珍饌。去其殼，俗謂之大金鈎。鮮者味尤美。

蝦蛄

蝦蛄爲蝦類，體長四寸許，第二對脚較草蝦爲大，其端彎曲，内緣如鋸齒，背節亦較多，全體淡黃微綠，入沸水中，成淡紫色。

蝲蛄

蝲蛄，亦作剌姑，蝦之屬，大可盈寸，第一對脚有螯如蟹，吉林、寧古塔等處產生最多。滿洲人嘗搗之成膏，以薦宗廟。其體有炭酸石灰質之突起物，供咀嚼之用，稱蝲蛄石，可作藥。

寄居蝦

寄居蝦，蝦屬，以其形略似蟹，故又名寄居蟹。體之前半有甲，後半爲柔軟肉體，常求空虛之介殼而入居之，腹部變爲螺旋狀，與介殼合，故俗又稱蟹螺。第一對脚則爲大螯，以捕取食物，並爲閉塞殼口之用。種類甚多，有居木孔及海綿中者。

蟹

蟹，亦作蠏，一稱螃蟹，節足動物，淡水、鹹水皆產之，可食。頭胸部甲甚闊，腹甲扁平，屈折於胸部之下，有横紋，雄者小而尖，雌者大而圓。複眼在背甲前緣之深窩，有柄承之。大顋堅硬如齒，便於咀嚼。脚五對，第一對變形爲螯，横行甚速。内臟皆在背甲下，俗所謂六角板者，即心臟，所謂脂與黄者，即精巢及卵巢也。

甘肅無蟹，土人終身不知有蟹也。間有一二知之者，則於蘭州商肆中見其所陳設以爲標本之蟹耳。

長足蟹

延吉産蟹，其殼徑不過二寸，而足長至四五尺，每一足之肌肉足供一二人之食，其肉之美亦逾於常蟹。

金錢蟹

金錢蟹，小蟹也，以其形如錢，故名。産鹹、淡水間，有黑膏，可醃食。

蝤蛑

蝤蛑，一名蟳，蟹類，産海濱泥沙中，可食。殼圓如常蟹，最後兩足扁而圓長，無爪，與梭子蟹同，閩人稱之爲青蟹，較梭子蟹爲貴，而俗亦稱梭子蟹爲蝤蛑。

虎蟳

虎蟳，蟹類，産閩中。其殼類人家門户所繪之虎頭，色殷紅斑駁，有鑲爲酒器者，肉粗味劣。通州、如皋亦有之，俗稱關公蟹。

招潮

招潮，蟹類，小如蟛蜞，殼白，隨潮而上，背坎外向，舉螯，不失常期，故俗稱招潮。

海蛆

海蛆爲甲殼蟲類，體長寸許，褐色，有光澤，第二對觸角頗長，脚五對，顎脚二對，亦爲步行之用，胸腹部區別不明。羣棲海岸，行走迅捷。

水蚤

水蚤，甲殼類之小動物也，長約二釐，以顯微鏡照之，始能見其大體。色灰白，略透明，以雙殼蔽體，觸角大而分歧，有脚五對。產溝水中，人多捕之以飼金魚。

烏賊

烏賊，亦作烏鰂，爲軟體動物。體蒼白色，有紫褐色斑點，分爲頭部、腹部。頭部有足十，中二足獨長，爲捕捉魚類、貝類等食物之用。眼二，構造與哺乳動物無異。腹部爲卵圓形之囊，名外套膜。兩旁有肉鰭，爲游泳器，中有內殼色白，質堅厚而疏鬆，即海螵蛸也。又有白色小囊，中貯墨汁，有急，則噴之以自匿，故俗又稱墨魚。可鮮食及製鮝行遠，爲吾國海産之一大宗。

章魚

章魚爲軟體動物，與烏賊同類異種，體較大，色青紫，而有褐灰等色之斑點，亦分頭部、腹部。其足八，長逾於腹數倍，足端各有吸盤兩行及脣狀之膜，互相連綴。腹短小而圓，無内殻。生於海中，捕食魚介，其大者能攝羊豕入水。

瀚海有蚌螺遺甲

瀚海一望斥鹵，無溪澗山谷，而沙中每有蚌螺遺甲，蓋其初皆澤國也。聖祖御製《幾暇格物編》，由委推原，謂古來西北本係水區，非卽沙磧，實發前史所未言。

蚌

蚌爲軟體動物，殻兩片，爲長橢圓形，色紫黑，大者長八九寸，肉體扁厚，以鰓呼吸。運動時，有舌形之足出於殻外。質硬，能掘土。産於淡水。内面平滑，有真珠層，能産真珠。又可用人工作球形、卵形及人形之鉛模，納入其外套膜與介殻間，使歷久裝成珠質，而得異形之珠。殻之佳者，可碾薄，嵌於窗櫺，俗稱爲明瓦。又研之爲粉，曰蚌粉，可入藥。

蚌生珠

寧古塔城之西北十餘里，名額富里，又六十里爲舊城，臨河。河多蚌蛤，出東珠，每粒約重二三錢，其色或粉紅，或天青，或白，非奉旨不許采。康熙時，有兒童浴於河，得一蚌，剖之，有大珠逕寸。

江珧

江珧爲蚌屬，亦作江瑤，一名玉珧。殼長而薄，爲直角三角形，殼頂在其尖端，面有鱗片，排列爲放射狀。殼內黑色，有閃光，以足根之細絲附著近海之泥沙中。肉不中食，而前後兩柱，以美味著稱，俗稱之爲江瑶柱。

蚶

蚶爲蚌屬，殼厚而硬，略成三角形，面有縱線突起，如瓦楞，故俗稱瓦楞子。外淡褐色，內白色，肉色赤，可食，大者謂之魁蛤。又一種縱線不甚高，外黑褐色，時有茸毛附著者，俗稱毛蚶。

淡菜

淡菜爲蚌屬，以曝乾時不加食鹽，故名。殼爲三角形，外黑色，內真珠色，長二三寸，足根有絲狀茸毛，附著於巖石。產近海，肉紅紫色，味佳，博物家以爲即《爾雅》之貽貝也。

螺

螺，與蠃同。軟體動物之硬殼有旋線，其體可以宛轉藏伏者，統謂之螺，種類甚多，大者可爲酒巵與吹器。殼之內面，光色美麗，可用以鑲嵌漆器。

螺中有珠

晉江黄儆庵給事熙纘嘗爲安慶府推官，順治庚子，與王文簡公士禎同爲江南同考官，以己亥城守功內擢。其僕人一日得大螺，煑食之，湯忽沸，有聲甚巨，螺自釜躍起，室中氣若煙霧，不辨，人皆驚走。移時視之，螺死，有珠如龍眼大，在其側。以經水火，晶光減矣。秤之，重三錢。

鸚鵡螺

鸚鵡螺爲軟體動物，有四鰓，口之周圍多絲狀觸手，介殼爲螺旋狀，螺層尖處屈曲如鸚鵡嘴，故名。殼乳白色，有青緑斑，裏面有光如真珠，大者可受二升，製爲酒器，奇而可玩，《格古要論》謂之鸚鵡杯。

榮螺

榮螺爲軟體動物，亦作蠑螺，形如拳，故又名拳螺。殼甚厚，有靨，孔大而圓，外暗青色，內稍作真珠色，螺層上間有突出處如管。棲息巖礁之陰，肉味頗美。

法螺

法螺，我國古時軍隊用以示進退者，今釋道齋醮多用之。本係軟體動物，産於海中。殼爲螺旋狀，上部延長，形略似梭，故又稱梭尾螺。色黄白，有淡紫斑紋。肉可食。大者於螺頭穿孔吹之，發聲甚響而遠，俗謂之海哱囉。

海蛳

海蛳爲軟體動物，與螺蛳同類異種，殼較細長，有旋紋。産於淡水者，螺旋較細，可食。

牡蠣

牡蠣爲軟體動物，一名蠔。右殼小而薄，左殼大而凸，外面磈礧不平，腹緣爲波狀屈折，色淡黄，内面白而滑潤。足漸退化而失其用，常以左殼附著於巖石，連綴至一二丈，嶄巖如山，俗稱蠔山。産淺海泥沙中。肉味美，富有養料，易消化，謂之蠣黄，海濱之人多以爲食品。寧波之象山港及台州灣所産最著名，有大小二種，並有緑蠣黄、雞冠蠣黄、斧子蠣黄等名。大蠣黄取於象山之馬鞍島，運銷上海。殼可燒灰，功用與石灰同，謂之蠣粉。

海扇

海扇爲海中動物，與牡蠣同類異種，徑六七寸，其殼左深凹，而右扁平。水中浮行時，扁殼竪立如帆，乘風而行。表面有闊溝，表黄而裏白。肉與柱味均美。殼大者可以代鍋，小者亦可爲杓。

蟶

蟶，與文蛤同類異種，殼爲長方形，兩端常開，色淡黑，長二寸許，足及吸水管皆露於殼外。肉似蠣，色白而甘美，俗呼爲美人蟶，産海邊泥中。

蛤蜊

蛤蜊爲軟體動物，蟶屬，殼幾爲正圓形，外面黄褐色，輪文稍高疊，内面白色。肉味甚美，水濱之人多以供膳，亦名圓蛤。

馬蛤

馬蛤卽馬刀，一名蜌，與蟶相似。殼長方形，大者長三四寸，外黄蒼色，内淡黄，足端鋭尖，棲海邊泥中二三尺深處，肉亦可食。

西施舌

西施舌爲軟體動物，一名沙蛤，産海邊沙中。狀似蛤蜊而長，殼白，足突出長二寸許，如人舌。足端有絲狀物，以之附著沙際。漁者見小穴出泡沫，即掘得之。肉鮮美，可食。

文蛤

文蛤爲軟體動物，在淺海沙中，大者二三寸。殼略如心臟形，微白，有褐色放射狀之帶紋，内面白色，水管甚長。足有强力，僅一二分時，能掘沙土，埋體其中。肉味美。研殼爲粉，謂之蛤粉，可入藥。

蝸牛

蝸牛，一名蛞蝓，軟體動物之有肺者。外殼扁圓，無厴，體柔軟，平時全縮入殼中，行則伸出。頭有觸角四，其二較長，尖端有眼。頭側有小孔，内爲肺囊，以通呼吸。腹部之兩端，伸展而成足。分泌一種黏液，以便移動己體，乾則成薄膜，光澤如銀。雌雄同體。常集於草叢樹蔭之濕處，蝕害緑葉。

《本草》諸家多以蛞蝓爲蜒蚰，而謂有殼者爲蝸牛，無殼者爲蛞蝓。日本博物家用此説。程瑶田《釋蟲小記》謂蛞蝓即蝛蝓，與蝸牛爲一物。蝸牛腹垂邊外，鋪如劍鍔而闊於背，故曰蛞蝓，蛞之爲言闊也；蜒蚰身狹長一條，腹圓無垂邊之稜，特著《蛞蝓蝸牛正譌記》。

蛞蝓魚

蛞蝓魚爲頭索動物，長一二寸，體半透明，兩端皆尖，形態如魚，頭部區畫不明，無腦頭骨及心臟，背有脊索一，其長與全體等，常居海底泥沙中。

蜒蚰

蜒蚰爲軟體動物之有肺者，與蝸牛同類異種，居於溫暖陰濕之地，體爲圓筒形，長三寸許，無殼，頭有觸角四，驚則縮入，背有淡紫色之縱線，雌雄同體。其經行處，輒留粘液之跡如蝸牛，爲植物之害。

海鏡

海鏡爲軟體動物，一名瑣蛣，郭璞賦謂之「瑣蛣腹蟹」。其肉可爲醬，是爲蛣醬。一名海月，粵人呼爲膏葉，兩片合以成形。殼圓，中甚瑩滑，月照之，如雲母光，可製爲明瓦。內有少肉如蚌胎，腹有小蟹子，如黃豆，螯足具備。海鏡飢，則蟹出拾食，蟹飽歸腹，海鏡亦飽。或迫以火，蟹子避火走出，海鏡立斃。人若生剖海鏡，則見蟹藏腹中，逡巡死矣。

蠶

蠶，吐絲之蟲也，環節蠕動，胸腹及尾有足六對，食桑葉。我國古時育蠶，以青、兖爲盛，今則推江、浙二省。蠶自幼蟲成長，必蛻皮數次。每蛻皮，則必不食不動二三日，謂之眠。經三四眠，始上簇作繭。繭變爲蛹，又由蛹化爲蛾，則吐唾液，使繭受濕化軟，破之以出，謂之蠶蛾。欲取絲者，常乘蛾未出繭時繅之。既出，則絲緒斷絶，不復能繅也。

野蠶

野蠶爲蠶之原種，一名天蠶，生於桑、槨等樹上，即食其葉。形狀酷似家蠶，惟身爲黑褐色。蛾亦黑褐色，後翅内緣有白紋，爲桑樹等害蟲。直隸、山東等省亦取其繭絲，織爲繭綢，其絲輸出外國者甚多。

柞蠶

柞蠶，野蠶也，色緑，食柞、櫟等葉，成褐色繭。其蛾黄褐色，間有雜以白色者。

山蠶

山蠶，一名槨繭，海州、蓋平、復州土人且放之槨樹以養之，不僅食柞也。

樟蠶

樟蠶，野蠶也，産廣東、江西等處。色緑，有長白毛。繭黄褐色，有孔，可製釣絲。蛾翅灰褐，雜以綠色。

地蠶

地蠶，害蟲也，種類頗多，體長寸餘，形如蠶，有灰黄、深黄等色。背上各節，大率有二黑紋，作八字形。蝕麥類、豌豆、玉蜀黍等之葉。觸之，則作環狀，落地即佯死。其蛾喜飛集燈火及有糖汁之處。

海蠶

海蠶，大如蠶，青黑色，頂有一竅。浙江之温、台人輒取而置之於塘，插竹如林，蠶食水草，久之則緣竹而上，自竅吐粉，凝於竹末，粉盡，入水而死，即海粉也。

蚯蚓

蚯蚓爲蠕形動物，亦名曲蟺。體圓而細長，有環節甚多，紫黑色，近前端處有一紅色肉帶，平廣無節，名曰環帶。腹面列生小刺，後向，以防體之退後而助其前進。雌雄同體。常吞食泥土，穿地爲穴，故能使地中空氣流通，植物易於成長，爲農家間接之益。

放光蟲

放光蟲，一名鼻涕蟲，蟲類之最軟弱者也。秋雨初晴，放光蟲每緣牆而上，若遇蟺蛇，則蟺蛇雖相去數寸，昂頭張口，遂不能行。放光蟲從其口蜿蜒以入，久之，蠱蛇全身化爲水，而放光蟲卒無恙也。

蛭

蛭爲蠕形動物，亦名水蛭，產於池溝之溜水中。體黃褐色，有黑線，形略似蚯蚓，有輪紋甚多，口腔有緣如鋸齒，好吸附人畜肌膚而吮其血。江蘇、浙江、山東數省產生最多，有長至尺許者。其大者謂之馬蛭，俗稱馬蟥。又有名草蛭者，亦善吸取人畜之血液，甚有害。

馬蜞

馬蜞爲水蛭之大者，俗亦稱曰馬蟥，棲水中，體長三四寸，背灰黃綠色，腹黃色，迫之則蜷縮其體。多以植物爲食，農人在田中，亦吮其腿足之血。

筓蛭

筓蛭爲蠕形動物，舊名度古，俗又稱土蠱，略似水蛭，長三四寸，背黑，或淡灰色，中有暗褐色縱線數條，匍行時，頭部有觸角，常棲息於草間濕地。

絛蟲

條蟲爲蠕形動物，能寄生於人之腸內，吸收人之養料，而令人衰弱者。其全體爲扁方片，寸寸成節，色白，故又謂之寸白蟲。每節各具生殖機官，能自增殖。其在腸內，則互相連接，或長至二丈餘。其節片隨糞溺泄出，又移殖其幼蟲於動物體中，如牛肉、豬肉、魚類之肉，皆有爲其幼蟲所寄生者，人食之，則此幼蟲又於腸內發育，而爲完全之條蟲。察其首之形狀，可分爲三種。無鉤條蟲生於牛肉內，有鉤條蟲生於豬肉內，裂頭條蟲生於魚肉內。

海參

海參爲棘皮動物，舊名沙噀，而稱乾者爲海參，今通稱海參。體長五六寸，圓而軟滑，色黑，口緣有觸手二十餘。其足在背面者，成磈磊形，在腹面者，三行縱列，足有吸盤。腸管紆長，近肛門處有分歧之管，狀如樹枝，以營呼吸作用，謂之水肺，亦稱呼吸樹。雌雄異體。棲息近海，曝而乾之，可爲食品。以產奉天者爲最，色黑多刺，名遼參，俗稱紅旗參。產廣東者次之，色黃，名廣參。產寧波者爲下，色白，名瓜皮參，皆無刺。別有一種，色白無刺，謂之光參，出福建。然每年自印度、日本輸入者亦不少。

海膽

海膽爲棘皮動物，體爲半球形，色紫黑，殼面密生硬棘，口在腹部，與背部之肛門位置相對。食道周圍有一水管，分枝伸出體外，而成管足，以爲運動。棲息於暖地海岸，性遲鈍。卵巢黃色，可入鹽佐酒，鄞有之。以其殼圓如盂，外結密刺，内有黄色之膏，鄞人謂之海績筐。

海蜇

海蜇，即水母，又謂之蛇，腔腸動物也。産於近海，大者徑尺餘，種類甚多。最普通者，上面高凸，狀如張繖，平滑而軟，色淡藍，其薄皮俗稱海蜇皮。下有八腕，延長如柄，色淡紅，俗稱雞冠海蜇。腕上觸手叢生，觸手之間有無數細口，内通胃腔。繖之邊緣有耳及目，以司感覺。常浮游水面，衆蝦附之以爲棲息，古稱水母目蝦，謂其以蝦爲目，實非。

櫛水母

櫛水母爲腔腸動物，單獨浮游，不成羣體，發生及構造多與普通水母異。有數種。其體或圓如瓜，或扁平如帶，體壁極薄而透明，周圍有纖毛四條，各分爲二，相比如櫛，故名。雌雄同體。常游於海面，夜放燐光。

水螅

水螅爲腔腸動物，産於淡水，體爲管狀，色緑，一端有吸盤，黏附於田沼之小草。一端有口，周圍有觸手數條，以捕食物，伸長約及寸許，縮則成一小塊，多爲羣體。其生殖爲出芽法，然亦有雌雄生殖器，爲有性之生殖。

海花石

海花石爲珊瑚蟲類，《本草》謂之浮石。面有多數淺窩，紋如菊花，灰白色，堅硬如石。鞣皮廠中每以之磨皮垢，小者常供案頭清玩。

菟葵

菟葵爲珊瑚蟲類之一種，其狀如菟葵之花，故亦名菟葵，或曰菟葵苿。其體爲圓筒形，大如拇指，一端附著礁石，周圍生多數觸手，用以取食。平時觸手斂縮，形如花蕾，全體柔軟，實爲珊瑚蟲之無骨骼者也。

鞭毛蟲

鞭毛蟲爲原生動物，淡水、鹹水中皆産之。體微小，大率爲卵圓形，一端生長毛，毛一本或數本，以爲攝食及游泳之用。有裂口，能納圓形食物於體中。運動時，伸縮僞足，類變形蟲。其生殖，常由分體法以成羣體，如夜光蟲是也。

鈞鐘蟲

鈞鐘蟲爲纖毛蟲類，狀如倒鐘，鐘緣環生纖毛，下接細長之柄，附著於水草之根。索食，則伸其柄，否則縮短，如緊螺旋狀。產淡水中。

清稗類鈔

植物類

植物之類別

植物爲有機物之一，與動物同稱爲生物，其體由細胞構成，攝取無機物以爲營養。高等者有根、莖、葉之別，下等者略如下等動物，不能顯分。種類甚繁，在全世界上總數，殆有四十萬種以上。我國土地廣大，北近寒帶，南近熱帶，所産植物之已有定名者，專就《本草綱目》、《羣芳譜》、《植物名實圖考》等書考之，則僅數千種耳。

其分類有人爲分類、自然分類二法。最普通者爲自然分類法，其概要如下，大别之有二，曰顯花植物，曰隱花植物。顯花植物有被子植物、裸子植物之别。被子植物中更分爲二，即雙子葉植物、單子葉植物是也。隱花植物有羊齒植物、蘚苔植物、菌藻植物、原生植物之别。人爲分類法者，僅就植物雌雄蕊之數目及位置爲分類之標準，而不研究其全體，在今日已不適用矣。

植物之應用

凡植物之爲人所需用者，皆爲有用之植物，人常栽培之，謂之栽培植物。由其功用而分爲數類，如食料植物、飼畜植物、工用植物、藥品植物、觀賞植物是也。今分別而約舉之，如稻、麥、豆、菜、果、茶葉，卽爲食料植物，而其殘餘卽爲飼畜植物；草、麻、藍、漆樹，卽爲工用植物；當歸、黄連、生地、罌粟，卽爲藥品植物；梅、蘭、桃、杏、荷、菊，卽爲觀賞植物是也。

植物出産地之概略

國境兼包海陸，形勢複雜，氣温土性各有不同，是以植物之種類繁多，其著者如次。

稻爲江、粤兩域主産品，淮域及遼河下游亦有之。麥則全國皆有，河域最多。惟近海皆大麥、小麥，内陸多青稞麥。豆則江、河兩域皆宜，漢域最多，遼域之産尤富。至若河域小豆，江域蠶豆，亦稱大宗。粱、粟以東三省及黄河流域爲多，玉蜀黍以本部西南爲多，甘薯以閩、粤二域爲多，芝麻以洞庭湖南北爲多，蕓薹以粤域爲多，甘蔗以閩、粤二域爲多，蘆粟以江淮兩域爲多，崇明尤佳。

果品在河域多梨、棗、桃、杏、山楂、石榴、蘋果、葡萄，江域多桃、李、枇杷、楊梅、葧薺、菱、藕，粤域多橄欖、橘、柚、香蕉、荔枝、桂圓、椰子、波羅蜜及各種香料。

茶爲南條山脈特産，苗嶺而外，無地不有，東部尤盛。北條之皖山，亦宜種植。如浙域之龍井，閩域之烏龍，岷域之毛尖，粵域之花香球，洞庭域之安化、桃源，以地爲名之茶葉。太湖域之碧螺春，以及皖山之珠蘭、香片等，皆名噪於世。

菸草以黄河上游、長江中流及遼、粵各域爲多。

藥材産於邱陵山嶽者甚多，而長白、太行之參，最稱珍品。江蘇青浦近發見一種土參，人亦珍之。

森林之著稱者六區，興安、長白諸山綿亘千里，皆數千年古物，嫩域多松、樅，松花域多松、椴、楸，綏芬域多松、柞、楊，圖們域多松，鴨緑域多紅松、杉松，遼域多栗陽松。統計之，則松、榆、楸、楊、椴、柞、樺七種，均有用之材，而松爲主産，樺爲特産。松嶺、陰山之交，參天巨木，彌望皆是，松、杉最多。秦嶺、巴山一帶，綿亘於渭南、漢北者，稱南山老林，綿亘於漢南、江北者，稱巴山老林。後因匪徒易匿，斬木製菌，老林遂童。然孑遺樹木，在河域尚屬不少。南條除苗嶺局部外，均多森林，如西端及苗嶺、烏蒙、武陵多杉、樟、桐、漆，猺山結露多樟、桂、花梨、紫檀，五嶺袁山、杉嶺、黄山多松、杉、櫸、枏，大姆、仙霞多竹，閩、粵斜面多榕，杉則東西數千里隨處見之。西康山谷多松、杉、樟、桐老林，西蒙山谷多松、樺、榆、柞老林。

棉以長江兩岸爲多，遼、汶等域亦有之。麻以江、閩、粵三域爲多，藍以粵域爲多。竹多在南條一帶，有長大之孟宗竹，堅硬之貓兒竹，紫黑之烏竹，花紋之斑竹。自五嶺幹脈以東，人抵修茂，贛人用以造紙，産額頗鉅。桑爲飼蠶要品，凡宜稻之處，無不宜桑，故江、粵兩域最茂，太湖域尤佳，塔里木河上游亦稱桑區，近年河、遼各域又多仿種。柞，松嶺、千山、太山、伏牛、大别諸脈多産之，可飼野蠶。漆，丘陵地皆產之，而以太行高原、漢水上游及黃山一帶爲著。樟、桐均以南條爲多，閩域之樟尤著。天山亦多胡桐。綜計以上適用樹木，多在南條山脈一帶，其利源之鉅，幾與長江相埒，故此一嶺一川，實我國富力之基本也。

寧古塔植物

寧古塔有粟，有稗子，有鈴鐺麥，有大麥，有小麥，有蕎麥，瓜、茄、菜、豆隨所種而獲，霜遲則皆登於俎矣。絲瓜、扁豆較難熟，熟亦不能得子。有曰撇藍者，結實甚巨，重量可斤餘，甘脃勝長安種。有蓮子，有松子，有榛子。有酸梨大如栗，貯之木罌，令其爛，斯啜焉。有甌李子，色赤而澀。有麇子，其末如猴頭。有蘑姑，有黃菌，有山查子。

孔林植物

曲阜物產，其特異者，有蓍草，產於孔林。既凋復青。莖有八稜，象八卦；葉有五出，象五行。以一叢五十莖者爲貴，然不可得，以採者衆也。有芝，或黃或紅或紫，絢若文錦。蓋林中多古木，芝多蒸蘊而出。山藥堅細長嫩，形如地黃，以入藥，勝河南懷慶所產者。楷樹文理堅細，或削爲杖，或製爲棋枰，或刳其節爲飲器。其葉初生時，採製如焙茶法，清香可以烹瀹。文草細而蔓生，冬夏不凋，深秋結實，具五色五味。

河南植物

河南最著名之產物，爲牡丹花與野百合二種。牡丹有紫、黄、紅、白、綠數色，綠、白者尤香。此外桃、杏、李、櫻、梅、梨、棗、柿，多而且賤，每斤僅售錢十數文。

新疆植物

新疆阿克蘇、三個泉、瑪納斯、西湖等處産米，天山以北之麥、豆諸糧，皆足供本省之食，吐魯番、莎車、温宿、疏勒、和闐之棉，除供本省需要外，其歲輸俄境者，得值銀百餘萬兩。

河套植物

河套果樹皆不結實，而榆、楊、柳最繁殖，紅柳尤叢生遍野。套人每折其枝幹，以爲羊圈，苫屋亦用之，細枝則編爲筐簍，用途之廣，無異南方之用竹也。又有所謂芨箕者，亦叢生草類也，莖幹挺出，性堅韌，可製爲草帽及蚊扇、掃帚諸物。二者皆取之不盡。

穀類則豆、麥、高粱皆宜，近水可種稻，高處則種小麥、黄米、胡麻、馬鈴薯等，每畝可穫六七斗以上。斗量最大，大於口内十加九也。小麥、胡麻爲寒地特産，口外皆蒔之。小麥三月下種，歷四月，即成熟，粒瘦細。胡麻爲油類，山、陜北部燃燈皆用之，價廉與豆油同，能抵制石油，使之不得内輸。

青海植物

青海森林不多，而松、柏、樺、榆、楊、椿、橡與蘇木皆全，大者可合圍，槎枿枝條，亦樵蘇之所賴。柏子爲食料，橡實、蘇木爲染料。然巨材雖美，萬牛不能運，無巨流可放，不能供内地資取也。百草多者如大黄，深谷中遍有之。紅花，以紫色爲最上，浸一枝於杯水，有紅絲一縷下注，瞬息水作淡紅色，此爲野種。或移植圃中，翌年即變爲紅色矣。花纖碎，不可辨，小鳥常啄食之，求之頗難。枸杞盛産於巴延河兩岸，地淤水肥，灌溉不假人力，土人擷之以供客。有雞頭參，有琵琶參，皆以形得名。初出土時，味甜，色似薑。有草焉，花色紫，瓣長貼地，道過者必摘之，曰可治目睛昏翳之症，而不能舉其名。其餘草參甚多，山坡間掘之即得，挖參者謂往往得何首烏也。

青海有瓜，曰冰薩爾，色味均如黄瓜，而圓如西瓜，生熟皆可食，蓋即黄瓜變種也。有必克騰者，根如仙人掌，葉如萵苣，有移種於内地者。柏子曬乾，用勝茴香。蘑菇、黄菌，山坡、平陸觸處皆是，味極佳，以其多，賤之如草，反不如蔬菜之可貴，川商攜入内地，則皆獲重價。果有李有棗，棗有酒氣，土人摘李、棗貯之木桶，令其爛而製酒，分甜酸二種。葡萄種不如新疆所産，蓋其枝葉亂如荆棘也。

西藏植物

西藏植物，藥品爲多，而紅花、青果、蔻仁、棗等，則尤著名。他如千布産麝香，巴塘産牛膝、兒茶，巴塘、江卡産紫草、蘆菔，巴塘、德榮産花椒，巴塘、河口産桑皮，裏塘産羌活，乍了産雪蓮花、雪猴子，德格，乍了産人參果、茜草，巴塘、乍了産木瓜，裏塘、甘孜産大黄，登科産雄黄，裏塘、德格産冬蟲夏草，巴塘，鹽井産杏仁、桃仁，德格、稻城産貝母，桑昂、雜瑜産黄連，裏塘、火竹卡産老鸛草。

延吉農産物

延吉農産物，以高粱、穀子、黄豆、玉蜀黍爲大宗，小豆、青豆、黑豆、緑豆次之，黍、稷、麻、棉、芝麻、瓜子、麻子、煙葉等又次之。

京師米

自創設漕運以來，國家歲糜千萬之款，設官置局，輾轉兑運，輸入京倉，以爲天庾正供，京曹禄俸，皆仰給於此。而按之事實，有大相逕庭者。京師大家，向以紫色米爲上，不食白秔，惟南人在京者，始購食白米。是以百官領俸，米券入手，輒以賤價售之米肆，而别糴肆米以給用，固由習尚相殊，亦以京倉花户巧於弄法。領官米者，水土攙和，必使之不中食。而米肆所售，實高出官米數倍，故凡得券者，大率不願自領，米肆遂得與花户輩操其奇贏。惟光緒甲辰、乙巳間，桂春爲倉場侍郎，京官俸米皆可食，一時頌之。

京師人之喜食紫色米也，損米至鉅。蓋紫色米者，皆各倉陳腐變色之米，上層蒸成紫色，下層已成灰末。以南中上白之米，轉運艱難，必俟灰其半而後食之，宜京師糧儲之常虞不足也。庚寅以前，在京南人皆食糧米，俗呼津米。此米乃李文忠公所部淮軍，在天津西北隅新農鎮開闢屯田之所出。庚寅，順天大水，文忠奏請平糶，專運蕪湖、常熟、無錫米以繼之，自是而遂成常供，京人呼爲包米。庚子之變，倉米皆爲日本人搜羅一空，京津一帶不憂乏食者，究其原，未始非文忠之賜也。

米價之漲落

康熙丁亥，江蘇蘇、松、常、鎮四府大旱，米價初僅每升七文，是時竟漲至二十四文。戊子大水，己丑復大水，米價雖較前稍落，而每升亦不過十六七文。雍正、乾隆間，米價每升十餘文。乙亥，蟲荒，四府相同，漲至三十五六文，餓死者無算。其後連歲豐稔，價漸復舊，每升亦僅十四五文，爲常價也。至乙巳，大旱，則每升至五十六七文。自此以後，不論荒熟，總以二十七八文至三十四五文之間爲常價。然光緒末年，則貴至八九十文矣。又不獨此四府也，且更有較昂者。

同治季年，回、粤、捻餘氛出没於雲、貴、甘、陝邊界，官兵雲集，以地僻，轉運非易，米價騰貴，銀價頓低。每銀一兩，僅買米一升，麻、豆、粟、麥、秫粱雖以次遞減，然按之平時，尚多數十倍也。

早御稻

早御稻，米色微紅，較長，味甘香，六月已熟。豐澤園有水田數區，布玉田穀種，至九月，始刈穫登塲。聖祖軫念民依，幾餘省稼。一日，循行阡陌，時方六月下旬，穀穗方萌，忽見一科高出衆稻之上，實已堅好，因收藏其種，命待來歲驗其成熟早否。至期，果先熟。自此生生不已，歲取千百。以其生自苑田，故賜名御稻，並頒給其種於江、浙督撫，令民間種之。

石窩稻

石窩稻，色白，粒粗，味極香美，産直隷房山縣。

楊花早

武昌有稻曰楊花早，蓋楊花飛時所熟者也。

嘉禾

乾隆癸未七月杪，松江暴風三日夜不息，禾盡偃，稻花盡落，各縣田有顆粒不收者，有畝收斗許者，其及半者，則爲大有矣。巡撫洪之傑諱災不告，乃取句容縣境青苗一束，繪《嘉禾圖》以上獻。詔書嘉奬，宣示中外以爲瑞。

碧緑身

江陰有糯稻曰碧緑身，産桃花鎮，芒紅，粒長，色白。

香稻

無錫之天產，以米爲大宗。米之種類甚夥，以香粳爲佳，產於惠山，粒小而圓長，質韌而堅實。

稻莖觀音

福州駐防某前鋒從征漳州時，夜經田隴，見稻中發光熒然，初以爲螢也。然光搖而長，心知其異，潛入稻中察之，則一稻莖上綴粟如豆。取歸諦視，粟上現一觀音，衣裙及瓔絡皆具，金容滿月，誠異寶也。

稻二年三穫

臺北之田作，二年而三穫。其穫時，第一年爲五月、九月，第二年爲二月，皆稻也。

烏拉白粟米

烏拉白粟米，莖、幹、葉、穗較他種爲大，早熟。初生於烏拉樹孔中，土人以其種進獻，流布遂廣。

沙蓬米

沙蓬米，枝葉叢生，米似胡麻而小，沙地皆生之，鄂爾多斯旗所產尤多。

黑米

武昌漢陽門内舊有明陳友諒廣積倉基，後爲民居。康熙甲子，有於地中掘得黑米者，黑如漆，堅如石，炒之即鬆，研爲末，謂可治膈症，價值兼金。

某歲，太湖縣饑饉，於山中得黑米，不知何時窖藏地中者，緜延數山，不可勝計，全活窮民無算。大吏入告，並以米進呈，聖祖御製詩紀其事，函少許藏之。米中邊皆黑而不朽腐，猶有味。婺原戴秀才冕家嘗於圃中治地，亦得黑米數石。

光緒己亥夏，蘇、松、太各屬農人，嘗於土中掘得黑米，其形質與米無異，迷信家以爲有兵災之兆。然庚子拳亂，八國聯軍入京，而南方固無恙也。或謂是爲礦物，然不見於平時，獨見於是年，是又理之所不可解者。謂有奸人埋之以惑人聽，然又何從得此多量之黑米而遍埋之耶？

香秔

香秔，秔稻之别種，一稱香稻，亦稱香珠米，産江、浙，芳香異常米。

秔稗

秔稗，味甘滑如秔，黑龍江産，土人以爲秔所化也。

高麗穀

高麗穀，大紅色，如雞冠，高丈許，實如栟櫚子，産奉天等處，其種則自高麗來也。

西番穀

西番穀，苗高如蜀黍，穗如蒲，奉天等處産之。

黑龍江麥

黑龍江麥，種最佳，色潔白，性宜人，相傳其種自俄羅斯來。

穬麥

穬麥，産黑龍江，即俗所呼之鈴鐺麥也。

番薯

番薯，即蕷也，有紅白二種，性宜沙土，蔓生蔽野，人以爲糧。去其皮，色甚紅，味甘。本出琉球國，閩中後亦有之。康熙時，聖祖命於中州等地，給種教藝，俾佐粒食，自此廣布蕃滋，直隸、江蘇、山東等省亦皆種之。光緒時，有歐洲薯輸入，則色白而味淡，然非馬鈴薯也。

玉蜀黍

玉蜀黍，一年生草也，莖直，高五六尺，葉狀如箭鏃而大，有平行脈。花單性，雄花生於頂端，雌花生於葉腋。其實有黄、白、紅各色，密列成行，以巨苞裹之，其端有紫毛如絲。俗有包穀、玉米、珍珠米、飯粟等名。

蘑菇

蘑菇，一作蔴菰，亦作磨菇，菌之屬，内地絕重之。生於榆之根者爲榆蘑，生於榛之根者爲榛蘑。蒙古盛産蘑菇，有黑白之别，通稱營盤蘑，黑而小者劣，白而大者佳。採時多在夏季雨水盛行之後。産地草色鮮豔，結成圈形，有全圈、半圈之分。全圈白蘑，半圈黑蘑。其結圈形之地線，即蒙人支包之舊址也。蒙人所居之包，至夏而移，冬擇低地以避寒風，夏在岡陰，以袪暑熱。冬時燃火取煖，包内之地，未受霜雪之侵，至夏復經雨水，冬春藴蓄，至此而勃發，遂結蘑菇，全圈、半圈，因結包之地勢而異。營盤之名，亦以此得。或稱口磨，則以其産於口外也。

熱河所産蘑菇至佳，俗呼爲銀盤菇，則以營盤二字訛爲銀盤也。

又有日夸蘭蘑菇者，産於齊齊哈爾城東之草地，七月入市。夸蘭者，氈廬梔木之周遭也。木氣入土，生蘑，故名。

香山松菇

京西香山産松菇，輪菌如傘。潔白肥脆，味鮮美。

銀盤菌

濟南郡外三十里，有龍洞山。洞在山腹，深半里許，必秉炬，方可入，中作旋螺形。山多野菌，色如雪，圓如盞，曰銀盤。寺僧收之，以供遊客清饌，芳潔鮮脆，較勝於遼海之蘑菇、虞山之松傘蕈也。

雞㙡菌

滇産雞㙡菌，出師宗者尤勝。

南華菌

粵中有菌，土人謂之草菰，或曰蘭花菰，其味最鮮美，然實名爲南華菌。相傳其初出自南華寺，寺僧積禾稈於屋陰，夏月，以米瀋朝夕頻沃之，出菌。曰蘭花者，實南華之訛也。

有訛爲蘭花姑者，則以某令宰是邑時，適巡撫按部過縣，詢其地有土娼否，某誤以土娼爲土産，遽答曰：「有。」詢何名，曰：「蘭花姑。」巡撫正色曰：「曷勿逐之？」某始悟，客爲之胡盧，巡撫亦笑，蓋三字實似妓名也。

玉蕈

玉蕈爲菌類植物，秋間叢生於林薄，形似松蕈而小，傘灰色，柄白色，鮮者煑食，或曝乾醃藏。

香蕈

香蕈，菌類，春夏秋皆有之，寄生於楢、櫟、槲等樹之皮，亦可以人工種之。鮮者、乾者皆可食，皆香美。

木耳

木耳，菌類，生於朽木，大者二三寸，形如人耳，其裏面色暗褐而平滑，表面淡褐色，可食。又有白、黄等色者，白者最貴，曰銀耳，黄者次之，曰桂花木耳。

石耳

石耳，爲古洞口所產，味勝桂花耳。

白花菜

白花菜，園圃多栽之，莖高二尺許，有微毛，葉爲掌狀複葉，有齒，甚細。夏月開白花，頗可愛。略有羶臭，可食。

苦益菜

苦益菜，産近畿盤山澗中，似野菊，有浮毛，三月中採食。

豆苗菜

豆苗菜，産盤山，叢生，似豆苗。近山人家採食之，極鮮美。

苜蓿

苜蓿爲蔬類植物，葉爲三小葉所合成，似豌豆而小，莖臥地，南方土人呼曰金花菜，以其花色黄也。産於秦、隴者，花色紫，葉爲羽狀複葉，莖高尺餘。

苜蓿玉蜀黍之根獨長

草木之根，有長有短，有本性短而不能長者，有本性長而不能短者，惟苜蓿及玉蜀黍、魚麥兩種之根，其長莫比，然農人多不知之。玉蜀黍根長可四五尺，苜蓿根長可三尺許。蓋以此二物之根，須得地中之水而生，然地形高，凡水平時滴注土中，此根在地面淺處，如不能得水，則必蔓至有水處取之方止。或土面磽瘠，無肥料，所有肥料藏深土中，則玉蜀黍及苜蓿輒自伸送其根，至肥料處吸之，然後滋生。有此二故，故其根獨長，他物則不需此也。

歪脖菜

歪脖菜，葉圓而大，其梗至頂稍彎，故名。

杏葉菜

杏葉菜，葉似杏，可食。

海帶

海帶，似海藻而粗，俗呼曰海白菜。

河白菜

河白菜，生近水田，可采食。

山兒菜

山兒菜，似菠薐而高大，葉圓，鮮可茹。

步連菜

步連菜，生野中，類苦菜，葉微大，如筯。

地螺

地螺，菜名，形如小螺，鹽漬可食。

諸葛菜

諸葛菜爲鎮江特產，葉似虎耳，莖、葉有細毛，叢生如盤，味苦，野生者亦可食，

蕹菜

蕹菜之種，來自泰西，滬有之，曰空心菜，莖肥葉嫩，每歲發芽於夏，及秋而老。

甘藍

甘藍爲蔬類植物，產於西北數省，閩、粤亦種之，後且及於滬。葉闊厚，作深緑色，似芥，花緐，莖甚大。北人以鹽漬其莖而食之，曰擘藍，即球莖甘藍也，簡稱之則曰甘藍。

椰菜

椰菜，俗稱捲心菜，爲甘藍之變種，歐洲種也，近移植於滬。其葉層層包捲，成球形，色淡緑，曰球葉甘藍，俗又稱包心菜。又有一種亦歐洲種，而滬有之，開花甚多，花莖、花蕾皆可作蔬，曰球花甘藍，别稱花椰菜，俗名花菜。

塌棵菜

白菜爲蔬中上品，唐人所謂闊葉吴菘是也，經霜雪而愈佳。陸佃《埤雅》云：「菘性凌冬不彫，四時常見，有松之操，故曰菘。」滬中冬月有一種塌地而生者，根粗矮葉，形如盆，多皺紋，色深碧，名盤科菜，又名塌棵菜，一經濃霜，則味甘如飴，實即江寧之瓢兒菜，湖湘之黑油菜也。

羅漢菜

羅漢菜，始惟嘉定有之。同治時，移植於滬，叢生圃中，冬末春初，所在皆是。細葉巨根，至百餘瓣，氣味辛芳。

葧菜

粵東烏龍港產葧菜，形如梨，色白，擲碎爲五六塊，食之，甚香甜，且無滓，或名之曰白脆。

蜈蚣菜

蜈蚣菜，產粵東之烏龍港，以形得名。

鼈爪

鼈爪，亦蔬屬，青脆，微辛。

竹葉苔

竹葉苔，海苔也，產雁宕山南流入海處。土人於冬月取之，濯以淡水，狀如竹葉，故名。

芋

芋，爲蔬類植物，植於水田，地下莖多肉，葉略似荷葉而長，一端有大缺刻，葉柄肥大，花爲肉穗花序，有巨苞包之。葉柄色綠者爲青芋，色紅紫者爲紫芋。

竹芋

竹芋，粵東有之，色白，如蘆筍，又似竹筍，有層層之籜裹之，可食。

土芋

土芋卽黄獨，蔬類植物，蔓生，葉如豆，根圓如小芋，皮黄肉白，可蒸食。

茄

茄爲蔬類植物，一名落蘇，花與實皆紫色。實形北方多扁圓，南方多卵圓或長圓。

天茄

天茄，廣西思恩府有之，似普通所食之茄而差小，實大如栗，色微紫，中間淡青，生於路旁陂岸間。土人蒙汗藥中，用爲要品，凡謀命圖財行姦之事，此居其半，與鈎吻、斷腸草同爲天南惡物。

番茄

番茄，蔬類植物也，莖高數尺，稍蔓延，葉爲羽狀複葉，深裂，生毛甚密，花淡黄，實扁圓，徑二三寸，熟則色紅，可食。

蘿蔔

蘿蔔，亦作萊菔，一作蘆菔，蔬類植物，莖高尺餘，葉作羽狀分裂，花四瓣，色淡紫或白，爲總狀花序。實成長角，不裂開，根長，色白多肉，可食，子入藥。別有紅蘿蔔，根圓，皮紅肉白，亦可充食。黃陂所産蘿蔔，爲全國第一，至冬，其心愈堅。江寧産者亦甚佳。

楊花蘿蔔

楊花蘿蔔以楊花開時出，故名。妍紅奪目，一名女兒紅，若半寸許之火齊，香澹味清，邗上園蔬雋品也。亦有色白者。

蕪菁

蕪菁爲蔬類植物，俗名大頭芥。根多肉，扁圓。葉大，略成羹匙狀，邊有細齒。春日開黃花，爲總狀花序，絶類油菜花。實成長角，根供食。

萵苣

萵苣爲蔬類植物，亦稱萵笋，葉由根生者尖闊，由莖生者爲心臟形，皆無柄抱莖。春暮開黄花，列爲頭狀花序。莖高尺許，去皮生食，味如胡瓜，並可醃藏。

菰

菰爲蔬類植物，生於陂澤，高五六尺，葉如蒲葦。春秋兩季，中心生白薹，狀如藕而軟，曰菰菜，俗謂之茭白。秋間開花成長穗，結實如米，謂之菰米，亦曰雕胡米，色白而滑膩，儉歲以爲飯。古本作苽，爲六穀之一。

菜瓜

菜瓜，俗稱生瓜，爲蔬類植物，莖、葉、卷鬚，皆似甜瓜，實色緑，堅硬，有毛，可食。

胡瓜

胡瓜爲蔬類植物，俗稱黄瓜，有卷鬚，葉作掌狀，淺裂，粗糙有毛。夏開黄色合瓣花，雌雄同株。實長數寸，色黄緑，有刺甚多，供食。漢張騫使西域得種，故名。

絲瓜

絲瓜爲蔬類植物，園圃栽植之，莖細長，有卷鬚，葉掌狀分裂，裂片尖鋭。夏日開黄花，雌雄同株。

實長者至一二尺，嫩時可食。熟後，果肉內有強韌之纖維如網，謂之絲瓜絡。

冬瓜

冬瓜爲蔬類植物，春暮生苗引蔓，葉如掌狀分裂，莖、葉皆有毛刺。夏開黄花，結實大者徑尺餘，長二三尺，皮堅厚。嫩時色緑有毛，老則蒼色，上浮白霜。

金瓜

金瓜爲蔬類植物，秋結實，形扁圓，色赭，亦名北瓜。

莧

莧爲蔬類植物，長尺餘，葉卵圓形，有青赤二色，嫩時供食。秋時開細花成穗，色黄緑。别有一種柔莖細葉者，謂之野莧，亦可食。

馬齒莧

馬齒莧爲一年生草，原野自生，莖微赤，平卧地上，葉形如倒卵，質厚而軟，花小，五瓣，色黄。莖、葉嫩時，可煑曝爲蔬，俗稱㮙板草。

茼蒿

茼蒿爲蔬類植物，俗名蓬蒿，莖高二三尺，葉羽狀，深裂，互生，花黄或白，中部爲管狀。春冬莖、葉嫩時可食。

蕓薹

蕓薹爲蔬類植物，一名薹芥，亦稱油菜。葉大，色濃緑，無柄，葉脚包莖。春暮開黄花，爲總狀花序。果爲長角，熟則綻裂子出。嫩葉可食，子可榨油，謂之菜油，亦可食，并燃燈。

芥

芥爲蔬類植物，葉似油菜而有缺刻，葉面常皺縮粗糙。秋末下種，冬時可食，並宜作虀。春深開小黄花，結實成莢，子如粟粒，研之成末，味極辛烈，食饌中用以調和，亦入藥。

雪裏蕻

雪裏蕻爲蔬類植物，葉有鋭鋸齒及缺刻，類芥菜，而葉稍纖，花黄。雪中諸菜凍損，此菜獨青，故名。味稍辛辣，多醃以爲虀。北人謂之春不老。按《唐韻》，菜心長曰蕻。

芹

芹爲蔬類植物，植於水邊濕地，莖有稜，中空，葉爲羽狀複葉，互生，夏日開小白花，嫩葉可食。舊名楚葵，俗稱水芹，而名堇菜爲旱芹以別之。

馬蘄

馬蘄，一名野茴香，與芹同類異種，生於卑溼地。春日生苗，葉似水芹而微小，叢生如蒿，白毛蒙茸，嫩時可茹。其根色白而香，堅硬不可食。

堇

堇爲蔬類植物，一名旱芹，俗稱堇菜，莖高尺許，葉闊。夏日開花，淡紫色。莖、葉味苦，瀹之，則甘而滑。

蕻

蕻，水草名，閩人以爲蔬，謂之蕻菜，其莖中空，亦稱空心菜。初生，貼地蔓延，連根掘置水面，如荇藻，尤易滋長。康熙時，廈門居民多種之，其利甚溥。

落葵

落葵，一名終葵，蔬類植物，莖、葉皆柔軟，葉厚作卵形，端尖。夏秋間開細花，初白後紅。實圓小，熟則紫黑色。古以其葉爲蔬，榨取實之紅汁，以爲面脂，故又稱胭脂菜。

菾

菾爲蔬類植物，一名莙達菜，園圃多栽種之。葉闊大，厚而有光，色青白。成長後，莖高三尺許，初夏開多數小花，成穗，色黄緑。其葉四時皆可爲蔬。

黄芽菜

黄芽菜，蔬類植物也，爲菘之變種，經人工之培養而成。葉與柄皆扁闊，層層包裹，全體成圓柱形，頂端成球形，葉淡黄色，秋末可食，柔軟甘美。以産於山東膠州之夾倉者爲最佳，通稱膠菜。又有外葉青而内黄者，産於浙西之嘉興。次則天津，有圓長二種，産大沽、塘沽，次則煙臺，極大，外有青葉，性硬，其味不及以上兩處。産崇明者尤劣，味酸，滬人皆呼名爲島子菜。

薺

薺爲蔬類植物，到處産生，葉在下部者羽狀分裂，在上部者有缺刻，嫩時可食。老後莖高尺餘，花四瓣，色白，實扁平三角形，中有細子。

萱

萱，本作藼，亦作諼、蕿，俗作蘐，多年生草，一名忘憂，又稱宜男。葉似菖蒲而柔狹，花稍類百合，單瓣或重瓣，有紅黃等色。莖及單瓣之花曝乾爲蔬，俗稱金針菜。

蔊

蔊爲蔬類植物，通稱蔊菜，冬月叢生於田圃，莖高一二三寸，葉橢圓而長，有缺刻，春日開小黃花。實爲細角，長一二分，中有細子。農人連根葉拔而食之，味極辛辣，亦稱辣米菜。

蕺

蕺爲蔬類植物，通稱蕺菜，野生，莖細長，高七八寸，葉爲卵形。初夏開淡黃色小花，有苞四片，色白如花瓣，莖、葉皆有臭氣，亦稱魚腥草。可食，亦入藥。

馬蘭

馬蘭爲蔬類植物，田野自生。春日生苗，葉爲長卵形，端尖，甚粗糙，有大脈三條，鋸齒甚深，人取以爲蔬。入夏高二三尺，開紫花，與雞兒腸同，惟冠毛甚多。

蓴

蓴爲蔬類植物，江、浙湖澤中產生甚多，葉橢圓形，有長柄，莖及葉背皆有黏液被之，可爲羹。夏日開紅紫花。亦作蒓，一名水葵。

菠薐菜

菠薐菜，一曰菠菜，本作波稜，蔬類植物，原爲西域頗陵國產，唐時，其種始入我國。葉互生，略如三角形而尖，基部又旁出兩尖。莖高尺餘，花小而黄緑，單性，雌雄異株。根色赤，味甜。嫩時以爲常蔬。

韭

韭，菜名，葉細長而扁，叢生，秋日莖頂開小白花成叢。根莖肥白而嫩，味尤美。

薤

薤，爲狀似韭而中空，夏開細花，色紫，鱗莖如小蒜，謂之薤白，可食。

禹韭

禹韭，苗如鹿葱，有節如箠，莖末發花，如牽牛而小，青碧熒熒，可愛。

薑

薑爲蔬類植物，亦稱生薑，苗高二尺許，葉狀如箭鏃，對生，花被大小不整，色淡黄。地下莖色黄，味辛，秋初茁新芽，尤嫩美可食，烹飪時多用爲調料，或蜜漬食之。曝乾者稱乾薑，入藥用。

葱

葱爲蔬類植物，葉中空成管，高二尺許，有平行脈，四時可采食。葉之下部色白，俗稱葱白。夏開白花，叢集如球。

松吉納

松吉納，葱名，出準噶爾，根大而穗青，高及二尺。

洋葱

洋葱，一名玉葱，爲多年生草，植於畦，莖高一二尺，地下之鱗莖扁圓。葉中空，似葱而甚細。秋日葉間出花軸，頂開多數白色小花，雜以珠芽。其鱗莖供食。

蒜

蒜爲蔬類植物，有大蒜、小蒜二種。大蒜名葫，根莖俱大而瓣多，小蒜根莖俱小而瓣少，葉皆細長而扁，花白微紫，有地下之鱗莖。莖、葉皆可食，臭氣甚烈。

石蒜

石蒜，葉如蒜苗，夏盡苗枯，抽莖如箭，莖梢開花四五朵，深紅六出，長瓣長鬚。根亦如蒜，可煠熟製食。

山蒜

山蒜爲多年生草，山野自生，葉細長，有微稜，臭氣似葱。夏月莖頂生小肉芽如球，並開繖形小花，色淡紫。葉與地下之鱗莖皆供食。

達爾吉爾

達爾吉爾，小蒜也，準噶爾所產，根甚小，苗可三四寸。

薩喇納

薩喇納，野蒜名，出準噶爾，高尺餘，色青，獨莖，頂結小花。其根有黄白二種，味淡，可作虀。

丕牙斯

新疆之蔬，有所謂丕牙斯者，如内地之薤。

蒝荽

蒝荽，本作胡荽，蔬類植物，葉裂有鋸齒。粤人及北人每於嫩時摘以調食，甚香美。初夏開細花，五瓣，色白。實亦辛香，可爲香料。俗作芫荽。

石胡荽

石胡荽，爲多年生草，産道旁，細莖蔓延於地，節節生根，葉圓小，有光澤。春夏之交，開白色細花，有淡紅暈，列爲小繖形花序，氣辛。

蒔蘿

蒔蘿，俗稱小茴香，爲一年生草，高二三尺，葉細如絲。夏開小黃花，瓣内曲。實橢圓，微扁，子大如黍粒，黑褐色，氣味芳辛，用以調味，亦可入藥。本産於波斯國，蒔蘿，蓋番語也。廣東頗多，江蘇人醃物時輒用之，取其香也。

番椒

番椒，俗名辣椒，一年生草，處處種之，高二三尺，葉爲卵形，端尖，有長柄，互生。夏月開白花，花梗甚長，實色紅而味辣，可供食用。

蜀椒

蜀椒爲落葉灌木，一名巴椒，亦名川椒，産於蜀中。幹高四五尺，有刺，葉爲複葉，光滑而厚。實肉厚皮皺，子光黑，過於花椒，可爲香料。

胡椒

胡椒爲蔓生灌木，原産南洋各島及南美等處，故名。長丈餘，葉爲心臟形，互生。夏開小白花，成長穗。實圓，生青熟紅，乾則皮皺色黑，謂之黑胡椒。除去黑皮者，曰白胡椒。味辣而香，研粉可食，並入藥。

老鎗穀

老鎗穀爲一年生草，園圃栽植之，莖高二三尺，葉橢圓。夏日梢上分枝，出長花軸，紅色或白色小花叢集下垂，其穗甚長。實成粒，儉歲，人亦食之，故名。

枲耳

枲耳，一名蒼耳，一年生草，野生，葉爲卵形，端尖，有缺刻及鋸齒，互生。夏日開緑花，單性，雌雄同株，雄花在花軸之上部，列爲小頭狀花序，雌花隱於囊狀總苞之内，總苞滿生小刺，鉤著人衣。嫩苗及實，遇儉歲，人亦食之。

藜

藜爲一年生草，莖高五六尺，葉心色赤，卵形有鋸齒，嫩時可食。花小而黄緑。莖老可爲杖。古人讀書燃藜，以其光最明，可傳火徹夜。又名萊，《詩》「北山有萊」，卽此。俗稱紅心灰藋。

薇

薇爲一年生草，莖高二三尺，尖端卷曲如旋渦。葉有二種，一爲緑色，差類蕨葉；一爲褐色，形細長，其上著生多數胞子囊，嫩時可食。

葫蘆

葫蘆，本作蒲盧，一作胡盧，爲一年生蔓草，園圃皆栽之。莖細長，以卷鬚絡於他物，葉圓心臟形，有柔毛。初夏開白花，夕開朝萎。至秋，實熟，如重疊大小二圓球，乾者髹之爲玩具。别有一種身長而首尾如一，供蔬食者，亦稱葫蘆。《本草》謂之壺盧，俗稱萹蒲。

蔞蒿

蔞蒿爲多年生草，生水邊及澤中，莖高四五尺許，葉羽狀深裂，似艾而闊，背密生灰白色毛。秋日開花，褐色，爲頭狀花序。嫩莖香脆可啖。《爾雅》「蔏蔞」即此。宋蘇軾詩：「蔞蒿滿地蘆芽短，正是河豚欲上時。」

莪蒿

莪蒿，一名蘿蒿，亦稱廩蒿，多年生草，生於水田，莖、葉似蔞蒿，開黄緑花，爲小頭狀花序，排列如穗。嫩莖可蒸食。

爲蔬。

邪蒿

邪蒿，草名，野生，莖高二尺許，葉爲複葉，分歧甚多。夏開小白花，爲複繖形花序。其根、葉，古以爲蔬。

蘩縷

蘩縷爲一年或越年生草，山野自生，引蔓於地，莖細長，節間有毛下向，中空，斷之，有一縷如絲。作蔬，甘脃。葉爲卵形對生，花小而白，五瓣，每瓣二裂甚深。《爾雅》：「蔜，薞蕿。」即此。

荇菜

荇菜爲多年生草，葉似蓴，一端有缺刻，大寸餘，面青背紫，平貼水面。夏日開合瓣花，色淡黄，五裂，邊緣多毛。莖、葉嫩時可食，故稱荇菜，《詩》「參差荇菜」是也。

草石蠶

草石蠶，亦名甘露子，多年生草，莖方，葉稍似心臟形，背有毛密生。夏初，葉腋開淡紫色脣形花。地下莖之尖端色白，形如連珠，略似蠶形，故名。根可煮食，如馬鈴薯。本我國產，今歐洲盛種之。

地榆

地榆爲多年生草，莖高三四尺，數十葉自根叢生，爲羽狀複葉。秋間起花莖，莖頂開花，色紫或紅白，列爲穗狀花序。其嫩葉可食。

敗醬

敗醬爲多年生草，山野自生，莖高三尺許，下部爲羽狀複葉，上部單葉。秋初開黄色小花，成複繖形花序。鄉人常採嫩莖食之，味微苦而有陳醬氣，故名，俗亦稱苦菜。

仁草

仁草，卽菸，卽煙草也，所在有之。熊人林《地緯》云：「粤中有仁草，名金絲醺，可辟瘴氣。多吸之，能令人醉，亦日酒煙。」

遏遏青

遏遏青，北方所謂之鐵脚草也。採取陰乾，投沸湯中，頃之，莖、葉舒卷如生。

察齊巴克

察齊巴克産新疆，葉似雞冠，花如瓣，倒垂三四尺，色紅紫，春種秋開。名爲察齊巴克者，以其形似回婦首飾之察齊巴克也。

龍芽草

龍芽草爲多年生草，山野自生，高二三尺，葉爲羽狀複葉。夏日出花軸，花黄，五瓣，實多刺。俗稱仙鶴草。

羊刺草

羊刺草，莖有刺，味甘美如蜜，準噶爾部多有之。

鹿藿

鹿藿爲多年生蔓草，莖、葉皆褐色，葉闊。夏開黄花，爲蝶形花冠。結實成小莢，熟則赤黑，子大如花椒，扁圓而黑，可煮食，俗稱野緑豆。

胡蔓草

嶺南有胡蔓草，葉如麻，花黃而小。一葉入口，百竅潰血，人無復生，凶民將取以毒人，則招搖若喜舞然。或有私怨者茹之，呷水一口，則腸立斷。或與人鬨，置於食，以斃其親，誣以人命者有之。製爲麻藥，置酒中，飲後昏不知人，然醒後不死。

款冬

款冬，一名菟奚，爲多年生草，高二尺餘，葉圓大，基部缺刻甚深，柄長二寸許，花莖別有小葉，長卵形。春初，莖端開黃花，爲頭狀花序。百草中此最先春，雖冰雪之下亦生芽，故有此稱。其嫩葉可爲蔬。

石防風

石防風，草名，海濱自生，田中亦栽種之。葉爲複葉，似芹。夏初開小白花，花序如複繖形。嫩葉可食。

鏨菜

鏨菜，草名，多生山野陰地，莖方，高一二尺，葉爲長卵形，羽狀分裂。夏秋間，葉腋簇生脣形花，色白，層疊成穗，形與益母草最肖。其嫩苗亦可食。

山慈姑

山慈姑爲多年生草，山野自生，高尺許，葉細長如韭，莖自地下莖之中央生出，頂端開一花，色白而略紫。地下莖狀如慈姑，可食。

荸薺

荸薺爲多年生草，水田栽植之，莖高二三尺，管狀，色緑，花穗聚於莖端，頗似筆頭。地下之塊莖形圓，可供食，蘇人謂之地栗，兩廣人謂之馬蹄，古名鳧茈，又稱烏芋。

百合

百合爲多年生草，多栽於園圃中，高二三尺，葉短而闊，似竹葉，互生。夏日開花，色白，無斑點，其紅黄色有斑點者，謂之卷丹，俗通謂之百合。其地下之鱗莖，皆可食，惟以白花者爲良。

嵩山百合之質甚脆，不能隔宿，故不行遠，非親至山中，無緣求得也。

薏苡

薏苡爲一年生草，葉狹長，有平行脈，花生於葉腋，實橢圓。其仁白色，可雜米中作粥飯及磨麵，並入藥。

向日葵

向日葵爲一年生草，莖高六七尺，葉作卵形，互生，有鋸齒，葉面粗糙。夏秋之交，莖頭開一花，爲頭狀花序，大者徑七八寸，花瓣鮮黄，其花常向太陽旋轉，故名。江、浙各地，多栽種於溼熱地方，高可十餘尺，冷處略短。如印度之西北，種者頗多，土人謂其能收低溼處欲發之疫氣，令人免瘧疾發熱之症。其用途有五：一，花可染皂青，子可搾油，其油略與橄欖油同，每地一畝，收子約五十斗，每斗可搾油一升。二，子之仁搗爲汁，塗擦肌膚，嫩滑而潤。三，西人有以之煑爲粥，與孩童食之者。四，亞美利加之土人將其研磨細粉而爲饅頭。五，葉可飼馬牛羊等畜，梗可爲薪。浸其灰於水中，滌凈渣滓，再將水熬乾，即爲上等之鹻，可製作肥皂。

蘆

蘆爲多年生草，生於陂澤，莖高丈許，中空，葉細長而尖，有平行脈。秋開細花，其繁密，成大圓錐花序。其莖可以製簾葺屋，或用爲薪。萌芽可食，略如竹筍，俗稱之曰蘆筍，可入藥。

蒟蒻

蒟蒻，亦名蒟蒻，爲多年生草，産蜀中，高二尺餘，葉爲掌狀複葉，花單性，有肉質穗狀花序，花苞頗巨。根圓如球，可爲食品，然與蒟醬之蒟不同。《文選・蜀都賦》：「蒟蒻茱萸。」注：「蒟，蒟醬也。蒻，草也。」則蒟蒻本爲二物。楊慎《丹鉛總録》謂蒟醬即蒟蒻，誤。

益智

益智，草名，産閩、廣，葉尖長。春日開花，色似蓮。至夏實熟，子如小棗，兩端皆尖，可食，或和米作糉。

茈碧花

大理府浪穹縣北十五里有茈碧湖，一名寧湖。出罷谷山下，即洱河之源，水如碧玉色。湖有花，名茈碧，如荷花而差小，其色有白者，有澹紅而錦緣者。葉似荷錢，長五六丈，晝則上浮水面。見日，花始開，夜即卷曲入水，清香異常。采莖、葉食之，味過於蓴。

金盞

金盞，一名杏葉草，葉抱莖生，花開莖頂，黄赤如金，深小如盞。葉似初生之萵苣，可作葅食。

決明

決明，葉淺緑，花黄，嫩苗與花及角子，皆可瀹茹，或點茶以食之。

人參

人參，多年生草也，葉爲掌狀複葉，六七月開花，花小色白，八月結子，似天竹子。生於深山草叢中，其根爲補益藥品，長者八九寸，或三椏五葉，略似人形，尤貴重。初長成，色白；蒸熟，則微紅；紅而明亮者，老矣。產於奉天、吉林、高麗等處，故醫方或曰遼參，或曰吉林參，或曰高麗參。以野生者爲貴，故又謂之野山參。至古方所稱人參，則皆今之黨參也。舊產於上黨郡，卽山西長子縣地。長子屬潞安府，故又稱潞黨參。人參透明，黨參不透明，故又謂人參曰明黨。

國人皆以人參爲滋補之無上上品，然經西醫化驗，實無滋補之質料。吳漢槎孝廉兆騫初戍寧古塔時，曾以半斤之參煎汁餌之而瀉，亦可見其無用也。

珠參

乾隆初，孫端人學使督學滇中，嘗以滇產珠參寄贈金赤泉，赤泉作歌以謝之，歌云：「神經五參配五色，上黨從來稱第一。土精變化夜呼人，形似小兒肥且茁。新羅百濟高句麗，五葉三椏無等匹。未聞六詔點蒼閒，亦産靈苗吐芬苾。含滋孕液非在根，瑣碎枝頭綴仙實。花開香散洱海風，子落晴烘緬甸日。勻圓脫手顆顆同，大小明珠迸鮫室。定是瑶光墮地生，豈同凡草空蒙密。品嘗昔漏神農口，炮製枉炫雷公術。蠶頭羊角紛本草，此種不收嗤脫失。使君贈得念故人，萬里寄將情意溢。開緘錯落瀉冰盤，珍重勝分金百鎰。阿儂善病邇更癯，數粒咀含蠲宿疾。題詩相報付煙郵，紫氣回看耀蓬蓽。」《禮斗威儀》云：「下有人參，上有紫氣。」赤泉，名焜，錢塘人。

沙參

沙參爲多年生草，莖高二三尺，葉長卵形，端尖，有鋸齒，輪生。秋時，葉腋開小紫花，花冠爲鐘狀，五瓣。根似人參，産南省者根短小，曰南沙參，産北方沙地者根粗大，長尺許，曰北沙參，皆可作藥。

紫參

紫參爲一年生草，生於陰地，葉形大小不一，有長柄。春暮，根間出花莖，花六瓣，粉紅成穗。根有節，色紫黑，地上延長尺餘，曝乾入藥。

玄參

玄參爲多年生草，野生，莖方，高五六尺，葉長卵形，端尖，有鋸齒，對生。夏秋之間，莖端開小脣形花，淡黄緑色，爲圓錐花序。根入藥。

仙茅

仙茅，草名，原産於西域，梵語爲河輪勒陁，莖高四五寸，葉似茅，夏開深黄色小花。根有節，入藥爲補益之品，亦稱婆羅門參。

白茅

白茅爲多年生草，高一二尺，苗如鍼，俗稱茅鍼，葉細長而尖。春日先葉開花，簇生莖頂，有白毛密生，長二寸許，可爲引火之火絨。其根味甜，入藥。

白蘞

白蘞爲多年生蔓草，狀如小灌木，葉爲掌狀複葉，春夏之交，開黄緑色小花，實圓多漿。根皮黑，内白，可入藥。

白頭翁

白頭翁爲多年生草，野生，莖高尺許，葉爲羽狀複葉。花之外面有白毛蔽之，内面紫色。花後，雌蕊尖端有毛下垂，如老人白髮，故名。有毒，可入藥。

白前

白前爲多年生草，山野自生，莖高尺餘，葉爲倒卵形，端鋭尖。夏秋之交，自葉腋抽花莖，花小，色白或淡紅。根入藥。

白薇

白薇爲多年生草，野生，莖高一二尺，葉爲橢圓形，背有白毛。夏月開小花，五瓣，深紫，花序爲穗狀。結莢，長二寸許，可入藥。

白鮮

白鮮，草名，一名白羊鮮，野生，莖高二尺許，下部木質，葉爲羽狀複葉。夏開白花或淡紅色花，香氣强烈。根與皮皆入藥。

白芷

白芷爲一年生草，野生，莖高五寸許，葉卵圓，對生，花色白而微黄。根入藥，一名白茝。古以其葉爲香料。

白芨

白芨爲多年生草，多植於園圃，高一二尺，葉長，闊寸許，有平行脈。夏月開花，色紅紫或白。根入藥，並可爲糊。

白附子

白附子，草名，生卑濕之地，莖無旁枝，細葉叢生，開花成穗，根長寸許，與附子相似，故名。入藥。

黃芪

黃芪，亦稱黃耆，爲多年生草，山地自生，莖卧地成蔓狀，葉爲羽狀複葉，有毛。夏日開淡黃花，花冠爲蝶形，結莢似赤豆。根肥大，入藥。産緜上者良，故亦曰緜芪。

黃連

黃連爲多年生草，野生，葉爲複葉，微類芹，莖長尺許。早春開小白花，結實，子色黃。根可入藥，甚苦。産於四川之雅州者良，故又曰雅連，亦曰川連。一種出波斯國者，根亦入藥，謂之胡黃連。

黄芩

黄芩爲多年生草，莖高二尺餘，葉爲箭鏃形，略似柳，無柄。夏日開花成穗，有紫白等色。根長四五寸，色深黄，曝乾入藥。其宿根外黄内黑者曰片芩，新根内黄者曰條芩。

黄精

黄精爲多年生草，莖高一二尺，葉似百合。夏初葉腋開花，下垂如小鈴，色淡緑。花後，結黑實如豆。根爲管狀，色白而青。根、莖均可入藥。

甘草

甘草爲多年生草，產川、陝等省，葉爲羽狀複葉。初夏開淡紅花，花冠如蝶形，簇聚成穗。其地下莖及根皆入藥，亦輸出外國。以味甚甜，故名。

甘遂

甘遂爲多年生草，山野自生，莖高尺許，葉爲長橢圓形。春暮開花，褐色。實黏滑，根皮赤。肉白，可入藥，有毒。

甘松香

甘松香，草名，產黔、蜀，莖高五六寸，葉細如茅，根密，味甘。其根，曝乾之，可合諸香而燒，且入藥。

香薷

香薷，草名，野生，莖方，葉爲長卵形，有鋸齒。秋開白花，略帶紅紫色，叢集成穗狀，香氣強烈。莖、葉入藥。

香附子

香附子爲多年生草，產田野及海岸砂地，葉細長而硬，如莎，故《本草》合爲一種。莖高尺餘，夏開濃褐色花。地下塊根有細黑毛，肉白，香附子卽其根也，入藥。

狗脊

狗脊爲多年生草，生於山地，葉叢生，爲羽狀複葉，質厚，色淡緑，葉面有齒，爲無性芽，背生子囊羣。地下根莖色黑如狗脊骨，有黃毛如狗形者，俗稱金毛狗脊，皆入藥。

麥門冬

麥門冬爲常緑多年生草，亦作麥虋冬，多産於陰濕處。地下有根如連珠狀，葉長一尺許，花長尺許，夏日開稀疎之穗狀花，色淡紫，實黑。根可入藥。

天門冬

天門冬，一作天虋冬，爲多年生蔓草，所在有之。其莖纏絡他物，葉作鱗片狀，由葉腋生緑色小枝，彎曲如針，俗誤爲葉。夏開細白花，亦有黄紫者。塊根入藥。

荆芥

荆芥爲一年生草，野生，園圃亦種之。莖柔軟，高尺許，葉爲箭鏃形，淡黄緑色。秋開小脣形花，色緑，爲總狀花序，略如紫蘇，故又名假蘇。實中有細子，黄赤色。莖、葉皆入藥。

柴胡

柴胡爲多年生草，有南北二種。北柴胡莖高二尺許，葉狹長，互生。南柴胡莖高四五尺，葉狀如箭鏃，無柄，葉脚頗闊，圍抱其莖。皆於夏日開小黄花，五瓣。根可作藥，而以北柴胡爲勝。

大黄

大黄爲多年生草，産於西北數省，莖高四五尺，葉大，掌狀淺裂，有長柄。夏秋之交，開淡黄色小花，爲多數穗狀花序。根入藥，以四川所産紫地錦文者爲最良。其性洩瀉峻快，有將軍之稱，俗稱生大黄爲生軍。每歲輸出歐洲各國頗多。

湯海秋，名鵬，益陽人，王少鶴、邵位西、梅伯言、魏默深皆與交，曾文正公尤契之。其卒也，年僅四十有四，文正爲文以祭，有曰：「一呷之藥，椓我天民。」實言其吞大黄殞命之事也。蓋海秋篤信大黄，一日，寓齋小集，座客或言某某以服大黄而殁，海秋則言大黄爲生平無疾常服之藥，何足致死，並命蒼頭速購數兩至，將面客吞服以實其言。座客争阻之，則已吞六七錢矣。座客又奪之於其手，猶攫得一塊入口，且嚼且詈。俄而客散日暮，遂病瀉，夜闌竟死。

地黄

地黄爲多年生草，隨處自生，高六七寸，葉爲長橢圓形，互生，花黄白略紫，花冠爲唇形，實類小麥。根長三四寸，細如手指，皮赤黄色，曝乾則黑，俗稱生地，可作藥。蒸熟者，俗稱熟地。

地膚

地膚爲一年生草，園圃栽植之。莖高三尺許，葉狹細，互生，花小而緑，夏日生於葉腋。嫩苗可作蔬。子甚繁，入藥，稱地膚子。莖枝老後可爲帚。《爾雅》：「葥，王蔧。」卽此。

天名精

天名精，野生，葉長橢圓形，有鋸齒及密毛，面皺，臭氣甚烈。夏秋之間，出莖二尺餘，葉腋開頭狀花，綠色。根色白，別名杜牛膝，與葉皆入藥。

大戟

大戟爲多年生草，山野自生，莖高三尺餘，葉如箭鏃，互生，有細鋸齒。夏季開花，小而褐色，雌雄同株，有總苞，四片圍繞如萼。根入藥，有毒。

夏枯草

夏枯草爲多年生草，野生，莖方，高尺餘，葉作長卵形，端尖，莖、葉皆有毛。夏初莖端開脣形花，列爲穗狀花序，色淡紫或白。莖、葉入藥。此草夏至後卽枯，故名。

馬鞭草

馬鞭草爲多年生草，原野自生，莖方，高二三尺，葉羽狀分裂，對生。夏秋之間，開細紫花，列爲穗狀花序。莖、葉均入藥。

馬兜鈴

馬兜鈴爲多年生蔓草，山野自生，葉爲長心臟形，似薯蕷葉而厚大，端鈍。夏日開黄紫花，花冠作管狀而不整。根與實均入藥。

羊蹄

羊蹄爲越年生草，産於濕地，春初叢生大葉，長尺許，形如牛舌，故亦稱牛舌菜。春末抽花莖，開淡緑色小花，成叢下垂。結子如蕎麥，謂之金蕎麥。根長近尺，紅黄色。夏至卽枯，秋深復生，經冬不死。根擣汁，可治疥癬、腫毒。

鹿蹄草

鹿蹄草爲多年生之常緑草，葉橢圓而厚，有長柄，略似鹿蹄。春夏之交，葉叢中抽花莖，上開數花，色白，皆下向。舊以爲止血及金瘡藥。

鹿啣草

鹿啣草，産雲南之順寧，以牝牡二鹿之交也，牡輒憊不能起，牝啣是草以喂之，牡頓起，因以得名。

可入藥。

雞血藤

雞血藤，產雲南之順寧，草質也。剖之，流汁似血，爲調血聖藥。

威靈仙

威靈仙爲多年生草，山地自生，莖高三四尺，葉作闊箭鏃形，輪生。夏開合瓣花，紫碧色，爲長總狀花序。其根每年旁引，一根叢鬚數百條，乾則深黑，俗稱鐵脚威靈仙。

萎蕤

萎蕤，亦作葳蕤，一名玉竹，爲多年生草，山野自生，莖高尺餘，有稜，葉爲長卵形，有平行脈。花下部連合作管狀，生於葉腋，色白微緑，形細如小鈴。根莖多肉，可製澱粉，又可入藥，性最難燥。

商陸

商陸爲多年生草，山野自生，莖高三四尺，葉互生，如卵形而大。夏月開花，小而色白，爲穗狀花序。實爲肉果，赤黑色。嫩葉可食，根可作藥，性有毒。

朮

朮爲多年生草，野生，莖高二三尺，葉有毛，對生，花有紫、碧、紅數色。根細類指，大者如拳，色微褐，肉白，曝乾，可作藥，今通稱白朮，古方所用卽此。有皮蒼黑色者，別稱蒼朮。

貝母

貝母爲多年生草，莖高尺許，葉狹長，莖頂三葉尤小，末卷曲。三四月開花，花蓋六片，淡黃微綠，内面有綠線，並雜紫點甚細。地下莖如小貝羣聚，色白，入藥。一名蝱，《詩》「言采其蝱」，卽此。《爾雅》作「莔」。

黃蜀葵

黃蜀葵爲越年生草，俗名秋葵，莖高三四尺，葉掌狀分裂。夏開淡黃花，五瓣，大如金椀，人亦呼之爲側金盞花。瓣之下部色紫，陰乾爲末，傅惡創，可浸油塗湯火傷。根肥大，多黏液，且可用爲紙之糊料。

楊蘭坡嘗有詩詠蜀葵，詩云：「流鶯聲送麥風寒，一丈紅遮五尺欄。錦色蒲萄向人殢，啼痕杜宇憶歸難。持籅真作無家別，棄扇難追有限歡。向日誰憐寸心苦，狂風無奈更銜殘。」

龍葵

龍葵爲一年生草，高二三尺，葉爲卵形，夏日節間抽細莖，開小白花，爲繖形花序。花後，結球形之漿果，色黑，大如豌豆，性有毒。莖、葉煎汁，可治頑癬。

五香草

紹興有異草，名五香，色緑，有清香，葉作四瓣，長寸許，生於郡城府山之陰。端陽始長，故得五香之名。瀹其汁，可避瘟疫。偶覺頭暈，飲之，亦立愈。

苦蔞

苦蔞，亦作瓜蔞，蔓生，葉狹長而光滑。實橢圓，大倍於王瓜。其仁及皮爲藥用，根可製澱粉，曰天花粉。仁緑色多脂，可取油燃火。

三七

三七爲多年生草，本名山漆，又名金不換，莖高三尺許，葉爲羽狀分裂。秋開黄褐色花，成頭狀花序。根、葉擣汁，敷傷處，可止血，並可消蟲螫之腫。

三稜

三稜爲多年生草，春時叢生於荒廢陂池及溼地，葉似蒲而狹。夏秋抽莖，高四五尺，莖端開花六七枝，雄花在上，雌花在下，皆細碎成穗，黄紫色，結子甚細。其葉、莖、花、實俱有三稜，莖中有白穰，剖之，織物柔韌，如藤。荆襄、江淮、濟南、河陝皆有之，生於荆楚者曰荆三稜，可入藥。

鴉胆子

鴉胆子，治休息痢，用三十粒去殼取其仁，外包龍眼肉撚丸，每晨米湯送下，一二服或三四服即愈。此藥味大苦而寒，力能至大腸曲折之處，搜逐溼熱。《本草》不載，見於《幼幼集》，稱爲至聖丹，即苦參子也，藥肆多有之。咸豐時，桐鄉名醫張雲寰常用此藥治痢，頗效，此合乎西醫用萆麻油治痢之法，取其能洗浄腸中穢污積滯，能洗浄，則病自去。如用萆麻油，則無毒質，較鴉胆子更佳矣，惟鴉胆子兼治腸風便血。凡熱痢色赤久不愈者，亦可治，惟虛寒下痢忌之。

遠志

遠志爲常緑草，陝西之綏德、河南之開封多產之。莖高七八寸，甚細，葉橢圓。夏開蝶形花，色紫。根可入藥，有祛痰之效。《爾雅》：「葽繞，棘蒬。」即此。

桔梗

桔梗爲多年生草，高尺餘，葉橢圓，有細鋸齒。秋初開花，五瓣，頗大，色紫或白。根如牛蒡。莖可入藥。

杜衡

杜衡爲多年生草，常生山中陰地，葉爲心臟形，葉脚凹陷頗深，有長柄。冬月根際開紫花，有管狀花被。根莖可入藥。

山柰

山柰，亦作三柰，産粤中，葉狹長，葉間出花莖，開淡紅花。根供藥用。

山薑

山薑爲多年生草，莖高尺餘，葉尖長，似蘘荷，稍小，背有軟毛。夏日出花莖，長三寸許，花白，帶紅黄色，爲穗狀花序。實似豆蔻。根爲藥用。

薑黄

薑黄爲多年生草，野生甚多。葉爲長橢圓形，背有軟毛。夏初發芽，並抽花莖，高六七寸，有二小葉包之。莖上徧生鱗狀苞，每苞開二花，瓣爲漏斗形，色黄。根入藥，並爲黄色染料，用以染紙，遇炭酸鈉之鹼性物則變紅色，故以爲試紙。

芎藭

芎藭爲越年生草，野生，多産於蜀中，亦稱川芎。莖高一二尺，葉似芹，分裂尤細。秋開細白花，五瓣，爲複繖形花序，全體芬馥。根可入藥。

艾

艾爲多年生草，莖白色，高四五尺，葉互生，長卵形，爲羽狀分裂，背生白毛，甚密。夏秋之交開小花，淡褐色，結實纍纍。嫩葉可食，乾後揉之，則成艾絨，醫者灼以治病，謂之灸，亦用作印泥。

獨活

獨活爲越年生草，産羌中，故又名羌活。莖、葉皆有毛。夏月莖高六七尺，葉爲羽狀複葉。秋開小花甚多，五瓣淡緑，爲複繖形花序。實紫。根入藥。

牽牛

牽牛爲一年生蔓草，葉有三尖，互生。夏日開花，淺碧略紅，花冠作漏斗狀。侵晨花開，受日光而萎。實爲球形，有蒂裹之。子圓而黑，俗稱黑丑，有毒，入藥。

錢塘包秋吟有《詠牽牛花》詩云：「柔枝裊裊瘦娉婷，靛朵新抽玉露零。點綴最宜先七夕，託根何幸傍雙星。繞籬扶竹亭亭立，當户窺人故故青。卻愛蔚藍天色好，數花明處照流螢。」

牛膝

牛膝爲多年生草，隨處自生，莖高二尺許，葉橢圓而尖。花綠色甚小，爲穗狀花序。實有小刺，常黏著人衣。其根入藥。

牛欄草

牛欄草，産閩中，榦細長，夏開鮮紅花，數十朵叢生一枝。泉州人以其花期正當競渡時，故又名爲龍船花。葉甚大，謂能治發背，有神效。

菝葜

菝葜爲多年生蔓草，山野自生，高二三尺至六七尺，多刺，葉卵形，互生，托葉變形爲二卷鬚，絡於他物。初夏開黄緑花，集爲繖形。實大如豆，紅色，根供藥用。

虎掌

虎掌爲多年生草，山野自生，高二三尺，葉作掌狀分裂，葉柄甚長。花類天南星，惟花托之上部伸長，狀如長條。性有毒，其根入藥。

虎杖

虎杖爲多年生草，山野自生，高一二尺至四五尺，葉闊端尖，有淡黑斑，其基部方如刀切。夏日葉腋抽花軸，開淡紅色小花，成穗。實三角形。根入藥。《爾雅》謂之蒤。

蛇牀

蛇牀爲多年生草，濕地甚多，莖初卧地，後昂起，高尺餘，葉作羽狀分裂，互生。夏月開小花，色白，五瓣，爲複繖形花序，花瓣尖端微曲。子黄褐色如黍米，入藥。

蒴藋

爲多年生草，類接骨木，莖高四五尺，夏開小白花，實如小粒。莖、葉皆可入藥。

茼茹

茼茹爲一年生草，野生，莖高二三尺，葉爲長卵形，莖、葉中皆有白汁，性有毒，春開淡黄色小花。根可入藥。

蒺藜

蒺藜爲二年生草，生於海濱砂地，莖平卧，葉爲偶數羽狀複葉。夏日開小花，五瓣，色黄。實大約三分許，有刺。一種白蒺藜，出陝西之沙苑者，莢長寸許，子大如脂麻，謂之沙苑蒺藜。皆可入藥。

補骨脂

補骨脂，一名破故紙，高三四尺，葉似胡麻。夏秋之交，開淡紫花。實圓扁，色黑，味少腥而有香氣，可入藥。

萹蓄

萹蓄爲一年生草，多生於道旁，莖高尺許，葉狹長而厚，略似竹葉，故亦稱扁竹。夏月葉腋開淡紅花，甚細。嫩葉可入藥。

萆薢

萆薢爲多年生草，莖引蔓上昇，葉大，如心臟形，邊緣有缺刻，柄長。夏開淡黄色單性花，成穗狀。根長而硬，入藥。

覆盆子

覆盆子爲多年生草，隨處自生，長莖卧地，葉爲掌狀複葉，小葉大而平滑，質硬。春日抽花軸，花五瓣，色白。實爲細粒，色紫赤。花托肥大。味甘，人或食之。《爾雅》：「堇，蒛葐。」卽此。

益母草

益母草爲越年生草，一名茺蔚，野生，莖高四五尺，葉略似艾，三裂或五裂。夏初開淡紫花。産婦服之有益，故名。

豆蔻

豆蔻，有草豆蔻、白豆蔻、肉豆蔻三種。草豆蔻，草本，産於嶺南，葉尖長，春日開花成穗。實稍小於龍眼，端鋭，皮光滑，仁辛香氣和。又有皮黄薄而稜峭，或黑厚而稜密者，别稱草果。白豆蔻，形如芭蕉，葉光滑，冬夏不凋。實淺黄色而圓大，殼白而厚，仁如縮砂仁，皆入藥。肉豆蔻，木本，産於新嘉坡、蘇門答臘等處，近歲盛有輸入。葉爲長橢圓形，夏開單性白花。實爲肉果，内有紅色假種，皮甚堅，其仁香氣强烈，亦入藥，並作香料。草豆蔻花成穗時，嫩葉卷之而生，初如芙蓉，穗頭深紅色，葉漸展，花漸出，而色微淡，亦有黄、白色者。

山豆根

山豆根爲常緑草，狀如灌木，莖柔弱，高一二尺，葉爲複葉，每枝小葉凡三。夏開白色蝶形花，成總狀花序。實紫黑，根供藥用，爲解毒劑。又一種，葉光潤如木犀，狹長而柔軔。

葛

葛爲多年生草，莖細長，蔓生，葉爲複葉，闊大。秋日開花，紫赤色，花冠蝶形。結實成莢，根外紫内白，入藥。搗碎取汁，製成白粉，謂之葛粉，爲小粉中最佳之品。

車前

車前爲多年生草，産於北數省及東三省，葉自地下莖叢生，成卵形而闊，常有五肋，柄甚長。夏日葉叢中央出花莖，開淡紫色細花，花序爲穗狀。實紫色，子入藥。一名芣苢。陸璣《詩》疏："車前一名當道，喜在牛跡中生，故名車前當道也。」

石斛

石斛爲多年生草，産於山中巖石或古樹，莖高五六寸，有節，稍類木賊而中實，每節生葉一片，葉狹而厚，有平行脈。夏月開花，色淡紅或白。拔其根，以砂石栽之，或盛以籃，挂屋下，數澆以水，經年不死。莖可入藥。舊稱蜀産者爲勝，亦稱金釵石斛，以其狀如金釵股也。

木斛

木斛，莖鬆軟，色深黄有光澤，亦稱金石斛。

烏蘞苺

烏蘞苺爲多年生蔓草，莖有卷鬚，纏於他物，葉爲掌狀複葉，分歧爲五小葉。夏季開小花，黄色，四瓣，列爲聚繖花序。根莖可入藥。《爾雅》：「拔，蘢葛。」即此。

紫蘇

紫蘇爲一年生草，園圃栽植之，莖方，高二尺餘，葉卵形，端尖，有鋸齒，對生，背紅紫色。夏日出長花莖，開小脣形花，色白或淡紅，爲總狀花序。實如芥子。莖、葉、實皆爲藥品。

紫菀

紫菀爲多年生草，高六七尺，葉長橢圓形，有鋸齒，葉面粗糙。秋日開花，爲頭狀花序，周圍爲舌狀花冠，淡紫色，中部管狀花冠，黄色。根紫而柔軟，以爲藥用。其白者名女菀。

漏盧

漏盧爲年生草，以出山東舊單州者爲良。莖似薊無刺，葉厚，大者長尺餘，背白色。夏秋之交，葉間出花莖，開藍紫色小花，攢簇成球。根可入藥。

細辛

細辛爲多年生草，所在有之，葉闊而尖，甚狹，有長葉柄，直生於根莖，花三瓣，色紫黑。根入藥。

茵蔯

茵蔯，亦作茵蔯，蒿之一種，爲多年生草，産於河邊砂地，葉似胡蘿蔔，有白毛密生。枝梢之葉，細裂如絲。春日抽莖二尺許，開小頭狀花，緑色，排列如穗。莖、葉可入藥。以其經冬不死，更因舊苗而生，故亦名因陳。

茜

茜，亦作蒨，蔓生，莖方，中空，葉長卵形，葉柄與蔓皆有刺。夏月開小白花，實黑色。根赭黄，可染絳，並供藥用。

續斷

續斷，野生，莖高三四尺，中空有稜，葉羽狀深裂，如薊，春夏之交開紫色花。根入藥。

野芝麻

野芝麻爲多年生草，野生，莖方，高尺餘，葉爲卵形，端尖，深齒細紋，略似麻葉。春日葉腋開花，爲脣形，花冠白質紫暈。莖、葉味淡微辛，作芝麻氣，故有此稱。古謂之續斷。入藥。

莨菪

莨菪爲多年生草，一名天仙子，有毒。早春抽莖，色紫黑，長則莖、葉變爲淡緑。葉長橢圓形，端尖，互生。夏初，葉腋開鐘狀花，黄褐色微紫，爲合瓣花冠。此草可製定痙定痛之藥。

牡蒿

牡蒿爲多年生草，野生，高二三尺，葉本狹末廣，形如尖劈，上部有缺刻，互生。秋開小花成穗，淡褐色，似艾而小。《爾雅》：「蔚，牡菣。」卽此。梗、葉入藥。

葶藶

葶藶爲二年生草，原野自生，高七八寸，莖、葉皆有細毛，葉長卵形，無柄，互生。春日開花，微黃，結角，子扁小如黍粒，熟則裂開，供藥用，有甜苦二種。《爾雅》謂之蕇。

澤漆

澤漆爲一年生草，生於道旁，莖高七八寸，葉爲倒卵形。春暮，莖頂生五葉，分五枝，開淡褐色小花，有毒。莖、葉均入藥。

澤瀉

澤瀉爲多年生草，俗稱野慈姑，葉似慈姑而小。初夏莖端結蕊，淡碧色，形似如意。此時苗嫩可食，閩人謂爲如意菜。花白色。地下球莖可供藥用。

澤蘭

澤蘭爲多年生草，産於濕地，每莖一葉，箭鏃形，基脚抱莖。夏日葉間抽花莖，莖端各著一花，紅紫色，可入藥。

零陵香

零陵香亦稱蕙草，俗名佩蘭，爲多年生草，南方各省多種之。莖方，葉橢圓，端尖，對生。秋初開紅花，香氣如蘼蕪，結黑實。古言佩此可已疫癘。一名薰草。以産於湖南之零陵縣者爲最著。可入藥。

藿香

藿香，野生，庭院亦種之。莖方，有節，中空，葉爲卵形，端尖，有缺刻，自莖端至下部，對生甚密。夏秋之間開花，花冠爲脣形。莖、葉之香頗烈，可入藥。

赤箭

赤箭，初生時一莖直上，高三四尺，狀如箭簳，色青赤，葉尖小。初夏開淡紫花，成穗，實大如豆。根曝乾，可入藥，謂之天麻。

曼陀羅

曼陀羅爲一年生草，莖直上，高四五尺，葉作卵形，常有缺刻。夏日開大紫花，有漏斗形之合瓣花冠，邊緣五裂。實爲裂果，面生多刺，性有毒。以其葉雜煙草中同吸，止咳嗽，過量則致死。

蓬莪蒁

蓬莪蒁，野生，莖高二三尺，葉長，色綠，微灰白，夏初開黃花。根如薑，下有圓形物聯綴，如雞卵，曝乾，可供藥用。

鳶尾

鳶尾爲多年生草，庭園多植之，高一二尺，葉狀如劍，各有鞘包之，花軸生於葉間。初夏開花頗大，淡紫綠色，花被六片，密生紫色小點，外層三片較大，其一突起如雞冠。根、莖入藥，卽射干也。

菖蒲

菖蒲爲多年生草，生於水邊，葉有平行脈，花小，色淡黃，爲肉穗花序。有大小二種。大者長三四尺，氣味香烈，葉上有脊如劍狀，俗於端午日翦其葉作劍以懸於門。《本草》謂之白菖，亦曰泥菖蒲。小者高尺餘，葉纖細，無中肋，曰細葉菖蒲，亦曰石菖蒲，以瓦盆栽之，置案頭以供玩賞。最纖細者，葉長僅三四寸。根可入藥，一寸九節者良。

菖蒲多壽，信然。淮南安豐場市北有古廟，名北極殿，地清曠，有牡丹、芍藥數十本。廟僅一僧。有周翁者，年八十餘，習靜於此，暇以花草自娛。某曾見其窗外陳有石菖蒲三十餘盆，細密可愛，盆尤精緻，非康熙即乾隆時製也。偶問之，知皆數百年物，殆菖蒲與盆並久，非故以古瓷植菖蒲也。本爲周之世傳，特移置廟中耳。周並爲詳言植菖蒲法，得水則肥，得土則瘦，固矣。然每年四月以竹翦翦一次，再茁，則葉愈細，歷數百年而細僅逾髮矣。後已久不復翦，是根葉均成古物。草類得此，可謂壽矣。後周翁死，僧爲珍護之。光緒壬辰冬，忽大寒，江且結冰，良爲數百年所稀有，安豐一隅，人家所蒔花木，凍斃者十居八九，此二十餘盆之菖蒲，亦隨浩劫以去矣。

水仙

水仙爲多年生草，高尺許，葉細長，有並行脈，叢生。花莖生於莖叢之間，花爲繖形，色白，別有黃色杯狀之副冠。地下莖爲塊狀，有毒，然可治癰腫。

仁和金振之鹺尹翀嘗賦水仙花詩云：「春雪壓簷水生骨，東園桃李花未發。水仙有意陵莫寒，素影朦朧漾殘月。我因花事增歎嗟，煙浪微茫夢飛越。金支翠旗光有無，貝闕珠宮影明滅。冰夷擊鼓急響停，湘妃奏曲繁聲歇。彼姝者子六銖衣，微步生塵見羅襪。花魂咫尺洵有靈，一點冰心慰寥闊。憶昔嘉種羅華堂，分箋共逞生花筆。名並三閭六瓣奇，哲兄得句真清絕。「名與三閭並，香推六瓣奇」，振之之兄詠水仙句。同君解佩返瑶京，石上菖蒲空九節。欲吟楚些歌《大招》，新詩誰補湘纍缺。振之之兄詩曾言及此，故云。杜蘅芳芷眼迷離，物是人非那忍説。仙漿未飲熱中腸，聊取寒泉薦清潔。梅兄礬弟倘相攜，應到蓬萊水雲窟。」振之，乾隆時人。

沈玉遮有《詠水仙花》詩，詩云：「紙窗耿虚影，媚此小雪天。明明冷飛白，撲蔌上琴絃。何時降北渚，猶帶蕭湘煙。伶俜獨幽絶，小築含春妍。藝以瑣碎石，浴以清泠泉。襯以石子瘦，佐以銅盆圓。伴我梅花帳，茶夢寒可憐。珊珊怳見之，翩若凌波然。解佩無默語，欲往愁刺船。起視冰壺曉，水月生便娟。」玉遮，名維樹，嘉慶朝之海寧人。

薄荷

薄荷爲多年生草，濕地自生，高二尺許，葉爲卵形，端尖，有鋸齒。秋月開淡紫花，花冠作脣形，叢生於葉腋。莖、葉有特别香氣，入藥，可製薄荷油、薄荷腦。

水蘇

水蘇爲山野自生之草，高二三尺，莖方，葉形如箭鏃，面皺，莖、葉皆密生粗毛。夏月莖端開脣形花，色淡紅微紫，氣甚辛烈，有毒，可作藥，亦稱龍腦薄荷。

半夏

半夏爲多年生草，平野自生，高七八寸，葉爲複葉，以三小葉合成，葉柄生肉芽。花單性，爲肉穗花序，雌花在下，雄花在上，花序以大苞包之，花軸之上部伸長如線，突出苞外。地下之塊莖皮黄肉白，可入藥。

倒根草

倒根草，花如紅蓼，叢生，不蔓不枝，而根獨倒長，專治痢疾，長白山産之。

小人草

小人草，産於蒙古察哈爾之錫蠟哈達，能作花，一莖四朶，白瓣紅蕊，子微香，根臭，蒙人呼爲那何，能療瘡。

土茯苓

有蔓草之根，皮如茯苓，内赤味澀者，謂之土茯苓。

罌粟

罌粟爲越年生草，葉爲長橢圓形，有鋸齒，平滑無葉柄。花大而美豔，色紅紫，雌蕊狀如瓶。實爲乾果，狀亦如瓶，可榨油，入藥用，並作油畫。嫩葉可作蔬。實未熟時，中有漿，爲製鴉片之原料，自禁煙之令下，卽禁種之，謂之曰烟苗。

道光甲午廣東鄉試第三場之策題，第四問民食一道，中一條云：「沃土之地，往往植烟草以爲利息，甚至取其種之大害於人者而廣播之，民不知其敝精力，耗財用，大半溺於所嗜，視其爲用與菽粟等，而且勝之，將何以嚴其禁而革其俗？」此蓋言內地自種之罌粟花也。

蒙藏紫稍花

蒙古、西藏有一種紫稍花，土人呼爲鎖陽，其形狀性質，略如肉蓯蓉，接近婦女，則開花高大，作雨傘狀。

番紅花

番紅花爲多年生草，高四五寸，地下有球莖，葉細長叢生，有並行脈，初冬開淡紫花，花蓋六片，甚香。採花柱曝乾，香尤烈，製丁幾之類，用以著色，亦爲健胃、通經之藥。

草棉

棉，古謂之吉貝，本産於印度，唐時其種始傳入中國。莖高二三尺，葉掌狀分裂，花五瓣，色黄。結實如桃，熟則綻裂而棉出，彈之則爲絮，紡之則爲紗，織之則成布。子可榨油，亦稱草棉。

浙中産棉之區至廣，然所産者纖維極短，不能供織細紗之用。老農墨守舊法，栽植不甚合宜，每畝産量不能充分，或減十分之四五，或減十分之六七。棉種以美棉爲上，印度次之，江蘇之通州又次之。試就通州青桿雞脚棉一種，與浙之餘姚棉比較，通棉子小而堅，子棉百斤，平均得花衣四十二三斤，姚棉則百斤僅得三十五六斤，相差約百分之六也。

南匯以産棉稱，倘遇豐收，比稻尤勝。王子勗學博有《採棉花竹枝詞》云："「生平不識綺羅新，青布兜頭最率真。御喜今年棉事好，花箕半吐白如銀。野岸扶嬌弱不禁，衣單拂拂晚風侵。朦朧失御銀環子，一路仍教小妹尋。兒女喁喁笑語聲，蘆簾晒後揀偏精。黄花雖是多僵核，留取明朝好换餳。經年手口拮据交，相慶秋成酒酌匏。販客未來頻檢點，囑郎早去購蒲包。」

紅花

紅花爲越年生草，園圃栽植之，莖高四五尺，葉狀如箭鏃，邊有鋸齒。夏日開花，紅黄色，花冠爲管狀，列爲頭狀花序，其花以製胭脂及紅色顏料，亦名紅藍花。

鼠尾草

鼠尾草爲多年生草，《爾雅》謂之葝，高二三尺，莖方，葉爲掌狀複葉，對生，花淡紫色，成脣形，花序爲總狀。舊說，花及莖、葉俱可染皂。

薯莨

薯莨，蔓草也，産閩、廣諸山，葉尖長，節節有小刺。根圓如芋，大小不一，有鬚叢生，皮紫黑色，肉紅黄色，煑汁以染紗絹之屬，爲暑月之衣，謂之薯莨綢，亦曰拷綢。粤人並以之染罛罾，因其使苧麻爽勁而利水，又耐鹹潮，不易腐也。

藍

藍爲一年生草，葉如蓼，故亦名蓼藍。莖高二尺餘，秋冬之交抽長梗，開小紅花成穗。其葉可製染料，即靛青也。

靛青向推佛山、澳門，次爲樂平及潮陽之水靛，再次爲富陽山靛，黄渡水靛。後以德之靛油運華，以上産地均改種雜糧、蔬菜矣。

山藍

山藍爲常緑多年生草，自生於陰地，莖高一二尺，葉橢圓形，有長柄。初夏開花，成穗狀，色黄緑，雌雄異株。取莖、葉絞汁，可爲染料，惟藍質頗少，不能成靛。

菘藍

菘藍爲二年生草，隨處有之，高二三尺，下部之葉狀如倒卵，有葉柄，上部之葉如箭鏃，無柄。夏月開花，四瓣色黄，列爲總狀花序。實扁平。莖、葉可製藍，爲染料。

大麻

大麻，俗稱火麻，爲一年生草，植於園圃，莖高七八尺，葉作掌狀深裂。其花雌雄異株，收穫及功用各異。雄曰枲，亦曰牡麻。雌曰苴麻，亦曰子麻。夏至前後開花，雄花色淡緑，多花粉，雌花色緑，甚小。牡麻於花落後，即拔而漚取其皮，纖維柔韌，可織夏布，俗稱水麻。苴麻至秋乃刈，亦可織麻布，惟粗硬不潔白，喪服用之，俗稱秋麻。其實謂之蕡，古以供籩豆之實。子可食，古爲九穀之一，《禮》「食麻與犬」是也。

白麻

白麻爲一年生草，一名苘麻，田圃栽植之，莖高四五尺，葉闊，端銳尖。夏開小黄花。實熟，則乾燥而裂。子扁黑，入藥。其莖輕鬆潔白，北人取其皮作繩，亦織爲布，惟質不堅。

苧麻

苧麻爲多年生草，簡稱麻，歐西人謂之支那草，爲吾國特産。莖高三四尺，葉卵形而尖，邊有鋸齒，背生白毛，花單性，淡黄緑色。其皮之纖維，堅韌柔滑，夏秋剥取之，漚浸水中，俟緑質腐脱，劈之成絲，製線及布，各省多有之，産於江西者最著名。根可入藥。

蕁麻

蕁麻爲多年生草，山野自生，高三尺許，葉卵形而尖，鋸齒甚粗，柄長，花小而單性，色白。莖、葉皆有刺，觸人覺痛。皮之纖維可製線，古謂之蕿草。

蓖麻

蓖麻爲一年生草，所在有之，莖高六七尺，中空如竹，葉甚大，掌狀深裂，有長柄。秋開單性花，爲圓錐花序，雌花在上，色淡紅，雄花在下，色淡黄。實熟則裂開，子有黑斑，可以搾油，謂之蓖麻油，頗厚，爲輕瀉藥，又可製印泥。

菅

菅爲多年生草，一名菅茅，葉細長而尖，有平行脈，如白茅，秋開青白花，殻有長芒。實尖而黑，長分許，常黏人衣。根短硬如細竹，可爲刷帚。

萠

萠，菅類，莖高四尺許，叢生，葉長尺餘，有平行脈。秋日開小花，茶褐色。多生水邊，其莖可編織。

燈心草

燈心草，一名藺，爲多年生草，植於水田，莖圓而細長，高三四尺，色緑。夏日，莖之上部開黄褐色細花，莖中有白瓤，可爲燈心，莖可織席及簑衣，俗稱燈草。

龍鬚

龍鬚爲多年生草，一名石龍芻，植於水田，莖細長而圓，高一二三尺，下部有小葉如鱗片。夏日開小花，色緑，稍硬。莖絶似燈心草，而稍短細，無白瓤，用以織席，俗稱龍鬚席。

莞

莞爲多年生草，植於水田，又名水葱，莖高五六尺，纖細而圓，上部小葉如鱗片。夏開黄緑色小花，花序爲小穗狀，集生莖端。其莖可織席。

茳芏

茳芏爲多年生草，植於水田，春發莖、葉，莖高四五尺，三稜形，爲織席之原料。夏秋之間，莖端開小花，緑褐色。

富川産席，可隨手摺疊，草之細軟而堅韌者，卽茳芏也。土人又以之作爲牙籤、眼鏡諸袋，皆工緻無比。

薹

薹爲多年生草，植於水田，莖高三四尺，葉狹長，至三尺許。夏日開單性花，雌雄皆爲穗狀花序。秋月刈葉，乾之以製笠。《詩》作臺，「臺笠緇撮」是也。

莎

莎爲一年生草，産道旁及園圃中，甚多，莖三角形，高尺許，葉細長而硬，多由根出。夏日莖頂别生三葉，開黄褐色小花，成穗。葉可爲笠及簑衣。舊稱其根卽香附子，今博物學家析爲二種。

芒

芒爲多年生草，《爾雅》謂之莣，又曰杜榮，野生，高五六尺，葉細長而尖，有平行脈，質堅，傷人如鋒刃。秋時開花，有紅白二種。其籜可爲草履等物。

護臘草

護臘，草履也，絮毛子草，細軟而暖，可禦寒，三稜，微有刺，生淢子中。拔時，頗觸手，以木椎數十下，則輭於棉。一名烏拉草。土人云："遼東三件寶，貂鼠、人參、護臘草。"

蘿摩

蘿摩，一名芄蘭，爲多年生蔓草，野生，莖纏絡於他物，葉爲長心臟形，端尖，葉柄甚長，對生。夏日葉腋抽花軸，開小白花，瓣之内面淡紫色，有白毛。實長二三寸，子附長毛，如白絨，可代棉作褥，俗呼爲婆婆鍼線包。莖可束物。

白蘇

白蘇莖、葉皆淡青，而花白，别名荏，專用爲香料。子搾油，以塗紙傘、雨衣，謂之荏油。

克頗斯

克頗斯，草實如繭，中有絲，如細纑，回人取以織爲布。

馬藺

馬藺，植於庭除，高二三尺，葉如線而捩。夏間抽莖，花冠裂開，作線狀，色淡紫。其根可製刷。亦名蠡實。

茘

茘，草名，似蒲而小，根可作刷。

莽

莽，叢生，葉圓而小，莖紫赤色，疏直瘦勁，以之爲帚，極耐久。

菩提子

菩提子，一名川穀，爲一年生草，所在有之。春生苗，莖高三四尺，葉如黍，開紅白花作穗。夏秋間結實，圓而色白，有堅殼，如琺瑯質，俗用爲念佛之數珠，故名菩提子。木本者別爲一種，我國惟天台山有之，謂之天台菩提。

紫茉莉

紫茉莉爲多年生草，蔓衍易生，莖高二尺許，葉卵形，端尖，對生，葉柄甚長。花狀如漏斗，蓓蕾略似茉莉，有紅紫白黃等色，頗美豔，晚開午收，俗名夜繁花。實圓皮皺，中有白粉，可爲化粧品。

伏牛花

伏牛花爲常緑草，狀如小灌木，高者二尺許，分枝甚多，葉小，葉間多刺，夏初開小白花。實圓小，熟則色紅，至翌年結實時始落。人多以之爲藩籬。

蓍

蓍，高二三尺，葉細長分裂，花白或淡紅，略似菊花，莖多者一株五十餘。古取其莖以爲占筮之用，今兒童輒取之以爲鬭草之戲，呼曰官私草。私音同蓍。

芸香

芸香爲多年生草，莖高一二尺，而其下部則成木質，故古稱芸草，亦曰芸香樹，實一物也。葉爲羽狀複葉，夏開黄緑色花，花、葉香氣皆强烈，可聞數十步，自夏至秋不歇。置葉於書間、席下，辟蠹、蚤。以其樹皮或樹脂雜諸香焚之，可薰衣袪溼。

蟋蟀草

蟋蟀草爲一年生草，園圃自生，莖葉略似狗尾草，惟穗分爲數枝。鬭蟋蟀者，常取此草之莖分裂作絲狀，近其大顋誘之，故名。

蘭

蘭爲常緑多年生草，俗稱草蘭，多生浙東，故又名甌蘭。葉細長而尖，長尺許，有平行脈，由根叢生。春日開花，淡黄緑色，瓣上有細紫點。無紫點者，謂之素心蘭。皆一莖一花，幽香清遠。種類甚多。

建蘭

建蘭至秋始開，一莖十數花，素瓣卷舒，清芬徐引。以産於福建，故名建蘭。或以其葉背有劍脊，又名劍蘭。以葉短者佳。

七出蘭

何春巢寓如皋，所居靜者軒秋蘭盛開，中有七出者，繪圖徵詩。施慕白詠之云：「天與芳心似有私，宛如六一好豐姿。香分楚澤初紉後，花放銀河朝渡時。寫韻應須推柳永，截詩誰復抗陳思。七絃爲譜《猗蘭操》，説與靈均恐未知。」

朱蘭

朱蘭，色黄，多者十一萼，花頭倒向一隅，幹、葉長而瘦。

雪蘭

蘭花有一種色微緑若帶白者，謂之雪蘭，不可多得。

董小宛蓄蘭

董小宛常蓄春蘭九節及建蘭，自春徂秋，皆有三湘七澤之韻，沐浴其手，尤增芳香。嘗以碧箋手錄《藝蘭十二月歌》，黏之壁。某歲，以小宛病，枯萎過半。

漳蘭一萼十瓣

宛平查蓮坡所居天津水西莊之澹宜書屋，雜蒔漳蘭，有一萼而十瓣者，蓮坡大喜，驚爲創見，乃招同人賦詩以張之。吳東壁云：「重樓交結同心佩，一箭連抽十相花。」汪西顥云：「膏綴重臺情暗結，香縈擁背畫難成。」趙谷林云：「幽處探香憐二妙，秋來紉佩字雙成。」

松頂生蘭

湯西厓侍郎右曾嘗於湖南永州之奇蘭鋪，見古松數萬株，是宋刺史柳開所植，亙數百里。有蘭寄生於松之杈椏間，可徑丈，葳蕤四垂。時方作花，香聞遠近。

一線紅丫蘭

秀水朱文盎，名昆田，《詠並蒂蘭》詩有云：「丹竈紅休憐一線，珠江碧漫詑雙丫。」蓋閩之竈山，產一線紅，有花，對節，粤之丫蘭，一莖有兩花，皆貴種也。竈山蘭有十五萼，色碧玉，花枝開，體膚鬆美，蘭中之魁品也。

樹蘭

海寧鍾署香茂才繼芸有《詠樹蘭》詩云：「講堂有花樹，數見名不知。香色如幽蘭，形亦酷肖之。叢生綴木末，秀茁儕瓊枝。吾舅雅好古，自註：謂笠湖舅氏。瓣香南豐師。檢書惑始解，因各歌以詩。稱名縱區別，臭味無差池。况鄰善人室，豈數無根芝。俗呼浄瓶花，媸陋未可嗤。雖然僅皮相，意足深長思。言苟非同心，守口良亦宜。」

章子辛嗜蘭成癖

錢塘章子辛司馬廷彦嗜蘭成癖，司訓姚江時，與其邑之衿士按譜辨種，評花選蕊，晚春早夏，瓷盆檀几，羅列齋室，歲有雅會。咸豐庚辛間，粤寇起，航海避兵，猶擕蘭入北，中遭海盜，盡喪其資。改官粤東，緣事罷職，遂又走奉天，疾殁旅次，可謂秋風激烈，敗乃叢蘭矣。

杭州粲花室之蘭

光緒時，杭州有粲花室主人邵芝巖者，嗜蘭，室中、庭中，列盆盎百餘，多異種，素心、連理，遂爲常品。然其所得，皆在西湖諸山中，非閩產也。

蘭花會

上海康腦脱路有徐園，某歲開蘭花會。園有堂，額曰印鴻，後有庭，庭之北又有屋三楹，自堂而至於斯，咸羅列名蘭，幽香撲鼻，沁人肺腑。花之式不同，花之位置高下亦不等，有瓣似荷花者，有長而尖者，有素心者，有白色鑲邊者，有心中如人面口目俱備者，有葉作蝴蝶式者，皆一莖一花，惟一莖並蒂二花者爲特色。

浙之甌蘭，有曰報春先者，葉細而長，四時常青。秋發蕊，冬末春初而花。有紫莖、玉莖、青莖之別，一莖一花。其紫花黄心、白花紫心者，酷似建蘭，而香尤盛，盆種之，清芬可至一月而不萎。又有蕙蘭，亦名九節蘭，葉似甌蘭而長，一莖有八九花，形似甌蘭而瘦，其香亦不若焉，花時在甌蘭之後。總之，蘭之名稱繁多，或以地名，或以人名，或以形色名，每於五六月放花。一莖九花者，香馥異常，葉似甌蘭，而闊大勁直。

其紫花者：一，金稜邊，花豐腴而嬌媚，每幹十二蕚，色同吴蘭，葉自尖上生一黄線，直下如金絲。二，陳夢良，每幹十二蕚，花頭極大，爲紫花之冠。三，吴蘭，深紫色，有多至十五蕚者，葉亦高勁，若善養者，則歧生可有二十蕚。四，潘花，十五蕚，紫色而整，疏密得宜，葉差小而花中近心處，色如吴蘭。五，何蘭，十四蕚，紫色中紅，花頭不甚緑。六，仙霞花，以產自仙霞嶺，故名。七，大張青，莖青花大。

八，趙師傅，十五萼，初萌甚紅，大放似晚霞。九，蒲統領，花之中品也。十，都梁，紫莖緑花。

其白花者：一，濟老，一幹十二萼，姿致不凡，葉似大施而更高。二，碧玉幹，花色白，微黄，有十五萼，合並幹而生，葉細而肥厚，花爲深緑。三，惠知客，十五萼，花英淡紫，尾凝黄，葉雖緑茂而柔弱。四，馬大同，色碧，有十二萼，花頭微狹，間有向上者，中多紅暈而葉高聳，故又名五暈緑。五，緑衣郎，又名寶山，色如碧玉，十五萼，每生並蒂，花幹亦碧而瘦薄。六，魚魫，十二萼，花片澄澈，宛如魚魫，深沉似水，無影可指。七，玉整，花葉修長而瘦，色甚瑩白，白花之最能生者也。八，名弟，花僅有五六萼，葉最柔軟，如新葉茁出，則舊葉隨枯。九，大施，花葉如劍而最長。十，四季蘭，葉長勁蒼翠，幹青微紫，花白質紫紋，自夏至秋，相繼而發，冬亦有之，惟不若夏之盛耳。

翠蟾蕙

蘭之一莖數花者，爲蕙，俗名蕙蘭，亦春開。蘇州木瀆鎮周氏塔影軒藝之，多佳種，擇尤佳者各十六品，命工繢其狀，繕成巨袠，題其端曰「香國同心」，遍徵題詠。中有翠蟾一種，爲宜興周止菴之女弟子月儀所植，嚴鐵橋有詩詠之云：「名花端合依名士，天遣周郎對翠蟾。覓句燈前成一笑，月儀風貌在吴縑。」

衡山有野蘭

衡山山峽中遍地皆野蘭，葉不及福建所産，花緑色，如碧玉，而香遠過之。

風蘭

風蘭，寄生於深山樹幹上，葉似蘭而短，有厚劍脊，夏開小白花，有一二瓣曲而下垂，微香，無土亦可生。

草本之白蘭花

滇中有一種白蘭，花色如粉，葉似春蘭，亦春開，香甚微。光緒朝，有自海舶輸入之白蘭花，與此大異，沿其名耳，木本也，香甚烈，花如蕚而不放，上海最多。

報歲蘭

報歲蘭爲蘭之異種，葉闊而厚，花如蕙，色深紫，亦謂之墨蘭。其開常在臘月，故名報歲蘭，閩、粤多有之。

書帶草

書帶草爲常緑多年生草，葉如韭，長尺餘，柔軟叢生，鮮翠可愛，中央生短花莖，開淡紫色總狀小花，實圓而碧。植之庭砌，蓬蓬四垂，堪供清玩。舊時出山東淄川縣鄭康成讀書處，故名康成書帶草。

規矩草

熱河上肥草長，高不見人，然俱離披蒙密可憎，獨行宮所生，修僅數寸，一望如翠罽平鋪，略無半莖參差錯出者，可異也。俗呼規矩草。成書《避暑山莊紀事》詩有「望見仙園規矩草，始知雨露勝人間」句，指此也。或疑卽書帶草。

鐵掃帚

鐵掃帚爲多年生草，山野自生，莖高二三尺，葉羽狀複生，形似倒卵而狹小。夏月開小花，形如蝴蝶，色白而有紫紋。一本凡生二三十莖，勁挺可爲帚，故名。《爾雅》：「荓，馬帚。」卽此。

虎耳草

虎耳草爲常緑多年生草，產於溼地，高五六寸，葉圓，有剛毛，背赤，匐枝爲絲狀，卧地延長，隨處生苗。夏日抽莖開花，色白，五瓣，三小二大。

蜘蛛抱蛋

蜘蛛抱蛋爲常緑多年生草，江西建昌、贛州二府產生甚多，葉根自生，長二尺餘，形橢圓，兩端皆尖，有平行脈，粗紋韌質，葉柄甚長，花深紫，生於莖頂。根、莖青黑如卵，周圍密鬚稠結，以其形如蜘蛛抱蛋，故名。

蝴蝶花

蝴蝶花爲常綠多年生草，自生於陰地，莖高二尺許，葉爲劍狀，葉脈平行，似鳶尾而狹薄。春日開花，花軸分枝，花被色白而有紫暈，中心色黄，頗美麗，有鋸齒如毛，俗稱紫蝴蝶。

蝶花

長白山之沙門産蝶花，深碧色，其形如蝶。

紫花地丁

紫花地丁爲多年生草，所在有之，高三四寸，葉長橢圓形，有長柄，叢生。春初，葉叢出花莖，每莖開一花，五瓣，色紫，其瓣大小不等，中一瓣有長距。

紫菫

紫菫爲多年生草，生於陰濕地，莖高者二尺許，葉羽狀分裂，略似水芹。春暮開總狀花，色紅紫。

毛茛

毛茛爲多年生草，生於低溼之地，莖、葉皆有細毛，莖高二三尺，葉爲單葉，掌狀分裂。春暮開花，色黄，五瓣，甚光豔。實爲多數小乾果。有毒植物也。

地錦

地錦爲多年生蔓草，田野階砌間皆有之，葉爲掌狀分裂，經霜則成紅色。春夏之交，開淡黄花，甚細。結實成球，色黑，味辛。又一種大戟科植物，莖有白汁，葉小而對生，花小，黄褐色，生於葉腋，亦名地錦。

鋪地錦

臨桂況夔笙太守周頤官内閣中書時，一日，讌集宣武門外半截胡同江蘇會舘，院落修廣，見徧地織草如罽，名鋪地錦。時屆暮春，著花五色，每色又分濃澹數種，或一花具二色三色，或併二色三色爲一色，如茶緑、雪湖之類，殆不下數十色，風偃瀫紋，蹙繡彌望。

蛇苺

蛇苺爲多年生草，田野自生，莖卧地，葉以三小葉合成，互生，有長葉柄。夏初每葉腋間各生一花，色黄，五瓣。實細，色鮮紅。花托肥大，狀略似覆盆。有毒。

牻牛兒苗

牻牛兒苗爲多年生草，原野自生，山西園圃中尤多。莖細長卧地，葉掌狀分裂，柄甚長。夏日開花，五瓣，色白或紅紫，略似梅花。花後，結長莢如鳥喙，熟則五裂。

聚藻

聚藻爲多年生草，一名水藴，沉生水中，葉輪生，分裂如絲，裂片細長而尖。夏日開小花，色淡紅。金魚好産卵於此藻，故蓄養金魚之器中多置之。

紫蕚

紫蕚爲多年生草，野生，高二尺許，葉卵形而大，葉柄甚長，自地下莖叢生。夏月開花，花被六裂，色紫。亦有白花者，謂之白蕚花。

蘼蕪

蘼蕪爲多年生草，野生，莖高尺許，葉爲羽狀複葉。夏月開小花，五瓣，色白，爲複繖形花序，有清香。

費菜

費菜爲多年生草，山地自生，庭院亦栽植之。莖高尺許，葉爲倒卵形，略似匙，有鋸齒，厚而微黄。夏日開黄色小花，列爲繖形花序。

珍珠菜

珍珠菜爲多年生草，產於水邊溼地，高三尺許，葉橢圓互生。夏日開白花，爲總狀花序，至端，花梗漸短，略如尾狀。

溪蓀

溪蓀爲多年生草，山野自生，莖高二尺許，葉爲劍狀，花梗生於葉叢之中央。初夏開花，色青紫或白，花被下部之內面有網狀斑紋。

毛氈苔

毛氈苔爲多年生草，食蟲植物也，生於濕地。其葉由根叢生，有多數紅色腺毛，小蟲觸葉，黏而不脱，腺毛中洩液汁以消化之。夏日葉叢中出花莖，長七八寸，開總狀小花，花瓣白色，或淡紅色。

貉藻

貉藻爲食蟲草，生於水田小河之止水中，葉輪生，葉端較闊，狀似有鉸鏈形之物附著其上，故能開閉自由，小蟲登葉上，則驟閉合而捕食之。夏日葉腋開花，五瓣，淡緑。

茅膏菜

茅膏菜爲食蟲草，生於溼地。莖高四五寸，葉略如半月形，有長柄，邊緣及面生多數腺毛，其端分洩黏液，小蟲觸之，則黏而不脱，徐徐消化吸收之。花小，色白，或帶紅色。

芍藥

芍藥爲多年生草，高一二尺，葉爲複葉，小葉往往爲極深之三裂。初夏開花，大而美豔，色有紅、白、紫數種。根亦有赤、白二色，供藥用。

京師芍藥

京師芍藥奇麗，其香較牡丹爲蘊籍，花容細膩，則又過之，玉瓣千層，紅絲一縷，殊豔絶也。而北人每呼之曰抓破臉。秦大樽官京師時，聞之，輒爲絶倒。

豐臺芍藥

順天豐臺爲養花之地，竹籬茅舍，三三兩兩，轆轤之聲不斷。其地本以芍藥著，春時車馬往來，遊人如蟻。園丁貪利，繁苞未放，卽剪入擔頭喚賣，故所見略無紅紫，惟餘緑葉青枝而已。

同治辛未春，王壬秋檢討闓運在京師，與張文襄公之洞訪豐臺芍藥。花農列畦植花，俟開，則盡剪之，予以十金，使留半日於枝以賞之。然無亭館置酒之處，不足留賞也。

曇華

曇華爲多年生草，植於庭院。莖高四五尺，葉長作卵形，甚尖。夏月開花，色紅黄，甚美麗，經月不謝，俗稱爲美人蕉。

優曇鉢羅花

優曇鉢羅花，西域種也，簡稱之亦曰曇花。世稱曇花一現，若以爲幻夢之空花耳。不知佛書所言，卽座湧蓮花之比，事固神奇，樹亦實有也。舊傳滇南有三樹，一在大理府和山之麓，稱和山花。大理有四景，上關花，上關風，蒼山雪，洱海月。上關，卽和山，花，卽優曇鉢羅也。樹高可六七丈，似桂，花白色，十二瓣，閏歲則十三。佛日盛開，異香芬馥。中有一穗如稗，其樹不知所始。國初，曾爲俗僧所毁壞，風雪月終古不改而花亡矣。一在雲南城即省城也。土主廟，府志載廟中優曇，一名娑羅樹，高二十丈，枝葉叢茂。每歲四月，花開如蓮，有十二瓣，閏歲則多一瓣。昔蒙氏樂誠魁時，有神僧菩提巴波自天竺至，以所攜念珠分其一，手植之。自經兵燹，亦毀壞無迹，惟安寧曹溪寺一樹存焉。一在安寧州曹溪寺，安寧州城之北，有湯泉，楊升庵所題天下第一温泉者是也。温泉西岸有寺曰曹溪，寺中曇花一株，扶疏百尺，緑葉似娑羅，有九絲，白花，如蓮，分九瓣，香如水沈，有蜜氣。其心紫色如球，惟不結實。相傳爲西域僧念佛珠所種。康熙壬子四月，花盛開，滇臬許鶴沙屬州牧試採柔條插之，活一枝。是年冬，鶴沙還雲間，遂攜以歸。其明年，茁芽怒生，幹長三尺，喜甚，自爲記，載《東還紀程》中。大理本天竺東境，阿育王故封雲南，安寧與之接壤，仙樹靈根，宜有遺植。吴青壇《嶺南雜記》載曇花似百合花而色紫，合二三十朵攢爲一朵，香烈異常。吴寶崖《曠園雜志》載武林沈氏園有曇花一株，得自泉州仙遊縣西山龍華寺僧，根如芋，葉如蒲，高七八尺，花從葉吐，一萼三十餘花，外殷紫，內微紅，似辛夷，香極清。二書所言同是一種，則閩、廣之所謂曇花者是也。

滇之優曇鉢羅花，如上所述，固一在大理，一在雲南，一在安寧也。而乾隆丙辰，長洲朱象賢遊滇，所見之三株，則皆在雲南，象賢且曰：「撫署之一爲最大，高可二丈許，本大可圍三尺，蒼苔斑駁，枝榦夭矯。其外則督署、府署各一，皆不及也。其葉其花，略如玉蘭，所異者，大小與香色耳。三四月之交，作花，茂者七八月亦花。花朵大於玉蘭，色白而不潔，花英微緑。每朵九瓣，初開三瓣，其餘含而不放，次日又吐三瓣，中心尚含，第三日九瓣全舒，則已萎敗，不堪著目。香遠則清，若採折在手，近鼻嗅之，則濁不可耐，以濃郁太甚也。」其後，象賢遊安寧州之碧玉泉，渡螳螂川，而至曹溪寺。寺有護花樓，究其所以，乃知樓以護優曇而搆，然樓雖存而花已不可問矣。

王文簡公士禎《隴蜀餘聞》載順治乙未十一月望夕，鄭州興國寺殿前，忽湧花一枝，似佛手，表裏皆豎紋，潔白如雪。次日，又湧一花，色紋如前，略如荷花。二十五日又湧一花，色紋如前，略似牡丹而大。時人不知，以爲天花。文簡以滇花印之，如荷而白，則正所謂曇花湧現，而似佛手、似牡丹二花，色紋既同，其卽爲優曇鉢羅花之變相，亦可見也。

佛種花

青海有島，島有花，色紅如罌粟，葉光厚，如薔薇。四月花初放，僅六瓣，自此一月增一瓣，至十月，增至十二瓣，不再增，冬月卽落，遇閏亦不增，惟閏年遲落一月耳，異香芬馥。土人稱爲佛種，種此以鎮海島，寺院中大率有之。

翦春羅

翦春羅爲多年生草，一名翦紅羅，莖、葉皆有毛，莖高二尺許，葉卵圓，端極尖。入夏開花，六瓣，多紅色，較石竹稍大，周圍缺刻如翦，故名。

滴滴金

滴滴金爲多年生草，一稱夏菊，又名旋覆花，《本草》謂之金錢花，莖青而香，葉青而長，尖而無椏，高僅二三尺，花色金黃。苗初生，自陳根出，既則徧地生苗，由花梢頭露滴入土，卽生新根，故名。

石竹

石竹爲多年生草，多栽植於庭園，莖高尺許，葉細長而尖，對生。花有重瓣、單瓣，色白，亦有深紅、淡紅者，狀頗類瞿麥花，惟花瓣上部分裂甚淺，花下之苞亦較長而尖，故易辨别。俗呼爲洛陽花。

蘘荷

蘘荷爲多年生草，山野自生，高二三尺，葉尖長，絶類薑葉。夏月開花，花被大小不整，色淡黄，由地下莖而生。其根可爲菹。

荷

荷爲多年生草，一名芙蕖，産於淺水，葉大而圓，柄細長。夏月開花，或紅或白。實曰蓮，地下莖曰藕，皆可食。

錢塘符幼魯郎中曾嘗於草橋觀荷，作詩以賞之，詩云：「野水匯溪流，種荷乘水長。緑雲布渺瀰，遥遥接菰蔣。漚鳧宛遊戲，拍拍棲沙上。紅藕花滿陂，香露極遥蕩。顧我樂清遊，興至每獨往。采蓮食蓮菂，清味祇心賞。水際騁遐矚，雲煙互莽蒼。遠樹畫秋意，風蟬遞餘響。懷抱一爲開，宇宙在俯仰。寄言蘆中人，從我曳雙槳。」

金邊荷花

廬山有金邊荷花，初在山北晉慧遠大師之寺中，其後則移植山南矣。

紅蓮作並頭花

康熙丁丑六月，朱竹垞之舍南池上，紅蓮作並頭花，因賦《綺羅香》詞以紀其異，詞云：「蕙草連葩，蘭英並蔕，慣在貧家盆罋。誰料今番，雙頭水芝看涌。交巵勸金叵羅深，畫軸展玉丫叉重。笑莊窩半畝平池，翻贏三十六陂種。谿亭容我小住，那費桃根桃葉，隔江迎送。臥穩風前，一任冷香吹夢。愁遮了葉底難扶，描不到花心齊動。除非喚薛夜來過，繡成鍼七孔。」又云：「楊柳陰中，菰蒲雨外，一柄犀珠通體。並著花房，宛似仙娥雙髻。算只有蜀茝同心，祇認得嶧桐連理。又爭如水珮風裳，嫣然交影鏡香裏。約開渚蘋汀蓼，恣與纖鱗隊隊，鬧紅游戲。第一輕舟，莫放采香人檥。渾不管翠蝶衣翻，生怕是緑雲風起。問沙面頭白鴛鴦，舊來曾見幾。」沈覃九乃爲詩以題其後，詩云：「紅玉雙擎漢沓杯，温風別費翦刀裁。定知茅屋詞人在，故向亭陰作意開。朋𠊳雙調綺羅香，比似蘅洲篴譜強。有約重過聽按曲，鬧紅一舸話斜陽。」

淤泥中蓮

光緒時，無錫徐仲虎觀察建寅在山東主機器局，命工人於博山縣顏神鎮地方掘井，已十丈餘，初時爲浮土，又掘則黄泥，又掘則黄沙，下則爲淤泥。工人於淤泥中得蓮子百餘粒，形質尚堅。徐聞而往視之，僅餘十許粒，攜歸，取二三枚種盆中。時已盛暑，無幾時，忽抽小葉，與平常蓮葉無異。時李山農觀察爲總辦，聞之，復取種數枚，亦然。

子蓮

子蓮爲蓮之小者，用蓮子所種，葉、莖細小，花如彈丸，離披數瓣，淡不成紅。其種法，用頭窠雞卵三枚，穴其頂，每一納三蓮實，封固，雜雞卵中，令雞孵之。雛出之日，取蓮實滌净，養泥水中，根生寸許細藕，便能作花。

金蓮花

金蓮花，草本，蔓生，直隸、山西等省有之，一名金芙蓉，又稱旱地蓮。莖卧地，出多枝，葉圓，有淺缺刻，似荷葉而小。夏季葉腋開花五瓣，瓣蕚皆深黄，瓣心有紅點，色甚豔。至秋，花乾而不落。康熙時，聖祖賜以此名，高宗亦有詩詠之。

玉蟬

玉蟬爲多年生草，植於水邊溼地，高可二三尺，葉爲劍狀而有中肋，色深綠。初夏開花，有紫、綠、白等色，甚美麗，花被六片，外層大而下垂，内層小而上向，頭圓。

蓬虆

蓬虆爲多年生草，蔓藤繁衍，莖有倒刺，逐節生葉，葉大如掌，頮小葵葉，面青背白，厚而有毛。夏秋之交，開小白花，就蒂結實，三四十顆成簇，生則青黄，熟則紫黯，微有黑毛，狀如熟椹而扁。冬月苗葉不凋，俗名割田藨。

翦秋羅

翦秋羅爲多年生草，一名漢宫秋，莖、葉多細毛，莖高一二三尺，葉卵圓，端尖。夏秋開花，色深紅，瓣分裂。

鹿葱

鹿葱爲多年生草，地下莖大而圓，葉闊。至秋發花莖，開繖形花，花蓋六裂，淡紅紫色。

山丹

山丹爲多年生草，大者高二尺許，一莖直上，葉長而尖，如柳，花有紅、黄兩種，鱗莖甚小。又有葉似芍藥，花似鹿葱，一莖百蕊，一蕊四球，斕若紅錦簇球，而花心有金粉者。

胡枝子

胡枝子爲多年生草，一名萩，莖高五六尺，叢生多枝，冬不盡枯，故經年以後，粗大如灌木。葉爲複葉，端有細毛。秋日開紅紫花，爲蝶形花冠，實成莢。

秋海棠

秋海棠爲多年生草，庭院栽植之，莖色微紅，高二尺許，葉爲心臟形，端尖，中肋之兩側成不等形。秋開單性花，色粉紅，雌雄同株。莖味酸。

王丹麓家秋海棠

武林王丹麓家之牆東草堂，初植秋海棠一二本，數年而蔓衍堦砌。康熙乙丑，忽發奇葩千朵，經月不落，其旁復三四如蝴蝶。家人異之，爲護其根，布其子。及明年，子出，無異，而原本所發亦如常花。乃離原本尺許，見花心複起一花，如重臺，細視叢中，乃有千瓣如洛陽花者，六瓣如桃者，五瓣如梅如蘭者。越日再視，或若山茶之初放，或若牡丹之半謝，至蓓蕾似垂絲，含蒂似石榴，碎萼如秋紗。其花或大或小，其心或連或散，其色紅白深淺，種種奇幻，莫可名狀。

嚴子容詠秋海棠

仁和嚴子容司馬适有《詠秋海棠》詩云：「碧紗窗畔睡昏昏，鎮日無人自掩門。小院初酣胡蝶夢，空山欲冷杜鵑魂。半簾竹影迎風色，一斛香脂滴露痕。唤作放翁顛亦得，思量排日倒金尊。」

鍾馨山徐貫一愛白秋海棠

乾隆時，鍾馨山嘗有《白秋海棠》詩，詩云：「半天涼月影朦朧，清絶牆陰玉一叢。但覺芳心冰雪净，不將紅淚滴西風。」道光時，錢塘徐貫一廣文以誠家多秋花，有白秋海棠，亦愛之，嘗和沈桐溪詩云：「粱廣丹青纔點粉，秋風顔色倩誰勻。凝來雪豔欺瑶草，洗盡鉛華怨美人。腸斷小窗清顧影，譜通西府淡留神。酒痕夜冷都消卻，睡起還應勝太真。」

巴濟馬茨茨格

蒙古人於花，皆名之曰茨茨格，有曰巴濟馬茨茨格者，則野花也。如秋海棠，紫莖緑葉，葉稍圓，有微刺，花三角，中含花子，作粉紅色，根如山藥，長者數尺，研粉可食，察哈爾之賽爾烏蘇産之。

睡蓮

睡蓮爲多年生草，生水中，葉爲卵形而闊，葉脚有深缺刻。秋初開花，重瓣，色白，其花至未刻以後即閉，故有此稱。

觀音草

觀音草，惟南方有之，生於竹林之陰，其根莖有細長葉甚多，花紅紫，不下垂，實熟後色赤，鮮豔可愛。或以詩詠之，末二句云：「憑將一滴楊枝水，潤到西天紫竹林。」

狼尾草

狼尾草爲多年生草，生於道旁，高二尺許，莖、葉皆粗糙剛硬。秋出穗五六寸，作圓柱形，如栗，花紫，密生長芒，荒年亦可采食。古時用以覆屋。《爾雅·釋草》「孟狼尾」即此。

狗尾草

狗尾草，一名莠，爲一年生草，原野自生，高一二尺，葉細長，葉柄如鞘以包莖。夏日莖頂叢生細實，有緑色長芒，集合爲穗，形似狗尾，故名。

白蒿

白蒿，一名艾蒿，爲多年生草，葉作羽狀分裂，略似青蒿而粗，葉背密生白毛，自初生至秋，白於衆蒿，故名。花爲小頭狀花序，排列如穗。《爾雅》謂之皤蒿。形與蔞蒿相同，惟白蒿陸生，蔞蒿水生。

角蒿

角蒿爲多年生草，莖、葉如青蒿，開淡紅紫花，結角長二寸許，實黑而細，《爾雅》謂之蘪蒿。

柳穿魚

柳穿魚爲多年生草，産海岸沙地，莖不盈尺，恆欹斜，葉橢圓，兩端皆尖，無葉柄，莖、葉皆附白粉。夏開脣形花，淡黄色。

結縷草

結縷草爲多年生小草，莖細長，匍匐地面，隨處生細根，如線相結，故有此稱。葉細長而尖，長二寸餘。花小，爲穗狀花序。

蛇葡萄

蛇葡萄爲多年生蔓草，野生，葉作掌狀分裂。夏開淡黃花，實至秋而熟，紅、紫、白、緑相雜，頗美麗。

葎

葎爲蔓生草，莖及葉柄有細刺下向，葉掌狀分裂，多細齒。秋開小花，雄花成簇，雌花成短穗，色緑，下垂。實似松毬。

菊

菊爲越年生草，古作鞠，春由宿根生，夏至後分植，深秋開花。莖略帶木質，葉有缺刻，花冠周圍爲舌狀，中部爲管狀，列爲頭狀花序。

董小宛耽晚菊

董小宛性耽晚菊，客嘗以佳菊曰蕑桃紅者，貽其夫主冒辟疆，花繁而厚，葉碧如染，濃條婀娜，枝枝具雲鬈風斜之態。小宛扶病三月，猶半梳洗，見之，甚愛，遂留榻右。每晚高燒翠蠟，以白團迴六曲圍三面，設小座於花間，位置菊影，極其參橫妙麗，始以身入。人在菊中，菊與人俱在影中，迴視屏上，顧辟疆曰：「菊之意態盡矣，其如人瘦何！」

景亭北喜菊

景星杓，字亭北，仁和人，性喜菊，花時連畦被畷，爛如霞錦，因自稱菊公。尋厭其喧，棄之，而東城人獲其遺種以去。數年以後，人猶識爲景氏菊也。

楊致軒愛菊

海寧楊致軒太守守知有菊花詩曰：「耐久相看擬入林，澹交也有歲寒心。問渠何苦凌霜出，舍我誰能冒雨尋。東道幾時貽綠酒，貧家非分得黃金。只應寂寞西窗下，閒伴詩翁仔細吟。」蓋致軒愛菊，日巡行籬落，寢食幾爲之廢也。

洋菊

康熙壬申夏，長洲黄菊盛開，人相傳爲洋菊，云自海外賈舶所載以至。花具五色，圓者如毬，扁者如盤如輪，花瓣皆有筒，或短筒，或長筒，或筒末出瓣如匙，或僅有筒而無瓣。乾隆丙子閏九月，無錫鄒小山侍郎一桂奉旨召入内殿，使各爲之圖，定以佳名，錫以御題。其花名凡三十六種。

有曰銀佛座者，白花黄心，半筒，瓣末俱超，宛如佛座，葉大尖長，與金佛座皆爲上品。有曰金佛座者，鵝黄色，緑心，筒二分，尖瓣上超，花極玲瓏，葉尖而密，團大。有曰宫花錦者，金黄色，外深内淡，半筒，瓣末上超，花圓滿，微心，不甚顯，大逕三寸，舊名含煙鋪錦。有曰錦貝紅者，硃紅色，反瓣，黄色，開足多反抱，紅黄相間，形如毬，瓣短，交义叠亂，花不大，梗葉尖細，舊名金背紅。有曰雪羅襦者，白花，淡黄心，筒二分闊，瓣平直圓整，反瓣有紅絲，葉圓而小，舊名青山掛雪。有曰珊瑚枝者，大紅帶紫色，黄心，四面有鬚，筒不見，瓣尖闊，葉帶紫色。有曰紫霞綃者，粉紫色，甚嬌，花大如盤，檀心凸起，筒長五分，瓣尖闊，形扁，葉尖小，舊名國色天香。有曰七寶盤者，牙色，長筒，末舒瓣二分，如耳挖，黄心，花扁如盤，徑三寸，葉少鋸。有曰桂叢紫者，紫色，長筒，末略舒，瓣大而少，心徑半寸，金黄五出筒，葉嫩緑，花大而扁，舊名紫桂蓮。有曰千金笑者，銀紅色，瓣闊，環抱玲瓏，心間五出筒，微黄，不多，露葉尖長而窄。有曰蜜荷花者，淡黄色，心小，二分筒，瓣寸許，闊二分，皆超起，葉尖長，少鋸。有曰紫絲蓮者，深紫色，花大如盤，黄心，如棋子，二分筒，瓣末俱超起，形扁，徑三寸，梗粗，葉長瘦，如雞脚。有曰檀心暈者，血牙色，近心牙黃，長筒，瓣末如匙，圓三寸，梗細葉圓。有曰雪蓮臺者，白花，帶碧色，瓣末超起，如蓮心，黃而小，半筒，葉肥嫩，梗細。有曰雨鵑紅者，朱墨色，心圓小而黃，長筒，末如匙，花大如輪，葉尖長，帶赤色，梗粗。有曰絨錦心者，淡紫色，心大，徑寸，黃金色，五出筒，瓣長，筒如線，不出匙，參差疎落，類桂叢。紫花扁如盤，葉瘦，舊名紫龍鬚。有曰佛手黃者，嫩黃色，心五出，筒深黃散亂。瓣闊彎環，葉肥澤，梗細。有曰湧金輪者，嫩黃色，大如盤，檀心凸起，深黃，瓣長二寸，筒末出匙，超上，圍六寸，肥葉圓勁，舊名黃金針。有曰粉翎兒者，粉色，長瓣，大徑三寸，心青黃色，瓣有出心上者，托瓣微紅，葉長瘦，如蒿。有曰錦標紅心者，朱色，微筒，長瓣，開足下披，心一簇，金黃，葉肥，舊名滿心大紅。有曰月華秋者，粉紅色，心中青外黃，筒二寸，白瓣，裏白外紅而尖銳，如月華五采，梗細。有曰紅玉環者，白花微紅，不見筒，瓣長闊，彎環，相紐如連環，圓毬，徑三寸，舊名玉連環。有曰昭容紫者，深紫色，筒瓣到頭如匙，心黃而小，形扁。有曰銀絲針者，白花青黃，心極小，瓣如針，花圓，葉細，梗弱，舊名銀針，又名銀絲蓮，乃花形之特異者。有曰秋月白者，白花闊瓣，筒二分，形圓，葉團而短，舊名鵝毛飛。有曰海紅蓮者，粉紅大心，黃色瓣，半筒，末超起，如蓮臺，葉肥根粗，花扁，徑三寸。有曰萬點紅者，淡粉紅，長筒，末作小匙，匙内深紅，瓣疎而參錯，葉尖，梗細，舊名落紅萬點。有曰青心玉者，白花而圓，微筒，青黃心，瓣闊，托瓣微紅，梗細，葉團小，舊名青心壓玉。有曰錦麟祥者，金紅半筒，瓣狹而長彎繞，花圓，徑二寸，葉如蒿，舊名橘皮紅。有曰金赤芾者，大紅，心五出，筒帶黃色，瓣闊而尖，花扁，徑三寸，葉少鋸，梗直。有曰鷺鷥管者，粉紅闊瓣，大心，淡黃白色，五出筒，如白羽，花扁，徑三寸，葉尖長，梗細。有曰朝陽素者，淡紫色，半筒，粉心，五出，心上有瓣，花大而扁，徑三寸，葉尖長。有曰金縷衣者，嫩黄，長筒，瓣末出匙，檀心圓小，青莖，大徑四寸，葉尖，多鋸齒，舊名黄鶴樓。有曰紫金魚者，玫瑰色，長筒，末作匙，心帶黄色，花扁，徑三寸，葉肥而長，梗細。有曰墜紅絲者，銀紅色，著心處白色，長筒，瓣出半寸，青心如棋子，花大四寸餘，舊名老君眉。有曰金鳳絲者，黄色，瓣闊，半筒，葉小，花開最早，其白者名銀鳳羽。

吳誠齋愛菊

仁和吳誠齋明經鉅，雍正時人，性愛菊。某歲冬十月，窗前有菊數本，顔色未脱，香清以遠。一日侵曉，風雪大作，花如傅粉，益復可愛，漫成絶句，今録其四於此。詩云：「孤芳原是傲霜枝，雪後看來倍有姿。籬落夜深簾不捲，一肩寒影和陶詩。」「纔過重陽花事稀，誰將柳絮撒空飛？黄花也怯西風冷，料理新裝鶴氅衣。」「一幅柴桑處士圖，著些風雪便模糊。金英玉屑相輝處，還似從前瘦骨無？」「草亭東畔竹屏西，淡白深黄倚檻齊。最是雪晴春未到，獨留香韻傲梅妻。」

八月菊

菊有自伊犂來者，開時最早。乾隆時，平湖沈文恪公初至懋勤殿，見之，因爲賦詩，時八月初旬也。

陳雲喈嗜菊

嘉慶己未，海寧陳雲喈招錢蔭庭看菊花，因作詩云："「我憶前年客滄南，南園種菊人争傳。乘輿有時挈伴往，馬蹶蹀躞淩秋煙。金印銀印稱冠絶，蜃樓幻奪天工權。滄州有黄金印、白銀印、海市蜃樓諸種。此外種類難更僕，五色爛漫東西阡。同人分韻互酬唱，得句往往相争先。客滄州，菊花時屢與兆韶九司馬、汪薌圃刺史、祝西澗孝廉相唱和。屈指舊時又一載，别來常與夢魂牽。揭來鹽官作小住，菊開剛值重陽天。七塘主人多高致，愛菊成癖如陶潛。分苗别種施灌溉，是何用心勤且專。花神似解主人意，向秋特地争鮮妍。瓦盆羅列二百本，高下位置皆天然。主人愛花兼愛客，殷勤招我重開筵。依花錯坐頗自適，鶴翎蟹爪飄樽前。禮數全删觴政寬，快事親故相周旋。爲語主人好愛護，多方搜剔毋棄捐。年年相約作高會，此樂寧非人中仙！」

計壽喬愛菊

菊花種類甚繁，嘉慶時，秀水有計壽喬名楠者，酷好之，嘗作《菊説》。其所蓄佳種，來自嘉興、平湖、海鹽、松江、上海、嘉定、湖州、揚州、江寧、湖北各處，惟産於蘇州者最下。今將其佳者論之。有所謂松子種者，凡九：曰金粟，曰雪鶴，曰水緑，曰紫蟬，曰金紅，曰琥珀，曰銀紅，曰老肝紅，曰新肝紅。

有所謂寶相種者，凡八：曰西火放，曰東火放，曰青放，曰土黃，曰金蓮，曰蜜蓮，曰銀蓮，曰蜜喬銀。

有所謂細種者，凡五十：曰大玉夾，曰大紅剪絨，曰蠟瓣，曰金剪絨，曰綠剪絨，曰小玉夾，曰鵝毛幢，曰紅豆幢，曰銀蔦絨，曰大紅芒刺，曰蜜芒刺，曰銀芒刺，曰金紅芒刺，曰醉仙桃，曰松花鶴翎，曰銀紅鶴翎，曰金葡萄，曰銀紅葡萄，曰天仙紫，曰天仙黃，曰天仙錦，曰桃超，曰血牙超，曰龍鬚幢，曰桂花幢，曰瑪瑙夾，曰玉指夾，曰松花夾，曰紫夾，曰珠海夾，曰小金幢，曰蜜幢，曰大紅幢，曰銀幢，曰金碧玉，曰銀紅碧玉，曰金丁香，曰銀紅丁香，曰古色丁香，曰白丁香，曰鴛鴦合，曰桃花球，曰大癩花，曰吉香球，曰鶴塔，曰玉蝴蝶，曰大紅松殼，曰金松殼，曰銀紅松殼，曰白松殼。

有所謂中種者，凡二十五：曰錦松超，曰鵝毛球，曰魏紅幢，曰烏雲幢，曰魏紫幢，曰文君面，曰葛衣，曰錦荔子，曰綠萬玉，曰火鍊金，曰雪獅子，曰素輝，曰水天碧，曰勝裙，曰金雀，曰髮管幢，曰麥柴幢，曰金珀，曰銀珀，曰錦心繡口，曰古色篆，曰鶴頂大紅，曰雄黃篆，曰金交絲，曰銀交絲。

有所謂大花老種者，凡三十八：曰金帶圍，曰銀帶圍，曰青蓮帶圍，曰蜜帶圍，曰水紅帶圍，曰玉夔龍，曰金夔龍，曰大紅夔龍，曰蜜夔龍，曰銀紅夔龍，曰紫夔龍，曰金佛座，曰鵝黃佛座，曰銀紅佛座，曰雪佛座，曰沈香佛座，曰五綵雲球，曰西湖蓮，曰紫福蓮，曰小桃紅，曰大紅荷花，曰金荷花，曰銀紅荷花，曰血牙荷花，曰金紅荷花，曰玉荷，曰蜜荷，曰古銅芙蓉，曰黃牡丹，曰蜜牡丹，曰紫牡丹，曰紫祥雲，曰紫芝獻瑞，曰睡孩，曰金背大紅，曰落霞幢，曰金鈎，曰金蒲團。

有所謂大花新種者，凡五十：曰硃砂蓮，色紅如硃砂，大似牡丹。曰琥珀蓮，色紅如琥珀，長瓣，高圓。曰梅紅蓮，深桃紅色。曰紫金蓮，色深紫黃。曰庫墨蓮，深紫，有墨暈。曰玉麒麟，粉紅色，圓滿瓣細。曰銅雀臺，古銅色。曰迎風蝶，花扁長，若粉蝶狀。曰紫苑清華，深紫色。曰函關紫氣，青蓮色。曰寶山樓閣，一名寶石樓臺，大紅色。曰玉指含香，玉色，闊瓣整齊。曰楊妃新浴，淡紅色，極嬌嫩。曰醉西施，粉紅色。曰月下姣娥，粉紅色，瓣尖，色深紅。曰陡壑流霞，淡紅，雜白瓣、黃瓣。曰冷香博士，净白而品雅。曰墨池烟霞，黑紫，或名墨葵。曰層巒積雪，花高突而瓣細密。曰銀紅嬌豔，黃根紅尖，色佳甚。曰春江鴨緑，緑放白花。曰粉黛生春，紅放白花。曰點胭脂，玉色，每瓣上有紅點灑滿。曰海霞烘日，黃色，每瓣有紅點。曰駝峯鋪錦，駝絨色，每瓣有紅緑。曰慶雲湛露，銀紅色，有白點。曰石家錦幛，五色灑金。曰赤瑛盤，大紅色，花圓而扁。曰萬珠盤，大抵瓣色淡紅中有小白瓣攢密。曰藕絲裳，藕合色，瓣有紫絲。曰日照金輪，深黃色。曰珊瑚樹，紅珊瑚色。曰鵝羣戲水，淡黃色。曰黃月天香，瓣如桂花，稠密結大球。曰松雲，松花黃。曰古雪春，瓣如梅花，小緑色。口藏經球，色如古藏經紙。曰出水芙蕖，如荷花初放，闊瓣。曰湘妃滴淚，如湘妃竹色，有黑點。曰蘆花秋月，淡灰色。曰晚霞落照，淡金紅色。曰紫雲，玫瑰色。曰佛指拈華，黃色，紅心，初放如佛手柑狀。曰紫羅袍，淡紫色。曰銀臺堆錦，白瓣，紅心。曰露浥青蓮，緑邊，中白。曰月暎紅紗，深紅色。曰墨光琉璃，黑紫色。曰濟陽紅，大紅色。曰泥金百合，金色，邊中淡黃。

陳韞川嗜菊

陳杞，字韞川，仁和人，家杭州東城蒲場巷。其先世喜菊，至韞川而嗜尤深，凡貯土、留種、分秧、登盆、理緝、護養之法，督僮爲之，罔不精究，聞有貴種，必百計以求。重陽節近，位置斗室中，花取少而大，葉取密而鮮，批紅判白，瘵貳廉空，至老不倦，因以菊叟自號。

吴百臺好菊

道光甲辰九月，會稽李蒓客侍御慈銘方家居，其宗人挈之至州山吴氏園看菊花。主人吴百臺者，少極貧，販餅爲生，嗣爲闒吏傭，以勤謹爲吏所愛，得代其職，積金殆百萬。老而歸營別墅，園亭極華美，喜賓客，延禮文士，莳花釀酒，尤好菊，畜園丁數人司之，購求佳種，不遠千里。花時，則設重錦幔，許人縱觀，有能詩者，即出佳楮求品題，侑以美酒。時年幾八十矣，長齋奉佛，間亦爲五七字句。園中廳事四面環合，其庭皆廣十餘畝，列花四庭中，重金疊紫，高出檐外，凡數十萬花，多罕覯之品。盆盎清潔，蔽以絳幔，圍以錦欄，地衣皆以紅錦，華麗絶塵，濃薰噴鼻，如唐、宋時洛陽人家賞牡丹也。

徘徊菊

徘徊菊，淡白，瓣黄。初開時，先吐瓣三四片，只開就一邊，開至旬日，方及周徧，花頭乃見團圓。字書徘徊爲不進，此花之開，亦若是矣。

萬壽菊

萬壽菊爲一年生草，莖高三四尺，葉爲羽狀複葉。夏開黃花，略帶紅色，列爲頭狀花序，甚大，花期頗長，且極繁茂。

黑士菊

黑士菊產劍川江右岸，枝紫蕊黑，開時花瓣如墨，惟較之蟹爪黃、楊妃面、紫金錠各種爲小。

夏菊

夏菊，葉互生，緣邊有鋸齒，粉、黃、白、藍皆有之。花瓣分爲舌狀，內爲筒狀。

甘菊

甘菊爲菊之一種，產杭州者良，花有黃、白二種，單瓣。味甘入藥，葉可作羹。

紫雲英

紫雲英爲越年生草，野生，葉似皂莢之初生，莖卧地，甚長，葉爲複葉。春暮開花，爲螺形花冠，色紅紫，間有白者，略如蓮花，列爲繖狀，結實成莢。

荷包牡丹

荷包牡丹爲一年生草，庭院多栽植之，莖高二尺許，葉羽狀細裂。春月開淡紅花，成總狀下垂。又名魚兒牡丹。

鼠麴草

鼠麴草爲一年生草，原野甚多，高尺許，葉長，本狹末闊，互生，有白色軟毛。春夏之間，莖梢簇生小黃花，列爲頭狀花序，北人稱爲茸母。宋徽宗詩：「茸母初生認禁烟。」即此。

馬蓼

馬蓼，一名大蓼，爲一年生草，莖高三四尺，略帶紅色，葉長大，托葉變形爲鞘狀，邊緣無毛。初夏開花成穗，色紅。植物學家謂之大馬蓼。一種高一二尺，葉爲長橢圓形，端尖，鞘葉之緣有細毛甚長，花淡紅，古稱毛蓼，今亦謂之馬蓼。

順治初，錢塘有陳晉明號德公者，嘗爲《蓼花》詩云：「苦蓼花爭發，凄疎十里過。葉垂臨水偏，蕊密向船多。溼翠沾新雨，輕紅落晚波。最憐生意薄，霜露復如何？」道光時，海寧周嘯湄茂才士瀛亦有《蓼花》詩云："疏紅簇簇曉妝時，荻葦相依弱不支。卻襯斜陽寫圖畫，祇愁微雨溼胭脂。冷禁風露秋容老，醉臥江湖客夢遲。莫道離披工作態，似伊辛苦有誰知？"

含羞草

含羞草爲一年生草，本南美洲產，移植於我國，園圃栽之。莖高七八寸，葉爲複葉，總葉柄之頂端常生四枝，下垂，每枝有小葉甚多，略如合歡，觸之，則小葉閉合，故名。夏季開淡紅色蝶形花，叢集爲球狀。實成莢，有刺。

黄麻

黄麻爲一年生草，多産於北地，莖高二三尺，葉爲長卵形，端尖，互生。夏秋之交葉腋開小黄花，五瓣。

雨久花

雨久花爲一年生草，産廢田水澤中，莖短，葉闊厚有光。夏秋之交，發花莖，花深緑或白，成圓錐花序。花後，莖漸屈，沿葉柄以結實。

葒

葒爲一年生草，與蓼同類，莖高五六尺，葉長卵形，端尖，有長柄，莖、葉密生淡紅色之毛。秋日開紅花成穗。通稱葒草。

雞冠

雞冠爲一年生草，隨處自生，莖高二三尺，色赤，葉爲長橢圓形，端尖鋭，互生。秋開花而小，有紅黄白數種，花序狀如雞之冠，故名。子黑細光滑。

鳳仙花

鳳仙花爲一年生草，苗長一二寸，可移植於花壇或盆中，施肥培養。至夏，高可尺餘。葉形橢圓而尖細，葉緣鋸狀。夏秋之交開花，自葉腋抽出，有單瓣、重瓣之别，重瓣花美，人都悦之。花色赤白紫不等，一花而呈數色者尤貴，芳香似木樨。《南方草木狀》謂自大秦國移植南海，是晉時已有此花。《北户録》謂梁大同二年始來中國，誤。因其花可染指甲，故又名曰指甲花。

野蜀葵

野蜀葵爲一年生草，野生，有香氣，莖圓，葉爲複葉。花小而白，微帶淡紅，花序如繖形。

千日紅

千日紅爲一年生草，高尺許，莖似海棠，葉長，爲橢圓形。秋初開花，色紅紫，爲頭狀花序，頗美麗，經久不凋，故有此名。亦有白花者。

蔦蘿

蔦蘿爲一年生蔓草，莖細長，捲絡於他物，葉羽狀分裂，裂片如絲。夏日開紅花，花冠爲長管狀，邊緣五裂。庭院栽之爲觀賞品。

吉祥草

吉祥草爲溼地自生之多年生草，莖延貼地面，葉叢生其上，長尺餘，狹而尖，有平行脈，葉叢之下復生根鬚。花淡紫色。人家庭院多種之。

水蘚

水蘚爲池中濕地自生之草，莖長二三寸至五六寸，四圍密生細葉，色淡綠。秋時，莖端轉成紅色，頗美麗。其腐敗堆積者，經久卽成泥炭。

酢漿草

酢漿草爲原野自生之雜草，莖多卧地，葉爲掌狀複葉，小葉成三角形，有長柄。夏日抽花莖，開五瓣淡黄花。實成蒴，熟則綻裂，飛散種子。

知風草

知風草爲原野自生之雜草，高二尺餘，葉細長而尖，有並行脈，葉柄作鞘狀，包莖，花小密集，成圓錐花序。此花受微風，卽善揺動，故名。廣東所出者，叢生若藤蔓，土人視其節以占一歲風候，每一節則一風，無節則無風。

壽草

乾隆時，禮部署有壽草，春開紅花，綴如火齊，秋結實如珠。《羣芳譜》、《野菜譜》皆未之載，不知其名，或曰卽田塍公道老。此草種兩家田塍之上，用識界限，犁不及，則一莖不旁生，犁稍侵之，則蔓衍不止，反過於所侵之數，故得此名。草在穿堂之北治事處，階前甬道之西。相傳生自國初，歲久，漸成藤本，後分爲二歧，虬枝杈枒，挺然老木矣。曹地山名之曰長春草，特作木欄以護之，陳約園爲之圖。

半邊蓮

半邊蓮，多生溝中，就地延長，每節有根如線，深入地中，極易繁殖，故芟除最難。春開淡紫色小花，花至秋始止。

十樣錦

十樣錦，秋草也，無花。其莖、葉類似雞冠，霜後則葉通紅者，名雁來紅，一半紅者名老少年。惟十樣錦於夏月即青紅相錯，不待霜也。

蕕

蕕，野生，莖方，高三四尺，臭甚烈。葉爲卵形，端尖，有踞齒。秋日開花，紫碧色，爲聚繖花序。

萱

萱，葉闊大，端鋭，夏開紫花，瓣有線紋，莖、葉柔滑。

荻

荻，與蘆同類，生水邊，高五六尺，葉稍闊於蘆，莖亦較韌，小而中實。萑、菼、鵻、薍、薍、烏蓲、馬尾蒹，皆荻之別名。

萩

萩，蒿類，莖高丈餘，葉白似艾而多歧，或謂之牛尾蒿。

水蠟燭

水蠟燭，草本，生野塘間，秋杪結實，宛與蠟燭相似。

青藞

青藞葉似地黃，紫花如柰，開於秋日，饒一種冷淡之致，如苾蒭著紫衣，了無豔色。

萬年花

萬年花爲草本，高宗賜以此名。小朵如盞，一莖百朵，色粉紅而有紅絲，雖久乾枯，顏色不變。

晚香玉

晚香玉，草本之花也，京師有之。種自西洋至，西名土谿盈斯。康熙時植於上苑，聖祖愛之，錫以此名，後且及於江、浙矣。六七月開，莖高三四尺，根如水仙，莖狹長，互生，闊如韭葉，軟而下垂，至梢漸短，在頂别成鱗形。葉腋發花，六瓣，色白如萼，暮開朝斂，香頗烈，入夜尤馥郁，故有此稱。亦謂之月下香。

仁和楊榭巢茂才鴻鑑有詠晚香玉詩，其一云：「捲簾雨過夕陽紅，簾底名花放幾叢。雲翠淺扶銀錯落，雪香新吐玉玲瓏。阿環醉影瑶臺上，姑射含嬌月殿中。彷彿藍田攜美種，晚涼灌向小樓東。」其二云：「玉質瓊枝乍吐芳，肯隨夜合落迴廊。淡揺涼月渾無影，麗染清風别有香。芳蒂嫩含千朶緑，蕊心微抹一絲黄。倚欄小摘幽芬襲，簪入雲鬟正晚妝。」

臭李子杆

臭李子杆，長白山所産，夏日滿樹皆花。

金錢花

金錢花，草本，秋開花，色黄，似錢，而無稜廓。午開子落，故名子午花，又名夜落金錢。

紅葉花

紅葉花，長白山所産，木本，高可五六寸，葉如黄楊，花似山茶。其枝頭紅葉，層層如花朶，故名紅葉花。

耐冬花

山東勞山多耐冬花，色殷紅，似山茶而小。冬月始盛，開雪中，照耀山谷，彌望皆是。王文簡公曰海紅花也。

四墮花

四墮花，長白山之白花溪所產，他處無之。木本，葉碧，莖紅，高不盈尺，每至六日始開，白花四墮，若燈籠形。積雪之中，獨出一枝，宛如梨花帶雨，令人可羨。俗名雪裏花。

芄蘭

芄蘭，草本，莞蒲也。蔓生籬落間，莖中有汁如乳，葉長卵形而尖。夏開紫花，子綴如鈴，霜後自裂，中如絮。

紫羅襴

紫羅襴，草本，色翠，花紫，如鹿葱，一名高良薑。咸豐時，仁和高鏡仁茂才瞻獄曾於李應辰園中見之，每窠葉數片，疏落可愛，抽花一箭，其狀極似蘭。

藍雀花

藍雀花，草本，如雀，有身，有翼，有尾，有黄心，如兩目。曾經御製題詠。

靈犀草

杭州西湖蘇小墓，有草曰靈犀，色絳，細如髮，經風不摇，直立承露，秋生春死者也。

羊草

羊草，西北邊謂之羊鬍草，長尺許，莖末圓勁如松針，黝色油潤。馬食之，肥澤，勝豆粟，黑龍江人於七八月間刈而積之，經冬不變。

地蜈蚣草

地蜈蚣草，生村落田塍間，葉密對生，蔓延如蜈蚣形。延於樹上者，又稱飛天蜈蚣。

貓兒眼草

貓兒眼草，葉紋如貓兒眼，故名。

蝎子草

塞外有毒草，中人肌膚，毒甚蜂蠆，自唐山營踰汗鐵木嶺而外，徧地有之，俗名蝎子草。蘆高四五尺，葉如麻，嫩時可供馬秣，經霜則辛螫不可觸。蒙古人謂之曰哈拉玹。

怕老婆草

廣西思恩府有怕老婆草，疑卽含羞草也。其草每枝發十餘葉，中抽一心，長二寸許，花淡黃，若蒲公英，葉類鳳尾，細葉對生於莖，生於陰濕之處，牆角路隅皆有之。人每俯身離草尺許，大聲叱之，則其葉對對相合，良久始開，女人叱之則否。或謂此直怕老公耳，非怕老婆也。又偶呵之以氣，其葉亦合。以鐵箸夾炭火，自上微熨之，亦然。蓋一遇陽氣，卽能合并也。廣東惠州山中亦有之，土人號爲喝呼草。

桃金孃

桃金孃，粤中草花也，花似梅而微鋭，色似桃而倍赤，中莖純紫，絲爲深黃，八九月實熟，青紺若牛乳，味甘可養血。粤謳有曰：「攜手南山陽，採花香滿筐。妾愛留求子，郎愛桃金孃。」留求子，卽使君子也。

苦蘆草

莆田人口語，以颶風爲風癡，言其四面驟風，有類顛狂也。莆有一種野草，俗呼爲苦蘆草，莖長葉尖，若今歲葉上結生一節，則來歲作一風癡。鄭笑罍試之，輒驗。一小草耳，乃能與風信暗合，大奇。

紅姑娘

草有曰紅姑娘者，叢生塞外山谷間，花後結子成苞，四瓣如鈴，中含丹實，狀如火齊。亦呼豆瓤兒。

洋金花

洋金花，俗名大喇叭花，草本，高三尺餘，葉卵形，不整齊，花冠爲漏斗狀，淺紫色，果實有刺狀突起。

火草

火草，產武定府麥岔之蠻地。

斷腸草

斷腸草，產於滇、黔，所在有之。有謂其實蟲而形特似草者，讕言也。馬騾誤食之，即斃。

康熙庚申春，有徽人方姓者，商於都門，與其徒八人，合貲累千金，往江南，次河間之南腰站，宿焉。八人與騾夫先食，方以持齋獨後。忽一人且食且語曰：「斷腸草。」如是者三。怪而問之曰：「君知食中有斷腸草乎，曷勿食？」方問答間，騾夫已如中惡狀，仆地。方急令衆人停筯，而自走通衢呼衆，召醫視之，曰：「中毒也。」急解之，皆甦，而騾夫食獨多，遂不救。

田山薑少寇雯撫黔時，署中庭砌有草結實，甚紅，可玩，詢之役人，曰：「斷腸草也。」一日，有釵頭小鳥，色如鸚鵡，飛啄其上，捕之，甚易馴致，名斷腸鳥，惟食斷腸草子，不食餘物。

鍋鏟草

鍋鏟草，產於滇之竹笆鋪，以象形得名。

一把傘草

一把傘草產於滇之分水嶺，以象形得名。草雖枯，置之熱水中，輒作青色而挺立。

珍珠傘

福建長汀祭旗山有異草，名珍珠傘，周櫟園侍郎亮工謂其爲莘夫人祭旗時遺傘所化也。

湯西崖詠花木

仁和湯西崖少宰右曾之南榮，有軒三楹，縛竹爲籬，植雜卉其中，以爲游息偃仰之地，因賦詩以賞之。其一云：「讀書惜已老，看花悔不早。平生此二恨，耿耿挂襟抱。七年京城居，庭未見寸草。天機紛六鑿，世網觸九惱。豈知物外閒，熙春自娟好。形骸嵇叔夜，土木太枯槁。吾師郭林宗，逆旅亦灑掃。」其二云：「枳棘編作籬，薜荔栽爲牆。年年貯秋雨，草樹半已荒。京國苦風埃，此樂安可望。盆盎得生意，露下明月光。破蟄走百蟲，昨來微雨涼。呼童縛竹埤，花樂一兩行。」其三云：「文無催我歸，海棠破昨夢。牽牛始引蔓，錦帶已羃空。纖纖白棣花，萬點雪吹凍。勝春如佳人，朱顏酒微中。光隨暮色斂，香與曉風送。嬾知世緣疏，靜悟物態衆。鼠肝與蟲臂，擾擾争羣動。」其四云：「南園飛胡蝶，翩翩若有情。花房釀游蜂，戢戢如有聲。暄妍感時節，辛苦各自營。我來卷簾坐，讀書軒南榮。一餉亦云樂，千載如可并。異時王安豐，眸子秋水清。嗟哉營營子，爝火安得明！」

廷希賢主持花木

杭州駐防滿洲廷揆，字希賢，居花園巷，愛花卉，尤多菊，黄華紫豔，栽徧東籬。客至看花，題詩滿壁，以爲笑樂。同時有蔡木龕、沈鑑滄、趙仁壽、陳瑟堂輩，相與品題。自輔國公迂齋將軍鎮杭，招入軍署，主持西園花木，妙手生春，不虛所好矣。

陳石遺憶花木

陳石遺嘗居滬上，已而挈眷去。光緒戊戌，乃有《憶高昌廟舊居花木》詩，詩云：「林際春中有草堂，杜陵人去瀼西荒。曾經翦取吳淞水，洗藥澆花入小塘。水竹三分屋二分，頗如野鶴所云云。最宜月到風來候，一架銀花滿院聞。花木成蹊漸漸多，去年日夕眄庭柯。梧桐拱把蕉分綠，拉雜樵蘇奈汝何。老梅舊臘開如許，叢菊秋來付阿誰？最有村童偷眼慣，小桃欹側出疏籬。」

陳石遺惡雜草木

光緒庚子，有拳匪之禍，有識者咸感憤。陳石遺偶坐庭中，見雜草木而惡之，謂皆不祥之物，因作六言詩五首，詩云：「袁粲郊野步屧，何妥門巷屏居。蕭蕭悲風時起，今我不愁何如？白楊。少游醉卧其下，文長畫裏青青。二人抑鬱以死，勞生大夢可醒。紫藤。宋陵松柏無地，此樹乃種山陰。胡爲漢南有此，不待雍門沾襟。冬青。看汝垂垂花發，無恙不減田家。我獨兄弟分散，豺虎吮血磨牙。紫荆。淮南小山叢生，誰知草木無情。牽動長江萬里，風聲鶴唳皆兵。」桂。

唐花

京師氣候寒，花事較南中爲遲，然有所謂唐花者，非時之品，十二月卽有之，誠足以奪造化而通仙靈。蓋皆貯於暖室，烘以火，使之早放，臘尾年頭，爛熳如錦，牡丹、芍藥、探春、梅、桃諸花，悉已上市矣。唐，一作堂。至光緒時，則上海亦有之。

朱古微侍郎祖謀、劉新甫員外恩黻皆有《水龍吟·詠唐花》詞。朱云：「夢華不醒愁春，探芳別有千紅地。是空是色，瑶姬酒重，維摩病起。羯鼓聲中，紅旛影外，東風凝睇。笑繁華占否？閙蜂浪蝶，空撩亂，冰霜裏。聞道唐宮翦綵，好簾櫳盡情妝綴。輸他爛漫，香雲一窖，先春花事。火速年芳，冬烘心性，優曇身世。問高樓怨笛，黄昏叫裂，著梅花未？」劉云：「花宫不耐深寒，羣仙偷嫁紅塵裏。春愁未醒，憑空數到，番風廿四。嘆雨痕輕，釀雲香潤，内家標致。笑貴人金屋，藏嬌買豔，渾不解，温存意。過了試燈天氣，玉簾空主恩捐棄。當初底事，千熏萬沐，催教梳洗。我亦曾經，鳳城西畔，略窺芳思。歎龜年老去，凄涼羯鼓，説開元事。」

旌德江秋珊大令順詒則以五排詠之，詩云：「竟有回天力，相逢一笑拈。獸爐生活火，鴛幄閉重簾。鬭巧疑裁錦，漫空任撒鹽。三三春未到，七七術能兼。品借蟠根李，香收寫韻籢。隋宫懸夜綵，吴客話冰縑。初盛詩原好，温柔境亦甜。禁寒仍爇燭，索笑莫巡檐。寵預東皇借，催煩羯鼓嚴。冬烘同齷齪，秋士感遲淹。鴻本羞因熱，蠅難學附炎。不經甘露沃，那畏朔風尖。豈藉吹嘘早，居然色相瞻。化工憑巧奪，花信向人占。躁進英先露，陽回暖暗添。南枝偏耐冷，一任凍雲黏。」

花瓶之水

梅、蘭之花，插於瓶，隔宿傾水，仍清洌，且有微香。他花則不然，雖牡丹入瓶，經宿，水即臭。

花相間成字

康熙丁亥，聖祖南巡，駕幸松江，農民以菜花與紫荷花草相間種成「萬壽無疆」四字，登高望之，燦然分明，上顧而大樂。

阮文達有三花

阮文達在山左，蓮有一蔕四花者。在浙江學署，蘭有並蔕及一蔕四花者。嘉慶己未爲司農，借居衍聖公賜第，偶於小院種蕉數本，不閱月，發一花，緑苞倒垂，甘露盈萼，招同人相與賦詩。其封翁湘圃老人時方就養在京，屬劉夢谷爲作《三花圖》，自爲文記之。

黄山多奇卉

歙之黄山有三十六峯，高出四千仞，其中異卉，尤人世所罕覯。僧雪莊嘗繪爲圖，曾文敏公皆有題詠。其花名頗奇，如見子花、玉手花、龍首花、如意花、小巧花、乾雪花、瀟灑花、金壇花、山櫻花、油櫻花、查蒿花、蜜蠟花、天海花、珠繖花、冷趣花、瑣瑣花、佛燈花、醉仙花、佛頂花、寶輪花、黄晶花、葉葉花、金蓮花、寶蓋花、美玉花、仙蓼花、巾子花、鵝羣花、倚苔花、頭油花、冷信花、茶葉花、珠冠花、葉上花、囊環花、玉鈴花、夢子花、淡竹花、玉仙花、紫扁花、靈仙花、覆杯花、仙釵花、仙都花、漢節花、因陀羅花、香萱、六月雪、萬年果、紅錦球、香杜鵑、山繡球、山鳳仙、山木香、山玉蘭、白翦絨、馬蘭菊、美人菊、紫霞杯、紫玉簪、仙種桃、秋牡丹、珊瑚鞭、瑪瑙鞭、蔚藍梅、金絲蠟梅等是也。

烏蘭本巴之野花

外蒙烏蘭本巴沿溪曲路，層折不窮，積雪銀白，草皆青緑，有紅黄各色野花貼地如錦，蒙人亦不知其名。黄者高四寸，葉如艾，叢生根下，一梗有一花，四瓣，鵝黄，花落則結實，如透骨草子，每叢十餘朵，遍於水次。紅者高不盈寸，貼地叢生，一根一花，根細如髮，花如丁香，葉亦叢生根下，如馬齒莧，香味清潔，其最多者，叢結如繡球花。

野鷄膝内草實作花

有羽灰色鱗紋重可斤許之野鷄，出内蒙古，其膝内常有未化草實，曝之使乾，至春季，和以泥，植之盆中，月餘，即茁長七八寸，開各色花，種類不一，絢爛可愛，皆内地所未見者。惟秋後結實，較前漸細，明春卽不能復花。

直隸森林

直隸北部之森林，種類極繁，有菩提樹、櫟、榛、白楊、松、柏、椎、樺之屬，徧地皆是。而楓葉之美麗，尤令人睹之而心曠神怡。夾道皆鳳尾草，雜以野花，河濱柳絲下垂，石上青藤蟠結，林中各種禽鳥，無不具備，蓋沙漠中之腴地也。其最重者爲河流，曰灤河，曰白河，直隸北部之田，賴以灌溉。其不至患水災者，蓋以樹木茂盛，能吸收水分，使緩流入大河耳。

東陵與五陵山之叢林，廣約九百丁方機路密達，每一機路密達合英國一里之八分之五。凡橡樹、松樹、杉樹、椎樹、菩提樹、鳳尾松、落葉松、玄胡藁之大者，遍山谷間。大樹之下則有楓雜生，而榛樹、葡萄樹、鳳尾草亦甚蕃茂。其嶙峭之石，又往往爲蛇麻蔓草所縈繞。河流之所經，赤楊綠柳，參差左右，濃陰兩岸，幽勝天然。其出没鳴嘯於其間者，皆名禽怪獸，而不可得之於他處者也。此地之生養，一以河流爲憑依，而白河、灤河之水道，皆取求於是。叢林既盛，雖有淫雨，多被吸收，故流於谿澗者，其勢潺漫，此洞壑間之小溪細流所以徐徐不疾而又淵淵不竭也。

東三省森林

東三省多森林，而吉林爲尤多。惟其方言，於平地多樹者曰林，於山間多樹者曰兀集，萬木參天，槎枒突兀，排比聯絡，間不及尺，緜緜亙亙，縱横數十百里，不知紀極，伐山通道，始漏一線天光。秋冬霜雪凝結，不著馬蹄，春夏高濘泥淖，低滙波滔。旅行兀集中數日，不得盡其極，蚊𧉗攢嘬，鳴鳥咿啞，鼯鼪狸鼠之屬，旋繞不畏人，微風震撼，則颼颼颺颺，駭人心目，故晝焚青草聚烟以驅𧉗，夜據木石燎火以防獸。近年逐漸砍伐，春暖冰融，排木蔽江而下，爇火代薪者，均棟梁材也。至東清鐵道，俄人所築，西比利亞之支線也。則機關車之發動，亦不假煤力，而代以尺長木塊。且土人於寒食節，多放火燒山，延及林木，火輒數十日。兀集，亦作阿集，亦作窩集，一作烏稽，一作窩稽，實今之所謂大森林也。

延吉所産之最美者曰黄花松，而魚鱗松次之，此外則尚有油松、赤松、杉松、果松。他若白松、籔松、楊、柳、楷、柞、楸、榆、樺、椵、楓等樹材，堪築宫室製器皿者，亦不一而足。

京城多古樹

京城多古樹，每一坊巷，必有古而且大之樹，約每距離不十丈，必有一株，外人常贊賞之，以其適合都市衛生之法也。且觀其種植痕跡，似經古人有心爲之者。如太學檜，吏部藤花，卧佛寺娑羅樹，慈仁寺松，萬壽寺及昌運宫白松，封氏園松，工部營繕司槐及城南龍爪槐，皆極參差蜿蜒之致。宣統時，工部之槐樹心已空，而枝葉猶茂，餘則根株盡拔矣。

乾隆朝，靈石何道生官工部，有詠槐詩。

程周量嘗撫慈仁寺松而歎曰：「長安諸賢，率皆未登庾嶺，故使諸松浪得盛名。」

乾隆辛酉，冢宰甘莊恪公汝來與果毅公訥親方高坐吏部大堂選官，甫唱名抽籤，而甘薨於椅，手猶執筆未落也。訥奏聞，高宗賞銀一千兩，命所屬經紀其喪。其夕，藤花盛開，香三日，較暮春更盛。

至喬木之中空者，實以內灌而致。內灌有三，自上垂注而下者曰天灌，自下熏蒸而上者曰地灌，中有受溼之空穴，爲濕所注爲氣所蒸者曰人灌。

皇木廠之木

京師大通橋之南，有皇木廠，屬工部，歲遣官致祭。高宗有《皇木謡》，刻石。木舊有屋，後圮，石闌尚存，木半朽，且折爲二，然猶高可隱人，作旃檀色，紋如疊雲捲浪，扣之有聲。

樹中有軍器

同治壬申，武岡州某鄉有老樹一，大可合圍，枯矣，將斲之，不意樹心已空，而中有生成木質鎗、鎚、刀、矛數十事。經里正報官，驗之而收諸庫。

樹中有字

新寧縣張村人某折取樹上小幹，欲以爲鋤柄，取歸，未及用，旋見樹幹一偏已枯朽，慮不適用，乃折之爲薪，見木中有字，其文曰「鄉村雲字」。「鄉村」兩字横書，「雲字」兩字直書。某以爲怪也，鳴於衆，均不解其故。詢其木取自何所，某謂此乃祠側狗毛蟲樹幹也。衆視之，將就枯，因將所存之幹折視，復有「日月常臨」四字，則直寫。

閩粵樹葉

閩、粵樹葉，黄落者絶少，如松柏，新葉生而舊葉始脱，亦不甚萎黄，梅花開時，且大半帶葉也。

松

松爲常緑喬木，幹聳直多節，皮或粗厚，裂爲龜甲狀，亦有光滑者，葉細如針，俗呼松毛。花單性，雌雄同株，雌花叢生於枝頂，下有多數黄色粉之雄花叢結成毬果。經一二年，始熟。木材爲用至繁。有赤松、黑松、白松、海松、五鬚松之別。

金時之松

金章宗手植松，在壽安山西嶺上。

江寧有六朝松

江寧兩江師範學校西北隅之教習房後，有小園，著稱於世之六朝松在焉，巍然挺秀，歲寒後凋，蒼翠之色，與盤拏之致，至嚴冬而益著。然察其枝葉，實爲柏而非松。江易園曰：「此樹柏幹而檜葉，名殆爲栝，《書·禹貢》之栝柏是也。」而遠近之人則皆呼之爲神樹。

宋代遺松及梅竹

長白顓圖，字象原，嘗以御史巡鹽兩浙。署有小圃，荒穢不治。一日，散步，得斷碑，洗而植之，有「宋代遺松」四字，繫以長歌，作者姓名已漫漶不可辨。詢之老吏，云：「此地向有三友居，不特古幹參天，狀若虬龍，且有梅有竹，互相掩映。今屋已廢而木亦槁，有年矣。」顓慨然興復，築室三楹，額仍舊名，徵詩以落之。

報國寺雙松

京師報國寺有雙松，古樹也。康熙時，餘杭嚴顥亭侍郎沆曾詠之，詩云：「燕山突兀幾千載，四百餘年景物改。惟有慈仁雙老松，霜皮剝落至今在。其一婆娑勢攫地，撐拏詰曲春雲翳。一株稍欲干層霄，卻顧徘徊意相待。紛緡密葉生風濤，屹立虬根玩真宰。慣看城市變烽烟，幾見桑田作滄海。何年紺殿啓琳宮，石欄磴道盤虛空。飛花濛濛日月靜，溜雨黯黯神靈通。大都月市番估集，胡牀翠幕陳西東。哥柴古窰周漢鼎，陸離法物羞雷同。似與雙松較年歲，必有真賞窺鴻濛。日斜人散蒼烟重，倒景上殿雲瓏葱。軒車冠蓋謬相歎，肩摩轂擊勞過從。吁嗟此松澹蕩有真意，只愁化作雙虬龍。直上燕山絶壑一往不得見，悵望千峯與萬峯。」

金墩五松

仁和龔衡圃侍御翔麟有《金墩五松歌》，歌云：「金峯之下三家村，村前有阜名金墩。千年一簣鮮崩蝕，五松於此蟠靈根。相傳植自李唐代，閱幾劫火巋然存。中間神物煩撝呵，待我摩挲留爪痕。一松兀傲四松拱，儼如列辟朝至尊。又若老翁植杖立，駢羅夾侍皆兒孫。蕭森肅穆起人敬，之而鱗鬣烏足論。悠悠者多不解事，太息棄置荒郊原。不見大庾嶺下開道松，連陰十里摩朝暾。近訪土人已莫識，但云曠野榛蕪繁。又不見棲霞寺前引路松，六朝留影摇風旛。脱斧斤厄遭霹靂，一旦跡掃空王門。就我所見識其大，慈仁雙樹非比倫。此松幸得生此地，天荒地老全精魂。吁嗟生物之理固爾耳，樹猶如此人何言。耳目不得愛憎絶，乃得長私雨露恩。」

永平試院三松

雍正時，海寧楊畸甫中翰正講嘗於永平試院見三松，因次壁間韻以詠之，詩曰：「地亦不必計西東，時亦不必論春冬。三松挺幹自太古，倔強肯受嬴秦封。長河一帶遥掩映，亂山萬疊圍巃嵸。一株獨踞前庭中，蒼髯秀發非蒙茸，兩株離立後軒後，枝交葉接争蘢葱。文如虎變各炳炳，頂如車蓋皆童童。其實磊砢墮巖谷，其根蚴蟉穿垣墉。翠障終古閟白日，怒濤徹夜號天風。先是一株被磨折，金刀斮斷青虬龍。碎鱗敗甲委糞壤，蜿蜒無處尋遺蹤。皇天后土公覆載，遭逢順逆偏難同。一松喪匹意蕭瑟，琥珀作淚流猩紅。同聲同氣不同死，固將愁苦而終窮。我來松下雙眼豁，更看素壁詩錚鏦。南山流水有餘韻，聽者何必人非鍾。苦難橫空盤硬語，枝詞蕪句空磨礱。近重陽兮秋三序，哉生明矣月一弓。安得圖以射洪絹，長攜懷袖開心胸。梧闌歌罷三歎息，夕陽古寺來清鐘。」

月盤松

裕陵隆恩殿前有月盤松六株，高僅丈餘，平頂如蓋，虬枝四散，有丹漆架承之，架六七層，每層可容一席，是可想見松身之古矣。

黃山松

皖南之黃山多松，黃仲則嘗作歌以紀之，歌云：「黟山三十有六峯，峯峯石骨峯峯松。有時松石不可辨，一理交化千年中。丹砂琥珀共胎孕，亭亭上結朱霞封。人言松相逐石相，卽以松論何能窮。沐日浴月暈蒼翠，苔色散點周秦銅。蕤緌上偃雨君蓋，糾結下固蚪靈宮。鱗張鬣縮爪入肉，萬劫避過雷火攻。昔觀圖畫訝未見，到眼更覺描無功。懸崖嵌峒不知數，莘莘縱縱皆鬼工。及至觸手膏溢節，極瘦駁處春華同。清泉洗根瀉泱漭，瑶草分潤生蒙茸。翻嫌石相奇太過，相助爲理論始公。青牛伏龜不可得，幾輩對此顏如童。明當遍覓茯苓去，短鋤碎劚千芙蓉。」

萬年松

香山縣之鳳凰山，有萬年松數株，西人架梯取之，其松忽上忽下，隨梯轉移。西人怒，用鳥槍擊之，連發數十槍，卒不能得。松至乾隆時，猶青葱如故。

盆松

彭澤縣之小孤山產萬年松，高不滿尺，歷年不見其長，惟冬夏長青，可置盆中。海寧馬小眉觀察洵有《盆松歌》，用昌黎《山石》韻，詩云：「造化不遺一物微，森然鱗甲渾欲飛。何年束縛寄盆盎，片石瘦瘠苔花肥。不劚其根龜背坼，不髡其頂牛毛稀。平生嗜好不諧俗，蒼髯相對忘朝饑。室中圖史五千卷，伴我白晝闢雙扉。天風卷幔聲謖謖，夕陰遮户煙霏霏。我聞黄山之松甲天下，枝柯磊落大十圍。爾獨局束困尺土，界以四面皆垣衣。茅齋自足適嘯傲，差免世俗花奴譏。與爾永結歲寒約，精氣莫化青羊歸。」

雲南多松

雲南多老松林，亘百里，林中多生茯苓。騰越南門外金氏家有松，數百年物也，虬枝古幹，覆滿庭中。

棒松

棒松，産於長白山，其質堅勁異常，可作器。

小赤松

小赤松，一名矮松，産於長白山，葉青枝紫，枝頭結子，色赤而香，始終不見下垂，高者八九寸。

黄花松

松花江兩岸多黄花松，松花落於江干，所在皆有。其順而下者，浮於水面，片片如松，故名江曰松花江。

黄蒿松

黄蒿松，葉如蒿，生寧古塔石甸之上，他處所無。

巴顔溝之松

木蘭附近之巴顔溝有山，多童，惟與安嶺稍有樹。巴顔溝之北多巨松，伐之，從羊腸河流出。熱河宫殿之材，皆取給於此。

伊奇松

伊奇松生吉林北伊奇甸子，質瘦勁，少枝葉，以所生地而名也。

俄羅斯松

俄羅斯松，一名老槍菜，抽薹如萵苣，高二尺許，葉層層，其末層葉葉相抱如毬，略似安菘。

落葉松

落葉松之枝榦，與赤松無異，針亦青葱如蓋，惟霜雪以後，則葉盡脱。其質甚堅，根株歷久不朽，沈埋水土中，則更爲石，可供磨礪之需，塞外高寒之地多有之。又熱河之松，至冬而葉亦落，蓋氣候沍寒所致也，人呼之曰落葉松。

白松

白松，亦稱白皮松，榦高者十餘丈，産直隸、陝西、湖北等省，江、浙亦有之。樹榦光滑，皮色白，葉針形，三針叢生，較黑松、赤松爲短，子橢圓而稍扁，大小略同海松子，淡褐色，可食。

杜松

杜松爲常緑喬木，高二三丈，葉細長而尖，略似針。夏日開小花，雌雄異株。實圓而肉質，大如豆，熟則色黑。

羅漢松

羅漢松爲常緑喬木，山地自生，高數丈，葉狹長互生，花單性。實大如豌豆，熟則色紅，下部膨大，如羅漢之服袈裟，故名。其材可供建築及爲器具。

福建武定城西五里有獅山，峯截如削，壁立千仞。其巔平敞，里許有泉噴出，瀦爲小池，池旁羅漢松一株，大數十圍，霜柯鐵幹，世所罕見。

海松

海松産於關東及直隸等處，高數丈，其葉五針叢生，花單性，雌雄同株，有毬果長六七寸，子大如巴豆而有三稜。松類中惟此及白松、五鬚松有子可食。

南山松皮

由伊吾即哈密。至鎮西，即巴里坤。路漸上漸高，八十里至南山口，遍山積雪，終古不化。車馬視轍跡而行，否則陷入雪窖，竟至滅頂。兩厓多松林，夭者喬者，皆梁棟材也。南山之北口，數十盤折而下，又二十里，至松樹塘，則止宿處也。土人出售松皮，有厚至二尺許者，色若脂，脂文作雲霞迴薄之狀。好事者用作聯額，人都不識，洵稱異觀。龍雨樵過而歎曰：「此松已閱數千萬年，而終不免斧戕，致爨下燒去。」爲之慨然作歌，歌曰：「人生懶出門，誰向窮邊走？伊吾望南山，羣峯雪近斗。鴻荒初闢此山開，此雪卽隨天地有。車轍馬蹄遵道行，溝渠澗坎模糊平。偶然陷雪莫能救，古稱雪窖非虚名。厓顛青松穿雲隈，上有太古羲皇旹。東林西麓丈人立，滄桑閱歷知幾回？秦皇五大夫，漢武三將軍，視此羅列如兒孫。撑拄雪窟凍蛟舞，偃蹇銀海靈鼊蹲。此行賞松雪，清超乃奇絶。轉欲且徘徊，淒風寒似鐵。下山陡峻百折盤，半麓一闕封泥丸。回看落日照雪嶺，祇見積雪不見山。廿里名松塘，山家聚處成一鄉。出售山中物，雪蓮花共阿魏香。就中一物目罕覯，霞雕雲刻胭脂繡。問之乃是古松皮，或尋或尺隨人購。我不知山樹擁腫大幾畝，但驚血色松皮二尺厚。吁嗟乎！空山無人方自壽，飽經霜雪龍鱗皺。拉雜摧燒伐作薪，如何一旦遭傾覆。卻看松皮如絳雲，截作門牓新且文，膩如紫玉風雨潤，懸之粉壁虬螭奔。昔稱才大難爲用，萬古冰霜一春夢。問天何術避摧殘，冥心歸臥華陽洞。」

雨樵嘗出以示舒鐵雲，鐵雲乃賦長歌以和之，歌云：「贈君以《禹貢》嶧陽孤生之桐，不若玉策天陵偃蓋之樓松。報我以廣寒殿前八萬四千户修月之青枝，不若成都諸葛丞相祠堂溜雨四十圍老柏之蒼皮。我不能窮走鄧林逐日三萬里，又不能飽餐伏靈御風五百歲，此樹婆娑不可見。山不信魚之大，海不信木之怪，突駹蠹蠹以爲馬腫背。雨樵先生仰天大笑冠絶纓，曰爾不見年老能成精。今雖難見南山松皮之情狀，尚有一曲南山松皮之歌行。我讀松皮詩，一讀再擊節。詩又奇於松之皮，松又古於山之雪。維常樹生肅慎國，昔者蓋已有此說。不然叔孫殪長狄，身横九畝其色赤，得寸則寸尺則尺。翳惟古龍鱗，羌有古虎文。豹死留皮無其人，牛則有皮儗不倫。瓜皮李皮，茫茫墜緒，不入世系稱曾孫。松花萬斛散作瀛洲塵，松釵一股聘天女。此其家不貧，死無枝葉生無根。海水倒卷飛崑崙，紅桐十番今尚存。神農不敢製爲衣，倉頡不知造作紙，吉祥菩薩開鑪煉石不敢取作薪。又何況一天王，三君子，五大夫及百蟲將軍。我雖不見可無憾，嘗讀先生歌云云。先生之歌感慨悲，此非皮相所能爲。歎息斧斤，斫爲松柴，親近文字，題爲松牌。松壽不知其幾也，奈何與麟皮作鼓龍皮作扇同此災。先生曷不去吟御溝楊柳都堂槐，或者曲江杏孤山梅，而獨短衣匹馬過輪臺。田園將蕪胡不歸？濡染大筆題此抑塞磊落之奇材。其奇也若此，客有歌於南山之北，北山之南者，余焉能屬而和之哉？客曰否，余曰諾。皮不存，詩乃作。」

扁柏

扁柏爲常緑喬木，高者十餘丈，乃柏類之最普通者。葉小如鱗，與莖密接，全不舒放。花單性，雌雄同株。實如毬。質理緻密，可製家具。其實卽柏子仁，可作藥。舊亦稱側柏。

錢武肅王手植柏

金華之試院有柏兩株，傳云爲錢武肅王手植，今尚鬱森。其一爲風力斜傾，稍現婆娑之狀。宋人錢端禮有文記其事，當非虚搆。

精忠柏

浙江臬署，即岳武穆王之孫珂故宅。宋孝宗既悉岳冤，就其故宅建廟，名曰忠佑。中有流芳亭，精忠柏必當時所植。柏枯已久，臏幹丈餘，初不知其化石也。光緒季年，崔永安爲臬司，宴同僚署中，見其文理似木，而質與石同，曰：「是殆化石矣。」以鐵器擊之，火星射出，確已作石。衆皆爭取，遂成數段。後餘六段，各長尺餘，已遷之西湖岳墓矣。

清奇古怪之柏

蘇州鄧尉山有司徒廟，在青芝山北，額其門曰柏因社，曰香林第一殿，供鄧司徒像。相傳神爲鄧禹，然無碑志可考。或又以爲馮異者，謂廟有大柏樹，即大樹將軍也。不知雲臺諸將何以成神於此？夫山之以鄧尉著，猶之孤山之以林處士著，以其爲高人之所棲也。顧獨以祀鄧司徒聞，豈以尉卑官末秩，不如司徒之位尊多金耶？殿東客座楹間，懸銅井山人潘遵祁、歸安吴雲聯各一。銅井山人聯曰：

「此中祇許鸞鳳宿，其上應有蛟螭蟠。」吴雲聯曰：「清奇古怪畫難狀，風火雷霆劫不磨。」皆就大柏言也。所謂清奇古怪者，四柏名也。下堦，向堂東，有大柏七株，圍以鐵欄，而中有四株尤奇拔。一植立如笏，意氣端重，厥字曰清。一幹尤巨，圍十抱，而蒼皮左紐，旋螺透頂者，謂之古。其東北隅有一株，稍小，而莖理亦拗旋作螺形也。古之西不數武，有一株，偃莖横卧，而矯舉其梢，緑葉毿毿，枝柯側拏，宛如青獅踞地昂首，鬐鬣離披，攫爪欲搏者然。又一株，相去十數武，在此株南者，亦已根仆横地，而矯尾厲角若游龍，生意鬱如，則所謂奇與怪也。相傳此兩株原係一株，爲雷所劈，刳而爲二。

司徒廟之門外，又有紫藤，夭矯凌空，離地十餘丈，附一大樹。吴江凌莘廬游此，嘗譬之懸度國之鐵索橋焉。土人則稱之爲神舟，殆以其形似歟？

泰山之三義柏

泰山天門坊之上有曰孔子登臨處者，其地有石坊，相距半里許，有蟠地參天之三大樹，旁有丹書石碑，刻「三義柏」三字，相傳爲千年以前物也。

金冬心詠古柏

乾隆庚午八月，金冬心遊京師。十月，驅車出國門，至曲阜，展謁孔廟。廟中古柏，皆舊時熟識者，裴回久之，乃作長歌一篇，歌云：「八月飛雪遊帝京，棲棲苦面誰相傾？獻書孏上公與卿，中朝漸已忘姓名。十月堅冰返堠程，得行便行無阻行。小車一輛喧四更，北風恥作鷄旦鳴。人不送迎山送迎，縣之亙之殊多情。冷光寒翠眉際生，先師儒里瞻尊榮。入廟肅拜安心旌，爇香何必列牢牲。告曰藝事通微誠，於戲五經昌且明。吾欲手寫承熹平，字畫端謹矯俗獰。隸學勿絶用乃亨，刻石嵌壁開暗盲。此間古柏含元精，壽可千歲歷戊庚。左圍右列如墉城，弗爲火奪惟汝貞。舊時熟識毋乖盟，日坐其下繁籟清，悦然奏樂聞竽笙。」

汪曉園詠古柏

乾隆時，錢塘汪曉園侍郎永錫嘗督學江西，按試饒州，見其書院有古柏，乃作詩曰：「古柏出簷際，託根自何年？枝葉半枯槁，無復蒼皮堅。一幹從西起，嵯岈欲刺天。生枝附其下，尚能摇春煙。三幹垂向東，屈折真可憐。倒懸生意絶，空自相糾纏。蟲蛇據其穴，鳥雀巢其巔。藤蘿縛更急，僅得一線延。物久生變態，此理有固然。誰爲驅衆侮，庶使朽憊全。」

黄仲則詠古柏

《古柏行》，黄仲則作也，詩曰：「寓齋數椽留十日，如此稜稜一株柏。横看側看無不奇，合睫相逢夢猶得。陰幹澹滲灰星星，上枝翠點針矗矗。晴穹浩蕩壓其頂，猶自拏空欲騰擲。腹中空洞容萬千，歲久元蚼聚成國。夜深冷院蕭無人，飛起空中鬬雌霓。歸來爪牙青血痕，四顧猶攝狐狸魂。曉來亦如夢初覺，俛見大地盤其根。豈因冰霜始淬厲，不待雷雨方精神。餘膏尚借百草活，堅節詎恥柔條鄰。自注：旁有桑數株。傾頹甓甃翳荆蔓，獨立相看發長歎。淒涼寂寞誰肯過，日落空牆與君伴。深山大澤斤斧追，重頑綺樹位置卑。黃腸裂出鉅鹿野，御史府中烏夜棲。雕零一一目所見，底用頭角猶低垂。蒼官倘見明月夜，密邇客窗來賦詩。」

柏著花

道光時，仁和丁心和嘗見柏著花而作詩曰：「世間那有著花柏，怪底嬌紅亂深碧。藤蘿附甲始何年？纓絡垂身已無隙。直似客喧將主奪，幾疑柯改還葉易。飄飄天女散千花，一一紅妝登百尺。貞操絕豔兩纏緜，老幹柔條難擘畫。美人無計出手攀，過客有情空目逆。御遇高賢爲品題，便作甘棠增愛惜。韋偃筆下未能圖，孔明廟前無此迹。莫嫌脂粉汙顏色，不礙廣平心鐵石。」

櫚

櫚爲常綠喬木，出南海、安南等處，色紅紫，似紫檀。性堅，作牀几，頗珍貴。

花櫚

花櫚，櫚木之一種也，又名花狸，亦作花梨，海南文木之貴重者。色紫紅，微香。老者文拳曲，嫩者文直。其節花圓暈如錢，大小相錯。堅理密緻者價尤重，可作器皿、扇骨。

蒲葵

蒲葵爲常綠喬木，葉作掌狀分裂，酷類椶櫚，惟蒲葵裂片頗尖，其基部連接不分，椶櫚則否，以此爲別。其材爲用至廣，葉可製扇，名葵扇，俗稱芭蕉扇，行銷極廣。

樟

樟，通作章，爲常綠喬木，産黔、蜀、閩、廣等處。高五六丈，大者十圍。葉卵形，有葉脈三條，質硬有光。夏初開花，小而淡黄。實大如豌豆，黄色。其材聳直，肌理甚細，有香，煎之爲樟腦。無錫惠山寄暢園有樟樹一株，其大數抱，枝葉皆香，千年物也。康熙時，聖祖南巡，每幸園，嘗撫玩不置。第六次回鑾後，猶憶及之，問無恙否。查慎行詩「合抱淩雲勢不孤，名材得並豫章無？平安上報天顔喜，此樹江南只一株」是也。及聖祖崩，樟亦枯矣。

榧

榧爲常綠喬木，榦高數丈，略似杉，俗稱野杉。葉針形，扁平。花單性，雌雄異株。實大如棗核，兩端皆尖。仁可食，製油可燃燈。一名柀子。

紫檀

紫檀爲常緑亞喬木，産於熱帶地，高五六丈，葉爲複葉，花蝶形，實有翼。其材色赤，質甚堅重，故入水而沈，作種種器具，頗珍貴。

紅木

紅木産雲南，葉長橢圓形，端尖，開白花，五瓣，微赭。其木質堅色紅，可爲器。

烏木

烏木爲常緑亞喬木，葉長橢圓而平滑，花單性，淡黄，雌雄同株。其木堅實，老者色純黑，瓊州諸島産之，土人以之析爲箸及烟管等物，行用甚廣。志稱出海南。一名角烏，色純黑，甚脆。其他類烏木者甚多，皆可作几杖。

蚊母樹

蚊母樹爲常緑亞喬木，高二丈餘，葉爲長橢圓形，互生。常有小蟲羣聚，使葉膨大如囊，蟲去則成空殼，故有此稱。春暮開細花，僅有緑萼及紅色雌雄蕊，而無花冠。其木可爲屋材。

七葉樹

七葉樹爲落葉喬木，高四五丈，葉爲大小七葉合成，故名。春暮開淡紅花，爲圓錐花序。結實成蒴，其子可食。質堅緻，可爲器。

椿

椿爲落葉喬木，高三四丈，葉爲複葉，嫩時色紅，香甘可食，俗名香椿。夏開小白花，結蒴果。其材堅實，可製器具。

欅

欅爲落葉喬木，高數丈，葉作長卵形，端尖，有鋸齒，花小，淡黄。材質堅固，木理秀美，可作箱篋、几案之用。俗作榅。

山毛欅

山毛欅爲落葉喬木，山野自生，高七八丈，樹皮淡灰色而平滑，葉闊而尖，背有毛。春日開小花，色淡緑。實以殼斗包之，殼斗下之柄較長於欅。其材可爲几案之屬。

椅

椅爲落葉喬木，高二丈餘，初夏開黄花，纍纍下垂。葉圓端尖，雌雄異株。實略似天燭，色紅或赭。其材可爲細巧之器。

樺

樺爲落葉喬木，産遼東及西北諸地，嫩江、混同江間尤多。高三四丈，皮白，易剥脱，葉作卵形而尖。花雌雄同株，爲穗狀花序。皮厚而輕軟，有紫黑斑文，古以裹弓幹、鞍鐙、刀靶等物。曾於吉林烏拉設樺皮屯，採皮入貢。

楸

楸爲落葉喬木，幹直，上聳，至高處分枝，葉似桐，三尖或五尖。夏開黄緑色細花，結實成莢，長尺餘，下垂，熟則裂開。其材可爲棋局。

水楊

水楊爲落葉亞喬木，多生水邊，葉略似箭鏃形，葉柄根部有小托葉。夏開黄緑色穗狀花，雌雄異株。其材可製器具，充薪炭。

桐

桐爲落葉喬木，皮色粗白，高可三丈，葉圓大，掌狀分裂，有長柄。春暮開脣形花，色或紫或白，成大圓錐花序，萼黄褐色。實爲兩房之蒴果，長寸餘，如棗。其材爲琴及箱篋，不生蟲蠹。概稱白桐，細别之，則花白而葉光滑者爲白桐，花紫而葉上密生黏毛者爲紫桐。凡白桐通曰桐，梧桐、油桐則否，科屬亦各不同。

梧桐

梧桐爲落葉喬木，幹端直，色青，高三丈許，葉闊大，有深缺刻，背有毛。夏日開黄色小花，雌雄同株。果爲蓇葖，熟則裂開爲葉狀，種子生於邊緣，可食。其材可製器具，樹皮可取油。

新疆胡桐淚

胡桐産新疆，于闐河兩岸尤多，形曲，性寒。其樹沫下流者，謂之胡桐淚，内地手民製爲膠汁，以黏金銀飾物，極堅固。

桑

桑爲落葉喬木，每歲刈取，故枝榦低亞。葉爲卵形，肥大，以飼蠶。浙江湖州府所植者最良，謂之湖桑。雌雄花皆爲穗狀，淡黄緑色。其材可製農具什器，皮可製紙。野生者榦高大而葉小。

木棉

木棉爲落葉喬木，大合抱，高數丈。花紅如山茶，蕋黄色，瓣極厚，結實大似酒杯，絮茸茸如細毳，可作茵褥。

閩、粤熱地所産木棉，高者七八丈，榦端直。春開朱華，狀如山茶，結實頗長，中有棉，隨風飛散，色黄褐，狀如柳絮，可作裀褥，不能紡織。

粤之木棉，以二月作花，色殷紅。三四月結子，子坼，飛白如絮，蓋花與絮本爲一也。王文簡公詩「竟日紅棉作絮飛」，則誤以花爲絮矣。

化香樹

化香樹爲落葉喬木，生於陰濕之山地，幹高七八丈，葉爲奇數羽狀複葉，小葉無柄，尖長。夏秋之交，開多數雄花而成穗。穗之根部出雌花叢，色淡黄。經冬，實熟，有細鱗如松毬，煎汁，可染黑色，謂之化樹果。

藤黄

藤黄，海藤樹所産之膠液也。海藤爲落葉喬木，産東印度及暹羅等熱帶地，閩、粤亦有之，高五六丈，葉橢圓對生，花單性，結爲漿果。以刀斫樹皮，浸水中，滲出黄色質料，卽爲藤黄，可入藥，並爲繪畫顏料，性有毒。

皂莢

皂莢，亦名皂角，爲落葉喬木，隨處産生，高三四丈，多刺，葉爲羽狀複葉。夏開黄色小蝶形花，結實成莢，長扁如刀，用以洗濯衣服。其材木可供器具及薪炭之用。

肥皂莢

皂莢有一種開白花者，結莢較短而粗肥，謂之肥皂莢。取其莢擣爛之，用以濯垢，遠勝於尋常之皂莢也。

篠懸木

篠懸木爲落葉喬木，原産於歐洲，移植於上海，馬路兩旁之成行者是也，俗稱洋梧桐。高三四丈，葉闊大，作三裂片，鋸齒甚粗，基脚有卵形托葉一。春開淡黄緑花，實圓而粗糙。此木最易繁茂，故多植之以爲蔭。

釣樟

釣樟爲落葉亞喬木，山地自生，杭州有之。高丈餘，皮表有黑斑，葉作長橢圓形，背有赤毛，互生。春月開花，花小而色黄，形如繖。實黑大如碗豆。一名烏樟，或作爲鉤樟者誤。其葉一名蓼蕘葉，類榆，有香似樟腦，可避蟻。以葉浸之水中五日，黏質之漿即出矣。

穀

穀爲落葉亞喬木，亦作構，略似楮，惟葉深裂而較粗糙。花雌雄異株，雄花列爲穗狀，如桑，雌花作球形。實熟色紅。皮灰白，可製紙。

木欒子

木欒子爲落葉亞喬木，無患子之一種。葉爲羽狀複葉。夏月開黄色之小花，花序如圓錐。實似酸漿，稍小而平，至秋始熟。子堅黑，可穿孔作念珠。

櫟

櫟爲落葉亞喬木，產於北方，山東尤多。高二三丈，葉狹長，有鋸齒，類栗。花黄褐色，單性，雌雄同株。實圓而端尖，有殼斗如椀，謂之橡實，一名芧，俗謂稱橡子。仁如老蓮肉，儉歲食之，豐年取以飼豕。樹皮及殼斗，可染皂色，故亦謂之皁斗。其材斜理，宜爲薪炭。葉可飼野蠶。古名栩，亦名杼。

橡

乾隆癸未，直隸按察使裴宗錫上疏言：「古北口外山場產波蘿樹，土人俱伐作薪，不諳養蠶。此樹本名橡，入土卽生。三四年後，葉可飼蠶。臣前在濟東，飭屬徧栽，頗有成效」云云。因有上諭交直隸總督舉行。

香木結伽南香

伽南香，亦曰奇南香，產於廣東瓊州諸山。香木爲大螘所穴，螘食石蜜，遺漬木中，歲久而成。香成而木未死者，謂之生結。木死而成者，謂之糖結。又色如鴨頭緑者，謂之緑結。掐之，痕生，釋之，痕合，名油結，爲伽南最上之品。其木性多而香味少者，謂之虎斑金絲結，尋常所製數珠者皆此類。

陰沈木

陰沈木爲施南府屬山中產物，必掘地始得之，蓋日久而陷入地也。質香而輕，體柔膩，以指甲搯之，即有搯紋，少頃復合，如奇楠。

肉桂

肉桂爲常綠喬木，古稱牡桂，亦名菌桂，吾國藥品所用，以來自安南者爲多，然廣西潯州府之桂平縣亦產之，產於猺山者尤良。樹高二三丈，葉爲長橢圓形，質厚，有大脈三條，夏時開淡黃色小花，皮多脂，氣味辛烈。

皮藏之法，須裹以皮紙，懸之睡帳，不離人，不近木。久而發霉，以乾布拭之，味乃不變。若近木，則油走而枯矣。富貴家盛以錫盒，徒飾觀耳。

丁香

丁香爲常綠喬木，一名雞舌香，產於兩粤，葉長橢圓形，春開紫花，或白花，四瓣。子黑色，以爲香料，並供藥用。

京師國學東廂舊有丁香一株，明嘉靖壬寅已有之。康熙戊戌，昆明謝司業補栽數本。道光壬寅，尚書花沙納官祭酒時，復補植紫、白二株。

龍腦

龍腦爲常緑喬木，一名龍腦香，産於閩、廣，高十餘丈，葉爲卵形，花爲合瓣花冠，其香芬郁。以榦中樹膠製成一種結晶體，瑩白如冰，俗稱冰片，又曰梅片。《香譜》云：「絶妙者目曰梅花龍腦。」是也。以之入藥，香氣和緩，與樟腦之強烈者迥異。

黄檗

黄檗，亦作黄蘗，爲落葉喬木，榦高三四丈，葉爲奇數羽狀複葉。夏月開細黄花，雌雄異株。實色黑，大如黄豆。榦之内皮色黄，與實並入藥，亦作染料。俗稱黄柏，省寫之譌也。

茘枝

茘枝爲常緑喬木，産於閩、粤，四川亦有之，幹高三四丈，葉爲羽狀複葉，有透明之小點。果實外皮有龜甲紋，肉色白，味甘多汁。種類名目甚多。其核細如豌豆，殻赤如丹砂，上有緑線一條者，謂之掛緑，尤珍貴。

閩中茘枝，惟四郡有之，而興化尤奇。樹高數丈，大至合抱，形團圝如帷蓋，四時榮茂不凋。其榦多不圓滿，作鷄骨形，雖未抱霜雪，輒作濫鐵怪石色。花似木犀，淡黄色，微香。實上圓下鋭，大可徑寸，殼若羅紋，初青漸紅，夏熟時，香氣清遠，色澤鮮紫，膜如桃花，核如丁香。剖之，凝如水晶，食之，消如絳雪，色香與味，俱爲果中第一。其結實也，或間歲一實，或全樹中惟一方實，莆人謂之歇枝，灌培者識其性，亦歲易其方。性畏寒，山谷間皆不能實。其名稱有宋家香、陳家紫、方家紅、江家緑、皺玉郎官、紅游、丁香、蘭壽香、西紫、黄香、瑞堂紅、松紅、麝囊紅、百步香、黄玉、玉堂紅等。宋家香樹極高大，在莆城宋姓祠前，實如陳家紫而小，甘美無異。此樹植自唐代，屬王氏。黄巢兵過，欲斧之爲薪，王氏嫗抱樹號泣，賊憐之不伐。後結實，其核周圍凹入，若有斧痕，他樹獨無，老榦披苔，高入雲際，真神物也。又有一種名火山，夏初先熟，味微酸。邑人林俊有詩云：「側生幽谷半摧殘，烟雨平林五月寒。歎息不逢高着眼，只緣風味帶微酸。」

粤中荔枝，自掛緑外，當以水晶爲第一。吴應逵《荔枝譜》云：「水晶丸，俗名糯米餈，出番禺鹿步之北村，香液與掛緑絶似，而實大核小，食之令人暢然意滿，吴石華擬之鰣魚無骨。」阮文達公云：「此嶺南第一品也。」自此，人遂以一品荔呼之。

草荔枝

草荔枝，叢生，朱顆，味甘，似普盤而無子，惟塞外興安及烏拉有之。聖祖命移植於避暑山莊，錫以今名。較之閩貢，蠲渴生津，未易伯仲，有御製詩詠之。

龍眼

龍眼爲常緑喬木，産於閩、廣，榦高數丈，葉爲羽狀複葉，夏初開細白花，至秋實熟，圓如彈丸，殼有細紋，肉白如荔枝，味甘，乾鮮皆可食。俗稱桂圓，以福建舊興化府所産者爲良。

枸櫞

枸櫞，俗稱香櫞，爲常緑喬木，枝間有刺，葉似橘而大，實形圓，徑三四寸，色黄，皮厚，芳香味酸。《本草綱目》謂即佛手柑。日本田中芳男《有用植物圖説》分爲兩種。

檳榔

檳榔爲常緑喬木，産於熱帶地，高三丈餘，葉爲羽狀複葉，小葉之上端作齒嚙狀。五年始結實，實成房，出於葉中，每房簇生數百，形長而尖。剥其皮，狀如肉荳蔻，有紫稷色紋，味濇微甘，可食。臺灣有之，稱檳榔樹。無旁枝，亭亭直上，徧體龍鱗。

桄榔

桄榔爲常緑喬木，一作桄粮，産於暖地，大者四五圍，高五六丈，葉爲羽狀複葉，花小，色緑，雌雄同株，爲肉穗花序，子如青珠。榦内有粉，赤黄色，可食。

橄欖

橄欖，一名諫果，亦稱青果，爲常緑喬木，産於閩、廣，葉爲奇數羽狀複葉，花攢簇成總狀，實尖長，色青，可生食，蜜漬、鹽醃均佳。廣東所産，别有一種，頗大，其核可代木炭之用。

枇杷

枇杷爲常緑亞喬木，高二丈餘，葉長橢圓形，鋸齒甚細，互生，背有褐色毛甚密。冬開小花，色白五瓣。夏初實熟，形圓色黄，皮有細毛，皮肉淡黄色。

枇杷以蘇州洞庭山所産者爲上，白者爲尤佳，曰白沙，紅者曰紅沙。朱竹垞嘗有《明月櫂孤舟》詞以詠之云：「幾陣疎疎梅子雨，也催得嫩黄如許。笑逐金丸，看攜素手，猶帶曉來纖露。寒葉青青香樹樹，記東谿舊曾遊處。日影堂陰，雪晴花下，長見那人窺户。」

南匯西門外九十二圖談慎卿好花木，嘗自赴洞庭山購枇杷數百本，闢地六畝以植之，殺蟲施肥無少怠。越五六載，枝葉暢茂，結實年盛一年，若春夏之交，無大風雨，實必綻，味必美，人稱之爲談家枇杷。又召樓鎮東十二圖沈竹君、沈勳琴昆仲亦種枇杷，兼梅、李等十二畝，稱萬生園，在天打橋南。果熟時，人争購之，與談園埒。

臭橙

臭橙爲常緑亞喬木，高丈餘，葉爲卵形，互生，有透明小點，葉柄有翼，與橘葉同。花白色，五瓣，香氣清烈，俗稱代代花。實圓而黄，冬熟，如留枝間不摘，翌年能變青色，故有回青橙之名。

枸骨

枸骨爲常緑亞喬木，高丈餘，葉爲卵形，對生，有大鋸齒如針狀，質厚有光。秋日葉腋開細白花，香氣清烈。實爲漿果，形橢圓而長，熟則色紅紫。古亦稱枸，《詩》「南山有枸」是也。

栗

栗爲落葉喬木，榦高四五丈，葉如箭鏃，初夏開花。實有殼斗甚大，刺如蝟毛，霜降後熟，外有硬殼，紫黑色，一苞之中，或單或雙或三四。仁淡黄色，可食，其材堅緻，可製器。

榛

榛爲落葉喬木，高二三丈，葉甚闊，略圓，端尖，有細齒，春日開花如長穗。其實作苞，一苞一實，味略似胡桃，通稱榛子。産寧古塔者，僅三尺許，花夜開，大於車輪。

梆

梆，本作柹，俗作柿，爲落葉喬木，葉爲卵形，端尖。夏至時開花，色微黄，單性，雄花較小。實圓，徑二寸許，八九月熟。未熟時味澀，熟則味甘色紅，可作梆餅。由澀梆取汁，可作梆漆。

福州距城二十里之南郊，有地曰齊坑，齊氏聚族而居之所也。旁有潭，夾種桃花，相傳爲唐陳處士隱地，舊名道者巖。巖前有梆一株，根如斗，結實如佛手柑，指屈伸層疊，有長五六寸者，皮瓤色味則皆梆也。祥符周櫟園侍郎亮工曾得其一，笑謂友人曰："大力如佛菩薩，至此地亦化爲繞指柔矣。"

猴棗

猴棗爲梆之别種，葉平滑，葉柄長五分許，表暗緑，裏灰白，實小，簇生，可食。

胡桃

胡桃爲落葉喬木，河南、陝西等省最多，高二三丈，葉爲奇數羽狀複葉。夏初開花，雌雄花皆成長穗下垂，淡黄緑色。秋結實，如青桃，熟後漚爛皮肉，取核而食其種子。《博物志》謂張騫使西域還而得，故名。亦稱核桃。

扶移

扶移爲落葉喬木，幹高一二丈，葉爲橢圓形，面有白毛。春暮開白花，五瓣，狹長。實赤色，大如小豆。舊説謂即唐棣，或云與白楊同類異種，博物學家屬之薔薇科。

枳椇

枳椇爲落葉喬木，幹高三四丈，可爲器具，葉卵形，互生。夏開小白花，實有肉質之柄，色黄肥大，略如雞爪，俗稱雞爪子，味甘如蜜。又名木蜜。

杏

杏爲落葉亞喬木，高丈餘，花、葉均與梅相似，實黄熟，甘而不酸。

叭噠杏

杏仁味皆苦，而叭噠杏獨甘。《本草》作巴旦杏，或謂之八達杏。然八達杏本産於西域，今甜杏，北方隨處皆有，商販以來自口外者良，視之甚重，猶蘑菇之重口蘑也。俗又加口作叭噠杏，日本謂之扁桃。其仁亦有甜苦二種，甜者供食，苦者入藥，並製爲油及苦扁桃水以治病。吾國入藥者，多用尋常杏仁，故遂以此爲甜杏之專稱耳。

銀杏

銀杏爲落葉喬木，一名公孫樹，高者達十丈，葉如扇，有缺刻。春日開小花，色白而帶淡綠，單性。秋末結實頗繁，霜後肉爛，取核爲果，色白，故或謂之白果，其仁可食。材質堅重，製器不裂。

雍正時，杭州報國寺有銀杏樹，錢塘姚彥暉副貢炳嘗詠之，詩曰：「古寺參天樹，連蜷野殿陰。興亡猶在眼，榮悴自無心。志載樹無心。碧葉風霜勁，銅柯歲月深。兒童隨野拾，零落滿平林。」

南滙一團鎮西有銀杏樹，高六七丈，圍數抱，懸瘻累節。最高者有雙枝，垂作斧劈勢，風起時，濤聲如長松。根中生古藤，大亦合圍，龍蟠虬結而上。結實似無花果，纍纍貫珠。樹中又產出數小枝，枝葉青翠，貫四時不改，大有兒孫環繞氣象。相傳主樹爲明太祖所植。

蘋果

蘋果爲落葉亞喬木，榦高丈餘，葉橢圓，鋸齒甚細，春日開淡紅花。實圓略扁，徑二寸許，生青，熟則半紅半白，或全紅，夏秋之交成熟，味甘鬆。

北方產果之區，首推芝罘。芝罘蘋果，國中稱最，實美國種也。美教士倪費取美果之佳者，植之於芝罘，仍不失爲良品，非若橘之踰淮而即爲枳也。皮紅肉硬，可久藏，然味雖佳而香則遜。人以其原種之來自美國舊金山也，故稱之曰金山蘋果。

頻婆

頻婆，一作蘋婆，亦稱頻婆果，卽柰之異名，或謂卽蘋果之異名，廣東所産。莢如皂角，長二三寸，子生莢間兩旁，老則莢迸開，外紅色，内黄色，子皮黑，肉黄，熟則味甘。亦稱鳳眼果。

林檎

林檎爲落葉亞喬木，高丈餘，葉橢圓，有鋸齒。春暮開花，五瓣，色白，有紅暈。夏末果熟，形圓，味甘酸，可食，俗稱花紅，北方謂之沙果，較大而甘美。日本亦有此稱，則指蘋果而言也。

李

李爲落葉亞喬木，高丈餘，葉卵圓而長。春開花，色白，五瓣。實圓，全熟則赤，味略酸。

檇李

嘉興古稱檇李者，以縣境新篁區西聖地方有靜嚮寺，寺有李十餘株，實熟時，清香撲鼻，味甚甜，除皮核外，滋潤無渣。光緒朝，結果忽稀，有某紳受京友之囑，而頓失所望，僧不敷分配，紳卽置僧於獄。

僧既釋，伐其樹，僅存禪房後園二小株而已。

桃

桃爲落葉亞喬木，高丈餘，葉橢圓而長，春開花，實夏熟，味甘酸。

水蜜桃

桃爲吴鄉佳果，其名不一，尤以上海水蜜桃爲國中冠，相傳爲顧氏露香園遺種，花色較淡，實亦不甚大，皮薄漿甘，入口即化，略無酸味。最佳者，每遇雷雨一次，輒有紅暈。其樹以秋分時剷枝接種，非老本也。越五年，結實始美，惜易蠹蝕，七八年即萎。在城西一帶者爲真種，移植他處則味減。同治時，南門外數十里之人家，皆種桃爲業，顧其味則遠不及。西門真種至難得，且每遇熟時，官出票封園，胥吏從中漁利，高其價以售之民，一桃輒百錢，貧士老饕，頗難屬饜。光、宣間，惟西門以外有之，其市中所售者，皆來自崑山。

寄書桃

蕪湖寄書桃，高僅三四尺許，花色淡，與山桃無異。每熟時，其核自開而仁落，以物實之，則經宿而合，人往往作小詩或書納之，以餉友，此寄書桃之名所由昉也。種自西蜀來。

羊桃

羊桃，亦作陽桃，廣東有之。其樹高五六丈，花紅色，一蔕數子，七八月間熟，色如蠟，有五稜，亦名五稜。以白蜜漬之，致之北方，可已瘧。蘇軾詩「恣傾白蜜收五稜」，謂此也。或謂卽五斂子。

棗

棗爲落葉亞喬木，長二丈許，葉作卵形，互生，花小而黄，實橢圓。産於直隸、山東者，謂之北棗，有紅、黑二色，紅者味甘美。産於浙江金華者，謂之南棗，形長色紫，味甘微酸，爲棗中佳品。

酸棗

酸棗爲落葉亞喬木，棗之變種也。榦高丈餘，有刺針，葉爲長卵形，有三大脈，花小而黄緑，實圓小，熟則紅紫，味酸可食。仁入藥，俗稱酸棗仁。《爾雅》謂之樲。《孟子》「養其樲棘」卽此。

芮棗

芮棗出安徽旌德芮姓家祠，僅一樹，略如黑棗而差小，味厚。

樂毅棗

樂毅棗產山左，大倍常棗，相傳爲樂毅伐齊時所遺之種也，豐肌細核，多膏而肥美。

無花果

無花果爲落葉亞喬木，吴、楚、閩、粤皆有之。葉大而粗糙，三裂或五裂，花單性，淡紅，實爲肉果，外部之倒卵囊狀者爲花托，花多隱於其中。吾人食用之部分，即花托。實熟則紫色軟爛，味甘如柿，無核，中有消化蛋白質之成分，可助消化作用。

漳州古樹

乾隆初，漳州有一古樹，卧孔道，形甚奇，旁以石屋承之，下可容車騎，望之如城闉，如門闕，根株不辨，了了如根闌，以藤絡之，密葉青青，不知何代樹也。

岱廟之漢柏唐槐

岱廟在泰安城西北，祀東嶽泰山之神，秦、漢以來已有之，地方十畝，門閣五六重。大山門之東角爲炳靈殿，相傳泰山有五子，至聖炳靈爲其第三子也。殿前曠地，有漢柏六株，時在季冬，望之已若枯死，至春，則尚蒼翠如他樹。又有柏數百森列庭中，任舉其一，至少數百年，或且千年以上物也。其西角爲延禧殿，殿前唐槐一株，一根分三幹，一幹中劈，可容一人，有明人甘一驥大書「唐槐」二字，碑語有之，故家喬木，其此之謂歟？

榕

榕爲常緑喬木，高四五丈，産於閩、廣熱地，榦既生枝，枝復生根，下垂至地，又復爲榦，故其陰極廣。葉橢圓平滑，花淡紅，實圓而小，類無花果。

交讓木

交讓木爲常緑喬木，幹高丈餘，葉甚長而質厚，面緑，背白，柄赤。初夏開花，小而白，爲總狀花序。實橢圓，大三分許，熟則黑。新葉出後，舊葉凋落，故取相讓之義而有此名。

木犀

木犀，一名巖桂，爲常緑亞喬木，庭院多栽植之。葉爲橢圓形，對生，秋日葉腋叢生小花，花冠下部連合，色有黄有白，俗稱桂花。白者名銀桂，黄者名金桂，香氣濃厚。

榆

榆爲落葉喬木，高八九丈，皮褐色，有扁平之裂痕，可剥脱，葉橢圓而大，有鋸齒，花淡紫色。花後結實，周圍果皮伸長如鳥翅，舊稱榆莢，以其形扁圓，垂垂成串，又謂之榆錢。木材堅實，可製器具。

永陵之榆

肇祖永陵享殿側有榆樹一，高數十丈，蔭庇神殿，大數圍，向東南斜側，枝榦詰屈，狀若虬龍，樹腰有癭數百顆。土人云：「每帝后上賓時，其癭自隕一枚。」

花榆

熱河榆木多黄色，其有花者名花榆，色較深，與豆瓣楠相似。

紫榆

紫榆有赤、白二種，白者别名枌，赤者與紫檀相似，出廣東，性堅，新者色紅，舊者色紫。今紫檀不易得，木器皆用紫榆。新者以水濕浸之，色能染物。

榔榆

榔榆爲落葉喬木，高二三丈，葉橢圓有鋸齒，皮有滑汁，秋季開小花，色淡緑，實扁圓有翅。其材可爲車軸，皮堅韌，剥之長數尺，古以爲緪索。

辛夷

辛夷爲落葉喬木，其花初出時，尖鋭如筆，故又謂之木筆。樹高數丈，葉似柿葉而狹長，春初開花，有紫白二色，大如蓮花，香味馥郁。白者俗稱爲玉蘭。今植物學家謂辛夷、玉蘭，皆爲白色，惟玉蘭九瓣而長，辛夷六瓣而短闊，以此爲別。舊亦名爲迎春花。

謝小漁大令從朱肯夫按試常德時，木筆花方盛開，肯夫以之命題試士，限用王文簡公《秋柳》韻賦七律四首，大令因亦作之，詩云：「香國題碑此攝魂，應教卓立到詞門。移根暗記書牆日，布蕊疏傳屋漏痕。翡翠戲停林外架，燕支畫出塢邊村。淩雲正有相如賦，點綴甘泉景待論。」「木末芙蓉也拒霜，亭亭直幹放銀塘。和雲入夢都生彩，滴露研經合置箱。簪㨾洛新初學衞，陣圖排就不輸王。毫端吐出春霞色，散綺真成碎錦坊。」「洗盞鉛華練作衣，書裙態度是耶非？山中蕚發摛毫早，谷口春殘摘豔稀。晝口淩空朱有暈，鋪雲作紙白如飛。數枝乞自韓員外，毛穎傳來心未違。」「花高標格劇堪憐，墨妙誰評過眼烟。欄點平泉依醒石，經翻貝葉護兜綿。雕章豔溢羣芳譜，弄蕊柔宜弱冠年。書客莫嫌才易盡，曾干氣象五雲邊。」

楊

楊爲落葉喬木，與柳相類，惟柳枝下垂，楊枝上挺，以此相别。葉狹長，端尖，背有短毛，灰白色。春開穗狀花，雌雄異株，雄黄雌緑。實成白絮飛散，俱與柳同。其一種，葉稍闊厚，下有托葉，果實中著白毛者，謂之水楊，卽蒲柳也。《説文》、《爾雅》均以楊爲蒲柳，故古人所稱之楊，皆指水楊而言。惟陸璣《詩》疏，則謂蒲柳有二種，皮正青者曰小楊，皮紅者曰大楊，皆可爲箭笴。《古今注》謂蒲柳葉似青楊，葉長。柳葉亦長。雖不能與今説確合，但楊與柳别，楊又自有數種，可無疑矣。舊多與柳合，稱爲楊柳，《詩》「楊柳依依」是也。以字義言，枝硬而揚起曰楊，枝弱而垂流曰柳。故《夏小正》正月柳稊，三月委楊，顯分二種。但古人二字多通用，如垂柳亦曰垂楊。凡詩詞中所云楊柳，多包括各種言之，故通俗皆訛稱爲一物也。

白楊

白楊爲落葉喬木，產北地，往往植之墳塋，俗呼大葉楊。高數丈，葉圓而闊大，有鈍鋸齒，面青背白，葉柄長，故易動摇，雖遇微風，亦蕭蕭有聲。夏開穗狀單性花，色深紫，雌雄異株。其材多用爲火柴之梗及小匣等物。

赤楊

赤楊爲落葉喬木，生於山中，葉橢圓而長，花似栗，褐色，實似松。材爲薪炭，果實、樹皮皆可爲染料。

柳

柳爲落葉喬木，高三四丈，枝細長下垂，去其皮，可編什器，如筐筥之屬。葉狹長，花深紫，成穗狀，實熟，則絮飛散如雪。舊與楊合稱。

潼關西之柳

自潼關而西，柳陰夾道，皆左文襄公宗棠西征時所手植也。柳皆成材，紋赤質堅，可作器具，與皖、豫蒲柳不同。

周保之見紅柳

錢塘周保之大令右見紅柳而異之，因作詩，和胡息齋太守紀謨元韻，詩云：「白草黄沙悵遠游，柔條那繫紫驊騮。晴絲自結珊瑚網，新月猶懸琥珀鉤。曾伴將軍飛赤羽，可憐少婦倚朱樓。誰移南國傷心樹，種出金城一段愁。戰壘蒼茫一望賒，窮邊無此不繁華。悽迷何處吹蘆管？彷彿深秋見蓼花。絳女漫施飛鳳艦，小蠻新試守宮砂。胭脂山下行人少，獨斂雙眉鬬落霞。」

櫻

櫻爲落葉喬木，葉深緑，卵形，有鋸齒。春末開花，五瓣，淡紅，最豔麗。多產於日本，以爲名花。實爲核果，紫紅色。亦有重瓣者。吾國之櫻桃，亦其一種。

槐

槐爲落葉喬木，高二三丈，葉爲羽狀複葉，初夏開花，如蝶形，色黄白，實爲長莢，狀如連珠，中有黑子，入藥。木堅重，可作屋材器具。

萊州府署槐

康熙朝，海寧陳任齋太守廷益由部郎出守萊州，多惠政。署有老槐，僵枯已久，土人相傳曰：「太守明，枯槐榮。」至是，果枝葉扶疏。

陳文簡詠古槐

海寧陳文簡公元龍嘗結廬馬蘭峪之東偏，當門有古槐一株，亭亭獨立。行役三載重來，而衡門已圮，老樹依然，因憶杜工部「獨樹老夫家」之句，恰相符合，因用爲首句以作詩云：「獨樹老夫家，衡門靜不譁。庭空喧鳥雀，牆隙補蒹葭。落日枝頭挂，疎星葉底遮。徘徊新月上，圖畫滿平沙。」

梅

梅爲落葉喬木，早春開花，色有紅、白二種。白者初開時微帶緑色，亦謂之緑蕚梅。葉後花而生，卵形而尖，邊有鋸齒。果實味酸，立夏後熟，生者青色，謂之青梅，熟者黄色，謂之黄梅。

董小宛愛梅

冒辟疆之水繪園，凡有隙地，皆植梅，冬春之交，蚤夜出入，皆爛漫香雪中。辟疆之姬人董小宛每於含蕊時，先相枝之横斜，與几上軍持相受，或隔歲，便芟翦得宜，至花放，恰採入供之。即四時草花竹葉，無不經營絶慧，領略殊清，使冷韻幽香，恒霏微於曲房斗室，至穠豔肥紅，則非其所賞也。

小宛所居之樓下，有梅一株，每臘有萬花，可供三月插戴。某歲移居香儷園，靜攝數百枝，不生一蕊，惟聽五鬣濤聲，增其淒響而已。

騰越千餘年之梅

騰越城中有梅，千餘年物也，尚著花，在魯家。

香片梅

香片梅之種出會稽，御題王冕畫梅詩，以名花新品，蒙入奎章藻詠，實可補羣芳之所未備也。

瑞金古塍多梅

瑞金縣東有古塍，植梅，亘數里。乾隆時，仁和邱雲涇學正永嘗過之，惜其排比類菅麻，爲賦長句云：「去年探梅早，一笠孤山巔。今年梅又開，踏花深隴邊。梅花不殊花逕別，御憶孤山舊冰雪。孤山秀翠交氤氲，鐵幹枝枝欹紫旻。山亭老鶴啄花瘦，飛來只是梅花雲。橋頭沽酒留犂緑，花香酒香春滿腹。朗吟一棹破飛烟，猶帶香寒繞詩屋。如今隴上半農家，落實取材還種花。荒塍密植類菅蒯，挨排何處窺疎斜。縱有梅花標格損，鬭雀喳喳蜂衮衮。繞梅百帀轉愴神，何因移傍孤山春。」

錢叔美觀唐時古梅

滇之黑龍潭有唐時古梅，仁和錢叔美主政杜與余蓮涇探梅歸，爲陳頤道寫作障子，録舊作於上，詩云：「疏香拂拂吹面來，黑龍潭上梅花開。紫雲吹影落波底，碧琉璃浸紅玫瑰。尋山慣騎款段馬，叩門不許奚童催。道人揖客山院靜，風鑪茶沸喧殷雷。老榦盤空見鬚髮，蒼鱗卧地棲莓苔。蟄龍一睡不復醒，鐵笛吹破雪千堆。誰人手擕入靈境，傳聞天寶當年栽。千年劫火燒不死，支離孕結丹砂胎。人生安得如汝壽，古佛含笑天公猜。老夫十日面青壁，放筆自喜無纖埃。山空杳冥天籟絶，枝底祇有山禽陪。夕陽倒射殿角赤，花光人影相徘徊。鶴聲送客入城去，衣上染得朱霞迴。

返魂梅

道光初，阮文達督粤，重修書院，有梅，百餘年物也，礙於建屋，命工移之後院，將枯死矣。一夕，大風雨不止，清晨視之，則依然暢茂，文達因題之爲返魂梅。

儀徵城東十餘里有古梅一株，大可蔽牛，五幹並出，相傳爲趙宋時物。康熙時，樹忽死，垂四十年，復活，枝幹益繁，花時，光罩一院，香溢數里，文達因亦題之曰返魂梅。

蔡二梅爲梅立嗣

道光時，清遠堂蟠梅爲德清勝景。梅爲蔡正庵中丞手栽，閲百數十年而萎，蔡二梅上舍壽昌續栽之，曰：「爲梅立嗣也。」同人皆有詩以張之。

超山古梅

仁和超山有古梅，咸豐時，歸安張仲甫中翰應昌於某歲正月十六日與陸子乘往觀而作詩曰：「超山山下萬重雪，雪徑幽尋到山寤。四山盤紆抱一寺，寺前老梅尤奇絶。溝塍棱棱花童童，土氣千年厚蟠結。其中古樹數十株，兀傲空山忘歲月。旋天踞地恣查牙，根如車輪幹如鐵。老苔裂作虯鱗飛，迸露膚肌赤於血。穿林越澗觀不足，各各意態雄且傑。隨花攜酒坐花間，人意花情共蓬勃。一株古松拳龍鍾，一株怪石立突兀。一株老龍蟠空霄，一株巨靈劈雙闕。其餘縱橫盡奇妙，萬玉飛騰暗香發。此樹閱歷幾滄桑，直從炎紹溯吴越。山河南渡久銷沈，冷月黄昏芳不歇。千歲松鶴千歲仙，自古得天在巖穴。我來花下醉歌狂，遐舉欲與塵埃别。歸舟一夢醒羅浮，已覺此身有仙骨。」至光緒中葉，閩人高嘯桐、林琴南、陳吉士在杭亦往觀之，拏小舟，循淺瀨，至超山之北，則沿岸已見梅里許，遵陸至香海樓觀宋梅。梅身半枯，側立水次，古榦詰屈，苔蟠其身，齒齒作鱗甲，年久，苔色幻爲銅青。旁列十餘樹，皆明産也。至唐玉潛祠下，花迺大盛，縱横交糾，玉雪一色。步武高下，沿梅得徑，遠馥林麓，近偃陂陁，叢芬積縞，彌滿山谷，幾四里，始出梅窩，陰松列隊，下聞溪聲。至山南，花益多於山北，野水古木，渺澏滯翳，小徑歧出，爲八九道，抵梅而盡。

積善庵梅花

蘇州閶門外白蓮涇有積善庵，咸豐時，庵之西院有古梅一株，在深翠堂前，堂額爲明季高士徐樹丕隸書。相傳爲北宋所植。一本三歧，虬枝蟠曲，高出簷際，花時繁英滿空，妙香襲人，此與虎阜後山玉蘭之壽正相匹也。

梅林

杭州旗營之梅青書院，舊有梅林，經咸豐庚辛粵寇之亂，蕩然無存。蒙古盛愷庭觀察元主講席時，令院生之入泮者，每獲雋，植梅二株，未幾而蔚然成林矣。

金縷梅

金縷梅爲落葉亞喬木，高丈餘，葉橢圓，互生，質厚，微皺。早春開花，其色金瓣如縷，遠望如蠟梅。產安徽之黃山。

海棠

海棠爲落葉亞喬木，高丈餘，葉作長卵形，端尖，有鋸齒。春日開花，五瓣，淡紅，萼紅色，略黑。有數種。早春卽開，花小，深紅，緊著枝上者，謂之貼梗海棠。花梗細長者，謂之垂絲海棠。皆重瓣，不結實。惟西府海棠單瓣結實，實名海紅。

極樂寺海棠花

京師西直門外極樂寺海棠，奇品也，相傳寺僧以蘋果樹接種，開時雪膚丹頰，異色幽香，觀者莫不欣賞。蘋果花本白色，一經胖合，便極雙妍。

枯棠生花

康熙辛卯，涇縣縣丞山東胡隆延鄭漢林爲塾師，課其二子。時方二月，署中枯棠忽生花五枝，大如牡丹，紅豔可愛。鄭邀同人賦詩紀瑞，意謂主人必有升擢，主人亦雅自負重，久之無應。乾隆乙未，胡之第二子文伯由縣丞仕至安徽巡撫，覲風至涇縣，策馬人舊署，尋覓枯樹，已無存者，鄭氏子孫亦零落不振，謂樹猶如此，人何以堪，爲徘徊竟日而去。

雪中開海棠

查蓮坡有別業在曲周，某歲十月，庭中海棠忽於雪中盛開。津門閨秀許雪棠賦詩以紀之云：「移從香國種無雙，幾見淩寒夜不降。日映輕紅嬌帶淚，風扶弱質笑迎窗。朱門舊許宜春睡，冷院新看伴玉釭。卻恨社公無好句，空教十月渡寒江。」汪西顥《津門雜事》詩云：「不櫛書生不畫眉，傳來豔絶海棠詩。若教玉杵稱才子，壓倒樓頭舊婉兒。」蓋指雪棠之過時不嫁也。

法源寺海棠

乾隆時，京師法源寺海棠最盛，秦大樽每於退食後往觀之。一日，值休沐，晨餐甫竟，命車卽往，而懼主僧見之，詫其數來也，乃不謁主僧，徑赴外圃，坐海棠花下以觀之。曾有詩曰：「歲唤狂朋三十度，春風欲放海棠顛。」

玉蘭

玉蘭爲落葉亞喬木，高數丈，不易成長。葉與花瓣皆倒卵形，一幹一花，皆著於木末。春初開花九瓣，大而厚，色白。隆冬結蕾，而裹以厚苞，其苞密生細毛，花落後，始從蒂中生嫩葉。南方多植之庭園。又一種，花瓣内白外紫者，俗稱紫玉蘭，植物學家謂卽木蘭。

夏日開玉蘭

國初，有施清者，其家之庭前有玉蘭二本，當春槁，力培之，入夏，與菡萏争妍，清乃賦詩以志異。

白蘭花

白蘭花，木本也，高及丈，枝葉森茂，幹蒼勁，望之輒疑爲桑，有大可數抱者，上海有之。

紫薇

紫薇爲落葉亞喬木，高丈餘，樹皮極滑澤，葉橢圓形，對生，花紅紫或白，花瓣多皺襞，夏日始開，秋季方罷，故又名百日紅。

柞

柞爲常緑灌木，葉小，有細齒，光滑而堅韌，幹及葉腋皆有針刺，其木古以作梳。産於奉天者，約可分爲三種。葉大而長緑，形鈍圓，缺深，肉厚，葉裏有毛，端廣底狹者爲柞，又名槲，性堅韌，幹色灰白，粗糙有毛，所在有之。葉緑尖鈍，缺細而淺，形狀狹長，光滑無毛，端尖底平，樹身亦堅韌，幹色黑褐而光者，爲尖柞，各地最少。葉形中圓緑，亦鈍圓，缺深如柞，葉裏無毛，端廣底狹，幹性及色略如柞，光而無毛，是爲春岡柳，又名小葉柞，亦名油尖柞，葉肥枝茂，各地頗多。

莽草

莽草爲常緑灌木，生於閩、廣、江蘇等處，而以廣西龍州、百色兩處爲最多。幹高丈許，葉長橢圓形，葉上有透明小點。春日開花，瓣細長，色白微黄。結實成蓇葖，有稜，集爲車輪狀，氣香性毒，古以之殺鼠除蠹，今作香料，並製爲油，運銷歐美各國，謂之八角油。

山礬

山礬爲常緑灌木，野生，大者高丈許，葉橢圓有光，鋸齒甚疏。春開白花，有清香。子大如椒，色黄，可爲黄色染料。花與海桐花略相似，俗訛稱海桐爲山礬。

山礬亦名瑒花，又名芸香，宋王荊公欲爲詩而陋其名，黄山谷爲名曰山礬。野人取其葉以染黄，不藉礬而成色，故以名爾。

水蠟樹

水蠟樹爲常緑灌木，山野自生，高五六尺，葉爲橢圓形，對生。暮春開小白花，爲小圓錐花序，花梗多毛，實紫黑。四川重慶、嘉定等處常就此樹養蠟蟲，採取枝間白色如粉之物，以製白蠟。

杞柳

杞柳爲落葉灌木，山東、河北等處産生尤多，有大葉、細葉之别。大葉爲長橢圓形，細葉爲線狀箭鏃形。古以爲杯棬。

木賊

木賊爲常緑灌木，多年生之隱花植物也，自生於山野間，高二尺許，莖中空，每寸許結節，節間生退化之葉。夏秋之交，莖頂生橢圓形短穗，緑褐色，如筆頭。莖粗糙，可用以磨木材、骨角等物。

黃楊

黃楊爲常綠小灌木，莖高二尺許，葉爲卵形，質厚而柔軟，春初開淡黃色小花。其材甚堅緻，可製木梳及印版之屬。惟性難長，俗說歲長一寸，遇閏則退，宋蘇軾詩「園中草木春無數，惟有黃楊厄閏年」是也。

芫

芫爲落葉灌木，通稱芫花，莖高三四尺，春月先開管狀小紫花，節節密生，後乃發葉。性有毒，漁者煮之以投水中，魚死而浮出，故又名魚毒。

花椒

花椒爲落葉灌木，山野自生，高丈許，有刺，香甚烈。葉爲羽狀複葉，對生。春開小花，黃綠色，雌雄異株。實圓小。

醉魚草

醉魚草爲落葉灌木，山野自生，莖高二三尺，略似草本，節間有微稜，葉爲長卵形，頗大，端尖。夏開管狀花，紅紫色，列爲穗狀花序。性有毒，漁人採花、葉以毒魚，盡死。其花色狀氣味並如芫花，可毒魚亦同，惟花開不同時爲異耳。

蔦

蔦爲落葉小灌木，寄生於桑、楓、櫸、柳等樹上，俗概稱桑寄生。葉長卵形，厚而有光，背淡紫有毛茸。夏開淡黄色小花，秋初結實如小豆，黄緑色。吸取被寄生各樹之養分，多致樹枯死。《爾雅》：「寓木，宛童。」《詩》：「蔦與女蘿，施于松柏。」均指此。

十大功勞

十大功勞爲常緑灌木，植於園圃，江西之上饒等處産生最多。高四五尺，葉爲奇數羽狀複葉，革質無柄，葉緣有鋸齒如針。春日幹頂葉叢之間，生數花軸，開黄花，結小實，長三分許，熟則紫黑，可入藥。

巴豆

巴豆爲常緑灌木，多産於巴蜀。高丈許，葉爲卵形，端尖，葉脚有蜜腺二。花小，花叢之上部爲雄花，下部爲雌花，色淡黄。實成房，其殼脆薄，熟則分裂，子出，爲强烈之瀉藥。其子可搾油，謂之巴豆油，效用亦同。

梔

梔，本作梔，爲常緑灌木，亦名山梔。高丈餘，葉橢圓而厚，夏開白花，實橢圓，色黄，有縱稜五六，可入藥，並爲黄色染料。

橘紅

橘爲常緑灌木。橘紅者，實之皮也。化州橘紅，産廣東之化州。州多青礞石，故橘紅化痰尤驗。相傳爲仙人羅辨種於石龍腹上，凡九株，各相去數武，以近龍井略偏一株爲最。或謂以賴氏園老樹所産者爲最佳。井在州署大堂之蘇澤堂左廊下。龍口相近者次之，城内又次之，城以外則臭味迥殊矣。阮文達公嘗撰《化州橘記》。廣西孝廉江樹則著《橘紅辨》，謂橘小皮薄，柚大皮厚，橘熟由青轉黄，柚熟透始轉黄。開常坐卧樹下，詳驗其枝葉香味，明明柚也，而混呼之曰橘，且飾其皮曰紅，實好奇之過也。

大字香

大字香，木本，長白山産之，狀如矮松，高不足二尺，枝黄實紅，氣味清馥異常，焚之，可以除濕氣，殺毒蟲，避瘟疫，清腦筋。

牛肝木

松山左右產牛肝木，形同樹癰，氣清香，與他香不同，焚之，可殺毒蟲。

總管木

總管木，瓊州黎峒所產，紅紫色，中有黑斑，可避惡獸諸毒，故名。黎人若中獸毒，研末敷之，即消。蛇若與之接觸，骨即斷，聞其香，即顫伏不能動。土人以之作手釧，天足婦女採藥入山，下田刈稻，均戴之，一丈之內，蛇避而不近。

南天燭

南天燭，亦稱南燭，又稱南天竺，爲常緑灌木，葉爲羽狀複葉，互生，花軸生於榦之上部。夏開小花，五瓣色白。實圓，叢生秋冬之際。變種甚多，花亦有紅色者，實或黄或白。

北天竺

北天竺，叢生塞山絶壁，結實纍纍，色正赤，類南天竺。高宗賜以名，曰北天竺，並有御製詩詠之。

檜柏

檜柏爲常緑灌木，俗稱子孫柏，榦直立，長丈餘。葉有二種，一略成小箭簇形，一爲小鱗片形，分生枝上。花單性，甚小。實作毬形，略帶肉質。

虞山詩人悼檜

常熟致道觀前有古檜七，相傳其三爲梁時所植。至道光時，則北一株亭亭矗立，高出雲表，南一株拳秃下覆，復折而上，西南一株中刳爲兩，似斷而連。餘四株爲明隆慶時補植。以其象斗垣之羅列也，故曰七星檜。咸豐丁巳秋，爲海風摧折北一株之頂，常熟詩人作歌弔之，欷歔笑傲，各極其致。仁和高子農州同因亦爲詩，曰《虞山悼檜歌》。

木蓮

木蓮爲常緑灌木，一名薜荔，蔓生，莖長數尺，葉橢圓，質厚，花細，全隱於花托中，類無花果。實上鋭下平，大如杯，内空，色紅，俗稱木饅頭。子曝乾擣碎，可作涼粉，卽醫書所謂冰漿也。

仙人掌

仙人掌爲常緑灌木，産於暖地，幹扁闊，有刺，色緑。夏日開花，紅黄多瓣。實多毛刺，熟可食。嫩榦之液，可去衣垢。

胡頹子

胡頹子爲常緑灌木，高丈許，枝繁而稍柔軟，葉橢圓，厚而深緑，背密生白色及褐色之鱗片，邊成波狀。秋冬之際開花，有白色之合片萼。實爲長橢圓形，色赤，味酸濇。

柚

柚爲常緑灌木，産於閩、廣，榦高丈餘，枝有刺，葉爲長卵形，葉柄有翼狀小片，花白，五瓣。實徑四五寸，形圓，頂高，色正黄，皮極厚，不易剥脱。種類甚多，味甘者貴。産於廣西容縣之沙田者，曰沙田柚，尤著名，不酸而甜。江、浙稱柚之味酸者曰泡，閩中則凡柚皆稱泡，亦作抛。

秀水盛柚堂之尊人令龍川時，官舍東西齋各有柚一樹，東樹瓤微紅，西樹瓤白而微碧，味更勝，爲邑中冠。柚堂攜核以歸，種之堂北，十七年不花。乾隆丁丑春，柚堂入長安，其歲始花，垂實六，且大，味亦不減於粵。十月歸，見餘果二，一投張瓜田徵君。張繪圖題詩，並爲説以贈。又以其一並徵君説呈於錢香樹尚書，錢亦題詩，又別爲書。並書詩與説，彙成卷，屬百二題詩於左。柚堂，字秦川，爲桑弢甫高弟，官淄川知縣。

文旦

文旦，爲柚之别種，瓤白，味甘，古稱香欒。或云皮裏淡紅者曰香欒，皮裏白而瓤淡紅者曰朱欒。出長泰縣，惟溪東種者爲上，其地所種無多，移植他處卽不佳。

柑

柑爲常綠灌木，榦高丈餘，葉爲長卵形，花白。初冬結實，形正圓，色黄赤，皮緊紋細，不易剥，瓤多液，甘香沁齒。閩中謂之柑，廣東則稱爲甜橙，而以蜜橘爲柑，故俗有高身橙、扁身柑之説。

蘆柑紅柑

漳南産柑橘，其種不一，而顆皆碩大。蘆柑爲最，紅柑次之。蘆柑色稍黄，紅柑則正赤，皆佳種也。

佛手柑

佛手柑爲常綠灌木，産於閩、廣，與香橼同種，高丈餘，亦稱佛指香橼。葉橢圓，鋸齒甚細，葉腋有刺。春開白花，五瓣。夏末實熟，皮黄如柚，形長，上端分歧十餘，如手指，清香襲人，蜜漬可食。

橙

橙爲常緑灌木，榦高丈餘，葉長卵形，大於橘葉，花白。實經霜早熟，形圓，色正黄，皮粗糙，易剥，瓤味酸，其皮香氣甚烈。其出於廣東之新會縣者，俗亦稱之曰新會橙。別有所謂香橙者，爲常緑亞喬木，葉稍大於橘，初夏開白花，越歲實熟，徑二寸許，皮厚香烈，可作清供。

橘

橘爲常緑灌木，榦高一二丈，莖有刺，葉作長卵形，端尖，葉柄有翼狀小片。花白，五瓣。初冬結實，扁圓，色紅或黄，皮薄而光滑，易剥，味微甘酸。產於福建者色紅，俗稱之曰福橘。其較大而色萊黄赤者，皮粗厚，瓤多液而甘，別稱爲蜜橘，廣東亦謂之柑。

金橘

金橘，一名金柑，爲常緑灌木，榦高六七尺，產贛、浙、川、廣間。葉橢圓，有透明之小點。夏開白花，秋冬實熟，色黄如金，形圓，味甘酸而芳香，生食、蜜漬皆佳。一種成倒卵形者，別稱牛奶柑，一曰金棗。

木瓜

木瓜爲落葉灌木，榦高六七尺，葉爲長橢圓形。至春，先葉後花，花分紅白二色，頗美豔。實之形橢圓，色黃，小於榠樝，蒂間别有重蒂如乳狀。味頗濇而酸，蜜漬可食。

海棠木瓜

海棠木瓜，出江寧明孝陵衞，花如貼梗海棠，實較尋常木瓜大者約十分之二，香濇永，微酢澀，以爲鼻煙，陳乾者良。

石榴

石榴，一名安石榴，爲落葉灌木，多植之庭院中，高八九尺，葉爲長橢圓形，平滑。夏初開花，萼赤，花瓣深紅。實爲球狀，赤色有黑斑，熟則自裂，可食。

新疆葉城之石榴，至大，以人之三拳擬之，差相類，每枚有子盈一升，色豔若丹砂，流汁若醴。

郁李

郁李，卽唐棣，亦作栯李、奧李，爲落葉灌木，高五六尺，葉爲箭鏃形，有鋸齒，嫩時附有白毛。花五瓣，色白。夏月結實，爲核果，色紫赤，味酸。花極似梅，吴中謂之爵梅。其材可爲器具，仁入藥。

常棣

常棣，葉狹長，實如櫻桃而圓，有微毛，頗酸，初夏熟。北人呼爲棠梨子，唐、宋人或誤作唐棣。

山樝

山樝爲落葉灌木，園圃多蒔之，高五六尺，枝多刺，葉形似尖劈，有鋸齒，春暮開小白花。實有赤、黄二色，大者如小林檎，秋熟，可食。

樝子

樝子爲落葉小灌木，山野自生，莖高一二尺，枝有刺，葉倒卵形，有托葉。早春先葉後花，黄赤色。實圓，小於木瓜，色微黄，甚酸。

枸杞

枸杞爲落葉小灌木，一作枸繼，高三尺餘，葉爲長橢圓形，互生。夏日葉腋開小花，花冠淡紫。實卵形而尖，色紅，可入藥，曰枸杞子。出河西及甘州者佳，紅潤甘美，味如葡萄，可食。其根之皮爲地骨皮，亦入藥，且可浸酒。

越橘

越橘爲常緑小灌木，生於高山，莖高五六寸，葉橢圓形，或倒卵形。初夏開花，爲總狀花序，花冠成鐘形，小而淡紅。實爲漿果，鮮紅，形圓，徑二三分，味甘酸，可生食，或以鹽、糖等漬之。

獼猴桃

獼猴桃爲蔓生灌木，山野自生，高二三丈，葉爲卵形而闊，端尖鋭，質硬有光澤。初夏開緑白色小花，五瓣。實圓，味甘酸，可食。

葡萄

葡萄，一作蒲萄，爲蔓生灌木，有卷鬚，北方多有之。葉掌狀分裂，頗平滑。夏初葉腋抽花穗，簇生小花，色黄緑，爲長圓錐花序。至秋，實熟，皮紫，緑色，甘美可食，又可製酒。

葡萄種類不一，自康熙時哈密等地咸隸版章，因悉得其種，植諸苑籞。其實之色，或白或紫，有長如馬乳者。又有一種，大中間有小者，名公領孫。又有一種小者，名瑣瑣葡萄，味極甘美。又有一種曰奇石蜜食者，回語滋葡萄也，本布哈爾種。西域平後，遂移植於禁中。

梨

梨，本作棃，葉爲卵形，端尖。夏初開花，五瓣，色白。實爲漿果，大而圓，至秋成熟，皮有細點，以産於直隸之河間、山東之萊陽者爲最良。本爲喬木，以年年採摘，屈曲其枝，或芟刈之，故多成灌木形。

黄梨

黄梨，閩人謂之地波羅，出泉、漳等府。形如芋，大或及斗，皮成鱗片，内有梗如釘，著肉甚堅，味頗鮮爽，勝羊桃、香蕉之類。周櫟園在閩時，每上市，輒購食。廣西之邕寧等處亦有之。

楚梨被封禁

楚雄爲滇南迤西首郡，産梨絶佳，梨熟，郡縣輒將境内梨樹封禁，以官價取百數十萬顆，送會城，饋上官。

刺梨

刺梨，野生，夏花秋實，榦與果多芒刺，味甘酸，食之消悶，煎汁爲膏，色同楂梨。黔省四封皆産，移之他境則不生。每冬月，苗女子採以入市貨人，得江、浙、楚、豫客買之，苗女喜曰利市，得佳客交易也。

本省人爲之買，則倍其價。江南人或物色之，則舉筐以贈，曰：「愛莫離。」愛莫離者，漢言與爾有宿緣也。或有調戲之者，則大怒曰：「落勿渾。」落勿渾者，漢言無廉恥也。所謂物色之者，非有他意也，乃婉容愉色以問其出處，故喜悦也。

紅梨

紅梨產蘭州，晚秋始熟，皮微赤，俗名蘇木梨。味甘脆，可儲至仲夏不壞，有大如盂者。

軟兒梨

軟兒梨，亦產蘭州，色黑質軟，中含水漿甚富，冬月吸食，甘冽震齒，可解煤毒。

庫車梨

庫車梨，大盈握，色鮮黃，皮薄如紙，味甘如蜜，入口卽化。

桑株莊梨

桑株莊梨，味至美，無核，與庫車所產者相類。

佛見喜

東陵後山産梨，曰佛見喜，甘脆異常。

逃軍糧

逃軍糧者，廣西之果名也，酸甜可食，趙炯詩曰：「枝生榦挺葉花厚，四月之中花欲然。思嫁海棠渾不睡，夢隨荳蔻好相憐。落霞片片明如繡，結實垂垂黑正涎。何有逃軍堪采食，時平無那佐炊煙。」

霸王鞭

嶺南有樹曰霸王鞭，枝榦棱棱，望之如鞭。其根入燒酒，酷烈異常，間能毒人。

波羅樹

波羅樹，原植於廣州南海廟中，相傳蕭梁時，西域達奚司空所種。他處所有，皆自此分出。葉如頻婆而光潤。生五六年，至徑尺，削去其杪，以銀鍼釘腰，卽結實。實不以花，自根而榦而枝條，皆有實纍纍。若不實，則刀斫樹皮，有白乳湧出，凝而不流，則實，故亦名刀生果。

朱果

朱果，産於長白山，每莖不蔓不枝，高三寸許，無花而果，先青後朱，形同桑椹，味清香而甘酸，遠勝桑椹。一名仙果。天池左右頗多，他處無之。

火裏冰

直隸有佳果，曰火裏冰，小於蘋果，大於花紅。

英崿秋

奉天産小果，曰英崿秋，香甘可食。

茶樹

茶樹爲常緑灌木，高五六尺，秋日開白花，實三角形。其葉可烹爲飲料，古謂之苦荼，又名檟，又名荈，唐時始以充飲。

碧蘿春

碧蘿春，茶名，產於蘇州之洞庭山碧蘿峯石壁。初未見異，康熙某年，土人按候而採，筐不勝載，因置懷間，茶得熱氣，異香忽發，採者争呼爲嚇殺人香。嚇殺人，吴之方言也，遂以爲名。自後採茶，悉置懷間。而朱元正家所製獨精，價值尤昂。己卯，聖祖駕幸太湖，改名曰碧蘿春。

雲霧茶

鍾山之巔産茶，恆在雲霧中，其境爲人跡所罕至。山有白雲寺，春日採茶，僧必於雲霧朦朧時摘之，則葉於盞内自分三層，氤氲起雲霧之狀。若日出霧散時採之，則否，故所獲甚少。丹徒西城外五州山亦産之，但土人不善焙製，故名不著耳。

六安茶

六安茶，産霍山，第一蕊尖，無汁，第二貢尖，即皇尖，皆一旗一槍，即一梗一葉。第三客尖，即一梗兩葉。第四細連枝，即一梗三葉。第五白茶。有毛者雖粗，亦爲白茶，無毛者卽至細，亦爲明茶。明茶有耳環、封頭等名，皆老葉矣。舊例，於四月八日進貢之後，乃敢發賣。其産茶之地，達八百方里，而仙人衝、黄溪澗、烏梅尖、佛寺、濛潼灣數處爲尤佳。

龍井茶

龍井茶葉，產於浙江杭州西湖風篁嶺下之龍井。狀其葉之細，曰旗槍，有雨前、明前、本山諸名，然所產不多。井之附近所產者亦佳。

岕茶

岕茶，茶名，產於浙江長興縣境，在兩山之間，而爲羅氏所居，故名岕茶，亦名羅岕，爲長興茶之最佳者。

閬林茶

康熙時，衡山水月林主僧靜音嘗餽大興劉繼莊以閬林茶葉一包，閬，則安切，讀平聲，衡人俗字也。𧀹菜一瓶。此茶出石罅中，乃鳥銜茶子墮罅中而生者，極不易得，衡岳之上品也，能助消化。

蒙頂茶

蒙頂，茶名。蒙山在四川名山縣西十五里，有五峯，最高者曰上清峯，其巔一石大如數間屋，有茶七株，生石上，無縫罅，相傳爲甘露大師所手植。產生甚少，明時，貢京師，歲僅一錢有奇。環石别有數十株，曰陪茶，則供藩府諸司，今尚有之。

如磚。

普洱茶

普洱茶產於雲南普洱府之普洱山，性温味厚，壩夷所種。蒸製後，以竹箬成團裹之。亦有方者，

烏龍茶

臺北產茶，有名烏龍者，略如紅茶，粵人多嗜之，尤爲輸出外洋土貨之大宗。

山茶

山茶花，南方各省皆有之，雲南尤著，以在會城之歸化寺者爲第一。其本合抱，花大如盂，爲元、明以前物，遊宦羈客，多餞别於此，每歌詠之。葉如桂，稍厚而硬，經冬不凋。以其類茶，又可作飲，故得茶名。花自十月開至二月，種類甚多，有單瓣、重瓣、紅白斑數色，皆美豔。其樹，通常盆栽者，高僅二三尺，雲南則有高至二三丈者。

寶珠山茶

山茶之千葉深紅花大心繁者，花簇如珠，名寶珠山茶。吳梅村有詠拙政園寶珠山茶詩，園在蘇州。

察爾察

察爾察，形似山茶，其葉可以代茶荈，爲準噶爾部所産。

杜鵑

杜鵑爲常緑灌木，高三四尺，葉橢圓深緑，莖、葉皆有毛。夏日開紅紫花，間有白色者，花冠爲漏斗狀，邊緣五裂甚深，每於杜鵑啼時盛開，故名。

夾竹桃

夾竹桃爲常緑灌木，高丈餘，葉作箭鏃形，質厚，輪生。夏月開紅花，類杜鵑，間有白花。根葉似竹而不勁，性有毒。

茉莉

茉莉爲常緑灌木，其種來自波斯，《南方草木狀》謂之耶悉茗，則譯音也。木與素馨同類，其名亦同，後入我國，始專稱尖瓣細瘦者爲耶悉茗。南漢以後，又稱素馨，而圓瓣者則謂之茉莉。初夏之夜，開小白花，秋盡乃止，香味甚烈，閩、廣種之最多。凡香片茶葉，皆此花所窨成者也。佛書謂之鬘華，北土曰柰。《晉書》「都人簪柰花，爲織女帶孝」，即此，今婦女多戴之。

素馨

素馨爲常緑灌木，花似茉莉，而四瓣尖瘦，其種來自西域。《南方草木狀》亦謂之耶悉茗，則以西文與茉莉同一字，不分二種也。昔劉王有侍女名素馨，冢生此花，因以得名。蓋南漢後始有素馨之名。廣州城西之花地，種此者最多。花有黄、白二色，白者香氣尤勝，黄者名黄馨，俗亦稱金雀花。

牡丹

牡丹爲落葉灌木，吾國之特産也，莖高二尺許，亦有高至四尺者。葉爲複葉，分裂甚深。夏初開花，徑三四寸，有重瓣、單瓣之别，在花中爲最豔美。古無牡丹，統稱芍藥，自唐以來，始分爲二。以其花似芍藥而榦爲木，又謂之木芍藥，且有牡丹花王、芍藥花相之説。

牡丹爲國花

一國特著之花，可以代表其國性者，如英之玫瑰，法之百合，日本之櫻皆是。我國向以牡丹爲國花。京師極樂寺明代牡丹最盛，寺東有國花堂額，爲成哲親王所書。

牡丹之種類

牡丹種别甚多，有亳州、曹州、法華、洞庭山、平望諸種。

亳州種凡二十四。曰太平樓閣，嫩黄，初開，蕊緑色，玉版，耐久，喜肥，易開。曰泥金報捷，花瓣淡黄，花邊深黄，初放，蕊金黄色，千葉重疊，難開。曰伍黄，葵黄色，千葉，硬瓣，平頭無心，喜陽，不宜肥，難開。曰祁緑，色如菜葉，俗名菜葉緑，起樓，瓣緊密，難開足。曰火楞，深紅色，硬瓣，千葉，平頭，喜肥，宜陽，難開。曰補天石，白胎翠莖，平頭，房小，色如雨過天青，難開，宜陰，不喜肥，貴品也。曰墨奎，黑紫色，燈下視之，如黑絨，千葉，大瓣，平頭，喜肥，宜陽，易開。曰花紅翠盤，平頭，聚心，桃紅色，宜陰，易開。曰獨占春光，平頭，大瓣，淡粉紅色，開足，色漸白，易開而早。曰雪塔，花瓣結繡，浄白無紅根，宜陽，易開。曰青心白，平頭，千葉，緑心，易開。曰雨交，小瓣千葉，平頭，色如雨中海棠，嬌豔異常，難開。曰支家大紅，大紅色，闊瓣，皺葉，平頭，輭瓣，不耐久，喜肥，宜陽，易開。曰蕊珠，玉版千葉細瓣，瓣邊紅鑲一線，色如羊脂，難開。曰緑耳大紅，色深紅，平頭，於心中抽兩緑瓣，品貴，難開。曰瑶池春，白中帶微紅，平頭，千葉，大花，易開。曰魏紫，起樓，大托瓣，深紫，宜陽，喜肥，易開。曰胡白，平頭，玉色，易開。曰緑心胡紅，平頭緑心，銀紅色，易開。曰勝紫，深紫平頭，千葉，花大，易開。曰穆家紅，桃紅色，起樓，大托瓣，宜陽，易開。曰雪夜暎輝，妃色，開足則白，聚心，硬瓣，難開。曰富紅，玉版，銀紅色，千葉，平頭，易開。曰魏紅，深紅，大花，起樓，喜陽，易開。

曹州種凡十九：曰黄絨鋪錦，細瓣，如卷絨，有四五瓣，差闊，連綴承之，上有金鬚，布滿黄色，即古之縷金黄也。曰慶雲黄，色似金葵，中有紅瓣，數條挺出，品貴，難開。曰春江漂錦，深梅紅色，重樓千葉，花之最觸目者，一名珊瑚暎日。曰烟籠紫玉盤，古稱油紅，花色墨紫，如松烟濃染，最爲異色。曰狀元紅，重葉深紅，有紫檀心，貴品，難開。曰紫袍金帶，起樓重疊，腰圍黄心，簇滿，色如玫瑰紫，花中之最貴者。曰硃砂紅，深紅，一名迎日紅，一名蜀江錦，一名醉猩猩。曰墨葵，朱胎碧莖，大瓣，平頭，似亳州墨奎，而色略深。曰榴紅，千葉樓子，色近石榴，花難開。曰金星雪浪，緑莖黄蕚，初放，淺黄花瓣，圓滿，黄心攢簇，如培植失宜，難開，單瓣。曰池塘曉月，胎蕊細長而黄，花色似黄而白，平頭，千葉，細瓣，難開。曰花紅繡毬，花頭圓滿如蓢綵疊霞，中紅邊白，有天機圓錦之比。曰胭脂井，色如胭脂濃染，蕊長，花放如筒，中空，花之奇者也，難開。曰一品朱衣，大紅色，闊瓣，平頭，色豔，宜陽，喜肥，易開，一名奪翠。曰淡藕絲，緑苞，紫莖，如吳中所染藕色，花瓣中皆有紅絲，一名桃紅線。曰一捻紅，淺紅，瓣尖，一點深紅，如指捻痕，世俗相傳謂唐楊貴妃以匀面餘脂印花上，明年花開，片片有指印迹。曰絳紗籠玉，質本白，而内含淺紺，外則隱有紫暈，一名秋水洛神，品最貴。曰瑞蘭，胎莖，花葉皆清淺似蘭，最爲逸品。曰玉版白，硬瓣，耐開，花葉稀少，中有紅心，如蓮房，易開。

法華種凡四十七：曰范陽大紅，深紅圓瓣，起樓，玉版，望之有光照耀，瓣邊紅綫環繞，色更深，實爲最重之品。曰寶珠，聚心如珠攢簇，花小，本枝不能長大，含蕊時大紅，開足爲雄黄色。曰火輪，深紅帶紫暈，花開耐久，瓣厚而堅。曰柳墨，卽曹州油紅種，而接於芍藥根，其色瓣變爲深墨，紫而有白，根亦貴重。曰緑蝴蝶，千葉大瓣，含苞，緑如鸚羽，放足，水緑色，每瓣尖仍深緑，形如蝱。曰大紅舞青猊，卽瑞露蟬結繡，中出五青瓣，難開，含蕊時，須以竹刀劃破，性宜陽。曰銀紅舞青猊，中出五青瓣，一名銀紅飄錦。曰白舞青猊，卽萬山雪，花心堆起，瓣細簇如雪團，中抽青瓣。曰紫舞青猊，卽青蓮飄錦，中抽青瓣。曰西岐白，瓣闊而硬，花大盈尺，高聳無心，花硬紫色，一名素鸞。曰隴東素月，花大，帶黄暈，難開。曰高家大紅，深紅，瓣硬，似范陽，而瓣稍亂，易開。曰萍實生香，花圓，不甚大，色桃紅，難開。曰寶石樓臺，花大而圓，起樓，中深紅，邊白。曰紫蟬，深紫千葉，花房緊密，難開。曰羞花伍，玉色，紅鑲邊，千葉，硬瓣，整齊難開。曰清河白，花硬，葉疎，浄白無瑕。曰新紅嬌豔，繡毬式，較寶石樓臺略淡。曰大紅毬，平頭，大瓣，色深紅，難開。曰四面紅，紅色帶紫暈，小瓣。曰紫羅襴，色淡藍，嬌嫩異常。曰祥雲捧日，深銀紅，大花，闊瓣，中有圓心，如蓮房。曰姿貌絶倫，淡粉紅色，瓣硬，耐久。曰粉毬，粉紅色，根深紫。曰潑墨，色深墨紫，平頭，闊瓣，如墨汁潑之。曰金晶，淡松花色，千葉，得氣，起樓，淡黄色。曰太真，淡妃色，開足則白。曰睡兒紅，淡紅，大瓣，平頭，嬌豔。曰粉磬，淡青蓮色，起樓，易開。曰紫幢，青蓮色，起樓，易開。曰富白，花大，起樓，微帶紅暈。曰香雪，瓣輭，純白，不耐風日，平頭，有黄鬚，易開。曰新紫，深紫，千葉，硬瓣，難開。曰燕雀同春，青藍色，易種，而花極難開。曰海市，花大，色紫，花極富麗。曰千張灰，藕色，起樓，易開。曰平分春色，桃紅色，結繡，開最早。曰甎色藍，色紫藍，平頭，易開。曰霞光，桃紅色，平頭，有心，易開，有時極富，變大紅色。曰孟白，闊葉，平頭，瓣輭，不耐風日，易開。曰朱紅，似曹州一品，朱衣而略淡，瓣輭，易開。曰雉頭毬，中出兩長瓣，如雉羽，色有黄緑淡紅點，如灑金。曰紫毬，起樓，大花，深紫。曰左紫，平頭，大花，色如玫瑰，易開。曰韞玉，淡妃色，花瓣厚，望之如玉有光。曰玉兎天香，淡粉紅色，易開。曰銀紅蝴蝶，千葉，大瓣，開足如婕狀。

洞庭山種凡八：曰寧國白，玉版，大花，浄白。曰王家大紅，深紅色，如大紅月季。曰翠紅妝，嬌豔，而平頭攢瓣，扁大。曰朝天紫，卽天香紫，平頭，千葉，有心，易開。曰七寶冠，大紅起樓，瓣簇不易開，又謂之緑鬚火楞。曰卿雲紅，深紅色，大瓣，中有墨鬚緑心，又謂之小桃紅。曰獅頭紫，深紫有樓，但花在葉中，不能挺出。曰月下白，淡粉紅，有樓，易開。

平望種凡五：曰掌花案，深紅，千葉，花有光，不易開。曰春閨争豔，粉紅色，千葉，聚心，極娟媚。曰斗珠，銀紅色，下有大托，瓣中皆細瓣，如聯珠。曰蓮紅，花如紅蓮，瓣挺而香清。曰玉盤紅，花大而肩無心，類玉樓春，瓣圓整不亂。

冬月開牡丹

康熙丙午十一月，德清吉祥庵牡丹開十一蕊，士女遊賞者甚衆。

九月開牡丹

康熙戊戌九月，蘇州西禪寺有牡丹一本，葉皆彫落，開花一朵，淡紅鮮嫩，雜於菊花叢中。施一山作二絶句以詠之云：「别擅輕紅色，重開黄菊時。寶花應説法，無葉亦無枝。」「漫道梨花瑞，兹花瑞若何？我來看霜葉，竟作踏春歌。」

十月開牡丹

錢塘梁秋潭茂才文泓以復園牡丹十月作花，因賦詩云：「榖雨收時翠葉新，已拚隔歲再相親。儻來富貴原難料，未及開春及小春。」

法源寺牡丹

乾隆朝，京師法源寺有牡丹，頗繁豔。主僧戒律甚嚴，遊人不得攜酒。金匱秦大樽太守朝釪官京師時，聞之，笑曰：「遠公置酒，佛印燒豬，真正名士，佛亦當少恕。我輩薄劣，固不得發此妄想也。」

黑牡丹

福建惠安縣有青山大王廟，階下多黑牡丹。花開時，有數百朵，皆向大王神像而開，移神像，花亦轉面向之。

甘州市上所售牡丹價極廉，錢數十文可買一束，而黑、緑兩種尤多。

牡丹比將軍

青城山丈人觀前有牡丹二株，一高十丈，號大將軍，一高五丈，號小將軍。牡丹向比美人，此忽擅閫外之尊，尤爲衆香國中生色。

縱溪園牡丹

上海法華鎮之牡丹，相傳自宋卽有之，初盛於吴下，而法華李氏縱溪園尤多異種，爲雲間冠。所植尤蕃茂，有紫金球、碧玉帶二種，最名貴，色香俱勝，其他雜色，亦有數十種。花時，游賞者遠近畢至，園主人必張筵宴客。同治時，園廢，藝花者亦減矣。是處居人之業是者，類皆植之於田，花開，貯之盆盎，擔入城市售賣，值亦廉。色以淡紅、深紫二種爲多，黄、白者僅見，實皆芍藥所接，明歲放花，仍芍藥也。

緑牡丹

嘉慶朝，海寧馬二槎上舍瀛嘗詠盆中緑牡丹，詩云：「數到歐家香滿庭，黄瓷斗護小娉婷。東風楊柳春無色，微雨莓苔夢欲醒。仙女低垂鴉鬢碧，花王也學佛頭清。沈香日午環妖豔，不羨三郎對畫屏。」

西安城外八仙庵，唐興慶宫故址也。光緒庚子，兩宫西狩，孝欽后親往禮佛。庵中牡丹方盛，緑者尤佳，宫監時以折枝插行宫膽瓶中。

金邊牡丹

金邊牡丹，廬山及江寧某家皆有之。在江寧者，四月盛開，咸豐時已有之，宣統辛亥尚無恙，人以其爲異種也。懼或摧毁，乃築牆於花之四周以保護之。

陝甘牡丹

甘肅牡丹最盛，所在皆有，樹高四五尺，立夏開花，大如盤，色有紅、黄、白、黑之殊。碧色者惟陝西長安有之。

大如牡丹之花

英人嘗至南洲荒島，見有奇花，其葉周十畝，花大如車輪。歸，以其女主維多利亞之名名之。而江西之廬山亦有此花，人莫知其名，程子大謂卽維多利亞花之實相，以《菩薩蠻》詞詠之曰：「靈根不伴孤山雪，茜魂偷葬廬山月。絶代本孤清，人間浪得名。不曾邀十姊，共逐風姨死。贜欲訪西家，維多利亞花。」

紫荆

紫荆爲落葉灌木，叢生，春開紫花，甚細碎，數朶一簇，或生木身之上，或附根上枝下，無花梗。花罷，葉始出。結莢，子甚扁。庭院多植之。

繡毬

繡毬爲落葉灌木，葉爲卵圓形，微皺，色深緑。春日開花，五瓣，爲頭狀花序，團欒成毬，色多白，間有淡紅色。

馬纓

馬纓，花名，樹高者丈許，一名馬纓丹，又名山大丹。花大如盤，結蕊時凡數十百朶，每朶攢集成毬，與白繡毬花相類。首夏時開，初黄色，蕊鬚如丹砂，將落復黄，黄紅相間，光豔眩目。開最盛最久，八月又開。亦名大紅繡毬，又名珊瑚毬。

薔薇

薔薇爲落葉灌木，枝茂多刺，高四五尺，葉爲羽狀複葉，小葉作橢圓形。花五瓣而大，有紅、白、黄等色，頗美豔。

野薔薇

野薔薇，似薔薇而花小，有淡紅、純白二種，皆單瓣，芬芳過之。藥肆用以製薔薇露者，卽此物也。

玫瑰花

玫瑰花爲落葉灌木，高二三尺，有刺，葉爲羽狀複葉，作橢圓形，絶類薔薇，惟莖較短。花紫，萼緑，亦有白花，花托爲臺狀，外生密刺，香氣清烈，可製香水，蒸露，浸酒，和糖。

香水花

香水花爲落葉灌木，原産歐洲，光緒時，移植於上海。高三尺許，有刺，葉爲羽狀複葉。花大而重瓣，色紅，或紫或白，頗類薔薇，故亦稱爲西洋薔薇。萼及花梗皆有香，蒸花瓣取油，可製香水，故名。

笑靨花

笑靨花爲落葉灌木，榦叢生，高五六尺，葉作卵形，微有鋸齒。春暮開小白花，重瓣叢聚如小球，綴爲長穗狀，望之若堆雪。

羊躑躅

羊躑躅爲落葉灌木，俗稱黄杜鵑，榦高四五尺，枝、葉多毛，葉爲倒卵形。春日先新葉開花，爲漏斗狀花冠，色黄，花較杜鵑爲大，列爲短總狀花序。

山躑躅

山躑躅，一名映山紅，俗稱紅躑躅，爲杜鵑之一種，榦較低，爲小灌木，葉倒長卵形，枝葉皆有毛。夏初開紅花，較杜鵑略早，瓣亦五裂。

瓊花

瓊花爲珍異植物，落葉灌木也，開於春夏之交。昔惟揚州后土祠有一株，世傳爲唐人所植，葉柔平瑩澤，花大瓣厚，色淡黄，清馥異常。后土祠在宋爲蕃釐觀，曾築無雙亭於花旁。仁宗時，嘗從觀中移植禁苑，逾年而枯，載還揚州，復活。元至元中枯死，道士金雨瑞以聚八仙補植其地，凡元人稱瓊花者，皆八仙也。江西贛州府城之吉南贛寧道署有此花，世以其罕有，甚珍貴之。宣統庚戌，南洋勸業會開會於江寧，園藝圃中有瓊花一株，燦爛如錦，香極清微，大如尺許之盤，聞卽以接木法移自江西贛州道署之本樹者，懷獻侯嘗見之。

八仙花

八仙花爲落葉小灌木，高四五尺許，葉對生，橢圓平滑。花大而美豔，多數叢集如圓毬，故又稱聚八仙。其萼能變數種顏色。俗謂之洋繡毬。

玉蕊

玉蕊之條蔓如荼蘼，冬凋夏茂，柘葉紫莖，久之而根株合抱成樹。花苞初甚微，經月漸大，暮春方八出，鬚如冰絲上綴金粟，花心復有碧筒，狀類膽瓶，其中別抽一英，出衆鬚上，散爲十餘，猶刻玉然，花名玉蕊者以此。與瓊花、瑒花同爲白色，而其實各異。唐人甚重此花，唱詠者頗多，周益公集有《玉蕊辨證》一卷。

粉團花

粉團花爲落葉灌木，葉略成圓形，有鋸齒，多皺紋，生細毛。夏初開白花，雌雄花叢集成集球，直徑達二寸許。

鐵線蓮

鐵線蓮，狀如灌木而蔓生，以葉柄纏物上升，合九小葉，成一複葉。夏月開紫花或白花，千瓣細狹，開時由外向内，以漸而舒，未到花心輒謝

芙蓉

芙蓉爲落葉灌木，榦高四五尺，葉掌狀淺裂，柄長互生。秋半開花，大而美豔，有紅白黄等色。又蓮花亦稱芙蓉，故芙蓉又稱木蓮，亦名木芙蓉。

三日醉芙蓉

嶺南産芙蓉，有一日白花，次日稍紅，又次日深紅者，曰三日醉芙蓉。

蠟梅

蠟梅爲落葉灌木，葉爲長卵形，對生。冬時開花，外黄，内略帶紫色。原名黄梅，本非梅種，以其與

梅同時，香又相類，花瓣似撚蠟所成，故名。

珠蘭

珠蘭爲常緑小灌木，一名金粟蘭，亦稱珍珠蘭，植於園圃，莖高二三尺，有節，葉橢圓而厚，稍類茶。花黄緑，圓而甚小，無花被，爲穗狀花序，香氣濃郁。

水木樨

水木樨爲灌木，枝軟葉細，自根叢生。夏開細黄花，頗類木樨，中多細鬚，香亦微似。

迎春

迎春爲小灌木，莖上部纖細，延長如蔓，葉爲複葉。早春開黄花，六瓣，先葉而發，爲春花中最早者，故名。

木香

木香爲蔓生植物，莖長，常攀附他木，葉爲羽狀複葉，小葉之數凡五，有細鋸齒。春暮開花，小而色白，香甜可愛，花大而黄者，香味微遜。

紅豆

紅豆，亦名相思子，產於嶺南，木質蔓生，幹高丈餘，葉爲羽狀複葉。秋開小花，花冠爲蝶形，色白或淡紅。實成莢，子大如豌豆，微扁，色鮮紅，勝珊瑚，亦有半紅半黑者。相傳有人歿於邊，其妻思之，哭於樹下而卒，故名，唐以來詩人多詠之。其木理似槐，大者斜鋸之，有細花雲，亦曰雞翅木，以其紋似也。揚州方雨村如川家園有紅豆樹，沿稱娑羅樹，實紅豆也。紅豆難種，二十餘年乃花，又三年乃實。花心中一絲如縷。或以藥中赤小豆爲紅豆，非也。焦理堂謂紅豆亦譌爲娑羅樹。新安汪氏娑羅園中生此樹，大可合抱，結實紅色，珊瑚、火齊，無以過之，亦即紅豆耳。

紫藤

紫藤爲蔓生木本植物，莖纏絡於他物，葉爲奇數羽狀複葉。春暮開蝶形花，紫色，爲總狀花序，長三尺下垂。實成長莢，蔓甚堅強，可束物，皮之纖維可製絲織布。

拙政園之珠藤花

蘇州拙政園饒花木，海寧陳素庵相國之遴手植之寶珠山茶爲最著。又有珠藤花一株，花開時，纍纍如垂瓔珞，端忠愍公方撫吳時，勒碑識之。又因花日蕃盛，舊建之花棚攀附幾遍，而珠藤猶擢穎抽條不已，因植木爲新棚，綿亙十餘丈，直抵河干。顧此花殊有傲骨，來歲吐葩時，或攀牆而上，或繞屋而過，無一著花於新棚者。忠愍聞之，窘甚，因復撤其棚。

紫葳

紫葳，一名凌霄花，蔓生木本，莖出氣根甚多，攀緣他物，高達數丈，葉爲羽狀複葉，有鋸齒。夏秋之間開花，赭黃色，瓣之下部連合成管狀，花有毒。

甘肅貝多樹

西寧府城西北四十里，有塔爾寺，土人呼爲塔兒寺。寺有貝多樹數株，大皆十圍。一葉上有自然佛像，作端坐狀。喇嘛甚寶之，建高屋，庇其四周，屋皆覆以金瓦，上留孔罅，微漏天日，其樹身以黃緞重重裹之。蒙人入寺禮佛後，必焚香膜拜樹下。若欲乞一葉，必獻數金於喇嘛，謂爲請佛一尊。

菩提樹

廣州光孝寺有菩提樹，相傳漢之虞仲翔曾讀書其下。近雖僅餘枯幹，然吾國城市之樹，固無有逾於此者矣。嘉慶丁巳六月，廣州颶風大作，樹拔起，粤撫陳大文命樹工栽之，培以豆穀腴泥，樹復生。年餘復槁。寺僧往南華寺，分其種，仍栽故處，亦翹然葱倩矣。《五代・僭僞傳》云：「乾德五年夏，光孝寺菩提樹爲大風所拔。」南漢林衢《光孝寺》詩云：「舊煎訶子泉猶冽，新種菩提葉又繁。」據此，則樹已屢易，固非達摩之手植矣。

哈密瓜

哈密瓜種類甚多，有圓而扁狀如阿渾之帽，皮瓤均緑，脆如梨，甘如醴者，上品也，次者爲白瓤，皆宜旋摘旋食。其可致遠之品，則爲瓤紅色黄者，久藏土中，可至翌年二月，故又謂之曰冬瓜。瓜體甚鉅，長尺許，兩端皆鋭，可曬爲脯，芳鮮歷久不變。自哈密臣服以來，每歲常充供獻，朝士始嘗此味，前未有也。瓜自蒂至臍，白筋密布，如鐵如縠，如繡如絡，雖利刃非可猝入。肉黄明如緞，無渣滓。

王瓜

王瓜爲多年生蔓草，一名土瓜，以卷鬚攀附他物，葉如掌狀，淺裂，面背皆粗糙。花單性，雌雄異株，夏開白花，下爲管狀，上作五瓣，邊緣分裂如絲。實橢圓而長，皮亦粗澀，根味如薯蕷。

西瓜

乾、嘉以前，桂林諸屬無西瓜，惟茘浦有之，每一瓜，需錢五六十文。欲得之者，必於未熟前，先以錢質之老圃，乃如期可得。且其候極遲，至中秋，各官署方以瓜相餉遺也。

土魯番西瓜

土魯番在哈密之西，其地產西瓜最佳。每熟時，人往摘瓜，必相戒勿語，若一聞人聲，則盡拆裂，無完者，相傳如此，不足信也。

馬鈴瓜

西瓜之小者，俗稱馬鈴瓜，上海有之。

南瓜

南瓜，果類植物，有卷鬚，引蔓甚繁，一蔓輒延長數丈，節節有根，近地即入土。莖中空，葉爲心臟形。夏日開黃花，單性，雌雄同株。實扁圓，或長，有縱溝數條。煮熟，可食，子亦爲食品。其種本出南番，故名南瓜。

甜瓜

甜瓜之莖細長，以卷鬚絡於他物，葉掌狀淺裂。夏開黃花，雌雄同株。實橢圓，有縱路，長三四寸，有青、黄、白等色。味甜美，有香氣，俗稱香瓜。

攪瓜

攪瓜，形類倭瓜而小，内生筋絲，醬醃、蜜餞皆宜。食時，以筯攪取出之，似縷切者。

芭蕉

芭蕉，一名緑天，葉長可及丈，廣可及尺，望之如樹。朱竹垞嘗爲《疏影詞》以詠之，詞云：「是誰種汝？把緑天一片，檐牙遮住。欲折翻連，乍卷還抽，有得愁心如許。秋來慣與羈人伴，惹多少冷風淒雨。那更堪一點疎燈，繞砌暗蟲交訴。待把蛛絲拭卻，試今朝留與箇人題句。小院誰來，依舊黄昏，明月暫飛還去。羅衾夢斷三更後，又一葉一聲低語。拚今番盡翦秋陰，移種櫻桃花樹。」

紅蕉

紅蕉，一名美人蕉，形似芭蕉而小，閩、廣多有之。花如蓮蕊，葉葉遞開，紅赤奪目，久而不謝，名百日紅。

甘蔗

甘蔗爲多年生植物，産於廣東、臺灣，全形類芭蕉而莖較高，可二丈許，頂上叢生大葉十餘。初夏，自葉之中央抽出花叢，開多數淡黄花。實長四五寸，形似皂莢，排偶而生，一枝滿百，可重十斤。性極寒，初青後黄，肉質柔軟，有香氣而甘，含營養料甚富。别有一種，結實長六七寸，亦頗甘美，其莖可分擘如絲，以灰湅之，可紡爲絺綌，謂之蕉葛。

朱蕉

朱蕉，葉芭蕉而幹椶竹，亦名朱竹，葉紺色，生於幹上。幹有節，自根至杪，一寸三四節，或六七節，甚密。然多一幹獨出，無旁枝者，通體鐵色，微朱。以其難長，故又名鐵樹。廣州提學署有之。

鳳尾蕉

鳳尾蕉，一名鳳尾松，亦曰鐵蕉，俗亦稱爲鐵樹。高丈餘，莖有鱗片被之，葉生莖頂，長大堅勁，羽狀分裂，類鳳尾，故名。雌雄異株，雌花叢生，雄花如松毬，長二尺。

竹

竹爲多年生植物，種類不一，高者四五丈，圓而直，亦有方者。中空有節，質堅韌，可供建築製器之用。葉狀如箭鏃，有並行脈。春月生筍，外裹以籜，可食。

慈竹

慈竹，竹之叢生子母相依者，長幹中聳，羣篠外護，向陽則茂，亦謂之子母竹。出四川。四月生筍，筍端下垂，如柳絲。

箬竹

箬竹，亦竹類，高三四尺，莖中空，細長有節，葉闊而長，邊緣稍白，裹糉製笠，需用至繁，筍亦可食。

觀音竹

雁山五珍有觀音竹，形小葉長，翠潤奪目，植巖石上，經冬不凋。

沙摩竹

沙摩竹根蟠節大，翠緑可愛，一年生三番筍，節上復生小筍。種者斷竹留節，橫埋於地，活即生筍。三年後，高二三丈，蓋大而易生之竹也。

佛杖竹

福建永定武平山中産竹，每節皆有佛像，面目口鼻惟妙惟肖。土人用以爲杖，謂之定光佛杖。龍崖亦産之。或云，猶不僅此兩處也。

筷子竹

廣東羅浮山有筷子竹，竹小而勁，截之可爲箸。

臺灣之竹

臺灣之竹，其根及篠以至葉，節節皆生倒刺，往往牽髮毁肌，察之，皆根之萌也，故植地卽生。

竹之開花結實

宋説部言竹六十年一開花。道光初，南海縣有竹開花，結實如米，其花中含細穗，若絲縷穿成者，淡青色，長二三寸，既花卽死。咸豐丁巳五月，江西玉山縣署中，竹盡花，千竿矗矗，葉盡焦黄，闔邑次第皆然，竹亦因而死。而己酉之江寧，辛酉之紹興，同治庚午之武昌，竹亦皆花。江寧、紹興之竹，不知其年。未幾，被粤寇。武昌則無他異，竹亦未六十年也。

竹實，亦名竹米，頗類小麥。竹開花最不易，有時開花結實，全林即枯死，以地下莖展拓無所，而其地又乏養料也，故竹實亦罕見。

筍

筍，竹根所生之芽也，外有籜包裹，漸長，則籜解而生枝葉爲竹。嫩時可食。筍亦作笋。筍之種類甚多，皆生於春末夏初。燕筍，燕來時所生，形長細而味稍遜。其在孵雞雛時生者名孵雞筍，色淡黄，形短而肥。他筍雖佳，細嚼之，微苦，惟此筍味甘而清，質嫩無滓，爲上海異品。然有一種形色近而味殊惡劣者，名黄金鐧，然亦能亂真。

冬筍

冬筍盛產於閩、浙，其味之鮮潔者，推浙之龍游，次則杭州、寧波、泗安，而産漢口者味最劣。

文竹

文竹，非竹也，幹有節如竹枝，葉形肖松針，高僅尺許，而小枝凡十餘層，枝似綫，葉細於髮，翠色欲滴，非草非木。趙伯英嘗蓄兩盆，狀尤絶異，一作冬嶺喬松形，一作晴川遠樹形。

瓶花結實

光緒辛卯春，丹徒張侶霜家宅後闢一園，約可四五畝，徧植花草。園建一亭，曰怡然。亭下小池，水清可鏡。度梁而西，穿石穴南出，曰緑竹軒，侶霜讀書處也。一日，侶霜拾梅花之落地者，置池中，除染泥者寸餘，插之於瓶，時灌以水，燦爛可觀。至七日，則花漸萎落。又踰三四日，侶霜晨起，覺花落處有細小之青翠物，近視之，則實也。

明開夜合草

明開夜合草，産塞外山中，結實纍纍，色映紅，狀如秋海棠，中含紅珠，晨放暮斂，故名。

翠雲草

翠雲草爲多年生之隱花植物，生於山地，高五六寸，莖細長，多枝，葉密布如鱗片，青翠可愛。各枝皆在一平面上，與卷柏不同。道光時，俞少卿茂才恭仁嘗有《翠雲草》詩云：「片雲吹墮碧玲瓏，散入堦沿草色中。千本脆經涼雨滴，一痕寒逐曉山空。偶因淡遠疑成水，但有飄零總是風。恰被游絲閒絆住，年年晴翠撲簾櫳。」

貫衆

貫衆爲隱花植物，生於林野之陰處，高二尺許，葉爲羽狀複葉，互生於中軸，葉背有圓形不規則之子囊羣，簇生其上。地下莖彎曲，有毛茸覆之，入藥。

緑珊瑚

緑珊瑚爲隱花植物，産於福建、臺灣等處，有枝無葉，嫩翠叢簇。椏杈如珊瑚，甚脆，折之，有毒汁，沾體即腐爛。以其多種田旁，故又名爲護田草。

地錢

地錢，苔類，産陰濕地，無根、莖、葉之别，僅緑色之扁平體黏着於地。雌雄異株，雌株作破傘形，雄株盤狀體，皆有柄。扁平體上，處處有凹陷形，中生緑色小芽，爲繁殖之用。形略如錢，故古有苔錢之稱。

蕨

蕨爲羊齒類植物，地下莖甚長，春時出嫩葉，其端卷曲如拳，後成複葉，長三四尺。葉之背面，子囊叢聚，赤褐色。葉嫩時可食，莖中多澱粉，可作粔籹。

芝

芝，菌類，寄生於已枯之樹木，其體如菌狀，蓋之上面有雲紋，黑褐色，下面淡褐色，有細孔，柄紫赤。其質堅硬光滑，有青、赤、黄、白、黑、紫六色。古以爲瑞草，一名靈芝，又名紫芝。長白山之芝盤峯頂多産之。

乾隆時，海寧李焦餘茂才科嘗作《古樸産芝歌》，歌云：「厥草厥木本殊質，靈芝古樸迥非匹。天生地長之功不到斯，何以攢青簇翠之樹忽産芝？或者仙真瑶鶴來此集，偶灑瓊液凝寒結。又或書帶餘秀所鬱勃，一枝甲坼焕五色。合歡之瑞那足論，椿樹之祥洵有神。争如古而樸者秀而靈，三花九畹萃一庭。」

紫芝

東陵後山多紫芝，可植以瓷盆，供之几案。

茯苓

茯苓爲菌類之一種，生松林中，成塊，大如拳，皮黑而皺，肉白微赤。其包根而質鬆者，别名茯神。皆入藥。

豬苓

豬苓爲菌類植物，生於楓樹，其塊黑如豬矢，故名。表皮深褐色，内部黄褐色。入藥。

雷丸

雷丸，竹根所生之菌也，大小如栗，略似豬苓而圓，皮黑内白，堅實，可入藥。

冬蟲夏草

冬蟲夏草爲菌類，寄生於土中螻蛄等之死體，冬時發生菌絲，至夏則菌長成，蟲體腐爛，爲其養料。菌長四五寸，無傘，下粗上細，黑褐色，可入藥。

肉蓯蓉

肉蓯蓉爲寄生植物，生於高山，莖爲肉質，長尺餘，作短柱狀，葉細如鱗。莖葉皆黄褐色，花亦同色，夏日叢生於莖之上部，爲脣形花冠。莖入藥，爲補劑。

萍

萍爲水面浮生之小植物，一名水萍，亦稱浮萍，葉狀體扁平而小，面背俱青，有一鬚根下垂。又有葉狀體較大，而面青背紫，下垂多數鬚根者，爲紫萍，一名薸，俗稱爲紫背浮萍。

清稗類鈔

鑛物類

鑛物

鑛，古作卝，亦作礦，凡材物生於地中，須採掘而得之者，皆曰鑛。鑛物有廣狹二義，廣義爲金、石、土、砂、鹽、水等無機物質之總稱，狹義爲搆造巖石之成分，如花崗巖中所含石英、長石、雲母之類，別爲金屬、非金屬二種。

我國地質，多搆成於石炭紀層，故鑛物無所不備，而煤、鐵尤多。煤田之面積，約越數萬方里，跨於直隸、奉天、山東、山西、河南、四川、雲南、貴州、湖南、江西諸省，惟以採掘未盛，且工商二業亦未進步，所蘊藏於地者不可勝數。銅則盛產於雲南及安徽、福建、山西、四川、兩廣，雲南尤推上品。黃金則盛產於西藏及四川、吉林、長白山。黑龍江、伊勒呼里山陰。蒙古。阿爾泰山。錫則盛產於廣西之貴縣、奉天之義州及湖南、福建、廣東、雲南等省。鉛則盛產於山西之大同，錳則盛產於湖北之興國，鐵則盛產於湖南、湖北及廣東，銀則盛產於廣東、廣西、貴州、河南及奉天之鐵嶺，丹砂、水銀、硫黃、琥珀、水晶，南嶺以南盛產之。若乃于闐之玉，嫩江之珂，豎巫閭之珣玗琪，俗名錦州石。雲南大理府之點蒼石，江西之陶土，四川、雲南之井鹽，天山之巖鹽，阿拉善旗及解州之池鹽，皆特產也。四川、陝西、甘肅、新疆、奉天有石油鑛，而不知製煉法，則以化學之未發達耳。

洮南鑛產

洮南城北一百五十里黑頂山有烟煤，西北一百四十里之那金河及百八十里敖牛山亦有煤鑛，並有燒缸土，惜皆以土法開採。而東北一百里洮安縣境黑頂山有石灰，東北七十里七十户屯有白土子。至索倫山，則鑛產更富。

江西鑛產

江西位於安徽之西，面積約六萬八千方里，東西南三方多山，北方則爲揚子江之平地與鄱陽湖，凡河流悉匯歸之，故水利極便。全省鑛產，實駕安徽、浙江、福建而上之。蓋湖南界有鐵石炭，福建、浙江界有金、銀、銅、鉛，其他如萍鄉附近及九江附近之鐵山、銅山皆其著稱者也。

金鑛，奉新、鄱陽、高安、臨川、（臨川之鑛在縣城西四十里，宋時曾事開掘。）上饒、萍鄉、（萍鄉銀鑛，咸豐時曾用土法開採，鑛脈極旺，鑛苗掘至六十丈，卒以排水困難，遽爾中止。至同治壬戌，再事開採，亦以無法排水而失敗。）大安岑、金沙溝、（砂金。）葉線坑、七寶山、大安里、棚家坊、雩都、寧都、瑞金皆有之。銀鑛，鄱陽、德興、上高、臨川、金溪場、金溪、玉山、弋陽、南城、（宋時曾開採。）會昌、雩都、瑞金皆有之。銅鑛，彭澤、洪州、德興、臨川、上饒、宜春、新喻、上猶、贛山皆有之。

雲南土司屬地鑛產

雲南邊地五金鑛產，所在皆是。如鎮邊之募迺銀廠，騰衝之明光銀廠，昔皆以暢旺著。且尚有鎮邊、西盟之金，上改心之鐵，順寧、耿馬之銀、鐵，永昌、灣甸附近之鐵，騰衝、南甸之煤，界頭之鉛。

新疆鑛產

我國鑛產，皆導源於葱嶺，新疆面積四百四十餘萬方里，實居葱嶺之麓，菁英蟠結，爲天下奥區。如葉城之密爾岱山，和闐呢蟒依山之玉河，洛浦之大小胡麻地，于闐之闐子玉山，皆產玉區也。昌吉之羅克倫河，迪化之金嶺，鎮西之烏兎水，寧遠之沁水，塔城之喀圖山，阿爾秦山，于闐之蘇拉瓦克宰列克，焉耆之額布圖恪克圖古爾班，產金區也。迪化之齊克達巴罕，亦名達坂城。產銀區也。拜城之卻爾噶山，庫車之蘇巴什，迪化之柴俄山，惠遠之哈爾罕圖，塔城之塔瓦克池，產銅區也。孚遠之水西溝，拜城之明布拉克，惠遠之索爾果嶺，伊犂之特穆爾圖淖爾，產鐵區也。焉耆之察罕通古，烏什之庫魯克，鎮西之羊圈灣，產錫產鉛區也。蘇海圖山之青石峽，庫爾喀喇烏蘇之獨山子，庫車銅山之麓，疏附之庫斯渾山，產石油區也。西湖將軍溝、旗桿溝，產石蠟區也。石蠟產於崖石罅中，質凝結如脂，製洋蠟潔白光亮，勝牛羊油十倍。鄯善之柯柯雅，綏來之塔西溝，迪化之通古斯巴什，鎮西之大小港，阜康之大小黃山，黃山煤硐層萬年不竭。哈密猩猩峽，產煤區也。新疆煤鑛不可枚舉。鄯善之喬爾塔什，產水晶區也。新疆寶藏之富若此，而公私凋敝，苦窳貧瘠，至爲全國最者。蓋已開之鑛，如于闐歲產金五六千兩，而官吏侵漁朘奪，轉爲民病。未開之鑛，以鐵道未通，轉運不易，決然棄之，可惜也。

青海鑛產

青海鑛產之富，最多者爲煤，次爲鐵，環海之地，幾於無處不有。又次爲金，爲銀，爲銅。金產於海南貢爾勒蓋及哈爾吉嶺、佛山溝、瑪沁雪山等處，銀產於海南噶順山、隆沖河等處，紅銅產於海北木勒哈拉。其他鑛苗發露之處，則更不勝舉，若南境之崇山峻嶺探採未遍者尤多，玆姑就其大者言之耳。柴達木鑛產稍亞之，然南之烏蘭代克山一帶，北之瑪尼嶺一帶，煤、鐵、鉛數種，其鉛質之良，實爲世所豔稱。餘如瑪尼圖及鄂果圖爾之麩金，則又歲有增加也。《西寧鑛產調查册》，柴達木金鑛在光緒辛丑以前，每年產額僅三十兩零，其後歲產七十五兩有奇，丙午、丁未一百二十餘兩，宣統己酉三百二十餘兩。

內蒙鑛產

蒙古二字，譯以漢文，則爲銀。而內蒙之地，悉爲興安嶺山脈所蜿蜒，其鑛產，凡一百四十七區，計金鑛七，銀鑛十二，銅鑛六，錫鑛十三，鉛鑛五，煤鑛六十九，鐵鑛二十三，陽石鑛九，寶石鑛三。

或曰，科爾沁有金鑛十一，銀鑛二，煤鑛九。杜爾伯特有金鑛四，煤鑛五。札賚特有金鑛四，煤鑛三。郭爾羅斯有金鑛八，銀鑛一，煤鑛三。敖漢有金鑛三，銀鑛一，煤鑛一。奈曼有金鑛二，煤鑛六。巴林有金鑛四，煤鑛七。札魯特有金鑛七，銀鑛一，煤鑛三。阿爾科爾沁有金鑛三，銀鑛二，煤鑛九。翁牛特有金鑛十，銀鑛三，煤鑛十一。克什克騰有金鑛四，銀鑛一，煤鑛八。喀爾喀有金鑛七，銀鑛三，煤鑛八。喀喇沁有金鑛三，銀鑛一，煤鑛一。土默特有金鑛二，煤鑛二。伊克昭有金鑛三，煤鑛三。烏珠穆沁有金鑛四，銀鑛一，煤鑛十二。浩齊特有金鑛六，銀鑛二，煤鑛三。蘇尼特有金鑛六，銀鑛一，煤鑛十一。阿巴哈納爾有金鑛三，銀鑛一，煤鑛三。阿巴噶有金鑛一，銀鑛二，煤鑛九。四子部落有金鑛四，銀鑛一，煤鑛二。茂明安有金鑛七，銀鑛六，煤鑛九。喇特有金鑛一，煤鑛三。

金

古言黄金爲諸金之長，故獨得金名，實爲化學原質之一。其雜於石英鑛脈間者，曰山金，狀如塊，或如粒。含金之巖石，崩而爲砂，隨水流去，曰砂金。質柔色黄，尋常酸類，俱不能溶解之，入王水，始溶解。其延長性最富，以製貨幣器物，必和銅少許。吾國頗多。

延吉爲黄金世界

延吉多五金各鑛，故外人有黄金世界之目。計金鑛三十二處，銀鑛三處，銅鑛七處，鉛鑛十三處，煤鑛二十三處，水晶鑛二處，石棉鑛一處，石油鑛二處。

黑龍江産金

黑龍江爲有名産金之地，其沿岸如漠河、覩都、庫瑪爾河、餘慶溝、奇乾河等十餘處金鑛，均爲人所諳知者也。

雲南金廠

雲南金廠，大盛於乾、嘉間，歲課之額甚裕。實以兵燹輟辦，非洞老山空，如麗江之大里也。其老山、新山金廠，及他郎之坤勇金廠，鳳儀之雙馬槽金廠，中甸之麻康等處金廠，文山之孽姑底泥等處金廠，永平之玉皇閣金廠，鎮邊之石牛金廠，騰衝之馬牙金廠，永北金沙江沿岸金廠，鶴慶之馬耳山等處金廠，維西之奔子欄等處金廠，蒙自之老麽多金廠，皆久爲人所稱道者也。

臺灣金砂

臺灣産金砂，然金砂出，則地必易主。餘姚邵筱村中丞曰濂撫臺時，金砂徧地，土之淘金者赴撫署領照，每人納制錢二百文，歲可贏十餘萬。

銀

銀爲金屬化學原質之一，色白，光澤甚美，古謂之白金。富於展延性，能傳熱及電。性軟，故製貨幣、時表及裝飾品時，常和銅少許，使略堅。多存於鑛石中，與銅、鉛、硫、砒、銻等化合。間有天生單體，爲薛狀、塊狀者，謂之自然銀，吾國産之。市上所用之生銀，以兩計者，即自然銀之成塊者也。

銅

銅爲金屬化學原質之一，古謂之赤金，其原質爲紅棕色，俗謂之紅銅，亦稱紫銅。與他金合，則爲青、白諸色，生鏽則緑色。性能伸展延長，可壓之爲板，抽之爲絲，最能傳熱及電，故常用以製鍋及電線等物。乾隆以前，盛産於雲南，俗所稱雲白銅者是也。

石碌銅

瓊州昌化之黎地産石碌銅，黎人檢挖之，販作顔料，且可煎煉作銅，製器亦甚堅良。嘉慶戊午，疆吏奏將此銅充粤局鼓鑄，遂不復採運矣。

鋅

鋅，讀若辛，爲金屬化學原質之一，亦稱亞鉛，色青白，在尋常温度，不易與空中養氣起變化，有展延性，可製合金。或鍍於鐵板，不生鏽，俗稱白鐵。吾國昔時産之，嘗輸出歐洲，近則專用外國輸入之品。

銻

銻，讀如弟，爲金屬化學原質之一，亦作銨，又稱安的摩尼，色白如銀，有光，質脆，易碎。鎔後凝固，體積必略漲，故在鑄型中，無隙不入，可與鉛錫相和，鑄造活字並製他種合金及顏料藥品。湖南之長沙、岳州、寶慶等郡，所產最富。

鐵

鐵爲金屬化學原質之一，產量最多，用途最廣，色灰白，有光，且磁力強，易於傳電。置濕空氣中，遇二養化炭，輒易生鏽，遂成紅褐色之養化鐵。其性狀因製煉之法而異，有生鐵、熟鐵、鋼鐵三種。山之產鐵者曰鐵山，最著者在湖北大冶縣北六十里，唐、宋時即於此置爐煉金鐵。光緒朝，開採極盛，有小鐵路通石灰窰，距黃石港十四里，專運鑛鐵，漢陽鐵廠之鐵，多取給於此。

紅鐵鑛

紅鐵鑛者，鐵之鑛石，色紅或黑，爲煉鐵之佳鑛。結晶稍大有光輝者，爲輝鐵鑛，鱗狀小片相集如雲母者，爲雲母鐵鑛，土狀之塊，爲代赭石。三種之條痕，皆爲紅褐色，故有紅鐵鑛之稱。湖北之大冶鐵山，產此甚富。

筆鉛

筆鉛，鑛物類，爲天然純粹之炭質，故名。性耐燃，製火爐等尤需之。亦名黑鉛，常用之鉛筆，即此所製。江蘇丹徒之南鄉產之。

水銀

水銀，汞鴻上聲，俗讀如貢。也，化學上爲金屬原質之一。天然產者如滴水，散嵌於鑛石中，然甚罕，大抵用硃砂製成，色白如錫，在常溫爲液體，冷至寒暑表零下三十九度則凝結爲整正八面形，熱至三百五十七度則沸而化氣。質有毒。古時道家用以製鍊丹藥，所謂鉛汞之術是也。近代醫者亦用爲殺蟲消毒之劑。格致家因其漲縮力甚強，故又以製寒暑表、氣壓表等。工業上提鍊金銀之屬，皆用之。吾國產地，以廣東、湖南、四川、山東、浙江等處爲多。

水銀能蝕五金，金遇之則白，鉛遇之則化，凡戰陣鉛丸陷入骨肉者，但以水銀自創口灌滿，鉛即化水隨水銀而出，可免割取之苦。

硃砂

硃砂，一作朱砂，亦稱硫化汞，爲水銀、硫黃之天然化合物，舊稱丹砂。以出湖南之辰州者爲最良，故又名辰砂。大者成塊，小者爲六角形之結晶。狀如箭鏃者，俗謂之箭頭砂，頗珍貴，色鮮紅，或微含鉛灰色。若以水銀與硫黄花相和，納入輕養化鉀之水溶液中，亦可製成。

寶石

凡鑛物中之顔色美，光澤强，硬度高，天産少，價貴，可爲裝飾品者，概稱曰寶石。其主要者爲金剛石、鋼玉石、紅玉、緑玉、貴蛋白石之類。

石英

石英爲天然之矽酸化合物，亦雜有鐵質及他鑛物少許，有塊狀與結晶二種。結晶者爲六稜體，光澤不同，有色而透明，爲普通鑛物之最堅者，置於吹管之火力内，不能溶解，除弗酸外，不能使起變化。鑛物中分布最廣，爲花崗石之主要成分。其含有錳質而顯紫色者，曰紫石英，可作寶石，爲裝飾品之用，水晶、瑪瑙、碧玉、燧石等，皆其屬也，廣東、雲南等處有之。

紫石英

紫石英，卽紫水晶，出東莞縣爆山，大如指頭，小者如石榴子，色純紫，光明鮮豔，廣人多以飾佩帶器物。

水晶

水晶，石英屬，吾國所産頗多，結晶常作斜方六面體，光澤如玻璃。成分中雜有植物質成茶褐色者，俗稱茶晶，黑色者稱墨晶，雜錳而成紫色者稱紫水晶，雜他石成草紋者稱髮晶，含有水泡者稱水泡水晶。以紫水晶及髮晶爲最難得。

蛋白石

蛋白石多産於巖石之罅隙間，非結晶體，多爲圓卵形，成分爲含水矽酸，似水晶，堅硬遜之，不透明，有乳白、黄、青、紅等色，斷口成介殼狀。其透明或半透明，光色美麗如虹狀者，曰貴蛋白石，無色透明如玻璃，成粟粒狀者，曰玉滴石，可製爲裝飾品。

花崗石

花崗石多爲石英、長石、雲母三種結晶所成，山嶽、海濱分布至多。石英、長石色白，雲母色黑或白，間含石留、石角、閃石等，雜以紅緑，色彩鮮美，質堅而耐久，爲石材之貴重者，我國有之。

瑪瑙

瑪瑙，石英類鑛物也，與玉髓同質，時有赤、白、灰各色相間，成平行層，多爲圓形，中心常空洞，水晶簇生其中，品類甚多，吾國有之。生南方者，色正紅而無瑕。生西北者，色青黑，謂之鬼面青，間以紅色如蛛絲者爲妙。上有枝葉儼如柏枝者，曰柏枝瑪瑙。黑白相間者，曰金子瑪瑙。質理純黑，中間白綠者，曰合子瑪瑙。正視之，瑩白光彩，側視之，若凝血者，曰夾胎瑪瑙，最珍貴。

琥珀

琥珀，邃古松柏科植物之樹脂，埋入地中，歷久遂成此物，產印度洋各島，我國亦有之。色黃或褐，透明，中含昆蟲木皮之類。摩擦之，能發電，入火則燃，有一種香氣。紅者曰血珀，黃而明瑩者曰蠟珀。

乾隆朝，虞山蔣文恪公溥曾得琥珀一枚，方廣寸許，中外瑩澈。五六月間，漸生蓮葉一莖，至八九月，又復消縮，應時消長，累試不爽。

硇砂

硇砂，成分爲綠化錏，常爲樹皮形之塊，或粗末，白色，間有紅黃色，味辛鹹，入水易溶，熱則徑變爲氣體，多產於火山旁及燒過之石灰坑中，亦可由阿摩尼亞氣與鹽酸氣直接化合而成。硇，或作磠。

吾國所產磠砂，出庫車，其山無名，唐時呼爲大鵲山。山極熱，夜望之，有光如列燈。取砂者，春夏不敢近，然雖極冷時，必去衣，以一皮裹其身，僅露兩目，入洞鑿之，一二小時卽出，而皮已焦，不能逾三小時也。砂著石上爲紅色之星星，取出者皆石塊，每石約重十數斤，僅得砂一二釐。攜之者，以瓦罎盛石，密封其口。罎不可滿蓋，火氣至重，滿則熱甚而砂融矣。然受風受潮濕亦融。賈人攜此，每行十數日，遇天氣晴明無風時，揭其封以出火氣。嘉慶朝，徐星伯過庫車，曾攜數石密封之，抵伊犂，則皆化黃粉而不見砂。且卽其地覓之，亦不易得。惟白色成塊者不化，乃其下等也，然可及遠，內地所謂硇砂者此耳。

硫黃

硫黃，非金屬化學原質之一，或止稱硫。天然產生者爲半透明之結晶，多在火山附近，故意大利所產最富，吾國則甚少。純者由天產硫黃中提取，爲黃色之固體。製時，初成結晶粉末，稱硫黃花，後溶爲液體，聚之型中，鑄成圓形，是爲桿狀硫黃，性烈易燃。

雍正初，雲南邊地之硫黃山產硫黃，經略鄂文端公爾泰巡邊，「奏准開採三十餘萬斤，建庫貯之，乙卯冬復封閉。

硝

硝，結晶透明，如玻璃，燃之，發鮮麗之紫色。天然成塊者甚少，熱帶之地，多散布地面，或爲動物之糞溺所成。吾國亦有之。

砒

砒，亦名信石，出信州。其産處常與銀、鉛、鈷、銻等鑛混合，卽化學原質之砷，蓋非金屬原質之一也。形態不一，爲灰色之結晶，或黑色玻璃狀之塊，有光澤，成雄黄、礬石、雞冠石之類。可爲染料，性猛毒，殺人。

天然鹹

旅行蒙古，其途不一，而入東蒙探險者，要以自四平街首途爲便。去四平街驛不百二十里，抵三江口，潦濱村落也，六然鹹之呈露地上者，至此始見之。東蒙雨期概在夏季，水漲，鹹溶不見痕迹，雨期既過，天氣乾燥，寒氣侵襲，地漸凍結，則積鹹益多。自三江口經鄭家屯，北行洮南街道，更東折出長春，其間東蒙千里之地，幾無處無鹹，或綿延數畝，或點點如晨星。其露出之濃厚者，要推玻璃碱甸子與太布蘇鹹泡爲最，餘則薄層爲多。沿途平原曠野，無岡陵之起伏，間有沙丘，高不過二丈，雜草徧野，長可一二尺，惟鹹層露出之地則雜草不生，故謂亙東蒙全境均有天然鹹之露出者，誤也。

亞非利加洲天然鹹産地在南緯三度英屬東非洲麥伽提地方，其地鹹成鑛床，流水所經，鹹卽溶解，順流而下，匯於低窪之地，乾燥期内，低地積鹹獨多。然東蒙異是，低地産鹹未見其多，高地未見其少。茫茫平野，舍雜草疏密以外，幾無他法辨别其鹹層之厚薄。天然鹹之存在地面最多，試採集土壤，驗其成分，則離地面漸遠者，所含碱量漸減，故碱之大部分必至冬而呈露也。土人云，以箒掃碱，不數日而又現矣。

玉

玉，石之美者也，多産於崑崙山，與砂礫同存於河底，其質温潤縝密，光澤如脂肪，半透明，有軟玉、硬玉之别。軟玉爲輝石類，在火中易熔解，以純潔乳白色者爲貴。硬玉爲角閃石類，較難熔解，色多鮮緑，翡翠卽屬此類。二者硬度皆低於水晶，尤低於寶石。

紅玉

紅玉，鋼玉石之一種，産天山，色深紅，透明如玻璃，硬度甚高，次於金剛石，常在花崗巖中。其成分純爲礬土，結晶爲六角柱形。其純粹無瑕者，價二倍於金剛石，爲寶石中之最貴者，且不爲酸類所蝕。佳者可爲裝飾品。

緑玉

緑玉，卽緑寶石，雜於花崗巖片巖之中，成分爲養化鉛及養化鋅，斜方長柱狀或片狀之結晶，光澤如玻璃，緑色鮮美，可製裝飾品。

鑛石

凡石中含有金屬，可於其中採取金屬之單體或化合物者，謂之鑛石。

礞石

礞石有白色、青色二種，青色者入藥，謂之青礞石。

礬石

礬石，亦稱明礬石，六角系之結晶體也，有白、黃、赤等色，產於火山巖，其狀或成脈或成不規則之塊，以此燒製明礬。山東之益都、山西之壽陽、河南之彰德、湖南之瀏陽皆產之。

漢白玉石

京西山中產漢白玉石，質堅色瑩。

海山石

直隸獲鹿縣產海山石，皆成松形。

長白山産石

長白山産石甚多，茲詳列於下：

三奇峯下多五色石，鮮姸光潤，黑者尤佳。

黑石河産黑石。

黑精石，光潤堅潔，大者如車輪。

紫霞峯産寶石，遥望之，光如明星。

星星石，在避風石南，石圓大，夜有異光，人呼爲星星石。

夜光石，白色，有銀絲，體輕，能浮水面。入夜，擲地有火光，色淡緑，明如曉星。

滑石

滑石用途甚廣，如醫業品、化粧用品、製絲、製紙等，均以滑石爲主要品。全世界所産滑石，歲可二十餘萬噸，其中美有十四萬噸，法有四萬噸，意有一萬五千噸，奥有一萬三千噸，加奈陀有一萬三千噸。吾國亦有之，奉天産者，以海城爲第一，大石橋及分水嶺次之。

石膏

石膏，卽含水硫酸鈣，結晶成菱形或燕尾狀雙晶，硬度甚低。爲纖維狀者，曰纖維石膏。細粒相集色白如雪者，曰雪花石膏。又有黃、墨、紅、青等色，可供肥料之用。入窰徐熱之，則失其結晶，而成白色粉末，俗稱燒石膏，可用以塑像，或爲造窰器模型及裝飾品之材料，需用甚廣。浙江、雲南、湖北及山西之汾州府皆產之。本無水分者曰硬石膏，與巖鹽同產。

鄂之應城，爲古蒲騷地，其爲邑也，東西廣九十里，南北袤一百三里，與省會相距陸路二百六十里，水路三百四十里，所產之石膏，名著中外。明季因崖崩而見。咸豐初，邑西潘家集有居民熬售獲利，於是效用益廣。品分四種，甲等爲白提塊，乙等爲黃提塊，丙等爲黃白薄塊，丁等爲色雜細薄塊。銷路以江、浙一帶及贛、皖等處，用作肥料者等尤盛。約計之，歲在三十萬抬以上，幾占全額之半。湘、閩漆貨雖亦藉石膏爲補助，然亦僅七八萬抬而已。由上海出洋可銷十萬抬，以販往日本製造牙粉之數爲最。此外散布於襄河中路、長江上游者，其數亦在十萬抬上下。

錦石

錦石，爲美石之有文理者，出高要峽，青質白章，多作雲霞、山水、人物、蟲魚諸象，以爲屏風、几案，不讓大理石，惟其質微脆。錦州之小淩河亦有之，一名錦川石，質堅緻如玉，色白而有琥珀斑，可琢煙壺、煙嘴、扇墜等物，《爾雅》所謂「醫巫閭之珣玗琪」，疑卽此。

昂威嚇

混同江出石砮，相傳爲松脂入水千年者所化，有紋理，質如木，色紺碧，堅過於鐵。土人用以礪刃，名之昂威嚇，卽古肅愼氏貢之楛矢、石砮，石砮卽此。乾隆朝，鄂文端公《恭和高宗御製瀛臺木變石歌》有「濡水不沈火不然」句，亦指此也，今不可得見矣。

江石

黑龍江之嫩江江岸一帶産石，曰江石，堅結細膩，華麗朗潤，紅、緑二色爲多。紅與瑪瑙相埒，緑則蒼翠沉碧。中含苔藻、松柏之形，活潑明澈，望之如生。間有中含黑質者，如片雲，如點墨，如蝌蚪，絶無晦暗混沌之處。琢磨之，爲文具，饒有佳趣。

太湖石

園林所疊假山，其石以多孔及有縐紋者爲貴，採自太湖，謂之太湖石，乃太湖中石骨也，浪激波滌，年久則孔穴自生。惟以其在水中，運致頗艱。

狠石

鎮江北固山甘露寺有狠石，僧人因其式鐫成一羊形，在石帆樓下。臨潼驪山亦有之。

崑石

崑石，出崑山，其佳者，一拳之多，價累兼金，有葡萄紋、麻雀斑、雞爪紋之別。

墜石

婺源某山嘗有一石墜於地，狀似豬，色純黃，瑩澈可觀。一犬見之，狂吠不已，頃之，衆犬羣集，相向咆哮，麾之不去。村人厭其喧聒，投石水中，四鄰之犬仍復呼羣引隊而至，俯水跳嗥，晝夜不止。衆莫解其故，或疑爲怪物，有主於一村休咎者，以是村中人頗驚懼，觀者如市。石在溪中，水清徹底，晶瑩可鑑。後有他村富人見而愛之，以重價求，許之，遂自溪中移石而去，犬吠乃止。

花乳石

花乳石爲圖書石之一種，天台寶華山所產，色如瑇瑁，瑩潤堅潔，可作圖書。元末，王冕始以花乳石刻印，是爲石印之始，至本朝而採者甚多。

昌化雞血石

昌化縣距城百餘里十二都山中產圖書石，紅點若硃砂，世所謂雞血石者是也，亦有青紫如玳瑁者，頗可愛玩。然近數十年來求石質明活而斑鮮若雞血者，一方印章，價值數十金，亦尠不可得也。

武康石

武康石，色黑而潤，紋如波浪，人家園池疊假山，以此爲奇，大至尋丈者絶少。武康山溪間多産此石，江南山中亦産之。有極大者，或云出海島中，水激而成紋，海舶常取以壓風。至四川，則自棧道過鳳縣嶺，所在皆有，人家以之爲牆。有甚佳者，摺皺成紋，而方整可坐。其品格頗多，惟疊雪者爲甲。横文疊起如摺，有黑白層疊相間者，有白紋作腰帶圍者，曰玉帶。流水，其文皆豎。麻衣，如人衣麻之狀。錦繡，紅黄色間成文。虎皮，人文圓嵌作黄黑色。麻皮，如畫家麻皮皴。海石，蒼黑色，面作礬頭紋。鬼面，石紋突出而獰狠。有透漏如太湖石者，謂之湖石。此武康石之大略也。

動静石

南雁宕有動静石二座，大如七架梁之屋，一動一静，上下相壓。遊者卧石上，以足撑之，雖七八齡之童，能使離開尺許，轟然有聲。倘用手推，雖強有力者十餘人，不能動其毫末。

青田石

鐫圖章所用之青田石，以洞石爲最。石在谿中，戽乾溪水，乃得之，質燥硬。洞石又在水石之中，如石之有玉，不可多得。若燈光石者，尤少。

金星石

金星石作靛青色，而有淡黄斑點，可琢爲硯。樂清縣之金星溪、歙縣之龍虎溪皆産之。《雲林石譜》則云産于闐。

無根石

廈門南普陀寺後有一巨石，其下貼地處空一寸許，以繩或長竹枝就地掠過，中無所礙，然竭人力不能移動也。

石灰巖

石灰巖，亦名石灰石，簡稱灰石，成分爲炭酸鈣，大抵由介族及珊瑚蟲等之遺殼沈積海中而成，間有由化學之關係，在河中温泉中沈澱而生者，常見者色白而不透明，無結晶之形體，亦有結晶而透明者。其雜黏土等物者，色灰黑。種類甚多。普通石灰巖質不甚堅，以火煅之，則成生石灰。大理石、石版石、白堊等皆屬此類。吾國石灰巖所至有之，湖北之大冶縣北境沿鐵道諸山脈皆爲石灰質，設窰製之，漢陽所需之石灰悉取給於此。

大理石

大理石，以產於雲南之大理縣得名，一名點蒼石，爲石灰巖之變性，有白色、雜色二種。白大理石爲火成石灰巖，由粒狀之結晶質集合而成，可爲造像、碑坊之用。亦名寒水石。雜色大理石，爲水成石灰巖，質極緻密，含鐵及黏土等不純物，有黑、黄、青等彩色，具山川雲物之狀，可爲屏風，或嵌於窗壁、桌椅之中。雲南所産，即雜色大理石也。其以人工製造之者，曰人造大理石。

石版石

石版石，細粒石灰石之一種也，斷口成介殼狀，灰色微黄，質極緻密，以油類描字畫於其面，而注鹽酸於上，則未塗油處爲鹽酸所蝕，遂可印刷。最佳者産於德之巴威略，美産者次之，而吾國河南南陽縣花石山所産之石，亦可爲石版之用。

石蟹

石蟹，出崖州，未出水，儼然若生，及出，乃僵。雙螯八跪之完者，土人輒索價五六金，謂能已目翳。研之，作沈檀香。

石燕

湘江之濱有石，狀類燕而有文，圜大者爲雄，長小者爲雌。光緒時，餘姚謝小漁大令烺樞從其邑人朱肯夫少詹逌然視學湖南，出按外郡，嘗得之。

花鵲石

湘潭之靳江河有市曰碑頭，沿河岸左，亂石林立，近水處青質白紋，多成梅花喜鵲。梅有枝幹花蕚，花皆五瓣，瓣皆有鬚，鬚上有穗。鵲有頭尾身足，或飛或立，或斂翅，或舒翅，皆絲絲如畫。時論謂石之象形，如大理石，人物、山水、花草皆如畫家寫意，然未若潭石之天然工筆，宛如徐熙粉本也。

桃花石

廣東韶州所産之石，色粉紅，如桃花，故曰桃花石，可琢以爲器。

鏡石

祁陽之浯溪有鏡石，高尺五寸，闊二尺五寸，色黝黑如漆，光可鑑，隔江竹木、阡陌皆映見之。

辰州石

湖南辰州溪水中，往往有石如鵝卵，中外瑩澈，成黑地白章，或白地赤紋，作男女交媾狀。

地層化石

地球之運轉無定，地質之變遷亦無窮。地質學者言化石爲地質中要素之一。我國之地層，與世界各國之地層無異，地層間亦有特別之產物，試考其化石之遺跡，可知地質時代之大略也。兹將山東各處之地質，表示於左：

坊子煤鑛，爲侏羅紀，有植物化石數種。

淄川煤鑛，棋盤地並大荒地，爲石炭紀，有植物化石數種。

章邱縣文祖鎮煤鑛，爲石炭紀，有植物化石數種。

濰縣馬集之南方及平落院之東方，爲寒武利亞紀，有三葉蟲與節足動物數種。

博山縣南揮井煤鑛，及其他煤層之上下石灰巖中，爲石炭紀，有腕足類、珊瑚類、紡錘蟲等。

博山縣城門外，有腕足類。

博山西南顏神鎮雪音閣之下，爲石炭紀，有紡錘蟲、腕足類。

大崑崙驛之東方白山及太釜山之南麓，爲石炭紀，有腕足類、珊瑚類。

章邱縣之南朱家務，爲第四紀，有鹿、馬之齒。

章邱縣之胡山，爲志留利亞紀，有頭足類、腹足類、貝類。

濟南之南炒米店及附近一帶，爲寒武利亞紀，有三葉蟲、腕足類。

崮山附近，爲寒武利亞紀，有三葉蟲。

張夏附近之龍頭山，爲寒武利亞紀，有三葉蟲、腕足類。

泰安府之西及南之丘，爲寒武利亞紀，有三葉蟲、腕足類。

新泰縣附近，爲寒武利亞紀，有三葉蟲、腕足類。

沂水縣之北七十里，爲寒武利亞紀，有三葉蟲。

萊蕪山中爲寒武利亞紀，有三葉蟲。

沂州炭田爲石炭紀，有植物化石。

飛浮石

飛浮石在黄河中，即史所載之飛服山也，出没不時，峯巒下垂，上平如几，山可三四里許。近河好事者，或棹舟敲取其石，爲玩品，竅皆空，能吸水倒升。順治丁酉，出浮河面，不久而没。

鵝卵石

鵝卵石者，巖石受風雨寒暑之作用，裂爲細塊，墜於溪谷，後經水流沖刷，漸失其稜角而成圓形。以其圓滑如卵，故謂之鵝卵石。

魚石

汧陽縣有魚石，狀如饅頭，破之即成兩石，各有一魚形，鱗鬣宛然，以手摩之，作魚腥。溪中所産之石皆然。

螢石

螢石，雜於片麻巖、石灰巖等之鑛脈中，爲立方體之結晶，亦有成塊者，無色透明，有玻璃光，如熱時，置諸暗室，則放青色光如螢，是謂螢光，故名。可爲金屬鑛物之溶解劑，其美麗者可製爲裝飾品。

蛇紋石

蛇紋石，一名温石，由橄欖石、角閃石等分解變質而成，當爲大塊，色黄緑，有赤黑斑紋如蛇皮，故名。琢之，有珠光，可爲飾品。含蛇紋石之巖石，謂之蛇紋巖。

雲子石

蜀中有碎礫細長而圓者，曰雲子石。

噶巴石

噶巴石，產肅州紅水壩，似玉，而遜其堅，有緑、白兩種。取山丹回回砂磨之，有光。或云，《禹貢》「璆琳琅玕」，即此。

石絨

石絨，角閃石之一種，狀如絲，有彈力，脆弱易碎，色白，或爲灰色、緑色，光澤如絹，質軟如綿，故與温石絨同有石綿之稱。

石綿

石綿產於太寧縣與秦、晉毘連地方，其地徧山皆白色頑石，質極鬆爽，草木不生，土人以爲棄物。石在土中，軟如泥，極似石膏，色白而亮，擘之成條，揉之成絲，入火不化。究其實，以脆弱難織，如研成粉質，製造火爐等物，必較不灰木爲勝。

石筍

石筍，爲巖石之成長條者，多用以爲園林之點綴品，以其直立如筍，故名。其在產地，率横卧土中，大者七八尺，小者二三尺，亦有高至二三丈者。又鐘乳石之下滴而凝上矗如筍狀者，亦稱石筍。

石鐘乳

泉水含炭酸石灰，由巖隙下滴，其石灰質日久凝積，纍纍下垂，狀如鐘之乳，故名石鐘乳，或專稱鐘乳，一曰石髓，出廣東乳源縣乳巖者最著。

黄砂

黄砂，亦稱黄土，爲微細之石英末，黄褐色，多生於高原及谿谷之表面。吾國北方有此砂，甚厚，塵埃起時，至蔽日光，輒數日不散。

河底古木灰

乾隆丙午，江南大旱，各鄉河港皆赤裂百餘日，居民多赴城濠中，掘黑泥，和麪作餅。相傳此城爲沈法興聚糧處，年久化爲泥也。鄉人以各河底皆有黑泥，亦掘之，至五六尺許，輒得泥如石炭者，然不可食，以作薪，火乃終日不熄。其質非土非石，有大至數圍須用斧劈者，有碎疊成塊縫層層可揭者，細驗之，則大者本巨木，層疊者則木葉所積，年久爛成塊也。江南惟沿村有樹，其河港之在野者罕所植，間有之，亦必取作器，小則伐爲薪，其孰肯砍而棄諸河乎！或謂是必洪荒以來，兩岸本多樹，隨山刊木時，始伐而投之，歷千萬年成此耳。是歲數百里内河港皆掘得之。

石炭

石炭，俗謂之曰煤，乃太古時代之植物，經地球之變動，埋入土中，綿歷歲月，次第變化而成。有廣狹二義，廣義包括黑煤、無烟煤、褐炭、泥炭而言，狹義專屬黑煤。

黑煤亦稱黑炭，又曰烟煤，吾國産地甚多，近頃之著稱者，爲直隸之開平、灤州，江西之萍鄉，其色黑，有光澤，堅如石，此石炭之所以得名也。燃之，發黑烟，有異臭，可製爲煤氣及工廠汽機之燃料，需用甚繁。

西人又謂我國産煤之區，無省無之，惟以此較彼，則有多寡之殊。北方如直隸、山東、河南、山西，産煤皆極盛，而尤以山西爲多，内蒙、東三省略次之，西北一帶又次之。然甘肅、新疆之煤源，亦所在皆是。揚子江流域與東南沿海之地，其狀與西北同，蓋限於地而覓煤維艱也。惟湖南、江西，則不可以概論，湖南尤爲南方之山西。要而論之，西方與西南各省産煤之地，亦如恒河沙數，惟煤力極薄，煤源亦不巨耳。

瀝清煤與無烟煤，皆産於我國，而以無烟煤爲尤貴，山西、湖南皆無烟煤源最富之區域。國人多用無烟煤，以燃燒之際，不用烟囱故也。而瀝清煤亦極爲世所稱重。蓋煤地所出，皆以瀝清爲極多。吾人今試以山西、湖南之無烟，直隸、山東、江西之瀝清，以與五洲最良之煤相較，伯仲之閒，亦豈易軒輊耶！

河套石炭

河套達拉特蒙旗之煤鑛，地爲羊廠壕，産石炭最旺。山溝中被水沖洗，有出地面二三尺者，質堅，色純黑。土人採取大塊，有四尺餘者，燒之成灰，爲白色，無氣味，見火卽燃。蒙人每聚之成堆，燃以代燈。距東勝州不遠，卽唐東受降城境，煤窖均横洞。

石油

石油爲流質鑛物，由地中掘油井而汲得之。學者謂爲太古時之海棲動物質所成，或謂炭化物埋入地中，由水汽之作用，積久化成者。深入地中五百尺至數千尺以下，多存於砂粒之罅間。初由井中汲出者曰原油，亦名石腦油，色黄或褐，帶緑閃光，不明，有惡臭。入蒸餾器蒸之，加熱二十度至百五十度而得者，曰揮發油，性揮發，易燃燒，不宜燈用，僅用以防腐及洗滌器械、布帛之垢膩耳。加熱百五十度至三百度而得者，曰燈用石油，須加入硫酸蘇打洗清之，減其烟煤及臭氣，俗稱煤油或洋油者是也。加熱三百度至三百六十度而得者，曰重石油，可製白蠟，並潤滑機器。其重石油，又可分取機械油、（卽機器上所塗用以減摩擦之力者。）華攝林、石蠟之類。吾國之山西潞安府、陝西延安府、四川敍州府等處皆産之，惟開采未盛，歲由俄、美輸入者，爲數甚巨。

鄜、延出石油，見宋沈括《夢溪筆談》，石油之名始見此。《昨夢録》則謂之曰猛火油。

充俄里產鹽鐵

蒙古阿巴海部之充俄里，有泡子河，產天然鹽，生水中，如層冰，厚四五寸許，鑿取成磚，不煎而可食，其味較之內地食鹽稍淡。亦有產於高山者，彌望如雪，人跡不能到，則用强弓仰射以取之。又產精鐵，色如白銀，上用之鳥鎗，皆采此鐵以製之。

火井鹽井

蜀中火井、鹽井，所在悉有，俱用土法穿鑿，有穿至數百丈始得者。鹽井水有微鹹、極鹹之分。火井所出之火，乃陰火也，色純白無燄，以竹筒引之，銜接數里，分裝鐵管，供炊爨，歲收其值。鐵管可隨時啓閉，用時啟管，燃以火，則赫然熏灼，不用則閉之，熄矣。煎鹽、製糖，皆賴此火。

鹽

鹽，我國久有之利源也，產處分海、池、井三類。海鹽乘潮而取，沿海隨處皆有。池鹽多在內陸，如解縣鹽池、羅布泊、青海、吉蘭太池等處，凝結俱厚。井鹽在地層中，如南嶺西端、西康山彙及天山斜面皆有。惟天山地層常因雨水沖出，餘皆須鑿井而取。平原則岷、沱間最多，面積約一萬數千方里，鑿井易而所獲豐也。海灘産鹽之地，則直隸之永平、遵化、天津，山東之武定、青州、萊州，江蘇之海州、淮安、揚州、通州、海門，浙江之嘉興、紹興、寧波、台州、温州，福建之福寧、福州、興化、泉州、漳州，廣東之潮州、惠州、廣州、高州、瓊州爲最盛。

鹽塊

鹽之種類不一，南方所用海鹽、井鹽，皆須煎烹熬煉，山西解州鹽池，如畊者之疏爲畦隴，引水灌其中，俟夏秋南風一起，卽結成鹽印，故昔人以爲海鹽、井鹽資於人，解鹽資於天也。獨阿霸垓部落及張家口外牧圉之地，有鹽一種，出水澤中，不待煎熬而自成，亦不待南風而始結，土人就近取之，其塊大小不等，色青黑，味甚佳，不減於内地所産。

山東産鹽區域調查記

山東鹽場凡七處，溝灘二百九十七副，井灘一千三百三十一副，大小池一千二百二十六副，斗子五百十一副，産鹽總額，歲計四萬萬斤。

官台場在壽光縣侯鎮，鹽質之優劣，視天時之陰晴，如風雨稀少，鹵厚水鹹，産鹽必色白粒大，否則粒碎質輕。

王岡場在樂安縣治，溝産味淡粒大，井産味厚粒小。

水利場在海豐縣石家廟，顆粒細碎，色則黄白黑不一。

濤雒場在日照縣濤雒鎮，顆粒細碎，色白者爲新鹽，色黑者爲陳鹽。

石河場在即墨縣金口鎮，色白粒堅。

西繇場在掖縣西繇莊，溝産質輕色白，粒小味淡，井産質重色青，粒大味厚。又有一種粒小味淡色白者，曰茉鹽。

富國場在昌邑縣治，粒顆大小不等。

清稗類鈔

物品類

物品

物品者，人造物之總名，爲人所用，大小精粗皆是也。

家生

家生爲日用器具之總稱，江、浙間有此語。《夢粱録》云：「家生動事，有桌凳、涼牀、交椅、兀子之類。」

都人用具作元寶形

都人日用器具，多喜作元寶形，如冬日之煤球筐，夏日之果木籃，以及糞箕、提筐，悉翹然如元寶。婦女之髻，亦翹其兩端，作元寶狀。琉璃廠火神廟之香爐亦然。

大內之太平缸銅路燈

和珅於嘉慶己未查抄議罪後，分其第，半爲和孝公主府，半爲慶親王府。嘉慶庚辰，慶親王薨，管府事者阿克當阿代郡王懋綿呈出毘盧門□四座、太平缸五十有四、銅路燈三十六對。缸較大內稍小，燈則較大內所有者尤精，因分設於景運、隆宗兩門外。又凡所設鐵缸，及白石座細銅絲罩之路燈，亦皆珅物。

武英殿露房所藏藥品

武英殿有露房，卽殿之東末間，舊爲藏庋西洋藥物花露之所，又有狗寶、鼈寶、蜘蛛寶、獅子寶、蛇牙、蛇睛等物。而蜘蛛寶黑如藥丸，巨若小胡桃，其蛛當不細矣。又有曰德力雅噶者，頗似藥膏，監造列單，交造辦處呈進，上分賜諸臣，餘交造辦處。舊傳西洋堂歸武英殿管理，故所存多西洋之藥。比交造辦處，而露房遂空，舊檔册悉焚，於是露房之稱始改矣。

光緒庚子大內損失寶物

光緒庚子拳匪作亂，八國聯軍入京，大內損失寶物凡數千件，中如碧玉彈二十粒，四庫藏書四萬七千五百零六本，金自鳴鐘二具，李廷珪墨一匣，穆宗日録七十四本，德宗手書詩集一本，琬琰大屏四扇，玉馬一匹，粵寇璽印樣一本，國朝列聖圖像四軸，墨晶珠一串，粵寇林鳳翔、洪宣嬌齒牙一匣，小影一幀。又有玉璽爲日兵所得，後即交回。又四大金缸爲美兵所得，後由胡燏棻侍郎派何青雲前往領回。尤可惜者，我國史籍三萬五千本，由汽船二艘運往意大利國納托爾埠，裝釘甚華麗，明《永樂大典》亦在其中，惟擲出時滿地狼藉，至不完全，後藏英之萬國藏書樓。

太廟玉册六十餘分，分各百餘塊，塊高五六寸，寬七八寸，厚半寸許，南書房翰林撰文後，恭楷書玉上，鐫成，傅以漆金。聯軍至京，美兵護守太廟，英兵欲取玉册，美兵舉槍向之，乃止。美兵退，英兵恣所取。及交還太廟，檢其數，失二百餘塊。天壇之蒼璧，地壇之黄琮，日壇之赤璋，月壇之白琥，皆歷朝法物，並失之矣。

奉天内務府所藏典訓宗器

奉天内務府尊藏典訓宗器，二百餘年，寶守維謹，屢有增加。兹依光緒乙亥以前内府案卷録之。敬典閣上層，供奉九代聖容九箱，行樂圖四箱，每歲春秋二分，由陪京大臣恭晾，太廟供奉册寶五十八分。敬典閣中層，尊藏玉牒黄檔、紅檔二百四十包，寶十顆。敬典閣下層尊藏玉牒黄檔、紅檔六十包。崇謨閣尊藏實録一千四百零三包，聖訓三百一十六包，老檔十四包，實録圖一匣，又恭存列祖列宗所遺御用鞍轡、弓箭、腰刀、鎗劍、櫜鞬，高宗御用朝冠、朝珠、朝帶、袍褂、鞍轡、弓箭、劍鎗、腰刀、櫜鞬、甲胄，仁宗御用朝冠、朝珠、朝帶、袍褂、鞍轡、鎗劍、腰刀、準捷鎗、撒袋、弓箭，宣宗御筆字掛屏、鞍轡、威禽鎗、木桿鎗、銀式件、樺木鞘、小刀子、火鐮、火紙筒，文宗御用鞍一副、籐鞭一把、撒袋一副、弓四張、箭三十六枝，以及各宮殿陳設一切金玉銅瓷物件、金錁、金條、銀錁、書籍、字畫、册頁，並文溯閣收存各書籍。每值大員更替，按照印册，查點一次，專疏奏聞。

黄茗隱用器皆匏

黄中理，字茗隱，南匯人。年八十而居貧，老於諸生，日用之物以匏充之者九，因自號九匏道人。

辰州苗器

苗民器用頗多，如犂耙、鋤鐮、長柄刀斧、籮筐、背籠、背枷、桔槔、筒車、機梭、紡車、蠶筐、鼎鍋、釜篙、碗箸、杓盂、項圈、手釧、網巾、衣服、升斗、戥秤、剪刀、鍼錐、尺、梳櫛、碓磨、火鎗、桿子、環刀、弓弩、兜鍪、皮甲、鑼鼓、號頭、蘆笙、畫角、腰鼓、鐃鈸之屬，皆自爲之，能通其用。

汽機

汽機，用熱力發生水蒸氣，以成動力之機械也。水化汽以後，其汽之體積大於水之體積一千六百倍，若密閉於器，不使漏洩，則汽被壓迫，彈力甚大，能將容器破壞，汽機之發動，即利用此力也。

機以銅鐵爲之，有鍋爐，鍋中盛水，爐中燃煤，發生蒸氣，以管引入汽櫃及汽筒中。汽筒爲一圓筒，中有鞲韛，能於筒中進退移動，有柄與飛輪相連，出筒外，汽櫃附於汽筒之旁，前後有二孔，與汽筒通，中一孔放汽出外，或引汽入凝水櫃。汽櫃中有活罨，如覆盂狀，以掩其孔。活罨有柄出汽櫃外，亦能進退，罨前進，則露出後孔，掩前孔與中孔，使前孔在罨中，與中孔相通，罨後退，則露出前孔，掩後孔與中孔，使後孔在罨中與中孔相通。

鍋中之汽，先入汽櫃，由後孔入汽筒，推鞲韛前進。鞲韛前之空氣，由前孔入活罨中，自中孔放出，此時鞲韛之柄前進，推動飛輪，機内附屬之件，均隨之轉動，活罨之柄，遂推活罨後退，掩去後孔及中孔，露出前孔，汽由前孔入汽筒，推鞲韛退後，鞲韛後之汽，由後孔入活罨中，自中孔放出。如是前後進退，使鞲韛之柄，轉動飛輪，循環不絕。一切工業及汽船、汽車之類，皆以汽機發動，利用甚宏。此機之創，在十八世紀之前，其製尚未盡善，經英人瓦特改良，始適於用。天津、上海頗有能仿製之者。上海之廠曰求新。

觀象臺儀器

康熙己酉六月，聖祖詔令改造觀象臺儀器，蓋因戊申欽天監監副吳明烜言：「推曆以黃道爲驗，黃道以渾儀爲準。今觀象臺渾儀損壞，亟宜修整。又地震方向，各有所占，請造滾球銅盤一座，並設臺上。儀器備，則占驗始爲有據。」疏入，下禮部議。尋以取到元郭守敬儀器於江南，不果行。至是，掌欽天監事西洋人南懷仁爲監副，疏請改造，從之。

靈臺儀象

康熙癸丑正月，南懷仁以新製天體儀、黄道經緯儀、赤道經緯儀、地平經儀、地平緯儀、紀限儀告成，將製法、用法，繪圖立説，名《新製靈臺儀象志》，疏呈御覽。《靈臺儀象志》言天體象之用凡六十，黄道經緯儀之用凡十，赤道經緯儀之用與黄道經緯儀同者凡五，異者凡九，地平經儀、緯儀之用凡十八，紀限儀之用凡六。要之，天體儀乃渾天之全象，爲諸儀之用所統宗，七政恒星之經緯宫次度分，與先後相連之序，相距之遠近，俱於斯見焉。黄道經緯儀、赤道經緯儀、地平經儀、緯儀，所以推七政恒星之行及所躔之度分也。紀限儀則旋轉盡變，以對乎天，或正交，或斜交，定諸星東西南北相離之度焉。此六儀者，用各有異，而又可互用相參，故能測驗精密而分秒無差也。

簡平儀地平半圓日晷儀

康熙辛酉二月，製簡平儀，製地平半圓日晷儀，俱以銅爲之。

三辰簡平地平合璧儀

康熙癸酉四月，製三辰簡平地平合璧儀，以白金爲之。

地平經緯儀

康熙癸巳二月，聖祖命監臣紀利安製地平經緯儀，以銅爲之。地平經緯儀者，合地平象限二儀而爲一，凡測諸曜，則旋象限儀，以遊表低昂合之，令與諸曜參直，其横半徑所指，即地平經度，遊表所指，即地平緯度，測一器而經緯胥得也。

星晷儀矩度象限儀方矩象限儀

康熙甲午二月，製星晷儀、矩度象限儀、方矩象限儀，皆以銅爲之。

測晷器

國初，莆中姚朝士有測晷儀器，不論北極高下，皆可得真晷刻。

三辰公晷儀六合驗時儀

乾隆甲子二月，製三辰公晷儀，以銅爲之，製六合驗時儀，以銅爲兩球。

圭表

乾隆甲子二月，重製圭表。蓋迎日推筴，肇自上古，而土圭測景，詳於成周。宋元嘉時，何承天立表候晷，後代仍之。明於觀象臺下設晷影，堂南北平置銅圭，於石臺南端植銅表，上設横梁，用影符以取中景。本朝因其制，惟銅表舊高八尺，此加二尺焉。

壺漏

乾隆丙寅四月，重製壺漏。蓋浮漏之制，有求壺、廢壺。複壺以播水，建壺以受水，玉權以釃水，銅史以令刻。今之日天壺即求壺遺制，制天壺即複壺遺制，平水壺、分水壺即廢壺遺制，萬水壺即建壺遺制。至於龍口玉滴，銅人抱箭，亦即玉權銅史遺制。自宋以來，大略相同，惟舊法每日十二時分一百刻，今釐爲九十六刻，此則有異者也。

其制，計播水壺三，形方，上曰日天壺，次夜天壺，又次平水壺。下有分水壺一，形方，受水壺一，形圓。播水三壺以次漏於受水壺。受水壺上爲銅人，抱漏箭，下安箭舟，水長舟浮，則箭上出，水盈箭盡，則洩之於池。

刻漏壺

厲之鍔，字寶青，乾隆時之錢塘人。嘗自出巧思，製刻漏壺，鎔錫爲之，運轉自然，晷刻相應，不爽毫髮。

萬壽天常儀

乾隆庚午八月，製萬壽天常儀。

璣衡撫辰儀

乾隆甲戌正月，璣衡撫辰儀成。璣衡撫辰儀，本渾天儀之規制，而釐以今之度數。其在外者，卽古之六合儀，而不用地平圈。蓋既測定南北正線，而後置子午圈，則子午圈卽爲南北之正線，平面之四方皆正。又北極出地度，以京師爲準，自北極而上五十度五分，卽上應天頂，自南極而下五十度五分，卽下對地心。而應天頂之衡，則兩極正，立面之四方亦正，而地平已在其中，故不用地平圈也。其次内者，卽古之三辰儀，而不用黄道圈。蓋有天常赤道圈，有赤極經圈，則測得日月星之赤道經緯度，卽黄道經緯可推。且黄道與赤道之相距，古遠今近，日久有差，而儀器可無改，故不用黄道圈也。其最内者，卽古之四游儀，大略相同。

地球儀

乾隆庚辰二月，製地球儀。地球儀之制，所以象地體，與天體儀相配，亦仍西法，惟布列地名時，於新疆及新向化之蒙古回部，靡不備具。

渾天儀

周幔亭之學，觚剞苛碎，窮鑿幽隱，專爲人之所難。造渾天球，大僅拳許。嘗繪《長江黄運圖》，僅尺幅，而星經地緯，羅縷畢具。幔亭，名椝，乾隆時之江寧人。

自鳴鐘

國初，福建漳州有孫細娘者，造小自鳴鐘，高僅一寸，而報時不差分毫。

乾隆時，内府有自鳴鐘，下一格有銅人，長四五寸許，屈一足跪，前承以沙盤。鐘鳴時，銅人手執管，劃沙盤中，作天下太平四字，鐘響寂，則書竟矣。平湖沈文恪公初在閩，曾見一鐘，上一格兩扉常闔，交初正時，銅人兩手啓扉，轉身於架，取槌擊鐘如數，畢，置槌於架，兩手闔扉。

交泰殿大鐘

交泰殿大鐘，宫中咸以爲準。殿三間，東間設刻漏，一座幾滿，日運水斛許，貯其中。乾隆以後，久廢不用。西間則大鐘所在，高大如之，躡梯而上，啓鑰上弦，一月後始再啓之，數十年無少差，聲遠，直達乾清門外，猶明萬曆時舊製也。于文襄公敏中執政時，每聞鐘聲，必呼同直者曰：「表可上弦矣。」

寒暑表千里鏡

女士黄履，字穎卿，錢塘人，巽妹，梁紹壬室。通天文算學，作寒暑表、千里鏡，與常見者迥別。千里鏡於方匣上布鏡四，就日中照之，能攝數里外之影，平刊其上，歷歷如繪。

傳聲機

江慎修永置一竹筒，中用玻璃爲蓋，有鑰開之，開則向筒説數千言，言畢即閉，傳千里内。人開筒側耳，其音宛在，如面談也。過千里，則音漸澌散不全。慎修，乾隆壬午年卒，則其法發明之時期，尚在留聲機、電話之前也。

順風耳

順風耳，以銅爲管，節節相續，約長丈餘，如千里鏡之式，虚其中，口大而末小。向空中傳語，自上而下，或自下而上，相去五六里，聲息相聞，海船用之。其制較德律風爲簡，但不能通於甚遠之處耳。

啞鈴

啞鈴，體操器械也，以木爲之，兩端如球，中爲柄，以便手握，因其形似鈴而無聲，故曰啞鈴。亦有以鐵爲之者。啞鈴體操，於兩手及肩關節筋肉之發達爲有效。我國能自製之。

風鐸

風鐸，寺廟塔簷所懸之鈴，因風成聲者也。聞聲，即知有風矣。

拜匣

拜匣，置柬帖之小篋也。黄宗羲《思舊録》云：「沈壽國，字治先。余至宛上，治先發吾拜匣，以五十金置其中。」固早已有之矣。

豹尾旛

豹尾旛，懸豹尾長八尺，上銜金葉，冒以緑革，綴金鈴四，加金鐶繫旛，杆攢竹髹朱，長一丈，上爲曲項，加塗金龍，首銜鐶。

豹尾槍

豹尾槍，長一丈一尺七寸，刃長一尺五寸，冒以木，黄油繪行龍，鋈鏤垂雲文，下綴朱氂，垂鐶懸豹尾長三尺三寸，柄長九尺五寸，由侍衛執之，謂之豹尾班侍衛，隨從帝後，與古者豹尾車相類。唐時惟節度使有之。

梓宫

帝后之棺稱梓宫。

金棺

貴妃之棺稱金棺。

琴棺

蘇州某精於琴，生前預製一棺，爲琴狀，自爲銘以刻之。

楠木棺

楚、粵間有楠木，生深山窮谷，不知其歲也。或爲大風所拔，横卧沙土中，千年不朽。其色紫，其臭香，咀之軟，削之卷。土人得之而截以爲棺，水不能嚙，蟻不能穴，每具值千金，然亦可遇而不可求也。木商漁利，或以紫楠代之，價不過三四百金，質鬆而嫩，轉不及婺源杉板之堅固。甚有掘地爲池，煮柳杉以色水，而其色紋氣味，與沙楠無異者，價值百餘金，然入土不十年，即與炭無異矣。

塞門德棺

塞門德，一作水門汀，水泥也，以仿西法所製，故一曰洋灰。天津啟新洋灰公司善製之，因特製一棺，於宣統庚戌夏開南洋勸業會時，送往陳列，意謂其質堅硬，經水愈固，可萬年不朽也，然竟無購之者。

窆石

禹穴有窆石，殘字隱隱，椎拓不易，四周皆後人題名，磨治鐫改，有如積薪，古物一奇阨，要亦地近厝皐故耳。審厥形模，斷以下隧引棺之說爲可信。今尚完好。

柩轝

柩轝，舁柩之輿也。轝制，下爲方牀，上編竹格爲蓋，四出檐，垂流蘇，繒荒繒幃均青藍色，公侯伯織五采，一品以上施散金，五品以上畫雲氣，六七品素繒無飾。杠，五品以上髹朱，六七品飾紅堊。荒，所以飾棺蓋。帷，所以飾棺旁，俗稱棺罩者是也。

七星板

七星板，喪用之具，以杉木板，度棺内可容之尺寸，鑿七孔，大如錢，斜鑿梘槽一道，使七孔相聯貫，名七星板。大斂時，奠於棺中。蓋始於隋、唐時也。

香亭

香亭者，結綵作小亭，盛香爐，人舁之行，賽會、出殯時用之，自宋已然。《宋史·禮志》有香輿，蓋卽香亭也。

墓碑

古人立碑，爲懸棺下窆之用，本以木爲之，《禮記》所謂「豐碑桓楹」是也。漢以後爲文詞表墓，始以石代之，取其不朽。東漢立碑之風尤盛，文體中亦遂自爲一格，《文心雕龍》所謂「其序則傳，其文則銘」是也。碑之尺寸及趺蓋之制，皆依官品爲等殺，《通禮》並載之。

祝版

祝版，祭時所以書祝文者也。天壇用純青紙朱書，地壇用黄紙黄緣墨書，日壇用朱紙朱書，其太廟、社稷、中祀、羣祀等，用白紙黄緣墨書，或白紙墨書。

紙馬

紙馬，卽俗所稱之甲馬也。古時祭祀用牲幣，秦俗用馬，淫祀浸繁，始用禺馬。卽木馬。唐明皇瀆於鬼神，王璵以紙爲幣。用紙馬以祀鬼神，卽禺馬遺意。後世刻板以五色紙印神佛像出售，焚之神前者，名曰紙馬。或謂昔時畫神於紙，皆畫馬其上，以爲乘騎之用，故稱紙馬。

香案

廟中神前長几，以置香爐、燭檠者，曰香案。

犂

犂，耕具也，一作犁，以發土絶草根者。其刃曰耜，以鐵爲之，嵌曲木柄，謂之耒，用牛挽或人力推之。

長鑱

長鑱，農具也，踏田器。柄長三尺餘，後偃而曲，上有横木如柺，以兩手按之，用足踏鑱後跟，其鋒入土，乃捩柄以起撥。

鐵搭

鐵搭，農具也，其以耕墾。狀如釘耙而齒較闊，四齒或六齒，柄長四尺，舉此劚地，可代牛犂。

戽斗

戽斗爲挹水之器，用制用笆斗，兩邊各繫雙綆，兩人對立挈之，引水上岸以溉田。

連枷

連枷爲打稻之器，其制用木條或厚毛竹，束成平板，闊約四寸，長約三尺，以長木爲柄，柄端造爲擐軸，舉而轉之，撲禾於地，使穀脱落而收取之。

磟碡

磟碡，農具也，一作碌碡，亦作碌碡。以石爲圓筒形，中貫以軸，外施木匡，曳行而轉壓之，以平場圃，亦以輾禾麥。南方以木爲之，長橢圓形而有觚棱。其圓筒形者，則謂之輥軸。

海青輾

海青輾，農具也，以石爲輥軸，軋轢穀粒者。築平圓形之臺，輥軸壓於臺面，繞中心之柱以旋轉，或用人力，或用牲畜之力。因其盤旋疾速，故曰海青，謂如鷙鳥之海東青也。

水碓

水碓，藉水力舂米之器也。以轉輪二具，同在一軸，輪藉水力旋轉，輪上有齒，撥動碓尾，一起一落，即能舂米，我國近水之地多用之。乾隆時，大興舒鐵雲孝廉位嘗以詩詠之，詩云：「不見杵臼，但聞波濤。雙輪調水，孤亭詠茆。爲其逸者忘其勞，中有萬斛珍珠槽。我從谿邊揚短舲，涓涓軋軋清可聽。杵聲細作水聲遠。惟見兩岸春山青。吁嗟乎，種一頃田食無粟，擁百城書住無屋。賃廡而舂計則迂，帶經而鋤良所欲。誠不如桔槔之俯仰，屏風之屈曲，徑須結廬傍谿宿。豐年玉，荒年穀，以車代畊水代足，夢回已是黃粱熟。」

踏碓

踏碓，舂米碓之用足踏者。

鳴榔

鳴榔，亦作桹榔，爲船後橫木之近舵者。漁人擇水深魚潛處，引舟環聚，各以二椎擊榔，聲如擊鼓，魚聞之，皆伏不動。江西饒州等處，皆用此法以取魚。

泥鰻

泥鰻爲海濱泥行之器，以板爲之，人坐其中，一脚在外，推之以脚。一推，行可數丈，而不陷於泥。浙江之杭州、温州、定海等處，每用之以捕魚。《史記》「泥行乘橇」注：「橇形如船而短小，兩頭微起，人曲一脚，泥上擿進，用拾泥上之物。」疑卽橇之俗名也。

度量衡

度量衡發明於黄帝，沿及後世，法軌淆亂，歷代雖以關係民之法守，嘗注意改正，仍未畫一。世祖、聖祖、高宗亦屢飭修定，而各省自爲風氣，名是實非，咸未遵守。至於晚近，棼亂愈甚。茲就商業上及習慣上所沿用者略言之。

尺 舊制，以纍黍定分寸之率，横纍一黍爲一分，十黍爲一寸，曰横黍尺。古尺。直纍一黍爲一分，十黍爲一寸，曰縱黍尺，今尺。工部營造尺，卽縱黍尺也，合英尺一尺零一分七釐三毫二絲二忽，頒之各省，俾人民遵用。而人民輾轉增減，各地歧異，種類紛如。美人維廉姆居我國久，嘗著一書，所載我國之尺，凡八十四種，極長者合英尺十六寸又百分之八十五，百分之八十五者謂以一寸平均分爲百分，而於百分中得其八十五也，下倣此。極短者合英尺十一寸又百分之十四。紊亂已甚，誠各國所無者也。中外通商用海關尺，合英尺一尺二寸又十分之一。

升斗斛　舊制，以寸法定容積之率，升方積三十一寸六百分，斗方積三百一十六寸，斛方積一千五百八十寸，兩斛爲石，容積三千一百六十寸。此在商業上，多用之於農產物，然習用之容積，概不能如上所定。據日本人之所調查，則謂北部之一升，三倍於南部。實則南部與南部，升斗斛之大小，亦隨地而異。故我國之以秤代量者，往往而有也。

秤與平　貨物率用秤，金銀則用平。舊制，以寸法定輕重之率，然部置權衡，既皆視爲具文，而各省商業地所使用者，亦皆任意高低。秤二種。一種秤端有鉤，分大秤、小秤。此種秤，用之買入者爲多，分兩放大。一種秤端有盤，或銅盤，或籐盤，此種秤，用之賣出者爲多，分兩減小。各國通商用洋例秤。平一，曰天平，以庫平爲較準，然部庫平與各省庫平已難脗合，餘則有九九平、九八平、九七平、九六平等。中外通商用海關平。

度量衡之不畫一若此，一切貿易受損害者至鉅。光緒丁未三月初三日，德宗洞察其弊，詔農工商部會同度支部考定之。農工商部嘗擬定畫一制度，詳細繪圖列表，及推行章程奏陳，然迄未實行也。

度量衡之所在殊異，百里不同。有偏游裏下河者，至海晏，見市售蠶豆，每升錢六十文，至曲塘，則二百有奇，頗異之。問其實，則此之升斗，較之彼三倍有餘。有某者，以知府駐甘肅蘭州轉運。初任事時，第一次運畢，有報告者，每驢運六升，大吒其人，謂何相欺之甚。其人詳告，始知六升已一石有餘矣。

西康度量衡

西康度量衡，各土司、呼圖克圖、野番自爲製造，彼此不同，丈尺一端，工商俱無之。買賣氆氇之類，則以兩手左右伸而度之。呢絨布疋，以方爲計，亦不用度。

番人無升有斗，斗稱爲尅，十百千萬，皆以尅爲數。又有批，或二十批爲一尅，或三十批或四十批爲一尅各處不同。而稱批尅之名亦異，番稱曰架碼，大小不等。番稱一斤，爲漢一三斤。又有稱一斤爲漢十兩者。如乍丫是。若戥則曰索拉，所衡重輕，亦與漢異。若衡金銀，則以三錢二分一元之盧比相衡。盧比有鑄成半圓者，重一錢六分，又有八分一起，番人皆以爲稱碼焉。宣統己酉，邊務大臣趙爾豐始由川省購工部尺，由打箭鑪造升斗，每斗盛米三十斤，並製庫平稱，運出關外，發給各處，令番人照製使用，其長短多寡輕重，至是而西康之度量衡乃統一。

天平

天平，衡器也，其製以輕而堅之金屬桿，兩端懸小盤，桿之中點支於柱上，桿與柱相倚著處爲堅鋭之稜，使桿易於傾側擺動，靈活無礙。用時以一盤盛物。一盤置砝碼。其砝碼之重量，巨細不一。若所置砝碼與物之重量相等，則天平之桿適平，可查盤内砝碼之重量，以知物之重量。若其桿傾倒不平，可加減砝碼至適平而止。凡衡金銀寶物及藥品皆用之。

砝碼

砝碼，本作法馬，天平衡物所用。衡物時以一盤置物，一盤置砝碼以凖之。使天平之横桿，平而不側，即可由砝碼之重量，而知所權物之重量。常以銅鉛等製成小塊，每塊重量，自一錢、二錢、五錢、一兩至數兩均備，以便隨時加減。精密之天平，其砝碼分至極細，釐毫小數均備。此等小數之砝碼，概以白金片爲之。砝碼上均刻有數字，以記其重量。

磅秤

英國衡器，以磅計數，故曰磅秤。我國税關及商埠之店肆，亦多用以權重物。其制，有載物臺座，一端有桿，與座下之梃子相連，桿懸秤錘，藉知物之重量。

戥秤

戥秤，一作戥子，亦名等子，所以權金珠、藥物分釐小數之衡器也。

漕平

漕平，衡名，江南、浙江諸省所通用之平也，用以徵收漕銀，故名。每兩約合庫平九錢八分。

湘平

湘平，湖南湘潭縣所用之平也，每兩約合庫平八錢一分一釐七毫。湘潭商務殷盛，汽船常往還漢口，咸豐以來，將卒多湘人，營中衡銀之平，皆爲湘平，故推行於湖南全省及長江流域之大商埠。

以鍋勺代秤斗手指代尺度

蒙古向無權度，以鍋勺代秤斗，以手指代尺度。其論分兩整件之物，則視物體之大小，彼此認可，即可交易。其論長短者，則展兩手以引量之。若體質較小之物，則以手指量之。

工部尺

光緒某年修會典館時，校内務府尺，長於工部尺二分。

海關尺

海關尺，海關所用之尺也，較營造尺稍大，合公尺千分之三百五十八。咸豐甲寅，與各國訂通商條約，以此尺爲標準。每一尺，合英國十四吋又十分之一，若合法國米突，與公尺同。

樟尺樟環

道光丙午七月十四日，温州猝發暴風，府署大堂階下，大樟樹東枝，被風吹斷，郡尊徐鐵孫觀察榮命工師仿漢慮俿銅尺斵尺三百，分贈同好。又於樹空腹中得大木環一。

驚閨

驚閨，販賣針線脂粉之人所執之器也。形如鼗而附以小鉦，持柄摇之，則鉦鼓齊鳴，以代唤賣。曰驚閨者，欲其聲之達於閨閤也，後因謂執此業之人亦曰驚閨，即俗言貨郎。《滇事紀略》謂吴三桂之妾陳圓圓，爲江南陳驚閨之女是也。

太祖遺甲

景祖、顯祖之敗於尼堪外蘭也，時太祖年十五，僅有遺甲十三副，太祖用之以復尼堪外蘭之仇。其遺甲藏於内府，光緒時猶存，遇大閲，必以陳於御座旁。中有一具，尤長大，重三十餘斤，長如今人一身有半，令偉丈夫立於椅以比之，猶下與地齊，蓋亦太祖征尼堪外蘭時所自用也。

遏必隆刀

遏必隆，權臣也，以戰功著，後以鰲拜伏誅，坐死。聖祖以其爲顧命大臣，削職，後仍以公爵入衛，蓋其女即孝昭后也。乾隆時，其遺刀猶存内府。金川之役，遏之孫曰訥親者失機，高宗即詔以是刀斬於軍前。賽尚阿之奉命征粤匪也，文宗亦曾以此刀賜之，其重等於古時之賜斧鉞及尚方寶劍。相傳刀有雌雄各一，風雨之夕，輒現紫色，蓋殺人至多也。賽奉命南下，卒以挫敗受誅，其後遂不以此刀爲重矣。

小神鋒

御前有刀，曰小神鋒，長二尺餘，與神槍皆置御座旁。每駕出，則以侍衛一人負之而行。

寶刀

康熙初，陳子仙之高祖某，以副將從征吳三桂，有功。殁後遺寶刀一，長三尺許，斑剥作青黄色。

姜劊子手之刀

京師有姜姓者，爲刑部劊子手，有刀五口，刀頭有五式，一龍、一虎、一鼠、一蛇、一龜。相傳刀頗神異，如次日值行刑，先一夕必自出鞘而嘯。且用之數百年，鋒鋩完好。聞明代曾封以五將軍之號。劊子手，執行死刑者也。姜於明代已充此役，世守弗替。

番刀

青海出番刀，雖質堅如石，仍可折而屈之，蓋以百鍊鋼爲之者。長二尺，闊僅兩指許，背厚分有餘，自首至尾純直，首不仰，鋒利無比，光可鑑人，或嵌金絲紋，或鐫蒙番文。其刀鞘爲桃木質，而裹以銀鑄佛像及花草鳥獸形，滿鑲珊瑚、瑪瑙、寶石。然刀鞘之價，不及刀價之半。非上客，不出以示。

臺灣人各一刀

臺灣人各一刀，頃刻不離，斫伐割剥，事事用之，不僅以之争鬬也。

毓賢之刀劍

光緒朝，毓賢守曹州，數月，殺人至六千。及巡撫山西，其出也，常以一刀一劍自隨，鋒皆甚銳，柄飾玉，治事之暇，輒出而摩挲之。自謂生平殺人，必收其兵器，所積既多，權之，重二十七斤，乃命人鍛鍊鑄此刀劍，以爲記念。

手槍

手槍爲護身或軍用之小軍器，種類甚多，製法不一，舊多用Revolver，我國舊稱爲蓮蓬槍。

臼礮

臼礮，粗短之大礮，可納開花彈，向高開放，在四十五度角以上，取抛物線射擊敵人。吾國舊名虎蹲礮，俗亦謂之田雞礮，日本謂之曲射礮。

粤寇銅礮

咸、同間，粤寇洪秀全據江寧，凡通行文字音涉忌諱者，多爲更易，如干支之癸丑易爲國好，乙卯易爲乙榮，癸亥易爲國開。又軍械亦多易名，如抬槍爲長龍，礮彈爲元碼，藥爲紅粉。光緒時，無錫漁人某在河中獲銅礮一，其礮鑄有「鑄於癸開十三年」七字，卽同治二年癸亥也。惟此癸字又不改國字。所刻「榮殿」，卽榮王譚姓也。所刻「受汾」，殆粉字之蝕也。

礮彈

礮彈，礮膛内所用之子彈也。有數種。一，子母彈，彈膛闊大，内容多數鉛丸炸藥，膛有前後中各部之别，能在空中炸裂，地勢高低，距離遠近，皆所不論，用以擊敵軍之人馬或物品。二，開花彈，内分單雙層，又有鋼鐵等質之别，著地，炸爲碎塊，爲力甚大，用以擊敵人建築物。三，實心鋼甲彈，中心堅實，外包鋼皮，擊鐵甲船用之。四，葡萄彈，鉛丸，在礮膛中已炸裂，出口分飛，力不能及遠，距敵極近時用之，後多以子母彈代用。上海德州製造廠皆能倣製之。

炸彈

炸彈，中裝炸藥之礮彈也。有二種。一可照算準時刻，使子彈飛行空中若干遠，炸爲極多之碎塊以擊敵。一可飛至所擊之處，然後炸裂，以傷所擊之物。其以炸藥裝置罐中，遥擲敵人而轟擊之者，亦稱炸彈，吾國人能自製之。

雲梯

太宗攻取明城，多以雲梯制勝。乾隆戊辰金川之役，敵多築堅碉於絶壁懸崖，官軍屢攻弗克。高宗閱實録，仿其式以製雲梯，命八旗子弟演習，隸健鋭營。再征金川時，卒收雲梯之功。嘉慶丙辰，湖北奸民竊發，畢秋帆制府沅屢攻當陽不克，仁宗乃命緑營皆習其技，以昭太宗威德焉。

骲箭

國初，禮烈王所用之箭，其鏃與笴，皆以木爲之，鏃長一尺六寸，徑三寸，圍九寸，周圍有觚棱者六，脊處穿孔，數亦如之，笴長三尺六寸。括之受絃處，寬可容指，非挽百石弓者不能發。

籐牌

蠻僚之屬，所用旁牌，多以粗籐爲之，中心突向外，内凹處，以籐爲上下二環，俾手肱有所執持，輕而堅韌。其後仿其制，故統稱旁牌曰籐牌。

鐵標及屏風

康熙時，有木雅零者，本姓朱，河南人，明宗室之裔也，能製奇器，多異技。有鐵標十二枚，藏兩袖中，舉手即發。又有屏風置座後，中藏萬弩，機在座下，在軍時輒施之坐後，猝有奸宄，一舉足，則萬弩齊發。

奏摺

臣下上書於天子曰奏，其文件謂之奏摺，以其用摺本繕寫，故名。

手本

手本，官場有之，屬吏謁上官時所用者也，始於明。《通俗編》云「明萬曆間下官見上官，其名帖以青殼粘前後葉，中用綿紙六扣，稱手本。門生見座師，則用紅綾殼爲手本」是也。

手摺

手摺，屬吏稟陳公事於上官時所用，摺紙爲之，大率親手呈遞，故名。又商家貿易往來計數之小摺，亦稱手摺。

領紙

領紙，凡向公家領取錢物者，出具領紙，以示信而備稽查也。官吏所具領紙，蓋印其上者，謂之印領。常人則不蓋印，謂之墨領，亦稱領狀。

虎頭牌

虎頭牌，始於金、元，衙門局所示威之具也。懸於門，左右各一，上書「禁止閒人」等字，與汪元量詩「文武官僚多二品，還鄉盡帶虎頭牌」之所賦，異矣。然如上官於屬吏之委缺委差，以及批示一切之事，亦皆以此牌書之。

水牌

水牌，以長形薄板爲之，塗布油粉，有事則書其上，以其易去誤字而省紙，用畢，可以水拭去而復用也。商店多用之。

火牌

火牌爲符信之一，凡兵役馳驛者，給與火牌，以爲沿途具領口糧之用，由兵部每年發給督撫提鎮，有定數。

火票

凡馬遞公文，皆用兵部憑照，令沿途各驛接遞，謂之火票，言其急速如火也。其由外達京，及各省彼此互達者，則各黏連排單，令按程登註時刻，以便稽核。

玉璽

自漢以來，歷代天子沿用「受命於天，既壽永昌」之玉璽，即傳國璽也。

或曰，歷代傳國玉璽，相傳爲元順帝攜之以遁至沙漠，後遂遺失。越二百餘年，牧羊者見羊三日不食，以蹄跪地，乃掘獲此璽，後歸察哈爾林丹汗。天聰甲戌，睿親王多爾衮獲之於額哲母所，其文爲漢篆「制誥之寶」四字。

傳國玉璽之僞託

康熙丙午正月，江督郎廷佐奏稱溧陽民人顧起龍等，濬河獲玉璽，篆文「人心惟危，道心惟微，惟精惟一，允執厥中」十六字，遣官齎送至京。聖祖大悦，命貯内府，頒重賞有差，並宣付史館。時有知其事者，謂印爲明弘光時新造，南都既陷，一中官懷之而逸，值追者急，乃瘗之於此也。

官印

國初官印，大率仍明之舊，官職大小，以分寸別之，右偏爲九疊篆文，左偏爲滿文。至乾隆己巳，傅文忠公恆奏稱滿文已有御製篆文，印中請用滿篆，遂得旨改鑄，乃不用九疊篆而用小篆，惟一品官仍用九疊。武職印與文職同，提督大員用柳葉篆以別之。

乾隆一千八百九十七年銅印

雲南孟連土司，極邊煙瘴地也。國初，其地歸版圖，以鄰緬甸故，幾爲甌脱地。光緒時，以勘邊事起，省派員踏驗，得其銅印一方，文爲「孟連土司之印」，邊鐫一行小字，文曰「乾隆一千八百九十七年製造」，其左側又一行小字，文曰「乾字四百二十九號」。此殆以天子萬年之義，堅遠夷歸化之心歟？

印章

秦印多玉，多朱文，漢印多銅，多白文。其實非白文也，漢鈐印，用紫泥印入泥中，篆文凹入者凸出，則亦朱文矣。閒有金印，王侯以上用之。元王元章用花藥石刻印，而石印乃盛行。其先有用石者，不甚著。此外尚有銀印、鐵印、瓷印、水晶、瑪瑙、象牙、犀角、澄泥、燒料、黄楊、竹根等印。又有碧霞髓印，至堅不受刀，雖晶玉非其比。歙縣汪啓淑，字訒葊，號繡峯，世業鹺，擁高貲，嘗剖巨珠爲小印，侈麗極矣。

洪稚存楝印

洪稚存太史亮吉未通籍時，家貧，因取苦而不忘之義，刻楝木爲印記，名曰楝印。

面面通

光緒末，南匯胡幹生新發明一種木質觀書器，曰面面通，頗以便中年以上人卧觀之用，上下左右旋轉欹側，無不如意，其機關撥捩處皆用木。

羊毫

羊毫，羊毛所製筆也，世稱湖筆，皆出於湖州之善連鎮。有雜以紫毫者，曰一紫八羊，曰三紫七羊，曰五紫五羊，曰八紫二羊，曰九紫一羊。

紫毫

紫毫，筆之以兔毫製者，其鋒尖利，作小楷尤宜。

小紫穎

浙江供御之筆，有名小紫穎者，爲高宗所常用，中疎易散，第用其鋒，書少時，輒易之，乃可。

經天緯地

有名經天緯地者，亦高宗常御之筆。一管中藏四筆，尚可用，微嫌其鋒短少滯，其餘雖飾觀而未適於用也。

朱浣岳用筆

道光時，浙人朱浣岳，名沆，工書畫，輒用羊毫，遇至純者，即藏不復用。積數年，令工人就每筆選其至精者，成一筆，於是書畫均以之，而巨細輒如意，歷數十年不復易，亦未嘗用他筆，身後且以爲殉也。

筆飲

文房佳供，以錫或瓷爲之。用以養筆者，世皆稱爲筆插，實筆飲也，倡自錢塘梁山舟學士同書。學士工書，負重名，以毛穎染墨後，一經燥枯，便不適用，爰出新意，掾錫，方二寸餘，高如之，面設四穿，大小各二，以受卓筆，中容水數合，使得上潤毛穎，不致漸濡而止，名曰筆飲，學士自造銘以寵之。海鹽張芑堂爲鐫其側，並作長歌以落成之，歌曰：「管城徙就金城居，鑿斯池也清不淤。咄哉非灌晉陽水，何以沈沈直同三板餘？是有靈氣潤枯槁，騰達上接元雲腴。渴烏望見飛就飲，果腹不比滴蟾蜍。菡萏倒垂類藻井，無怪花生任獵漁。爲想鹿豪松管初，僅得弢藏雜冠裾。筆有簪有佩。一牀似得偃息舒，終無異與筒斗臚。顛毛未禿渴相如，金莖露迥不得呿。何如淩波若步虛，沆瀣飲絶煩燥除。先生書興豪不咀，擘箋濡墨取此歟？帣褏抽毫信手塗，驚看池飛北溟魚。中書君勞何慰渠，金印如斗非相於。尋思別有錫典諸，湯沐封邑從此書。」

徽墨

徽墨，安徽徽州府所產。古人製墨，率用松烟，漢取諸扶風，晉取諸廬山，唐則易州、上黨。自李超徙歙，張谷徙黟，皆世其業，於是始有徽墨，以至於今。

墨盒

墨盒自昔推京都琉璃廠松竹齋所製爲極品。同、光間，有名寅生者，不詳其姓，以善鐫墨盒名於世，書畫皆極精妙。寅生歿，坊鐫墨盒多冒其名。

墨水

宣統時，有仿西法製墨水以供書寫者，人頗便之。更有以葱汁代之者，所寫之字淡不易見，烘之使熱，即顯然可觀。

連史紙

連史紙，色白，質細，實連四之訛。蓋紙有連二、連三、連四之别，且造紙名凡二十八，曰結連三紙、綿連三紙、白連七紙、結連四紙、綿連四紙。

薛濤箋

蜀牋著於薛濤，至宋，蜀紙流行天下，江、浙間皆仿製之。今雖不如唐、宋之盛，然尚多佳製。

角花牋

於箋下方之左端，圖以諸花，謂之角花箋，又曰押角牋，嘉慶時怡親王所製也，形形色色，花樣極新。最美觀者一種，圖古鼎八，横欹倒置，色異形殊，小如豆而大不盈指，且占地不及寸。光緒時，京師琉璃廠紙肆猶有存者，然不易購也。

名片

名片，向以新入翰林院之庶吉士爲最大，紙長恆徑尺，書擘窠大字，無空隙。昔唐程知節拜箋長七尺許，明嚴嵩名刺大可五寸，庶吉士以大片謁客，殆猶有古風歟？

柬

柬，與簡同，今人稱信札及名刺皆曰柬。

書筒

書筒，盛箋之函也，卽信封。

郵票

郵票，黏票於信面，以爲已納郵費之證，由政府印刷局印製。其值由銀幣半分、一分、二分、三分，以至數角或一圓、五圓、十圓，大小不一，以顏色爲別。各國各異其圖識，我國用蟠龍。

手卷

手卷，畫軸横幅之長者也，止可卷舒，不能懸挂，故名。

玉帶硯

玉帶硯產浙江常山縣，有紫有黑。紫石中有白紋一條，名曰紫袍玉帶，頗貴重難得。

柘硯

柘硯出山東泗水縣柘溝，其地產赤埴瓶盎，亦可爲硯，光潤如石。

金聖歎破硯

吉林寧安縣有地名金家沽者，土著多姓金，聖歎之裔也。聖歎大辟，妻孥發配關外，安置寧古塔。今寧安金氏皆聖歎之子孫，其人多以魚獵爲生。宣統己酉，某甲掘地爲穽，深八尺，得破硯一，背鐫楷書「聖歎」二字，又有篆文「猿」字，雖略有破損，猶可辨認。

臨淄鳳凰山石硯

高子益，名緒增，有硯癖，遇佳石，即琢以爲硯。嘗得臨淄鳳凰山石硯，色黑堅潤，冬日不凍，旁有白點如礬，不受墨。

蒼龍尾硯

乾隆戊子夏，秀水盛柚堂明府百二令般陽，明年春，訪淄石硯材所自出，乃採取十餘車，令工琢之，先成硯三百餘，無一可者，頗悔之。後得一小方之四面天然邊者，細潤發墨，亞於端州之上品，中橫青黄色，紋若龍尾，因名之曰蒼龍尾硯，以示淄人，咸以爲自來官工所琢硯無及此者。乃諮訪取材之法，及官工之弊，復成硯數百，其可者亦惟二十餘方耳。

錢冬士還硯

錢冬士觀察嘗用一大端硯，甚佳，忽被竊，齊玉谿大令因以所藏龍尾大硯贈之。冬士賦詩還之，詩曰：「錢子大硯忽被竊，齊子聞之轉愁絶。謂是書家寶硯亡，何異美人明鏡失。急翻祕篋出舊珍，龍尾鉅製圓如月。謂此硯盆藏有二，吾儕今各用其一。石交宜以石證之，侑以詩篇尤奇崛。余乃三拜迓登堂，頓覺圖書光發越。東坡昔求龍尾硯，易以銅劍詩更迭。今我不求硯自來，坡仙有靈當妒嫉。明月光去得夜珠，陽春詠罷賡雪白。從此工人得利器，磨墨磨人恐難歇。孰知余更有遐思，暮齒何須戀珍物。身將隱矣焉用文，行將翰墨屏一切。石交定欲以石證，何殊膠柱乃鼓瑟。況君累代擅著作，小玉雖小已傑出。玉谿之子小玉，年甫九齡，詠詩時有雋句。硯雖有云未爲多，兩美何堪令離別。感君雅誼心弗諼，酬詩返硯非虚飾。君能不吝我不貪，堪爲千秋添故實。從此延平雙劍合，不數相如還趙璧。」冬士，名步文，道光時之錢塘人。

漆沙硯

漆沙硯以揚州盧葵生家所製爲最精，其祖映之嘗得一硯，有「宋宣和内府製」六字，質類澄泥而絶輕，入水不沈。後知爲漆沙所成，授工仿造，葵生世其傳。一時業此者甚衆，且文房諸物亦均以漆沙爲之。

錐刀硯

梁秋潭嘗於所親家見一硯，石質細潤，良材也。其家不之貴，用以覆瓿，且磨刀錐，多傷痕。秋潭乞之歸，名錐刀硯，鐫銘其旁云：「磨刀則磨，磨錐則磨，磨墨則磨，磨人則磨。」

書鎮

《南史》齊高帝嘗以鐵爲書鎮，今亦謂之鎮紙，有以玉或石或木爲之者。

詩牌

詩牌創自盛唐張祜，所謂集字者，以牌中平仄之字，聯合而成詩也。初以紙爲之，後易竹木，盛行於康熙時博學鴻詞中人。

其式用牙牌，廣六分，厚一分，一面刻字，一面空白，聲之平仄，以硃墨別之，中有椿牌一扇，曰詩伯。凡易牌，均爲四分，每百扇，以一人爲詩伯，掣椿牌，內取一扇，以字之筆畫數到某人，次第取用，以紙筆令詩伯掌之，餘由各人自取韻，自製題。詩成，詩伯評優劣，定甲乙，須贈彩焉。吳陵儲氏藏紙詩牌一副，曾爲阮文達所讚美。

牌凡二百六十二葉，增減皆可，選詩韻常用之字，險窄者皆不收，牌上面平聲，下面仄聲，中二小字，註明某韻，便於押韻也。旁註小字，卽下面之大字，緣牌可插於手中，下面之字，常爲其所遮，故註明於旁。古名集詩牌，亦名鬭詩牌，三四人或五六人均可。惟必先立詩伯，爲在局諸人評甲乙。在局人公出彩物幾具，或公立若干籌，爲首唱之彩。初起手時，人取三十葉，將三十葉中之字，集成五言，或七言，以能成一絕者爲佳。其第一人成者，在局人各賀以上賀。賀籌分上中下三等。詩之優劣，俟各人全成，再定甲乙。然如在三十葉之中，不能集成一首，祇須有佳句，或一二句亦可，詩伯評之，果能壓倒元白，卽推爲首唱，卽將第一等彩贈之。如不能，卽將首彩贈與第一人成者。其不能成，或成在三人以後者，卽依金谷酒數罰之。又一法，與晚近鬭牌畧同，輪流取牌，椿家多取一葉，以便次第換取。人取若干葉，由在局者公論。得彩與賀，均依前式。又一法，得彩不立詩伯，以首成者爲優，則僅有彩籌彩物，而無賀籌。要之，所集之句，均不能有捏湊生硬之弊也。

電線

電線，通電之線也，用紫銅絲塗鋅，以防鏽，或架空中，或埋土內，或沈水底，電報、電車、電燈等皆用之。惟土中、水中之電線，須包以絕緣防溼之物。

我國電線，發源於京畿，分三大支，又從鎮江分二支，茲依次敘之。

自京師至天津，天津西至肅州爲一支，中經保定、獲鹿、太原、平遙、侯馬、潼關、西安、涇州、固原、蘭州、甘涼等州是也。津東至琿春、愛琿、海蘭泡爲一支，中經紫竹林、北塘、大沽、蘆臺、山海關、錦州、營口、旅順、奉天、鳳凰、吉林、寧古塔、琿春、伯都訥、齊齊哈爾至愛琿是也。津南至山東阿城爲一支，中經白塘、德州二處是也。又自山東分三支。阿城南至濟寧，自濟寧西至曹州、開封府爲一支。自濟寧東至威海、劉公島，中經濟南、周村、濰縣、膠州、沙河、煙臺、高村爲一支。自濟南至台兒莊、清江浦、揚州、鎮江爲一支。又從鎮江分兩支，西則至下關、江寧、蕪湖、大通、安慶、九江、漢口、荆州、沙市、襄陽、宜昌、夔州、萬縣、重慶、瀘州、成都、畢節、貴陽、宣威、雲南，大理、騰越是也。東則至無錫、江陰、蘇州、上海、南潯、嘉興、杭州、紹興、餘姚、寧波、鎮海、蘭谿、浦城、建寧、延平、福州、馬尾、烏石山是也。此外又有二支，一自福建而西，則泉州、廈門、漳州、潮州、汕頭、海豐、惠州、石龍、香港、廣州、黃埔、虎門、肇慶、梧州、昭平、桂林、潯州、橫州、南寧、龍州、憑祥、百色、剝隘、廣南、開化、蒙自、蠻耗、河口至雲南府，一自安慶至廣州，中經九江，而南至南昌、吉安、贛州、南雄、韶州、英德、連州、連山、西南佛山以接廣州，又自廣西省之横州南至崖州，中經廉州、欽州、防城、東興、岸步、北海、高州、雷州、瓊州、海口、海頭、屯昌、嶺門、陵水以達於崖州而止。合計全國電線，都凡九萬餘里，又分官線、商線兩種，其區域與種類，詳述於下。

官線　由國家撥款架設之線也，其長共四萬九千四百三十里。江蘇有飛線、水線、地線、無線四種，由上海至常州，長三千三百零二里。安徽有飛線、水線二種，由安慶至壽州，長一千五百九十二里。直隸有旱線、無線兩種，由天津至大名，長二千九百四十七里。東三省有水線、裸線二種，由奉天至龍江，長一萬零二百八十八里。山東有旱線、水線二種，由濟南至王莊，長一千四百九十七里。廣東有無線、旱線二種，由廣州至肇慶，長五千六百四十六里。川邊有裸線一種，由雅州至巴塘，長二千七百里。福建有裸線一種，由福州至廈門，長一百四十四里。甘肅有裸線一種，由平涼至寧夏，長三千零八十五里。貴州有大線一種，由貴陽至黔西，長四百五十里。新疆有裸線、樹膠線二種，由迪化至伊犁，長九千九百五十六里。雲南有裸線一種，由大理至普洱，長六千二百四十二里。廣西有大線、小線二種，由南寧至全州，長六千四百十五里。

商線　由商人集資架設之線也，其長共四萬一千四百十七里半。山東有飛線、水線二種，由濟南至泰安，長三千七百零九里。山西有飛線一種，由太原至平定，長一千六百六十九里。河南有飛線一種，由開封至南陽，長三千四百零八里。陝西有飛線一種，由西安至潼關，長一千一百零四里。福建有飛線、水線二種，由福州至延平，長二千六百七十里。浙江有水線一種，由杭州至台州，長二千七百九十三里。江西有飛線、地線、水線三種，由南昌至湖口，長二千六百六十九里半。湖北有飛線、地線、水線三種，由漢口至荆門，長五千四百六十二里半。湖南有飛線、水線二種，由長沙至岳州，長二千一百六十九里。四川有飛線一種，由成都至巫山，長二千八百七十四里。廣東有飛線一種，由廣州至潮州，長一千四百九十九里半。江蘇有鉛線一種，由江寧至福山，長四百三十四里。直隸有飛線、水線二種，由天津至通州，長三千零零四里。順天有無線、旱線二種，由京師至高碑店，長六百九十七里半。蒙古有旱線一種，由蒙邊至庫倫，長二千一百七十四里半。

水龍

水龍爲救火之器，乃用兩抽水筒聯合而成。其抽水筒之進水管、噴水管，聯合爲一，噴水管之下有空室，曰氣室。兩筒之水噴出時，先入氣室，使室内之空氣受壓迫而縮小，故當抽水管之噴水力弱時，氣室之空氣自能脹大，壓氣室内之水噴出，使之聯續不絶。蓋三國吴時童謡曰：「不畏岸上虎，但曰水中龍。」其後晉王濬以舟師滅吴，水龍之名本此。

順治初，上海唐某得水龍之製於日本，久而他處傳其製，其行於天津者法尤善，城内外置水龍四十八，各隸以二百人，人皆土著，按期練習武藝，無事時，仍執常業，有事則一呼畢至。

用法，以水貯容數石之木桶，桶豎錫筒，筩徑五寸許，下歧爲二，上合爲一，筒有水門，以銅皮爲之，其機一翕一張，則水自外入。筒之發水處曰鶴頸，形如偏提嘴而上聳，其水高可數丈餘。每數人持斗汲水入桶，數人激桶水入筒，一人曳鶴頸，自能使之或東或西或高或下，其殺火勢也，百倍於他器。

木龍

木龍用以治河，見於《宋史》，曾鞏爲陳堯佐作傳，詳誌其事。李昞任泰州通判，偶讀曾文，匠心獨運，竟與古合，遂上其議於相國高文定公斌。適清口禦壩一險，高用其法，得慶安瀾。蓋木龍能挑水護此岸之隄，而挑水卽可刷彼岸之沙，較之下掃開河，事半功倍也。昞，字雙士，乾隆時之漢陽人。

革囊

革囊，出蒙古，以皮爲之，代筐筥，巨細之物無不納，行汲時或以貯水，涉川時則挾之肘間，亂流以濟，亦曰皮餛飩。

颶扇

颶扇，俗名風箱，製如小廚，無底，右上有口，高出如小斗，以入所礱之穀，左下吐舌如箕，以出所轉之米。斗、箕間皆有斜板，爲上下承卸處，中有輪，置上下斜板間，偏近右輪，無邊廓，環列小板以爲輻。挽之，則風生板間，糠皮自右出，米自左出。蓋糠質輕，故得風而隨輪右飛，米質重，故仍自兩板間轉卸而左出也。

唧筒

唧筒，爲一圓筒，筒内有韝鞲，柄出筒外，可上下移動。筒有二活鞷，一向外開放，使水外出而不内入，一向内開放，使水内入而不外出。向内之活鞷，外接進水管，向外之活鞷，外接噴水管。抽水時，以進水管入池井中，而上下其韝鞲，韝鞲上行時，水由進水管向活鞷入筒，下行時，水由活鞷向噴水管噴出。唧筒形式不一，大致相同。進水管長者曰吸上唧筒，管短而由噴水管噴至高處者曰壓上唧筒，皆爲激水至高處之用。

汲水機

汲水機，由井中起水之機也，以繩或鐵練與桶，連爲一串，繞於輪周。車輪轉動，桶向井中往復取水，至頂傾出。京師之市水者，恆於大道旁設之。

榨牀

榨牀，用以擠壓，使物質液汁流出之器，製油製酒多用之。

風爐

風爐，陶器也，亦有以銅鐵爲之者，燃炭火於中，上置小鑊以炊物。然不爲大烹，於煎茶煎藥爲最宜。

門鈴

門鈴者，人家以繩繫鈴於門内，而以繩端達於門外，人從門外拉之，則鈴震動，而往啓門。始於宋。宋人陳雍家置大鈴，署其旁曰：「無錢雇僕，客至請挽之。」今拉鈴，其遺風也。京師居民猶有用之者，其門旁復書「某姓拉鈴」四字。

呼鈴

呼鈴，呼人時所鳴之鈴也，俗亦謂之叫人鐘。精者以乾電裝置，别名電鈴。有用以裝於門楣以呼人者，則較門鈴爲便利矣。

布幔

布幔，用以遮日，淳安方朴山大令楘如有詩詠之云：「縫尺布衣蛛網外，挼長繩縛鵲簷前。那移巧避三竿日，偪仄剛宜一握天。少女風生塵不動，令君香定篆常圓。儒酸更有回甘味，襆被他時伴獨眠。」

地毯

地毯，用以覆地，大抵以駝毛爲之。《元史·世祖昭睿順聖皇后傳》云「宣徽院羊臑皮置不用，后取之，合縫爲地毯」是也。

帳額

帳額，俗謂之帳簷，或畫或繡，所以飾帳也。唐盧照鄰詩云「生憎帳額繡孤鸞」者是也。

詩帳

宣城施愚山侍講閏章嘗製苧帳，題詩其上，遠寄友人，一時文士多屬和，名之曰詩帳。

詩枕

徐文定公元夢嘗創製詩枕，當世名流亦多題詠。

劉文清之被

劉文清公墉之卧被，長丈許，寢時摺之爲筒，疊其小半，以身挨入，有如蠶繭。家人俟其既睡，將上半覆其頭，儼然包裹，雖酷暑亦如是也。

舒鐵雲有破被

朱野雲好畫古舊服物，嘉慶壬戌夏四月，見舒鐵雲破被横陳，早便留意，及讀唐稚川爲鐵雲所作《破被》詩，欣然點筆，傳神阿堵，不啻冷煖自知。鐵雲乃并書歌圖後，裝池以贈稚川，且謂他日歸夢東山，當復一府傳看黄琉璃也。

稚川詩云：「昔年聚首楓谿曲，篝鐙相對奇書讀。紞如五鼓始肯眠，破被蒙頭如蝟縮。後來同買青亭舟，酷暑蒸入漿汗流。手推破被眠不得，河隄塌席驚沙鷗。水蚊無聲偷飲血，周身受困惟存舌。富貴難忘細席言，不許小兒脚踏裂。彈指别離逾十霜，相逢日下喜欲狂。雞鳴風雨如夢寐，齷齪破被仍堆牀。我因見之長太息，人生不如破被得。留君破被識君心，豈但功夫珍物力。爲想鴛機砑錦時，中央四角寸心知。君今長物無過此，若遇平原再買絲。」

野雲既爲之畫，又題二絶句云：「冷被多年鐵打圍，杜陵舊雨送將歸。替他綵筆傳春夢，一夜鴛鴦破壁飛。」「十年禪榻睡魔消，留得姜肱被一條。還似霓裳初出破，青天補石月修簫。」

鐵雲所作則云：「讀書萬卷讀不破，走入破被堆中卧。雞既鳴矣凡幾聲，蝨其間者凡幾箇。或曰屣可棄，我不忘其敝。或曰衮可補，我非五雜組。不相離别轉相親，我用我法横自陳。芙蓉城裏蒙頭入，鸚鵡洲邊伸脚出。一年又一年，春秋冬夏無不然。萬里復萬里，東西南北而已矣。蜀錦重重無片段，吴綿團團逸其半。參來羅江五百尊，幻出觀音十一面。彈斷銅琵琶，披出鐵袈裟。石破天驚逗秋雨，中有殘夢恆河沙。君不聞湖州唐六歌有口，又不見揚州朱八畫有手。唐猶及見未破時，朱獨相憐已破後。今兹襆被春明門，車如雞栖馬如狗。黄竹箱中什襲藏，青苔榻上周旋久。被兮被兮可奈何，世間破被有許多。安得盡遣朱八作畫唐六歌，我乃化爲蝴蜨夜夜飛天魔。」

臺番以鹿皮覆體

臺灣番人每以鹿皮藉地爲卧具，遇雨，卽以覆體。

陀羅經被

王大臣薨於京師，特賜陀羅經被，被以白綾爲之，刊金字番經於上，藏文佛經也，字作金色，卽古人賜東園祕器之類。然京城習俗，品官士庶亦或用之，則皆購之肆中，且有以紙爲之者。

兒版

蒙人生兒，卧之於方版，以韋束兩臂，倚毡廬壁間，啼則摇之，移居則懸於駝裝之後，曰兒版。

玻璃大鏡

湖廣總督楊霈家居京師，少通脱。及爲廣州守時，以千金購玻璃大着衣鏡，徑丈五尺，將以餽定郡王載銓。然爲物過巨，慮招物議，未敢顯然致送，乃由海道運京師，囑其兄子某往詣某甲。某甲者，京師無賴子，居西城陋巷，與乞兒伍者也。訪數日，始得之，告以故。甲令以鏡舁送城外某寺，付某僧手，語之曰：「若勿問我所爲，時至，自相告也。」如其言。數日無耗，以爲鏡已被騙矣，欲往詢甲，又念其戒，不敢往。一日晨起，甲忽至曰：「鏡在定王府旁某肆，可自往致送，吾已以始末面告王，徑往無患也。」兄子大驚，問其故，則乘某巨室出殯城外，喪車返時，庋鏡其中，以入城矣。

圍屏

圍屏，可以環繞障閉之屏風也。宋吴文英詞：「翠幃圍屏，留連迅景，花外郵亭。」

茘根屏

粤土疎而沃，名花珍果所在繁膴，而老樹之産於幽厓邃谷者，歷年既久，蟠根屈曲，變幻象形。好事者搜剔退險，置爲几案清玩。然工巧天成，則當推高明謝氏之茘根屏。屏色純紫，高五尺許，横斜二尺，鐵榦離奇，新枝挺出，宛如畫梅滿幅。其疎花散布枝間，含苞拆蕊，細大不一。復有寒雀三四，或翥或棲，各具生態。最上一枝則倒垂。尤極夭矯。

三摺屏

端州有時某者，能製雕漆屏風，工作精巧，貴重一時。然亦惟兩邊綵飾，多鏤刻名人畫而已。吴留村獨創作三摺屏風，每開一摺，則兩摺隱於其中，一摺垂簾觀劇，一摺山水人物，其左開一摺，凡筆墨、楮研、書畫、棋爐以及提壺、酒琖、陸博、摴蒱之屬，無不畢具，如應用某物，卽開某格子探取而出，外俱以格扇掩之。其製式悉仿《博古圖》，一望了然。

琥珀書案

嘉慶己未，和珅籍没時，有書案一具，乃琥珀琢成而嵌水晶者，方廣二尺。一承一替，亦水晶爲之，高可三寸，貯水蓄朱魚，紅鱗碧藻，照沫游泳，恍若麗空。

抽屜

俗稱器物上附著之箧曰抽屜，本作抽替。《癸辛雜志》：「李仁甫爲長編，作木廚十二枚，每廚作抽替匣十二枚，每替以甲子誌之。」

䥫子

䥫子，几案四足有不平者，以小木墊之，謂之䥫子。《中州集》有《䥫子》五律云：「几案由吾正，盤盂免爾傾。」乾隆庚寅，高宗南巡時，劉文清公墉爲安徽學政，召試諸生，獻迎鑾詩賦。文清先期習試，詩題有「䥫子」，即本《中州集》命題也。

額林

額林出蒙古，庋横板於眉棟間。以貯匳筐諸器，兼作几案之用。

太師椅

俗稱大圈椅爲太師椅，始於宋。秦檜就第賜燕，優伶有參軍，前褒檜功德，一伶以交椅從。參軍方拱揖就椅，忽墜其幞頭，露巾鐶，伶指問何鐶，曰：「二聖鐶。」伶曰：「爾但坐太師交椅，此鐶掉在腦後可耶？」

木炭

木炭，以樹木密閉器中燃燒而成。質佳者，斷面有光，擊之作金聲，燒時無煙，可供燃料，並濾水使之清潔，化學上又以爲還原劑，爲用極廣。

銀骨炭

銀骨炭出近京之西山窰，其炭白霜，無烟，難燃，不易熄，內務府掌之以供御用。選其尤佳者貯盆令滿，復以灰糝其隙處，上用銅絲罩爇之，足支一晝夜。入此室處，温暖如春。

炭團

乾隆時，有以炭團貽錢塘陳芝山茂才雲飛者，芝山賦詩爲謝，詩曰：「密雪霏霏積滿城，忽貽炭墼見深情。寒威頓向蘆簾減，煖氣如從黍谷生。箸撥深灰朝烱爍，篝藏活火夜通明。睡餘榻畔温衣篋，讀罷窗前沸酒鐺。自有融和回大塊，合敎歡喜錫嘉名，歲殘好入騷人詠，手築應憐太守清。《漢書》：「周行爲渤海太守，免歸，嘗築墼以自給。」多謝分光向東壁，不勞曝背坐南榮。六花飄處重呵筆，珍重題詩當報瓊。」

煤煙火爐

杭州之臨安多山，每至夏，蚊至多，日暮，輒聲喧成雷，依山以居者尤苦之，於是用煤煙火爐。蓋爇草於中以驅蚊，且備常日炊爨、過客吸煙之用，入冬，則且倚之以取暖焉。

手爐

手爐爲火爐之小者，其形或圓，或橢圓，或六角，蓋必鏤花，否則火熄，可籠之於袖，以銅製之，燃炭以取煖。又有不用火而置沸水其中者，婦女多用之。乾隆時，仁和周心孩茂才襄有《詠銅手爐》詩曰：「不數紅泥小火爐，青銅範出小形模。提來緩緩隨心便，趣到炎炎炙手無。籠袖粟膚春意透，揮毫薑指曉寒蘇。深閨從此催刀尺，冷月臨窗雁陣呼。」

脚爐

脚爐，以銅製之，其形或方，或圓，或橢圓，或六角，蓋亦鏤花，燃炭於中，藉以取暖，用之者大都爲婦女也。

熨斗

熨斗以銅鐵製之，中置熾炭，以木爲柄，所以按衣料使平之器，成衣匠多用之，俗謂之運斗。

湯婆子

湯婆子，銅、錫之扁瓶，盛沸水，置衾中以煖脚。宋已有之，蘇東坡致楊君素札云：「送煖脚銅缶一枚，每夜熱湯注滿，塞其口，仍以布罩衾裹之，可以達旦不冷。」卽指此也。

電話器電燈

上海互市雖久，然租界一切布置，初亦草草。至光緒壬午、癸未間，始有電話。電燈亦始於中華，創辦者爲西人德里。創議之初，華人聞者以爲奇事，一時謡詠紛傳，謂爲將遭雷擊，人心洶洶，不可抑制。當道患其滋事，函請西官禁止。後以試辦無害，其禁乃開。當電話甫行時，謡言亦如之。西人經營租界事業，必隨華人之心理而進步，於此可見一斑也。

大門燈

張文襄久膺疆寄，辦理各事，揚厲鋪張，不欲局於隘小。督兩廣時，建廣雅書院，規制崇宏，用銀十餘萬。工竣，臨視，甫及門，以門燈太小，不稱，亟命撤換之。然其實燈已非常偉大，特以房屋過敞，相形見絀耳。辦事者立命燈籠店另糊一至大之燈，則高二丈有奇。

善富

杭俗炷燈竹器曰善富。或曰，初以避燈盞盞字音，易名燃釜，繼又取其音近字爲吉號也。

雲母燈

雲母，生土石間，作片，成層，可析，明滑光白，其片有絕大而瑩潔者，人呼爲雲母燈。朱竹垞嘗作詞詠之，調寄《十二時》，詞云：「是何人碧山深處，潛入仙廚私竊，把石粉雲英堆積，翦翦層層叠叠。面面裝成，稜稜作就，細染紅牋貼。正夜靜改席西園，紫鳳吐珠，曾否銅槃吹滅？閒更恐梨花院落，定自十分清絕。宿鳥窺來，飛蛾拂去，不道成冰雪。謾認他是燈，分明一片冷月。也只消抛殘小扇，玉面當前終怯。怎得攜歸，江南樂事，鬧向元宵節。看翠眉幾許，屏風影中低說。」

料絲燈

料絲燈甚輕巧，錢塘吴佩五孝廉福世嘗有詩詠之云：「巧製明燈鬬歲華，晶瑩引耀望中賒。絲絲織就鮫人淚，朶朶凝成醉墨花。安期生以醉墨洒石上，皆成桃花。雲影翠摇春浦浪，燭光紅映暮天霞。由來本質原明净，不受塵埃半點遮。綵鳳金鼇競見稱，良工運巧别呈能。短長補綴千條玉，表裏通明一片冰。易脃大都緣性烈，無瑕端屬處心澄。當年幾費甄陶力，此日欣看瑞彩騰。」

西瓜燈

西瓜燈，鏤西瓜，使中空，燃燭其中，瑩澈可愛。吴我鷗觀察嘗有詩詠之，詩云：「曾傳燈詠梅村橘，又見瓶鏤蕭翰瓜。秋采東陵何冷落，春生西域劇繁華。沈餘玉井寒侵骨，薦到銀盤脆沁牙。細把柔犀傾翠甂，頻將纖指掐丹砂。一壺瀉盡三升液，卍字雕成七夕花。匏繫團欒蘭穗炷，瓠容宛轉桂油加。熱中頓已冰心改，飾外翻同火齊誇。五色輪光擎碧月，一籠晶影罩紅霞。雲波流浸仙人燭，星彩遥分織女楂。寶唾久消妃子袖，劫灰莫問故侯家。緑衣欲賦憂加灼，蒼璧初焚浄少瑕。老圃翻新千盌絡，巧筵鬭勝一竿叉。琉璃盞爇輝差暗，蹴踘毬懸影共斜。争及木天歸去晚，金蓮撤炬拜恩嘉。」

走馬燈

走馬燈，元宵有之，以紙翦成馬形，黏於紙輪之下四周，輪下有幹，能活動自轉，燭焰煽輪，幹即自動，而紙馬隨之，故曰走馬燈。范成大詩云：「轉影騎縱横。」自注云：「馬騎燈。」則宋時已有之矣。咸豐時，西人某來華，見走馬燈而異之，購一具以歸，遂因以發明空氣漲縮轉動機械之理。

西藏燈具

西藏燈具，以木爲之，狀如弓鞋，俗傳爲唐公主履也。

書燈

道光時，仁和葉蘭伯大令華春嘗以書燈索其表兄王香雪題詩，香雪題之云：「曾催子弟英雄早，幾照英雄白髮新。抱得丹心無愧影，夜窗好伴讀書身。」

火把

火把，析竹編爲圓綆形，長或數尺，爇以夜行者也，杭州有之。夜行無燈，卽就肆向購，燃之以歸。

火柴

火柴，俗名自來火。泰西所製，我國有仿造者，最著爲燮昌。然昔時已有相似者，謂之火寸。《清異録》云：「夜中有急，苦於作燈之緩，批杉條，染硫黃，置之待用，一與火遇，得燄穗然，呼引光奴。今有貨者，易名火寸。」此與火柴相似，惟僅能引火而不能生火耳。日本名火柴曰燐寸，本此。

爆竹

古時以火著竹，畢剥有聲，謂之爆竹，相傳爲驅鬼之用。後世以紙裹火藥，爆火發聲，亦稱爆竹，漢口所製者爲最良。

線香

線香，用香末製成，細長如線，故名。或盤成物象字形，用鐵絲懸爇者，名龍拄香。

盤香

以香料與榆皮麪作糊，笮成長條，而盤屈之，謂之盤香，一作蟠香。海寧有宋岳字稼原者，有《詠蟠香和米古心》詩云：「學水作迴紋，窗虛裊翠雲。能傳心晝夜，不惜意氤氳。雅並蘭言吐，清疑墨韻分。每憐荀令去，尚賸博山薰。」

藏香

藏香出西藏，甚珍貴。雍正時，杭州周亦庵孝廉自日下歸，以烏思藏香一枝贈丁敬身布衣敬，其色紺紫，出以示人，觀者皆歎爲得未曾有。月臘之八八，靈隱敬爇佛前，四方戒衆，圓成菩薩，戒寺中飯千僧，流連法喜，暮始抵家，擁鑪雨作，琤灑不止。敬身念是日以是香而作佛事，非宿緣其能之乎，乃滌研染毫，爲作短歌。輟筆，街柝殷然，已報夜甲矣。歌曰：「藏香蠖手從三倈，巧竊孫郎蛸臂色。裹束西風萬里來，故人把贈憐初識。土臺居者烏思重，萬本楞迦供唄諷。懸知窈窕釋迦前，爇擎喇馬迦毘衆。粥香藏者精和熏，忉利市方資策勳。攪將天苑質多露，散作華宮清淨雲。憶昔胡香驚弔詭，一月長安香不絶。謙粒涂闍卅里聞，博張志埽于闐鐵。黄頭外道聲唵吽，組鈴扇鼓鏗氊風。積𦈬䫏運酣羊酪，旃檀側信伊蘭叢。」

涼棚

仁和姚蓮石茂才光憲嘗作《涼棚賦》云：「匪席可卷，從繩則正。」又云：「鳥言架架格格，日出蒼蒼涼涼。」涼棚，乃夏日之施於庭以遮日者也。

風扇

風扇，爲夏日辟暑之具，以布幅爲之，懸於室中，用繩挽之進退，扇動空氣以取涼者，吾國能自製之。或於機件上附木板或金屬之翼，藉電力旋轉者，謂之電氣風扇。

竹夾膝

竹夾膝者，編竹爲籠，暑日置牀席間，以憩手足，或夾於膝，則涼，俗謂之曰竹夫人。錢塘吳甌亭上舍城《詠竹夾膝》詩云：「六月火雲飛兀兀，赤脚踏冰不可輒。桃笙藤枕嬾晝眠，忽被一涼清到骨。誰截此君空復空，交紋疊翠何玲瓏。招涼珠與延清室，相伴依依豈爾同。西風一夜吹瑟瑟，長門冷落知誰惜。頻年白笑在家僧，莫慮歡情容易失。」

羅浮籐杖

道光時，海寧查辛香茂才冬榮以家貧親老，橐筆遠游，嘗至廣東，得羅浮籐杖，因詠以詩，詩云：「博羅城外四百三十二峯插空碧，老人星精墮地化爲石。麻姑玉女弱腕扶不起，葛陂之龍夭矯乃作籐百尺。石樓鐵橋高嵯峨，老人騰空去無跡。卻遺此杖落空山，瑤童僚婦采藥丹。梯還拾來市上百錢買，道逢黃髮開心顏。吾聞蠻籐百種番禺產，鉤帶寒崖與石棧。一枝挑得羅浮雲，落地鏗然誰所鏇。當時見爾酥醪觀外飫霜露，惟有鮑姑幂邊蝴蝶眼。卽看此杖掛壁蟠蛟虯，榔栗太輭桄榔柔。朝斗壇前山月幽，師雄有夢生清愁。何時杖爾看南雪，我與梅花兩白頭。」

游龍杖

游龍，蓼也，一名水葓。霜降後，擇其老者，製爲杖，質堅而體輕，甚適於用。湯文端公金釗嘗作歌以紀之，歌曰：「休閒老人栖蓬廬，荒圃日涉成清娛。散步瓜疇與芋區，秋花錯雜爛漫敷。雞冠鳳仙紫白朱，豆莢羊眼葵葉鳧。映帶游龍十數株，丹珠瓔珞垂流蘇。中有一株高丈餘，花葉蕃茂與衆殊。老人對此三躊躇，上循其頂下至趺。叮嚀園丁慎勿鋤，當老其材爲杖扶。天寒霜雪百卉枯，茲材玉立蒼珣玗。深根拔出污泥塗，夭矯頭角張草鬚，暴以杲日芟繁蕪，直節外挺中心虛。神物變化來仙都，輕逾卬竹堪風趨，堅比鶴脛鏗庭除。老人腰脚忘疲劬，撰杖低頭起長吁。世間良材何處無，不遇知己糞土如。媿以鏄趙同朽荼，誰言功與靈壽俱。蘆簾梅帳竹几鋪，陪以朱履行于于。寄語水國多選儲，上之伊耆養老須。杖國杖朝爾與吾，延年繪入香山圖。」

欆拂

咸豐時，劉乙藜主政鍾祥有《欆拂》詩云：「指揮妙在卽離中，牀角高懸密諦通。披拂座間聯舊雨，依稀水面戰涼風。資談塵共千絲細，附熱蠅教一隊空。卻羨天門招隱客，故書凈掃俗塵紅。」欆拂者，以欆爲之，用以去塵者也。

抹布

抹布，用以拭穢者也，原曰幡布，以吳中舟行諱翻，故改曰抹。

漏斗

漏斗，以金屬或玻璃爲之，上侈下弇，有孔相通，插於瓶口，以爲注入種種液體之用。

馬桶

馬桶，宋時已有之，《夢粱録》云：「杭城户口繁夥，民家多無坑廁，只用馬桶，每日自有出糞人蹇去，謂之傾脚頭。」南方人家多有之，非若北方男女遺矢於廁也。

燒香籃

杭州天竺香市，郡縣之進香者，歸時競買湖上竹籃，謂之燒香籃。

撲滿

撲滿，即缿筩，範以瓦，爲受錢器，見《漢書》。道光時，北地尚有仿爲者，形如小瓶，高尺許，上有竅，僅容一錢，可入不可出，既滿則撲之。昔鄒長倩贈公孫宏撲滿一枚，蓋隱寓聚而不散之誡也。仁和胡次瑶典簿琨曾見之，詠以詩曰：「嚌把慳囊破，庸夫例守錢。是中原渾沌，其閉勝關鍵。漫比巵無當，羣誇壑可填。摯缾同吏智，入甕請君先。飲飽盈升橐，全憑徑寸咽。狀摹讒鼎肖，名記缿筩傳。廓落腰圍大，逢迎口角圓。鴟夷盛處處，甂甓運連連。插脚皆津要，撐腸豈簡編。封樁聊作庫，投匭未須箋。通透周陶穴，微芒蜀漏天。重輪榆莢聚，靈竅藕絲牽。傀儡場登矣，葫蘆樣畫焉。金多終擲地，玉碎早成煙。厚斂《三都賦》，紛流九府泉。環摧齊殿上，斗撞楚軍前。權總歸於母，胎雖可脫仙。貫盈纏解散，巢毀卵完全。輒已拋門外，芻從轢道邊。蚨飛光歷亂，蜨化態翩翾。主父遭烹日，齊奴赴市年。散來真滿屋，得後竟忘筌。墮甑邀詎顧，遺簪枉自憐。寄言牟利者，休恃腹便便。」

二銅鉢

直隸在理教民某，蓄二銅鉢，上小下大，而以一鉢疊置他鉢，則二鉢可互相容納，合爲一鉢，口與口齊，傾之取之，俱不能出。其疊置時，二鉢俱柔如皮製，絶無聲響，取出時亦然。而他人疊置之，則堅不能納矣。釋氏言，一切惟心造，其此類夫？

賽艾

賽艾，出蒙古。食必以匕，羹則以勺。蒙俗用木匕長四寸許，曲柄豐末，猶古制也。

乳筩

乳筩，出蒙古，以皮爲之，平底豐下，稍鋭其上，將乳盛之，於取攜爲便。

酒帘

帘，酒家旗也，以布爲之，懸示甚高，唐、宋時習用之，由來已久，南省罕見。光、宣間，北省猶有之，迎風招展，一望而知爲沽酒處。又有高懸紙標，形正圓而長，四週剪綵紙，黏之如綴旒者。

奶子盌

口徑頗巨，而身段甚矮者，曰奶子盌，大内以盛牛乳者也。

官窰碗

宮中所用，皆官窰碗，一白無瑕，其上鑄銀爲蓋，洋鏨法藍花樣。有慶賀，則易爲玉碗，菜蔬，果點皆以此盛之。

套杯

套杯，酒盞之大小相入者也。

吸杯

吸杯，作蓮蓬、蓮葉交互相連狀，别有蓮莖，莖之中有孔，可吸飲。

宫僚雅集杯

康熙朝士有宫僚雅集杯，蓋其時十人各製酒器十事，互相招邀。杯以白金爲之，分别大小，如沓杯式，白質黑章，外界烏絲花草，内鎸諸人姓字里居，旁鎸「宫僚雅集」四字，以量之大小爲次。首湯斌，字潛庵，河南睢州人。次沈荃，字繹堂，江蘇華亭人。次郭棻，字快圃，直隸清苑人。次王澤宏，字昊廬，湖北黄岡人。次耿介，字逸庵，河南登封人。次田喜霽，字子湄，山西代州人。次張英，字敦復，安徽桐城人。次李録予，字山公，順天大興人。次朱阜，字卽山，浙江山陰人。次王士禎，字阮亭，山東新城人。皆當時同官坊局講讀者也。

椰杯

椰實類瓢，黑色，鋸開之，以錫或銀鑲作酒杯，曰椰杯。

美人肩

美人肩之項與脛，均苗條，口與足相等，腹稍巨，彎折處有姿致，故曰美人肩。

觀音尊

觀音尊，有大觀音尊、小觀音尊二種，以祭紅及郎窰爲最貴。大者高二尺餘，小者高數寸。口侈，項較短，肩寬博，至脛則以次漸殺，脛及於底，及稍加豐。自肩至脛，約占全體五分之三，項與脛相若。

太白尊

太白尊，亦名漁父尊，形似漁父之魚罾，故名。底平腹巨，口小而微哆，項極短而縮。此等尊無巨大者，通體不過數寸耳，以豇豆紅色或帶蘋果緑、蘋果青色者爲多。腹有三圜螭，暗花，乃淺凹雕也。

九螭罍

康熙窰有九螭罍，方式而高身，諸螭沓繞其旁，即兼作耳之用。

百鹿尊

百鹿尊有兩種，大者高二三尺，小者高二三寸。大者其式亦類似牛頭，惟以兩鹿頭爲耳，彩繪百鹿，故名，小者或同前式，或有作捧錘式無耳者。然既以百鹿抽象得名，則不問其作何式，亦概呼爲百鹿也。

牛頭尊

牛頭尊口稍巨，直下至肩無項，腹較肩尤鉅，至底稍殺，旁有雙耳者居多，以其形似牛頭，故名。大者高二尺餘，寬一尺餘，小者高亦及尺，鉅製也。歷朝均有之，以康熙青花者爲上。

瘦尊

《瘦尊歌》，仁和景穀江太守江錦爲莊編修通敏作也，歌云：「君不見宿瘤采桑春提籠，道逢君王游郭東。朝隨女伴陌頭去，冠帔夕入瑯琊宫。又不見當陽病瘻忍嘲訴，江陵城邊瓠縏狗。功成破竹吴社墟，刻石書名峴山首。天公似怪醜勝妍，雷雨驅斥蛟龍纏。謫爲瘣木怒硠磊，更自雕飾登芳筵。青蓮仙人昔留囑，甫里鹿門重見録。衡陳猶貪酒有兵，懷貞未要膚無粟。流傳既久一尚遺，底圓微鋭形半欹。主人寶此出娱客，滿酌那復論雄雌。我雖不飲心自知，澆我壘塊真相宜。長歌醉語起硉兀，合坐聞之聳詩骨。淥波倒捲光燭空，錯認窗間凄摇月。」

抱母雞

乾隆末葉，江寧通行之盪酒壺，質爲錫，外方而内圓，圓者貯酒，方者貯沸湯，安圓者於方者之中，逡巡即熱，名曰抱母雞。圓者，或以銀，其熱更速，亦有以瓷爲之者。

長沙茶器

長沙茶器精妙，每副用白金三百星或五百星，凡茶之具悉備，外則以大縷銀合貯之。

宜興壺

宜興所出陶器至精，以供茗飲者爲多。相傳金沙寺僧某，習與陶缸甕者處，摶其細土，加以澂練，捏胚爲壺，附陶穴燒成，世遂傳用。光、宣間盛行於江、浙，且有能仿陳曼生之遺式者。

茶托

茶托子始於蜀崔寧之女，以茶盃無襯，病其熨指，取楪承之。既啜而盃傾，乃以蠟環楪夾其盃，遂定，即命匠以漆環代蠟，進於蜀相。蜀相奇之，名爲茶托子。今相承稱茶托，或曰茶船，以金屬製之，亦有以瓷爲之者，温州所出者甚佳。

旱煙管

旱煙管，亦曰旱煙筒，北人謂之旱煙袋，截竹爲之，飯後茶餘，閩人每取旱煙置近根處着火，而自其末吸之，竹氣清香，又先含水在口，故煙性雖烈而不受其毒。然火之所鑠，竹老者，半歲一易，稍嫩則月一再易，爲用甚費。江、浙則鏤木爲置煙之器，而截竹以爲之管，樸實無華，田野間多用之。士大夫則用金銀銅鐵之類，嵌其兩端。又或以烏木、象牙爲管，不久便裂，遠不及竹。滇人以象牙爲管，别製銅管納其中，但取不裂，然與工匠傭夫純用銅鐵所製者無異，得火，全管皆熱，火氣直達於喉，最易損人。又或以錫盂盛水，别爲管插盂中，旁出一管如鶴頸，使煙氣從水中經過，猶閩人先含涼水之意，然嗜煙者不貴也。竹堅者可數年不斷，年久色黑，如退光漆，好事者以數金易一管。長者至與人等，不便攜帶，長一尺四五寸者佳。京朝官輒於靴中置一管，其長五六寸而已。

水煙袋

水煙袋，吸水煙之管也。樊雲門方伯增祥嘗作《水煙袋歌》，並有序云：「太保陸鳳石前輩，同治癸酉拔，春秋聯捷，遂魁天下。夙與湖南李拔貞同年相善，李試京兆，不售，光緒乙亥春，將還湘，陸餞之於豐樓。酒次，意甚鬱悒，陸曰：『若我主湘闈者，子必獲售。』李請關節，陸方吸煙，卽曰：『水煙袋嵌於試帖句，可矣。』未幾，充湖南副考官，先以書抵李曰：『頗憶水煙袋否？』李發函狂喜，置書屜中，雀躍而出。妻睨其旁，疑爲外舍情書，苦不識字，持歸母家。母覽而戒之，曰：『愼勿洩也。』母有三女，所天皆諸生，乃使長次女各告其壻。是科詩題爲「惟善爲寶」得「書」字。陸得三卷，皆如所授，乃皆取之，獨一卷後至，置副車。及拆封，李副榜第一，正榜兩卷則其僚壻也。一人名次較高，闈墨刊其詩云：『煙水蒼茫裏，人才夾袋儲。』久之，事頗洩，言官欲劾之，以陸爲人和易而止。李竟不獲售，以道員需次某省而卒。然則科名之有定數，豈虛語哉！陸此事誠干例議，然愛才念舊，非納賄作奸者比，無足深諱。寒夜偶憶其事，歌以傳之，意在使君子知命耳。」歌曰：「湘闈萬口傳佳話，關節三言水煙袋。元和殿撰秉文衡，光緒初元歲乙亥。先是雞年貢樹香，同年陸李皆軒昂。兩朶芙蓉分冷暖，一臨春鏡一秋江。送客南歸杯酒餞，悒悒酒邊發長歎。贈答平生縞紵歡，飛沉頃刻雲泥判。士衡慰藉勿爲爾，我主湘闈定收子。昔有明通榜上人，不信有如金筒水。酒闌一笑去燕都，轉盼瀟湘迓使車。長沙射得銜書雁，問記豐樓密語無？李生狂喜忘嫌忌，少婦旁窺蹙蛾翠。不識玉堂天上書，轉疑外舍鴛鴦字。持歸告母心大怡，劉家姊妹皆淑姬。欲教三女乘龍起，愛壻何分頭腹尾。一粒金丹鼎未開，誰知此鼎三分矣。主文綢得珊枝紅，私喜貧交入彀中。一人隱語寓滇銅，三人連犿儁雷同。明知師濕多魚地，那能一取復一葉。本懷唐拔景莊心，更師宋録齊賢意。兩生捷足入前茅，一置副車因後至。君不見東坡欲得李方叔，潛送程文李他出。章惇二子懷之去，端明坐迷五色目。榜發乃售援與持，天子所廢人無術。以今擬古何差殊，兩僚詭遇二章如。李生若比老方叔，弱女非男聊勝無。陸公愛士如蘇大，相度乃是富韓亞。縱使南箕徧簸揚，卒無亶定相彈射。湘水悠悠四十年，沂公墳葬梅花下。吁嗟乎，停寢科場十餘載，狀元宰相總邱墟。徒留煙水蒼茫感，誰復人才夾袋儲。」

煙具

煙具，專指吸鴉片煙膏所用之器而言之。曰槍，上有斗，吸時裝膏於斗之小孔。槍，即筒也。曰盤，吸時置雜件者也。雜件甚夥，有蘸膏之籤，有燃火之燈，有盛膏之盒。盤之質，或白銅，或彩瓷，或以雕漆，或以紅木。盤之式或長方，或橢圓，或梅花。有夾煤之鑷，有盛水之壺，有閣籤之架，有挖灰之鈎。曰箱，不吸時儲雜件者也。此外又有所謂通條者，至膏塞槍時，用以通之者也。

鼻煙壺

鼻煙壺，以盛鼻煙者也，有辛家皮、勒家皮、袁家皮之分。其質地自套料瓷外，有以玉、瑪瑙、水晶、黄楊木爲之者。上有蓋，鑲以珍珠寶石。連於蓋者爲鍪，則以牙爲之，以取煙。

鼻煙碟

鼻煙盛於壺，吸時傾出，盛於碟，乃以指蘸之入鼻。碟以晶、玉、牙、瓷爲之。

布刀

布刀者，峒人織具也。峒人不用高機，無箸無枝，以布刀代之。刀用山木，形如刀，鋭其兩端，背厚而橢，如弓之弧。刃如弦而薄，刳其背之腹，以納緯，而窓其鋭而吐之，以當梭。緯既吐，則兩手扳其兩端，以當箸也。峒人書歌於刀，間以五彩花卉，漆之以贈人。

筳

筳，繀絲筦也，亦謂之筟，用鐵條中貫細筒，所以著絲於緯車者。紡具所用以繀紗線者亦如之。亦作梃，或作錠，今吴俗尚稱筳子。

寧綢

寧綢爲絲織物，産於杭州，有花、素兩種，光緻柔厚，遜於花緞，而較堅韌耐久。出於鎮江府城者，稱江寧綢，品質較次。

摹本

摹本，絲織物也，一名花累，俗稱花緞。

羽緞

羽緞，亦稱羽毛緞，或曰嗶嘰，質厚，如緞，故名。

香雲紗

香雲紗爲絲織物，經緯全用生絲者，爲生香雲紗，全用熟絲者，爲熟香雲紗，亦有經生緯熟者，皆爲夏時衣料。原産廣東，近時蘇州、盛澤等處亦仿造之。

紗篩紗

紗篩紗，出上虞縣西黎喦。王煦《竹枝詞》云：「黎喦撑絲細織紗，篭絲蟬翼莫須誇。不傳女子傳新婦，闔縣從無第二家。」

海鵝絨

光緒中葉，朝野上下多以海鵝絨爲衣，孝欽后嘗勅江寧、蘇州、杭州三織造採辦呈進。據覆奏，絨出漳州，向有官匠承織進御，自粤寇亂起，八閩爲汪廣洋所蹂躪，匠役逃散無存，現已咨行福建招集舊匠，剋日開機云云。

氆氌

氆氌，西番織㲮也。

土布

土布産江蘇，首推上海之三林塘鎮，江陰、崇明等處次之。其本色貨，向有稀布、套布、沙布、白生等名目。至花色貨，則因染色而異，名目繁多。行銷外省，各有牌號，不容相混。稀布多銷牛莊，套布多銷東三省，其沙布、白生之銷場，無稀布、套布之廣，每年銷額有數千萬金。自洋布盛行，銷路受擠。後以愛國等布出，復遭打擊，出口銷數不及千萬矣。

扣布

俗稱土製棉布曰扣布，蓋以金仁山《論麻冕》云：「三十升布則爲筘一千二百目。」筘，布筘也，所以扣布經者。扣布之得名，當以此。筘，亦作篾。

丁娘布

國初，海上有丁娘者，織布甚新，因名丁娘布。朱竹垞集有《謝汪舍人丁娘子布》詩。又楊光輔《淞南樂府》：「娘子鳴機丁氏布，美人刺繡顧家工。」注：「丁娘布光潔細軟，朱竹垞所謂『晒卻渾如飛瀑懸，看來忽訝神雲活』者也。造法祕不示人，及女嫁他族，流傳始廣。」

葛布

瀏陽出葛布，其尤精者曰銀葛，以有白光而亮類銀，故名。祁陽之葛布極細澤者，多幼女所織，號女兒葛，又名葛緞。

𦼮布

廣東惠州所產𦼮布，爲羅浮山大胡蜨𦼮所成。俗傳蜨爲葛仙翁遺衣所化，故有詠之者曰：「仙遺衣化羅浮蜨，蜨化山蠶復作衣。」

僮錦僮布

僮婦染絲織錦，五采斕斑，與刻絲無異，可爲裀褥。又有僮布，亦以青白縷相間成文，極堅紉耐久，用爲手巾，每一幅，可三四年不敝。

瑤布瑤帶瑤巾

永明、江華瑤女織方紋花布，頗古質。又有瑤帶，亦織成花紋。其瑤巾尤潔細，如西洋布。

高麗布

高麗布，韓國所製者也，緯文棱起而疏，質堅而厚。乾隆時，嘉定安亭鎮有殷氏女，得其輸入而倣爲之，大行於時，嘉定因以增一出品。

竹布

洋布中之以亞麻纖維織成者，吾國譯爲竹布，歐美各國皆產之。於洋布中最爲堅緻光滑，故銷售吾國尤多。

草帽緶

草帽緶，麥桿所製之緶也，產於直隸、山東、河南等省，輸歐美各國，以製草帽及其他日用品。

桅燈

桅燈，行舟所用，懸於桅。錢塘梁午樓大令夢善有《詠桅燈》詩云：「一點移從絶頂安，長河燈燄落清湍。天邊月露争相映，水底星辰摘未難。人世風波看子細，夜船兒女認團圞。竿頭直上應非易，援手須憑百丈寬。」

蔣戟門買妾用測美絲

乾隆朝，蔣戟門觀察家多姬侍，袁子才至其家，輒許作劉楨之平視。蔣精於選艷，環肥燕瘦，無美不臻，每誇示子才，自謂獨具判花法眼。戟門每買妾，先以綫量其身，綫長四尺八寸，必先有綫之長，乃始端詳其眉目，謂之測美絲。當時人皆笑其太拘，獨子才韙之，引古事以爲證，謂《詩》稱「碩人頎頎」，《騷》稱「長肩連蜷」，漢馮伉爲子娶長妻，晉武稱衛瓘女有五美，長而白其一也。惟但宜娉婷夭裊，不宜挺立森然，如束長竿耳。

大内三異物

高文恪公士奇直大内，見三異物，一小金合，一鬼工球，一酒杯二十有四，皆精巧絶倫。聖祖曾取觀，以爲瑣屑無用，遂屏置之。

奇器

運使圖畢赫任惠潮道時，有西商以器二種求售，每種索值五萬金。一爲蓮花，昜一時，變一色，其變色也，戛然一聲，數十瓣皆變，畧不參差。一爲二童子，童子前有小案，案上紙一方，銅圈一，人藨筆插其手，一能作楷書，一能畫山水花卉。

如意

如意，器物之名，出於印度梵語阿那律之義。柄端作手指形，以示手所不至，搔之可以如意也。又有柄端作心字形者，長三尺許，講僧持之，記文於上，以備遺忘。菩薩像亦持之。我國古時有搔杖以搔背癢，又記文於笏以備啓事，此則兼二者之用者也。惟近世如意，長不過一二尺，其端多作芝形、雲形，則僅因其名詞吉祥，作爲供玩矣。

凡奉册立之后妃，謁兩宫，必遞如意爲贄，上及太后亦以如意賚之。每遇慶典，椒房貴戚競相購買，而京師東西珠寶市之價，遂較尋常倍蓰矣。其質，或全玉，或三鑲，或嵌珠寶，或水晶，或琥珀，或雄精，或黄楊木，下此則以骨角竹木爲之。

玉馬

乾隆辛丑，大學士阿桂平回部，奉高宗命，采和闐美玉琢一玉馬，藏於大内。玉色白而潤，長逾三尺，高約二尺。和珅使人盜之，爲其愛妾浴時坐憩之用。嘉慶己未，和賜死，籍没時，仍入官，置圓明園。咸豐庚申，英法軍入都，園燬，而此馬爲英人所得，遂置於倫敦博物院。

象牙瓜仁

嘉定南翔有寓僧虚舟者，俗家金華，蓄有狀似瓜仁之物，象牙所琢，一面畫十八學士，琴有絃，棋局有路，有子，筆筒中有筆，案上有卷，人俱並肩而立，一面有七言一絶，旁有年月日，下云「七十二翁祝培之戲寫」。

伽楠香墜

粤商某刻牙牌式伽楠香墜一枚，大不及半寸，其半鏤山巖一角，茂林之下露一小亭，中有人，坐竹榻，倚枕傾耳，如有所聞，其半則海水汩没，雲氣滃鬱，具蒼莽之致，令人色飛眉舞，蓋取唐許渾「雲横海氣琴書潤，風帶潮聲枕簟涼」之意也。

煙火

煙火者，以火硝雜他藥物燃燒，而現變幻燦爛之狀者也。其火力噴射，能爲花草、蘭竹等形。或以紙製成匾匾人物，穿插其中，極靈巧。或以藥發火燄，幻成各種顏色。各省多有之，尤以廣東之潮州、江蘇之揚州所製者爲最著名，其值亦不貲。

乾隆時，秦淮畫舫競放煙火，爲河上大觀，士女空巷而出，如水鴨、水鼠、滿天星、遍地錦、金琖、銀臺、賽月明、風車、滴滴金者，不一其名，不一其巧。游者試凭紅板橋闌，望東水關及月牙池前，燈影燭天，爆聲濺水，昇平景象，誠非圖畫所能盡之也。

咸豐朝，每歲上元夕，京師西廠舞燈放煙火最盛。清晨，先於圓明園宫門，列煙火數十架，藥線徐引燃之，成界畫欄杆五色。每架將完，中復現出寶塔、樓閣之類，並有籠鴿、喜鵲數十，在盒中乘火飛出者。

光緒時，則由内務府營造司設廠放新奇煙火。元宵前數日，率小工數十，用紅槓黄絆拴撞，由菜市口進宣武門，絡繹於途，有像形五彩鳳凰、孔雀、錦雞、白鶴，並用松柏紮大小獅子、虎豹、麒麟之類。燃放時，空中停頓，變換成花，此卽孝欽后請各國公使夫人同觀之煙火也。

七巧板

七巧板，玩具也，一名智慧板。以薄木一方，截成七塊，可合成種種模形，以啓發兒童思想。

九連環

九連環，玩具也，以銅製之。欲使九環同貫於柱上，則先上第一環，再上第二環，而下其第一環，更上第三環，而下其第一二環，再上第四環，如是更迭上下，凡八十一次，而九環畢上矣。解之之法，先下其第一環，次下其第三環，更上第一環，而併下其第一二環，又下其第三環，如是更迭上下，凡八十一次，而九環畢下矣。

鞦韆

臺灣番女有渺緜氏之戲，卽鞦韆也。以渺爲飛，以緜氏爲天，意以爲飛天耳。每風和景明，招邀同伴，椎髻盤花，靚妝麗服，以銀錢、珊珠貫肩背，條脱纏腕，纍纍相比，而歡呼以爲戲。

風箏

風箏，紙鳶也。五代時，李鄴於宮中作紙鳶，引線乘風爲戲。後於鳶首以竹爲笛，使風入竹，聲如箏鳴，故名風箏。今俗併其無弦者亦名風箏。兒童放風箏，舉首望空而開口，謂可洩内熱也。

舒鐵雲有《紙鳶篇》，卽詠風箏也，詩云：「杏花深巷春泥消，粥香餳白聞吹簫。東風裊裊二十四，已有年少相招邀。雲皋煙隰春衫影，朝取長繩繫韶景。此時韶景安可知，低昂高下隨羣兒。兒呼拍手歡無極，仰面看天齊著力。鵾鵬化去未可期，鶯燕飛來似相識。浮雲浩浩風棱棱，太虛一點高一層。初疑翩翻下黃鵠，又若搏擊呼蒼鷹。雕陵烏鵲不得意，銀潢日夕思迴騰。微繒孅繳豈知數，看爾白日能飛昇。飛昇畢竟難與説，隱隱紅燈夜深滅。銀竹生愁細雨多，青蘋復恐微飈絶。孤鴻何處怨飄零，病鶴誰家舞蹩躠。別有風絃漢殿箏，宮商一線遥嗚咽。」

有剪紙如美人爲風箏者，吴我鷗嘗詠之，詩云：「髣髴輕盈漢麗娟，迴風歌罷舞翩翩。争看蔽月容如畫，但解淩雲骨已仙。花信幾番憑妾寄，情絲一縷被郎牽。晚來欲把紅妝照，添箇銀燈在上邊。縱入朱門不受譏，嬉時恰稱蕙風微。翩然乘鳳偕秦女，暼爾驚鴻妒洛妃。細響乍鳴雙玉佩，輕軀須著五銖衣。最憐春色長門老，瘦損宮腰尺六圍。何心花底學迷藏，愛映紅霞鬬曉妝。環佩聲俄飄柳陌，鞦韆影共出苔牆。山屏遠列身如倚，波鏡頻窺膽不張。卻爲杏梢閒絆住，歸來衫袖惹餘香。小別芳姿又一年，桃花嬌面尚依然。赤繩繫就氤氲使，紅粉修成摺疊仙，望遠祇愁衣化蝶，步虚豈假木爲鳶。休嗟薄命多飄泊，金屋名姝一例傳。漫歌桃葉泛春流，紅線差堪結伴游。日暮寒憐生翠袖，雨深閒恨鎖朱樓。憑將素面朝天去，絶少芳蹤印月留。嫁與東風應色喜，雲鄉來往劇清幽。」

空鐘

空鐘，一曰空中，小兒之玩具也。刳木中空，盪以瀝青，卓地如仰鐘，而以繩繞其柄。別一竹尺有孔，度其繩而抵格空鐘，繩勒右却，竹勒左却，一勒，空鐘轟而疾轉，聲清越以長。製徑寸，至八九寸。其放之，一人至三人。京師旗人類能之。有快手羅者，即售此技於金陵，致小康。而麻瑞子較羅爲尤精，則售技於京師。東西兩廟之集期，新年之廠甸，麻必在焉。有時以半段空鐘用繩扯之，飛至極高，躍至極低，盤旋如意，雖兩輪去一，失重心力而不墜。觀者輒拍掌稱善，争擲錢與之。

抖空中者，近於舞，京師新年，王孫貴姬皆喜爲之，宮人亦多好焉。舞式爲鷂子翻身、飛燕入雲、響鴿鈴。

陀螺

陀螺，幼童玩具，木製，如小空鐘，中實而無柄，繞以鞭之繩，卓於地，急掣其鞭，一掣，陀螺則轉，無聲也。視其緩而鞭之，轉之疾，正如卓立地上，頂光旋旋，影不動。

倒掖氣

劉比部體仁晨入朝，遇鬻羣兒嬉戲之具，俗所謂倒掖氣者，指揮從人，買數枚，次第於馬上吹之，了無作色。徐自笑曰：「此事可入彈章。」倒掖氣，卽響葫蘆，小兒口啣，噓吸成聲，今亦謂之不登，噓吸作響，聲如不登也。

毽子

仁和高半農典史虞文有《詠毽子》詩云：「小插金雞尾，鞵幫踢最便。春風先送喜，俗送壻家催生禮盒，綴以毽子，云見子也。稚子況能顛。眼疾從人巧，跡高謂我儇。輕狂直如許，繫得幾多錢。」毽子之製，以雞毛繫於錢，用足踢之。

粉犬

粉犬，揑粉作犬形，杭州之清明節物也，小兒多以爲玩具。胡琨圃嘗有詩詠之，詩云：「宛然搖尾乞人憐，粔籹青紅滴粉妍。蹤逐餳簫吹過市，香分槐火試烹鮮。守花解傍司花史，吠雪剛逢斷雪天。枸杞無苗春寂寂，齋廚連日禁炊煙。貨郎擔上鬧花攤，小掣金鈴入畫攤。過想屠門人嚼蠟，舐餘藥鼎米成丹。梨焦貉子童謠唱，《北史》：「狐非狐，貉非貉，焦梨狗子齧斷索。」車轢、芻靈祖道看。春社已過鄉飲酒，枌榆人散暮煙寒。」

貓捉老鼠

蘇之虎邱多耍貨店，有以紙匣一，塑泥貓於蓋，塑泥鼠於中者，匣開則貓退鼠出，匣合則貓前鼠匿，若捕若避，各有機心，兒童爭購之，名貓捉老鼠。

胡桃祕戲圖

乾隆末葉，有售玩物於白門市中者，蓋擘兩半胡桃，去其肉而空其中，紐以細熟銅絲，俾可開闔，中用五色粉糍，揑成祕戲圖，懸之牀帳，巾舄皆具，不滿方寸之地，而陳設秩如，神情宛若也。